U0453115

西北大学"双一流"建设项目资助
西北大学学术著作出版基金资助

社会保险统一经办模式及实现路径研究

周明 著

中国社会科学出版社

图书在版编目（CIP）数据

社会保险统一经办模式及实现路径研究/周明著.—北京：中国社会科学出版社，2022.5
ISBN 978-7-5203-9853-4

Ⅰ.①社… Ⅱ.①周… Ⅲ.①社会保险—保险管理—研究—中国 Ⅳ.①F842.61

中国版本图书馆 CIP 数据核字（2022）第 039977 号

出 版 人	赵剑英
责任编辑	李庆红
责任校对	周　昊
责任印制	王　超
出　　版	中国社会科学出版社
社　　址	北京鼓楼西大街甲 158 号
邮　　编	100720
网　　址	http：//www.csspw.cn
发 行 部	010-84083685
门 市 部	010-84029450
经　　销	新华书店及其他书店
印　　刷	北京君升印刷有限公司
装　　订	廊坊市广阳区广增装订厂
版　　次	2022 年 5 月第 1 版
印　　次	2022 年 5 月第 1 次印刷
开　　本	710×1000　1/16
印　　张	21.75
插　　页	2
字　　数	361 千字
定　　价	118.00 元

凡购买中国社会科学出版社图书，如有质量问题请与本社营销中心联系调换
电话：010-84083683
版权所有　侵权必究

目 录

第一章 导论 ··· 1

    第一节 问题的提出与选题背景 ························· 1
    第二节 文献综述 ·································· 2
    第三节 研究思路 ································· 26
    第四节 内容框架 ································· 27
    第五节 研究方法 ································· 31
    第六节 创新之处 ································· 33
    第七节 学术价值和应用价值 ························· 34
    第八节 不足与研究展望 ···························· 35

第二章 一体化社会保险经办模式的理论依据 ·············· 36

    第一节 社会保险经办机构的性质与功能定位 ············· 36
    第二节 组织能力理论 ······························ 39
    第三节 合作与合作收益 ···························· 43
    第四节 制度、组织、激励与能力分析框架 ·············· 46

第三章 中国社会保险经办服务体系发展历程、现状与问题 ···· 50

    第一节 发展历程：公共服务的视角 ··················· 50
    第二节 社会保险经办服务体系总体发展状况 ············ 61
    第三节 经办体系改革取得的成效 ····················· 79
    第四节 主要问题 ································· 84

第四章 各地社会保险经办整合模式的综合实证评价 ········· 92

    第一节 典型地区社会保险经办模式 ··················· 92

第二节　四种经办模式公共服务能力比较分析 …………… 94
　　第三节　不同经办模式服务质量评价 …………………… 116
　　第四节　混合经办内部不同模式服务能力对比分析 ……… 146
　　第五节　小结 …………………………………………… 167

第五章　国外社会保险经办服务体系现状 ……………… 169
　　第一节　统一经办模式 …………………………………… 170
　　第二节　分立运行模式 …………………………………… 177
　　第三节　自治式经办模式 ………………………………… 180
　　第四节　公司制经办模式 ………………………………… 185
　　第五节　经验借鉴 ………………………………………… 190

第六章　构建适合我国实际的社会保险统一经办模式 …… 195
　　第一节　社会保险公共服务面临的新要求和挑战 ………… 195
　　第二节　各地"五险合一"统管的实践经验 ……………… 203
　　第三节　建立统一社会保险经办服务体系的迫切性与可行性 … 208
　　第四节　社会保险统一经办模式运行机制 ………………… 213
　　第五节　统一模式下参保各方的合作收益 ………………… 220

第七章　实现路径与所需创设的制度与管理条件 ………… 222
　　第一节　实现路径 ………………………………………… 222
　　第二节　所需创设的制度与管理条件 …………………… 226

附录1　社会保险经办机构服务对象满意度调查问卷 ……… 231
附录2　社会保险经办机构工作人员调查问卷 ……………… 237
附录3　经办机构访谈提纲 …………………………………… 241
附录4　社会保险经办机构服务质量公众访谈提纲 ………… 244
附录5　社保经办机构服务质量公众调查问卷 ……………… 247
附录6　各国社会保险经办体系 ……………………………… 250

参考文献 ……………………………………………………… 333
后　记 ………………………………………………………… 344

第一章 导论

第一节 问题的提出与选题背景

作为制度的执行机构,经办机构的管理体制和运行效能直接决定了社会保障制度目标的实现程度。目前,我国社会保险经办管理体制不顺,经办模式多种多样,经办机构服务能力不足的矛盾日益突出。《社会保障"十二五"规划纲要》将社会保险经办管理纳入了顶层设计。党的十八大报告明确提出要"改革和完善企业和机关事业单位社会保险制度,整合城乡居民基本养老保险和基本医疗保险制度……健全社会保障经办管理体制,建立更加便民快捷的服务体系。"随着报告的落实,各地展开了社会保险经办管理体制和经办体系的改革和调整。党的十九大报告进一步指出了改革的方向,"转变政府职能,深化简政放权,创新监管方式,增强政府公信力和执行力,建设人民满意的服务型政府。赋予省级及以下政府更多自主权。在省市县对职能相近的党政机关探索合并设立或合署办公。深化事业单位改革,强化公益属性,推进政事分开、事企分开、管办分离……全面实施全民参保计划。完善城镇职工基本养老保险和城乡居民基本养老保险制度,尽快实现养老保险全国统筹。完善统一的城乡居民基本医疗保险制度和大病保险制度。完善失业、工伤保险制度。建立全国统一的社会保险公共服务平台"。《人力资源和社会保障事业发展"十三五"规划纲要》也明确指出,未来我国社会保障的目标和方向是"坚持普惠性、保基本、均等化、可持续方向,围绕标准化、法制化、信息化,建立健全基本公共服务制度,提升基本公共服务能力,为群众提供更加方便快捷、优质高效的人力资源和社会保障基本公共服务……推进基本公共服务标准化、推进基本公共服务信息化、加强基本公共服务能力建设"。

可见，社会保险经办体制机制问题已成为当前社会保障迫切需要解决的关键问题之一，社会保险经办管理体制和运行模式未来的发展方向和目标模式是什么？如何评价各地在社会保险经办体制机制方面进行的改革？改革模式能否满足城乡居民和参保单位社会保险公共服务需求？这些问题的研究和科学回答，对于我国社会保障政策的实施，对于广大人民群众的切身利益和分享改革开放成果都有着极其重要的作用。同时，对各地经办模式改革实践评价、总结，寻求能够促使利益相关各方走向合作、收益在各方合理分配共享的经办模式，可以丰富社会保障学科的内容体系和相关理论，为理论研究与实践操作架起一座桥梁。

第二节　文献综述

社会保险管理是国家和政府为了实现社会保险的政策目标与任务，通过一定的组织机构、制度和程序安排，对社会保险活动进行行政管理、业务管理和群众管理的一整套管理体系。[①] 社会保险相关内容已经成为福利国家的重要组成部分，相关问题得到众多学者的关注。[②] 作为社会保险管理的重要部分，社会保险经办模式处于不断演变优化过程中，其是否合理与社会保险管理效率的高低息息相关，也与社会保险"顶层设计"能否有效落实息息相关。[③] 为了使社会保险经办模式能够更好地适应经济结构、人口结构以及社会保险领域的新变化、新问题和新挑战，目前，众多学者的研究主要集中于社会保险经办模式的现状、问题、不同模式的评价及相应的改革建议。以下从四个方面进行介绍，在理论层面，对社会保险经办机构的性质、定位进行总结；在实践层面，对社会保险经办机构运行的现状、问题以及改革和改革中出现的新问题进行分析，并对不同模式进行评价；在政策层面，针对提高社会保险机构经办能力提出相应的对策；在操作层面，对包括社会保险在内的统一公共服务平台

[①] 史潮：《社会保险学》（第一版），科学出版社 2007 年版，第 34—35 页。

[②] G. Hensing, T. Timpka, K. Alexanderson, "Dilemmas in the Daily Work of Social Insurance Officers", *International Journal of Social Welfare*, 1997, pp. 301–309.

[③] 杨燕绥、吴渊渊：《社保经办机构：服务型政府的臂膀》，《中国社会保障》2008 年第 3 期。

建设的相关问题进行介绍。

一　经办机构性质与定位

将"经办"理解为经手和办理，即对一项业务或手续的具体处理，就社会保险领域而言，社会保险经办就是通过各种执行机构以服务的形式将社会保险制度落到实处。① 社会保险经办机构负责社会保险经办，是国家落实社会保险政策的重要基层机构。② 社会保险经办机构应当被视为促使社会进步综合政策机构的一个组成部分，应充分发挥其社会保险的作用，为人民收入保障做出贡献。③《中华人民共和国社会保险法》对社会保险经办机构的职能做出简单的说明，但是关于社会保险经办机构的具体性质与定位理论界还没有明确的界定。要厘清现阶段经办机构的发展情况，首先要对其具体性质和定位进行梳理，这也为社会保险经办机构进一步的改革发展奠定基础。

（一）社会保险经办机构的法律性质

社会保险经办机构是国家立法确定的专门经办和运营社会保险基金、提供社会保险服务的机构④，其性质、职能和治理的法律定位关系到社会保险制度的实现。但是，在立法上我国社会保险经办机构的概念、性质、治理和职能还不是十分明确，成为我国社会保险运营的薄弱环节。⑤ 基于此，近年来国内外学者对社会保险经办机构的法律性质进行了不断探索，主要围绕社会保险经办机构的组织法律关系和法人性质两个方面展开。

关于社会保险经办机构组织法律关系，包含两个层面：经办机构与国家及其行政主管机构之间的组织法律关系、经办机构与社会保险其他利益主体之间的组织法律关系。基于以上两个层面，有学者提出，在内部关系上，现代企业的董事会和代表大会可以作为社会保险经办机构的有益借鉴；在外部关系上，社会保险经办机构应作为独立法人，具有一

---

① 王琦：《提升社保经办能力亟待机构整合与管理创新》，《劳动保障世界》2009 年第 1 期。
② 袁曙光：《社会保险经办机构国际比较：主体定位和制度选择》，《山东社会科学》2018 年第 5 期。
③ ［英］威廉·贝弗里奇：《贝弗里奇报告——社会保险和相关服务》，劳动和社会保障部社会保险研究所组织翻译，中国劳动社会保障出版社 2004 年版，第 49 页。
④ 袁曙光：《社会保险经办机构国际比较：主体定位和制度选择》，《山东社会科学》2018 年第 5 期。
⑤ 叶静漪、肖京：《社会保险经办机构的法律定位》，《法学杂志》2012 年第 33 期。

定的合同自由与财产权。① 同时,社会保险经办机构应是独立于国家的行政体系,是独立的法人实体,具有独立治理机制。②

关于社会保险经办机构的法人性质,由于《社会保险法》对中央一级的社会保险机构定位较为明确,对地方一级的定位存在一定的模糊性③,社会保险经办机构是否属于事业单位这一问题存在一定的争议。部分学者将社会保险经办机构定位为事业单位,进一步对社会保险经办机构进行法学解读后定义为"具有独立法人地位的特殊类公益事业单位"。④ 基于此,社会保险经办机构应具有良好的适应性,在技术和社会不断变化的任何时刻准备提供一种新型的服务,并提出未来的社会保险经办机构应提供一种个性化、数字化和内向型的服务,并通过高技能人力资本和灵活的新技术,主动识别和满足公民的需求。⑤ 也有学者从我国的现实国情与社会保险事业的发展前景出发,把社会保险经办机构的性质定位为"以服务为主,执行一定行政管理职能的事业单位"。⑥

部分学者认为社会保险经办机构不是事业单位,而是属于服务型政府的组织范畴。由于社会保险有准公共物品的特性,对社会保险及相关基金进行治理应经过参保人同意,因此定位为"公益受托人",社会保险经办机构为参保人利益最大化而工作,是提供一系列社会保险服务和国家社会保险法律法规的执行机构⑦,属于服务型政府的组成部分。还有学者主张各国应指定一个关于社会保险的国家权力机构,以确保组成该国社会保险制度的各项方案得到协调一致的执行和发展。⑧

---

① 胡川宁:《社会保险经办机构的性质和定位研究——从公法人的组织模式出发》,《行政法学研究》2016 年第 2 期。
② 孙淑云、郎杰燕:《社会保险经办机构法律定位析论——基于社会保险组织法之视角》,《理论探索》2016 年第 2 期。
③ 叶静漪、肖京:《社会保险经办机构的法律定位》,《法学杂志》2012 年第 33 期。
④ 娄宇:《论我国社会保险经办机构的法律地位》,《北京行政学院学报》2014 年第 4 期。
⑤ Gujral, Gaurav, "Reshaping the Social Security Agency around Improved Human Capital and Technology", *International Social Security Review*, Vol. 69, No. 3-4, 2016, pp. 51-62.
⑥ 叶静漪、肖京:《社会保险经办机构的法律定位》,《法学杂志》2012 年第 33 期。
⑦ 杨燕绥、吴渊渊:《社保经办机构:服务型政府的臂膀》,《中国社会保障》2008 年第 3 期。
⑧ Alberto R. Musalem, Maribel D. Ortiz, "Governance and Social Security: Moving Forward on the ISSA Good Governance Guidelines", *Social Science Electronic Publishing*, Vol. 64, No. 4, 2011, pp. 9-37.

(二) 社会保险经办机构职能

社会保险经办机构的职能需要法律进行明确的规定，并与机构的性质相匹配，才能保障机构业务顺利开展。《中华人民共和国社会保险法》规定社会保险经办机构的职责为：提供社会保险服务，负责社会保险登记、个人权益记录、社会保险待遇支付等工作。

从政府与地方两个不同视角可以对社会保险经办机构的职能进行相应的概括。从政府顶层设计的视角看，社会保险经办机构的主要职能可以概括为"依照法律规定收支、管理和运营社会保险基金，并承担社会化管理工作"。[1] 关于地方社会保险经办机构的职能，根据相关条文规定可以概括为九个方面的内容：社会保险登记、社会保险建档、社会保险个人权益记录、社会保险咨询服务、社会保险待遇支付、公布和汇报社会保险基金相关情况、社会保险稽核、处理有关社会保险的举报和投诉、加强社会保险经办机构内部管理。[2] 从总体上看，我国中央一级的社会保险经办机构的职能相对明确，地方社会保险经办机构的职能规定较为分散。[3]

除此之外，社会保险经办机构的职能还包括征收及发放保费和提供信息查询服务等。[4] 其中，医疗保险经办机构还承担着对医疗机构进行审查、规范医疗服务行为等职能。[5] 不同学者对社会保险经办机构的职能描述虽然有一定差异，但离不开提供相关服务这一主导职能。[6]

(三) 社会保险经办机构职能定位中的问题

关于社会保险经办机构的职能定位虽然已经十分庞杂，但是仍不够完整，主要体现在立法上的不明确与实践中的混乱，以及在实际运行中缺少统一的运行模式。具体而言，社会保险经办机构职能定位中存在功能、具体设置、行政隶属、名称、级别和业务范围等方面法律性质不明

---

[1] 史潮：《社会保险学》（第一版），科学出版社2007年版，第34—35页。
[2] 叶静漪、肖京：《社会保险经办机构的法律定位》，《法学杂志》2012年第33期。
[3] 娄宇：《论我国社会保险经办机构的法律地位》，《北京行政学院学报》2014年第4期。
[4] 陈仰东：《依法履行社保经办的公共服务职能》，《中国医疗保险》2010年第12期。
[5] Liu Xiaomei, Song Juan, Li Fengyue, "New Reflection on Enhancing the Functions of the Social Insurance Operation Agencies from the New Angle", *Journal of Dalian University of Technology*, Vol, 27, No. 4, 2006, p53-57.
[6] 杨燕绥、吴渊渊：《社保经办机构：服务型政府的臂膀》，《中国社会保障》2008年第3期。

确与职责模糊的问题①，这些问题直接影响到社会保险业务的办理。并且，社会保险经办机构的法律定位存在概念不明晰、职能罗列不详尽、性质不确定、治理结构模糊等问题。②

社会保险经办机构职能定位在立法上的不明确造成了我国的司法实践无法就社会保险经办机构的性质及其权利义务等问题做出令人信服的统一回答。③ 社会保险经办机构职能定位不清晰会影响其独立性，造成政事不分、管办不分，进而影响经办机构经费来源与管理效率。④

针对社会保险职能定位中出现的问题需要及时修正，从法制层面到机构设置层面进行系统改革，实现社会保险经办能力的现代化。

（四）社会保险经办机构职能定位的改革方向

社会保险经办机构是政府为广大人民群众提供服务的窗口，其职能定位与服务提供的质量息息相关。

在社会保险经办机构职能定位改革过程中，依法履行社会保险的公共服务职能是社会保险经办机构职能定位过程中的重中之重，依据《中华人民共和国社会保险法》对社会保险经办机构提出的相关规定提供公共服务，完成法律为社会保险经办机构规定的社会保险登记、个人权益记录、社会保险待遇支付等工作（《中华人民共和国社会保险法》，2010）。并且由法律来保障社会保险经办能力的均等性、可靠性、准确性与规范性。在现有的法制基础上进一步细化，完善法治体系。在贯彻执行过程中做到有法必依、执法必严与违法必究。⑤

除此之外，社会保险经办机构应以保险人职能为中心，基于此，社会保险经办机构的职能应主要为三类，即代行国家社会保险公共服务，执行社会保险法律法规和政策；依法经办社会保险费的征缴、基金管理

---

① 叶静漪、肖京：《社会保险经办机构的法律定位》，《法学杂志》2012年第33期。
② 孙淑云、郎杰燕：《社会保险经办机构法律定位析论——基于社会保险组织法之视角》，《理论探索》2016年第2期。
③ 胡川宁：《社会保险经办机构的性质和定位研究——从公法人的组织模式出发》，《行政法学研究》2016年第2期。
④ 房连泉：《社会保险经办服务体系改革：机构定位与政策建议》，《北京工业大学学报》（社会科学版）2016年第16期。
⑤ 陈仰东：《法治是经办能力建设的根本之道》，《中国医疗保险》2011年第11期。

和待遇支付；依法承担社会基金保值、增值责任。①

二 经办机构分立运行的现状及问题

完善的社会保险体系不仅是社会和谐稳定的重要基础，也是影响经济增长活力的重要因素。②改革开放以来，我国的社会保险经历了一系列改革，通过梳理三十年中国社会保险改革的历程，可以看出我国的社会保险改革受国际劳工组织（ILO）的影响，然后又受到新自由主义社会保障模式（新加坡中央公积金和世界银行的三大支柱系统）的影响，还受到了国际劳工组织在21世纪推出的"人人享有社会保障"理念的影响③，取得了显著成效，全社会的风险保障水平不断提高，社会保险体系不断完善④，同时进一步减少了不平等和扩大福利国家⑤。但是，中国的社会保险改革与国外立法先行的改革不同，是具有中国特色的渐进性变革⑥，不可避免地存在体系不完善、责任划分不清晰等问题⑦，并且由于经办资源没有有效整合，各险种之间相互分割，增加了社会保险经办成本⑧，这些均制约了社会保险经办机构的经办效率。针对我国的现实状况，可以看出中国的社会保险制度急需厘清各个保障项目的相关关系，并强化项目之间的协调性⑨。这些问题的产生与解决和社会保险经办机构运行模式息息相关。

通过整理文献可知，在我国社会保险实践中，分立运行会带来运行效率低下、信息系统重复建设、社会保险政策执行的多样化和碎片化等

---

① 孙淑云、郎杰燕：《社会保险经办机构法律定位析论——基于社会保险组织法之视角》，《理论探索》2016年第2期。

② Wu Hao, Li Yudong, "Research on Construct and Apply Social Security's Operating Efficiency Evaluation System", *Journal of Finance & Economics Theory*, Vol, 15, No. 4, 2014, p10-15.

③ Aiqun Hu, "Social Insurance Ideas in the People's Republic of China: A Historical and Transnational Analysis", *Transnational Social Review-A Social Work Journal*, Vol. 6, No. 3, 2016, pp. 1-16.

④ 何文炯：《改革开放以来中国社会保险之发展》，《保险研究》2018年12期。

⑤ Rickne, Johanna, "Labor Market Conditions and Social Insurance in China", *Working Paper Series*, Vol. 27, No. 4, 2012, pp. 52-68.

⑥ 郑功成：《从国家—单位保障制走向国家—社会保障制——30年来中国社会保障改革与制度变迁》，《社会保障研究》2008年第2期。

⑦ 陈仰东：《经办机构法人化改革的思考》，《中国医疗保险》2015年第7期。

⑧ 蔡海清、陈军昌：《健全社会保险经办管理服务体系研究》，《天津社会保险》2011年第4期。

⑨ 郑功成：《从国家—单位保障制走向国家—社会保障制——30年来中国社会保障改革与制度变迁》，《社会保障研究》2008年第2期。

问题。

(一) 运行效率与登记征缴方面

在社会保险的运行效率与登记征缴方面，众多学者从多种角度发现分立运行的弊端。认为"五险分立"由于经办机构分散办公，存在多头缴费、多头申报的问题，进而增加群众业务性负担，并增大管理成本，造成人员浪费。并且各个经办机构脱节，责任分工不明确，会降低工作效率。① 毛瑛等从实证角度出发，通过对陕西省 105 家医疗保险经办机构运行状况进行调查，发现医疗保险经办机构存在设置混乱，缺乏统一标准；经办人员工作量大，超负荷工作；政府财政支持力度弱和信息化水平低等问题，需要改革完善管理方式和管理程序。② 部分学者认为 1998 年之后除新型农村合作医疗制度之外，各险种虽然统一了经办主体，但仍然分立运行，管理相对封闭，每个项目保险中心都要重复参保登记、缴费申报、征缴基金、缴费稽核、待遇支付等工作流程，造成了管理效能低下。③ 刘军强通过分析中国社会保险征缴体制中地方税务机构和社会保险经办机构并存的二元征缴局面的形成与发展，认为二元征缴体制存在机构重复建设、机构间交易成本高和监管成本高等弊端，并运用 1999—2008 年的面板数据说明在扩大社会保险覆盖面和保持基金快速增长方面，地方税务机构征收保险费更具有优势。④

(二) 信息系统建设方面

在社会保险信息系统建设方面，分立运行存在着一定的弊端。"五险分立"在信息管理方面会要求管理信息系统重复建立，造成人力和财力浪费，一方面不能共享信息，另一方面会造成重复劳动。⑤ 由于"五险分立"和使用不同的信息系统，使得同一参保对象不同险种的基本信息、缴费基数等问题不能统一，也不能共享资源，不但造成了资源浪费，而

---

① 陶桂荣:《关于对社会保险"五险合一"的思考》,《新疆畜牧业》2009 年第 6 期。
② 毛瑛、陈钢、王颖文、许殿子、汪浩、王枫叶、范文斌、宁长珊、赵云:《陕西省医疗保险经办机构服务能力现状分析》,《中国卫生政策研究》2009 年第 2 期。
③ 杨燕绥、张曼:《社会保险"五险整合"运作模式研究》,《广西社会科学》2010 年第 9 期。
④ 刘军强:《资源、激励与部门利益：中国社会保险征缴体制的纵贯研究（1999—2008）》,《中国社会科学》2011 年第 3 期。
⑤ 张盛江:《关于社会保险"五险合一"的思考》,《经济论坛》2008 年第 11 期。

且引起了工作上的不便,制约了经办机构的能力建设。①

(三)政策执行碎片化与多样化方面

在政策执行碎片化和多样化方面,分立运行造成了一定程度的低效率。通过分析中国社会保障制度中存在的城市与乡村分割、私人部门与公共部门分立、多种社会保险制度并存的"碎片化"现状,能够得出"碎片化"对社会稳定、社会公平、社会流动、社会融合等多方面造成危害。同时"碎片化"造成社保经办机构人员庞大,使得社保制度运行质量低,并且令参保者无所适从的"乱"制度也不利于扩大社会保障的覆盖面。结合英、法、美三国的"碎片化"制度整合的经验与教训,可以分析出我国"碎片化冲动"的认识误区,能够看出建立统一社会保险制度是大势所趋。② 还有学者认为城乡养老保险管理信息系统的分割,进一步固化了养老保险制度的碎片化。面临的双重压力包括系统集成和管理信息化,养老保险管理信息系统应充分利用网络信息技术和各种当前信息系统,从系统层面进行设计,从而完成重建养老保险管理信息系统,解决城乡碎片化问题。③

通过分析国际社会保障管理理论的发展历程与各种管理模式的优劣,也可以发现我国多个部门管理社会保障的方式和难以统一的"多样化"政策,使得各个部门在工作过程中容易发生矛盾,并且对于社会保险基金的管理过于分散,不利于统一调拨,造成效率低下。同时,"多样化"易形成权责划分不明确,进而造成管理空挡。④

三 不同经办模式绩效评价

社会保险经办模式是指包括经办机构、社会服务机构在内的法定主体,依照法律或政府授权,进行的筹集与管理社会保险基金、办理社会保险事务、提供社会保险服务的所有公共管理和服务活动的一整套方式

---

① 陈宗利:《以"五险合一"提升经办机构能力建设的思考》,《中国科技信息》2006年第8期。

② 郑秉文:《社会保险"碎片化制度"危害与"碎片化冲动"探源》,《社会保障研究》2009年第1期。

③ Quan Lu, Yiting Lu, "A Study of the Integration for Information Management System of Social Insurance—Taking the Basic Pension Insurance as an Illustration", *International Conference on E-business & E-government*. IEEE, 2011.

④ 邓大松、丁怡:《国际社会保障管理模式比较及对中国的启示》,《社会保障研究》2012年第6期。

和方法。① 可以看成各级各类社会保险经办机构通过一定的组织和管理体系，采用各种手段，由相互作用的各个系统或要素组合而成的提供社会保险服务产品的方式或环境。②

对社会保险经办模式进行分类与评价，有助于探索出适合我国社会保险发展的相关对策，进一步提高我国社会保险经办能力。

（一）社会保险经办模式绩效评价的内容

关于对社会保险经办模式进行绩效评价，不同学者选择了不同的评价视角与评价方法。现阶段，主要集中于以下几个方面。

首先，部分学者从社会保险经模式的服务能力出发，对社会保险经办模式进行绩效评价。例如毛瑛等通过普查陕西省105家医疗保险机构的服务能力，对其业务管理成本、基本业务开展状况、基本医疗保险覆盖面、信息化建设、管理方式、经办机构基金收缴率等方面进行现状分析，在评估之后发现存在机构设置混乱、职工工作量大等管理服务方面的问题。③ 封铁英等通过运用平衡记分卡理论，对社会保险经办机构的服务能力进行思维分解，通过实证分析证明经办机构的内部管理与人力资源等因素是影响社会保险经办机构服务能力的关键因素。④ 席恒和魏雨通过访谈、问卷和实地调查的方式，对陕西省120家城镇职工养老保险经办机构的服务能力进行调研，通过多元统计回归发现基础能力、业务信息管理能力、保障性能力、内部控制能力以及外部沟通能力是影响社会保险经办机构服务能力的重要因素，在对陕西省养老保险经办机构的经办能力进行评价后，认为探索统一的社会保险经办模式是提高经办能力的重要方面。⑤ 周明等运用因子分析法评价不同模式的养老保险经办机构的公共服务能力，发现业务能力、硬件设施能力、保障能力、沟通能力等对公

---

① 孟昭喜、傅志明：《中国社会保险管理服务发展报告（1978—2013）》，中国劳动社会保障出版社2014年版，第108—111页。
② 许东黎：《北京市社会保险经办服务模式分析及完善建议》，《北京劳动保障职业学院学报》2015年第9期。
③ 毛瑛、陈钢、王颖文、许殷子、汪浩、王枫叶、范文斌、宁长珊、赵云：《陕西省医疗保险经办机构服务能力现状分析》，《中国卫生政策研究》2009年第2期。
④ 封铁英、仇敏：《新型农村社会养老保险经办机构服务能力及其影响因素的实证研究》，《西安交通大学学报》（社会科学版）2013年第33期。
⑤ 席恒、魏雨：《垂直管理模式下养老经办能力综合评价——基于陕西省的调查分析》，《河北大学学报》（哲学社会科学版）2017年第42期。

共服务能力具有显著影响，并认为按照业务流程统一设置的养老保险经办整合路径更有利于提高服务能力。①

其次，社会保险可以看成公共服务的一种②，部分学者从公共服务满意度的视角出发，对社会保险经办模式进行绩效评价。例如翟绍果等通过对镇江、东莞、成都等地进行医疗保险经办服务满意度调查与评价，发现我国医疗保险经办机构的满意度较低，且各地发展水平参差不齐。③还有学者通过构建社会保险参保对象满意度评价指标体系，综合评价参保者对社会保险公共服务的满意度，通过实证分析发现公众预期、服务质量、基础服务、公众抱怨、公众信任是参保者评价社会保险公共服务满意度的关键因素。④细分到各个险种的满意度，有学者认为养老保险满意度与参保种类、参保补助、保险缴费困难感显著相关；医疗保险满意度与健康状况、家庭结余率、医保报销比例显著相关。⑤

除此之外，众多学者从各自关注的角度出发，对社会保险经办的相关内容进行绩效评价。有学者对社会保险经办业务规程进行绩效评价，从服务成本、工作量和工作效率等角度出发进行评价。⑥有学者对社会保险基金绩效进行评价，设计出相应的社会保险基金支出评价指标体系。⑦有学者对社会保险经办机构的内部控制能力进行绩效评价，并构建相应的评价标准与评价体系。⑧还有学者从实践的角度出发，总结、分析和比较了不同社会保险经办模式的优缺点，并对不同经办模式的绩效与适用性进行评价。⑨

---

① 周明、黄蓉、崔燕：《养老保险经办模式的公共服务能力比较研究——基于陕西咸阳的实证分析》，《西安财经学院学报》2018年第31期。

② 杨燕绥、杨娟：《论社会保障公共服务》，《社会保障研究》2009年第1期。

③ 翟绍果、徐顺锋、郭锦龙：《基本医疗保险经办服务满意度及优化路径研究——基于镇江、东莞、成都、神木、银川的实证分析》，《保险研究》2013年第10期。

④ 翟绍果、陈诗含：《社会保险公共服务满意度评价——以太原市为例》，《河北大学学报》（哲学社会科学版）2017年第42期。

⑤ 侯小伏、牛千：《社会保险满意度评价的相关因素研究——基于2017年山东省经济社会综合调查数据》，《东岳论丛》2018年第39期。

⑥ 王石：《社会保险经办业务规程的概念和绩效评价》，《中国社会保障》2007年第1期。

⑦ 朱丹、程燕：《社会保险基金绩效评价指标权重设计》，《中央财经大学学报》2008年第8期。

⑧ 马万强：《社会保险经办机构内控评价标准刍议》，《人事天地》2011年第10期。

⑨ 任行：《社会保险管理体制与运行模式的国际比较》，《未来与发展》2014年第37期。

(二）社会保险经办模式分类

对社会保险经办模式进行合理、清晰的分类，有助于对不同的经办模式进行绩效评价，依据不同的分类标准，不同学者有不同分类。

按照我国省级统筹推进过程中对经办机构管理的范围不同，社会保险经办模式可以分为两种：①省对市县经办机构进行垂直管理。②省只负责业务经办和基金，不负责市县经办机构的基金和人员。①

按照社会保险经办机构权利的集中程度不同，社会保险经办模式涉及集权和分权的争论，从横向看，分为社会保险项目集中管理（"五险合一"管理）和分散管理；从纵向看，分为从中央到地方的垂直管理和中央统一协调、地方分散管理。②

按照服务提供主体不同，可以分为不同的业务承办模式：①经办机构直接经办：地方各级经办机构依据法律法规，利用自身资源开展社会保险业务经办活动，有些地区实行"五险统一经办"。②经办机构委托经办：经办机构与相关社会服务机构签订协议，由社会服务机构提供协议规定的经办服务。③

按照服务提供方式不同，可以分为五个类型的服务方式：①"专管员制"服务：在大厅服务中每个业务部门全权负责某一项社会保险经办的全过程。②"综合柜员制"服务：在大厅服务中一个业务部门负责多项社会保险经办业务。③"网上办事"服务：运用互联网、社会保险门户网等向用户提供社会保险经办服务。④"网点办事"服务：通过在街道、社区等地设立社会保险服务网点提供经办业务。⑤"自助终端"服务：通过自助查询机等提供相关社会保险经办业务。④

（三）社会保险经办模式绩效评价

在理论和实践方面，对各种社会保险经办模式的评价结果还没有形成定论，不同经办模式具有其相应的优势与劣势。

1. 属地管理模式与垂直管理模式

部分学者认为属地管理模式与垂直管理模式各有利弊。认为属地管

---

① 刘玉璞：《按统筹层次整合经办机构》，《中国社会保障》2009 年第 3 期。
② 单大圣：《中国医疗保障管理体制研究综述》，《卫生经济研究》2013 年第 1 期。
③ 孟昭喜、傅志明：《中国社会保险管理服务发展报告（1978—2013）》，中国劳动社会保障出版社 2014 年版，第 108—111 页。
④ 孟昭喜、傅志明：《中国社会保险管理服务发展报告（1978—2013）》，中国劳动社会保障出版社 2014 年版，第 108—111 页。

理模式能够结合各地的实际情况进行管理，但是过于依赖地方政府；垂直管理模式有利于理顺社会保险经办机构管理服务体系，能够增强组织建设能力，但是存在社保经办机构与地方政府的权利和利益的协调问题，以及社保经办机构内部监管、人员编制和组织体制等问题。[1]

部分学者主张采取属地管理模式，认为属地化管理可以直接向社会成员提供服务。公平与稳定可以通过社会保障实现，但受制于区域发展不平衡，只能通过区域内部政策统一来实现。[2] 王保真通过分析 2012 年山西五大煤炭企业签署医保属地管理的移交协议带来的转变，认为医疗保险属地化管理有利于在更大范围内分散和抵御职工的疾病和经济风险。[3]

部分学者主张采取垂直管理模式。认为垂直管理模式的程序更加简化和科学，有利于提供规范化、标准化的社会保险经办服务，能够有效提高社会保险经办的运营效率。[4] 进而得出社会保险经办系统应采取全国垂直领导体制，建立专业的社会保险职业队伍，弱化行政管理职能的结论。[5]

2."五险合一"经办模式与"五险分设"经办模式

多数学者认为相比于"五险分设"，"五险合一"具有更高的效率，是必然趋势。认为"五险合一"能够提升社会保险经办机构的执行力，形成业务和信息系统的规范。[6] 同时"五险合一"能够保证社会保险基金的有效筹集，提高社会保险经办的行政效率，因此是社会保险制度设计的必由之路。[7] 有学者通过分析跨部门合作的应用，提出以纵向管理为基础向公民提供政府服务的方法并不先进，相对而言，各机构和组织之间

---

[1] 王飞跃、郭怀亮：《属地管理、运行机制与社会保险经办机构变革取向》，《改革》2012 年第 11 期。

[2] 邱善圻：《社会保险应以属地管理为主——海南省副省长刘名启一席谈》，《中国社会保险》1994 年第 5 期。

[3] 王保真：《为医保属地化管理叫好》，《中国社会保障》2014 年第 1 期。

[4] 张晨寒：《垂直管理：养老保险经办机构能力建设的突破口》，《河南师范大学学报》（哲学社会科学版）2012 年第 39 期。

[5] 郑秉文：《中国社会保险经办服务体系的现状、问题及改革思路》，《中国人口科学》2013 年第 6 期。

[6] 陈仰东：《实现"五统一"，提升执行力》，《中国社会保障》2008 年第 6 期。

[7] 席恒、张静宜：《地税代征还是回归社保——"五险合一"分量总和基础上的路径选择》，《西北大学学报》（哲学社会科学版）2008 年第 6 期。

进行合作，提供以公民为中心的一站式服务的方式更加可靠高效。①

在实证层面，封铁英、仇敏引入平衡记分卡理论对新农保经办机构服务能力进行分析，构建出服务能力及其影响因素的关系模型，认为应当加快经办管理的系统化，建成完备统一的社会保障数据库和"一站式、一卡通"管理模式。②还有学者通过实证分析，认为按照行业分类的保险也不太可能获得推广，然而，按照现有的公共服务作为中心计划，建立统一的社会保险模式是必然趋势。③

（四）不同经办模式绩效评价总结与分析

社会保险绩效很大程度上依赖于国家的投资能力、金融市场的发展和经济实力的增长等因素。④还有学者通过分析各国的社会保险改革经验，提出固定收益养老金制度转向个人退休账户制度有利于减少劳动力供应扭曲，从福利角度来看也具有一定的优越性。⑤作为社会保险绩效的一部分，社会保险经办绩效受到经办模式的影响。世界各国在实践中呈现出各异的经办模式，国外关于社会保险经办模式及其绩效评价缺少与我国的结合与深入的理论剖析⑥，国内众多学者对国内外社会保险经办模式的实践经验进行分析，并结合我国的客观现实，提出对我国社会保险经办的相关政策建议。按照社会保险经办机构的性质及其与政府的关系不同，可将国外社会保险经办模式分为统一模式、自治模式、公司模式三类。⑦

---

① Sandberg, Karl W., Wahlberg, Olof, "One-stop Jobseeker Service: A Cross-agency Collaboration Model", 17th World Congress on Ergonmics, 2009.

② 封铁英、仇敏：《新型农村社会养老保险经办机构服务能力及其影响因素的实证研究》，《西安交通大学学报》（社会科学版）2013 年第 33 期。

③ John B. Andrews, "Social Insurance. What It Is and What It Might Be. by Alban Gordon; Social Insurance Unified. by Joseph L Cohen", Journal of the American Statistical Association, Vol. 20, No. 152, 1995, pp. 591-592.

④ Mei Dong, "International Comparisons on Economic Effects of Social Security Level between Chile and China by Demographics", 2016 International Conference on Industrial Economics System and Industrial Security Engineering (IEIS) IEEE, 2016.

⑤ Michael J. Pries, "Social Security Reform and Intertemporal Smoothing", Journal of Economic Dynamics & Control, Vol. 31, No. 1, 2007, pp. 25-54.

⑥ 阳程文：《社会保险经办机构能力研究的回顾与反思》，《铜陵学院学报》2013 年第 12 期。

⑦ 郑秉文：《中国社会保险经办服务体系的现状、问题及改革思路》，《中国人口科学》2013 年第 6 期。

1. 统一模式

"统一模式"是指经办机构采取垂直管理，机构总部进行统一管理，各级机构之间职责明确。采用这一模式的国家有：美国、英国、日本、韩国、瑞典、加拿大、澳大利亚等。① 统一模式有助于信息化建设，并且能够提高社会保险的经办效率。Mabbett、Deborah、Bolderson、Helen② 构建了关于社会保险决策权力分配的分析框架，以丹麦、法国、德国、荷兰和美国为例，分析中央政府和管理机构之间的委托代理关系及其绩效，认为中央集权对于社会保险来说并非必不可少，进一步而言，在权力下放的社会保险体制中，地方拥有一定的自主权，在自治情况下协调与抑制不良竞争就显得尤为重要。

具体而言，美国社会保障署对社会保障项目进行管理，是政府领导的养老和伤残保险等的主要执行机构，实行垂直领导体制，不同方面的社会保障项目由不同具体机构负责。③ 英国的工作与年金部负责的社会保险业务最多，养老保险主要由年金服务局负责，医疗保险、工伤保险和失业保险主要由就业中心负责。④ 日本的社会保险制度在缓冲社会矛盾、保持经济增长方面发挥了重要作用，其社会保险已由"扶贫"转向防贫，覆盖面广，主要由年金机构负责相关经办业务。⑤ 韩国卫生福利部作为一个政府机构，其成立的目的是提供必要的医疗服务，并以预防健康措施为核心，并负责社会保险的相关决策与监督。⑥ 瑞典的社会保险制度常常被认为是全面和包容的，在20世纪90年代和21世纪的重大改革中，它保持了作为一个受欢迎的、资金充足的社会保险和稳定提供者的基本特征。特别是与就业有关的福利在财政方面是慷慨的，但也需要受惠者继

---

① 郑秉文：《中国社养老金发展报告2013——社保经办服务体系改革》，经济管理出版社2013年版，第159页。

② Mabbett, Deborah, Bolderson, Helen, "Devolved Social Security Systems: Principal-agent Versus Multi-level Governance", *Journal of Public Policy*, Vol. 18, No. 2, 1998, pp. 177-200.

③ Minh Huynh and James Sears, "Social Security Administration", *NLN Pubt*, Vol. 8, No. 21-1570, 2008, pp. 49-53.

④ Stephen McKay, Karen Rowlingson, *Social Security in Britain*, Macmiuan Education UK, 1999.

⑤ Ma Bin, "Japan's Social Security System and Its Enlightenment to China", *Productivity Research*, No. 1, 1996, pp. 66-69.

⑥ Professor Victor R. Preedy, "Korea Ministry of Health and Welfare", *Handbook of Disease Burdens & Quality of Life Measures*, 2010, p. 4244.

续积极从事经济或教育领域的工作。由于瑞典的地理和人口的多样性，必须加强地方当局在执行积极的劳动力市场政策方面的作用。① 加拿大社会保险体系层次清晰，由国家立法，进行省级管理，其社会保险制度包括收入分配计划、医疗保健计划和社会服务计划，相关服务机构部分是政府组织和管理的，还有一些是宗教团体和其他非政府组织建立的。② 澳大利亚社会保险强调减轻贫困的"基础支柱"项目，直到近年来才强调收入维持。在这样做的过程中，它选择了一种非常不同的方式，将强制性捐款纳入基本资金充足的计划，由个人而非政府和未来几代纳税人承担大部分风险，由家庭社区服务部主管相关业务。③

2. 自治模式

"自治模式"是指政府与自治机构通过签约的方式进行合作，雇员、雇主和政府代表组成的经办机构董事会进行管理决策。采用这一模式的国家有：德国、法国、荷兰、奥地利、葡萄牙、西班牙、意大利、瑞士、比利时等。④ "自治模式"有助于社会保险经办机构专业化水平和服务质量的提升。Janice L. Caulfield⑤ 通过考察欧洲多个国家的自治社会保险经办模式，详细比较分析了采用自治模式较早的瑞典和芬兰、采用自治模式较晚的荷兰和英国，认为各国的自治权限存在着巨大差异并影响了社会保险的绩效。

具体而言，100 多年前，德国总理俾斯麦（Bismarck）建立了德国公共养老金制度，这是世界上第一个正式的养老金制度。⑥ 其社会保险行政机关与社会保险承办机构完全分开，按照社会保险项目设置社会保险承

---

① Mathias, Jorg, "Reforming the Swedish Employment-related Social Security System: Activation, Administrative Modernization and Strengthening Local Autonomy", *Regional & Federal Studies*, Vol. 27, No. 1, 2017, pp. 23-39.

② QIU Yulin, "The Enlightenment of Canadian Social Security System to China", *Journal of Renmin University of China*, No. 1, 2004, pp. 57-63.

③ Andrew Podger, David Stanton, Peter Whiteford, "Designing Social Security Systems: Learning from Australia and other Countries", *Public Administration & Development*, Vol. 34, No. 4, 2014, pp. 231-250.

④ 郑秉文：《中国社养老金发展报告 2013——社保经办服务体系改革》，经济管理出版社 2013 年版，第 167 页。

⑤ Janice L. Caulfield, "Measuring Autonomy in Social Security Agencies: A Four Country Comparison", *Public Administration & Development*, Vol. 24, No. 2, 2004, pp. 137-145.

⑥ Axel BörschSupan, *The German Retirement Insurance System*, Springer Berlin Heidelberg, 2001, pp103-109.

办机构，不同的险种由不同的机构负责，不同身份的参保人参加不同机构的社会保险项目，其中养老金制度最初是作为一种按比例计算的保费制度设计的。1957年正式成为现收现付制，所有受供养的雇员都必须参加这一制度，部分个体经营者必须参加。该系统在机构、覆盖范围、贡献和福利水平方面都非常分散。①

法国的社会保险体系被认为是一个由家庭津贴、工伤和一般福利组成的三方体系，每一个分支最初都是在政府机构之外发展起来的，在立法开始对其进行管制或坚持其扩展之前，都作为一种自愿制度而获得了稳固的立足点，并创建四个基金账户来区分疾病保险，老年养老金和家庭福利等，每一个基金将其开支保持在国家基金分配的总额之内，如果出现赤字，唯一可行的行动就是向国家基金申请预付款或补贴，而这必须以"实际价值"来证明；另外，如果一个基金发现自己处于盈余状态，它可以将其中的一部分用于延长健康和社会福利，但其余部分必须转交给国家储备基金。②

荷兰的福利国家建设起步较晚，发展较慢，直到20世纪50年代中期，社会保险体系给予荷兰公民的保护程度远低于欧洲平均水平，这是由于国家、政党、工会和雇主协会之间关于不同政党的作用和责任的长期冲突造成的。20世纪50年代，有关各方达成妥协，打破了僵局，在达成这一妥协之后，社会保险制度迅速扩展。在20世纪50年代和60年代，为失业、疾病、残疾、老年和寡妇引入了集体工人保险和国民保险。由于荷兰社会保险制度的扩展较晚，这意味着它是在一个前所未有的增长和繁荣时期发展起来的，所以覆盖面很广，福利也相对较高。荷兰社会保险的发展可以被描述为一种"有管理的自由化"，一方面可以看到一定程度的自由化，即社会保险和社会保障通过市场管理的增加，另一方面国家对制度的控制也在增加。③

---

① Queisser, Monika, "Pensions in Germany", *Policy Research Working Paper*, Vol. 43, No. 11, 2010, pp. 2666-2687.

② Doreen Collins, "The French Social Security Reform of 1967", *Public Administration*, Vol. 47, No. 1, 2010, pp. 91-112.

③ Romke Van Der Veen, Willem Trommel, "Managed Liberalization of the Dutch Welfare State: A Review and Analysis of the Reform of the Dutch Social Security System, 1985-1998", *Governance*, Vol. 12, No. 3, 2010, pp. 289-310.

3. 公司模式

"公司模式"是指政府相关监管部门批准后，私人养老基金管理公司经办管理个人账户。采用这一模式的国家有：智利、秘鲁、哥伦比亚、阿根廷、乌拉圭、墨西哥等。① 这种模式有助于发挥私营部门和市场的作用，能够有效减少公共开支。② 有学者通过运用动态生命周期进行模拟，分析出美国社会保险私有化模式在产出与社会生活等各个方面具有明显优势，渐进的社会保险私有化是美国贫困人口的福祉。③

具体而言，智利的社会保险制度的统一程度较高，除少数职业有专门的社会保险计划外，其余实行统一管理，私营部门承担重要职能，政府设置专门的机构进行监督。2008年智利巴切莱特政府推行养老金改革，改革的目标是扩大皮诺切特军事政府在1980年提出的私有化养恤金制度，使福利普遍化，增加养恤金的价值，并随着时间的推移减少老年贫困。改革立法最重要的成就是保证向所有从未对私有化制度做出贡献或受益的65岁以上智利人提供基本的团结养恤金。④ 在秘鲁，同大多数拉丁美洲国家一样，由养老基金管理公司对养老保险进行经办，只有正规部门的工人才必须参加社会保险，虽然现阶段以家庭为基础的安全网可能取代自愿参加个人账户养恤金制度，但是扩大养恤金覆盖面和解决贫穷仍然是政府面临的挑战。⑤

通过对国外社会保险经办的相关文献进行梳理，发现多个国家具有较强的合办倾向。例如非洲在未来实施全民健康覆盖体系过程中将着重协调社会保护和应急系统；美洲在未来将会优先解决福利计划的碎片化和内部分割，改善福利计划之间以及福利计划与其他社会政策之间的社

---

① 郑秉文：《中国社养老金发展报告2013——社保经办服务体系改革》，经济管理出版社2013年版，第178页。

② 周弘：《50国（地区）社会保障机构图解》，中国劳动社会保障出版社2011年版，第223—230页。

③ Laurence J. Kotlikoff, "Simulating the Privatization of Social Security in General Equilibrium", Nber Working Papers, 2009.

④ Silvia Borzutzky, "Reforming the Reform: Attempting Social Solidarity and Equity in Chile's Privatized Social Security System", *Journal of Policy Practice*, Vol. 11, No. 1-2, 2012, pp. 77-91.

⑤ Li, Carmen A., Olivera, Javier, "Voluntary Affiliation to Peru's Individual Accounts Pension System", *International Social Security Review*, Vol. 62, No. 3, 2010, pp. 23-48.

会保护政策的协调。① 胡晓义通过纵览世界各国的社会保障发展，提出四个方面的共同趋势：①从单一模式到混合模式。②从消极保障到积极保障。③从分散管理到统一管理。④社会管理与市场化运营相结合。②

对于我国社会保险的进一步发展与改革，需要借鉴国际经验并与自身特点有效结合。③ 通过总结世界各国的实践经验，可以发现我国的社会保险经办模式需要建立社会化管理与一站式服务，在全国范围内建立一系列基本制度，并逐步健全统一的社会保险信息系统。④ 唐霁松对比了各国的社会保险服务人次的相关指标，显示出我国的社会保险机构的负荷远远超过世界平均水平，因此需要建立更加便民快捷的社会保险服务体系，推进社会保险经办机构的规范化、信息化、专业化建设。⑤

四 经办运行（整合）模式改革的探索及出现的新问题

经过多年的建设发展，从形式普惠走向实质公平是我国社会保障制度改革的方向，⑥ 这需要从管理体制和运行机制出发进行改革，化解城乡差距扩大、公共资源浪费、行政效率低下等问题。⑦ 基于此，在我国社会保险经办机构整合实践中，各地形成了多种模式，经过多年的探索与发展，也面临着相应的新的问题。

（一）社会保险经办运作模式改革的探索

我国许多地方对经办体制进行了改革，形成了各种模式，各地的经验对我国社会保险经办未来的发展具有良好的参考价值，主要形成以下几种模式：

---

① ILO, "World Social Protection Report 2017—19: Universal Social Protection to Achieve the Sustainable Development Goals", Geneva: International Labour Office, 2017.

② 周弘:《50国（地区）社会保障机构图解》，中国劳动社会保障出版社2011年版，第1—3页。

③ Aidi Hu, "Reforming China's Social Security System: Facts and Perspectives", *International Social Security Review*, Vol. 50, No. 3, 2007, pp. 45-65.

④ 穆怀中:《社会保障国际比较》，中国劳动社会保障出版社2014年版，第164—166页。

⑤ 唐霁松:《社保经办机构服务人次国际比较》，《中国社会保障》2015年第1期。

⑥ 崔丽、刘世昕:《郑功成：用实质公平密织社会保障大网》，《中国青年报》2012年3月6日。

⑦ 郑功成:《全民医保要从形式普惠走向实质公平》，《中国医疗保险》2015年第3期。

"成都模式"建立了五险合一的管理平台，实现了社会保险统一征收等多个方面的整合，有力地促进了社会保险扩面征缴工作，使得参保人数和基金规模不断增加，同时提高了社保稽核的工作效率。①

"太仓模式"建立了统筹城乡社保的各项政策，其中的"劳动保障卡"制度整合完善了全市的劳动保障信息，将原先不沟通、不配合、不交流的信息进行整合，创立集多个险种为一体的劳动保障卡，推动了社会保险信息资源共享和信息化建设。②"太仓模式"下各险种之间可以自由转换，无缝衔接，增加了人性化的弹性机制，并且整合经办管理机构，将新型农村合作医疗的管理移交劳动保障部，节省人力物力财力的同时提高了工作效率。③

"泰州模式"采取社保基金统一征缴管理，取得了一定的成效，说明新机制能够有效提高工作效率和工作质量，进而提高公共服务水平。④

"如皋模式"改革可以概括为"分类、整合、减负"三部分，这种模式需要对五个险种相同或相似的经办管理职能进行分类和归并，然后精减工作人员，建立社保业务大厅，通过实践证明这样的模式提高了经办能力与工作效率。⑤

通过梳理、分析我国各地社会保险经办模式发展历程，有三个显著特点值得关注：①经办服务的业务承办主体和服务方式越来越多元化。②为了满足便捷和高效率的经办需求，"五险合一"、经办机构委托经办、"电子社保"成为未来发展的趋势。③为了消除服务资源多样化和零散化对高效率的阻碍，资源整合和协调统一在社会保险经办模式发展过程中越来越重要。⑥

（二）改革过程中出现的新问题

在我国社会保险经办模式改革取得成效的过程中，也暴露出一定的问题：①"五险合一"改革后出现业务上错位、多头管理等问题，造成

---

① 赵虹：《成都打造"五险合一"管理平台》，《四川劳动保障》2005 年第 11 期。
② 骆华湘：《"太仓模式"统筹城乡社保》，《中国劳动保障》2008 年第 11 期。
③ 仇雨临、郝佳、龚文君：《统筹城乡医疗保障制度的模式与思考》，《湖北大学学报》（哲学社会科学版）2010 年第 37 期。
④ 叶跃华：《"五险合一"的泰州模式》，《中国社会保障》2006 年第 6 期。
⑤ 周子华：《"五险合一"喜与忧》，《中国社会保障》2010 年第 12 期。
⑥ 孟昭喜、傅志明：《中国社会保险管理服务发展报告（1978—2013）》，中国劳动社会保障出版社 2014 年版，第 108—111 页。

条块指导不顺。②由于各个险种情况不同，基金收支分离，统一管理后使得基金预警责任不明。③整合后新组建的单位需要重新协调，降低经办效率。④改革后使得原有的信息系统协议管理被割裂。① ⑤"五险合一"改革过程中存在注重组织资源的整合，忽视经办业务及信息化资源整合的问题，并存在对整合的根本目的认识不足、工作准备不足等问题。②

五　经办模式改革及经办能力提升的对策

从发展的角度审视我国社会保险经办模式的演进过程，大部分学者和实际工作者都倾向于社会保险统一经办，认为通过社会保险统一经办能够在一定程度上提高经办能力，并基于此提出相应的对策建议。

（一）社会保险经办模式改革

从理论层面可以证明"五险合一"分量总和是社会保险管理体制改革的必然趋势。③ 在实践层面，我国部分城市社会保险经办模式实现了从分散到统一的改革，通过实践数据也能够说明我国社会保险经办机构设置分散，存在诸多问题，统一社会保险经办机构势在必行，并且按照统筹层次整合经办机构是科学选择。④

随着社会保险经办模式的演进，作为服务型政府重要组成部分的经办机构，应当根据各个社会保险计划建立统一的组织体系和社会形象，并共享信息、全国联网，实行一站式终生服务⑤，基于此，很多学者对社会保险经办能力的提高提出了相应的对策。

（二）社会保险经办能力提升的对策

机构设置一体化、业务流程规范化、工作职责明确化、管理手段现代化是实现统一经办的必要条件，也将为我国社会保险经办整合模式实施奠定条件基础。⑥ 应当整合管理服务资源、建立全民社保登记制度、形

---

① 周子华：《"五险合一"喜与忧》，《中国社会保障》2010年第12期。
② 傅志明、刘玉璞：《社会保险经办资源整合存在问题及成因分析》，《山东人力资源和社会保障》2013年第7期。
③ 席恒、张静宜：《地税代征还是回归社保——"五险合一"分量总和基础上的路径选择》，《西北大学学报》（哲学社会科学版）2008年第6期。
④ 刘玉璞：《按统筹层次整合经办机构》，《中国社会保障》2009年第3期。
⑤ 杨燕绥：《社会保障定型与社会保险完善》，《中国社会保障》2008年第1期。
⑥ 席恒、张静宜：《地税代征还是回归社保——"五险合一"分量总和基础上的路径选择》，《西北大学学报》（哲学社会科学版）2008年第6期。

成多元社保供给服务机制、提高社保经办技术手段、实现标准化与精确管理等。①

关于社会保险经办模式未来的发展，应当做到：①设置统一机构，实行行业垂直管理和五险统管。②对社会保险信息化建设进行规划，打破地区分割和重复建设，建设全国统一的信息化服务网络。③整合社会保险经办资源，建设"大社保"经办服务体系。②

除此之外，社会保险经办能力的提高是一个系统工程，在"整合"成为必然趋势的同时，还需要在多个方面加以完善：

（1）在社会保险经办机构的创新管理方面，需要将社会保险经办机构的能力建设引入创新的轨道，创新性的提出更具有效率的制度。例如在社保机构建立具有公共服务精神、勤勉敬业的组织文化，建立弹性的薪酬制度，更好地推动社会保险经办机构的发展。③

（2）在社会保险经办外部环境治理方面，由于社会保险经办工作是以社会保险经办机构为核心，向其他领域延伸的联合体，在经办层的外部，依次是行政层、企业层和社区层。四个层级都需要不断完善，形成合力，使社会保险发挥最大的效用。④ 同时，要以科学发展观为指导，使其更大更强，优化保险业务结构，转变增长方式，处理好多方关系。⑤

（3）在社会保险经办内部控制方面，需要不断提高社会保险经办人员的素质，在法律框架下，以需求为导向，不断优化服务方式。完善社会保险经办机构的服务设施，拓宽社会保险经办机构的服务领域，提供多样化的社会保险服务。⑥

---

① 谭中和：《社会保险全覆盖形势下的经办管理问题与对策（下）》，《人事天地》2014年第6期。

② 郑秉文：《中国社养老金发展报告2013——社保经办服务体系改革》，经济管理出版社2013年版，第145—157页。

③ 王琦：《提升社保经办能力亟待机构整合与管理创新》，《劳动保障世界》2009年第1期。

④ 吕洪魁、封会民：《改善环境，提升经办能力——社会保险经办工作环境分析》，《中国劳动保障》2008年第5期。

⑤ Alexander Abian, "A Simplified Version of Fraenkel-Mostowski Model for the Independence of the Axiom of Choice", *Insurance Studies*, Vol. 64, No. 3, 2008, pp. 331-334.

⑥ 姜海、崔永录：《提升社会保险经办服务水平的主要途径》，《劳动保障世界》2008年第8期。

六 统一社会保险公共服务平台建设

党的十九大明确提出建立全国统一的社会保险公共服务平台，这对各项社会保险政策的贯彻落实和实施效果有直接影响。建立全国统一的社会保险公共服务平台体现了对我国目前人民日益增长的美好生活需求同不平等不充分的发展之间的主要矛盾的积极回应，有利于让人民享受到公平、快捷的社会保险服务，满足人民在社会保险方面的需求。

（一）统一的社会保险公共服务平台建设的内涵与必要性

建立全国统一的社会保险公共服务平台，是解决社会保险公共服务发展的不平衡与不充分问题的有效措施，是对过去二十多年社会保险经办服务体系建设的归纳和提升。① 包含了四个方面的重大内容：①是全国性的而非局部性、地方性的平台；②是统一的而非分散、零碎的平台；③是社会保险公共服务而非其他领域、其他业务的平台；④是建立平台而非完善、改造平台。②

由于我国社会保险覆盖的人数越来越多，规模也越来越大，急需完善社会保障制度，并全面提高标准化服务水平，进而满足参保单位和人民的普遍需求，因此也急需建立全国统一的社会保险公共服务平台。实现养老保险全国统筹是我国现阶段目标，建立全国统一的社会保险公共服务平台可以为养老保险全国统筹提供统一的经办服务平台和统一的信息系统，有利于养老保险全国统筹更好地实现。③ 进一步而言，建立全国统一的社会保险公共服务平台有助于实现服务型政府的目标，也有助于实现基本公共服务均等化的目标，为全体人民提供更高质量的公共服务。④

（二）统一社会保险公共服务平台建设的经验与途径

我国各省市在探索建立统一的社会保险公共服务平台方面有了初步的经验，并取得一些教训，这些对今后建立全国范围内统一的社会保险公共服务平台具有借鉴意义。很多学者基于实践探索中的经验教训，结

---

① 聂明隽：《适应新形势，如何建立全国统一的公共服务平台?》，《中国社会保障》2018年第9期。
② 黄华波：《遵循认识论，解构大平台》，《中国社会保障》2018年第2期。
③ 陈国涛、代勤：《内蒙古人力资源社会保障公共服务平台建设概述》，《中国管理信息化》2018年第21期。
④ 王宏、刘延光、田刚：《加强基层人力资源社会保障公共服务平台建设的意义和建议》，《中国劳动》2013年第7期。

合自己的理论知识，指出未来建设全国统一的社会保险公共服务平台的途径。

在建立全国统一的社会保险公共服务平台的过程中，需要把握三点基本原则。首先，需要保障公平，做到全面，稳步提升社会保险的参保率；其次，需要适应人口的流动性，将迁移人口纳入社会保险的服务对象，解决社会保险的城乡统筹问题；最后，需要增强社会保险制度的可持续性，考察各种指标，平衡各种群体的利益，尽可能做到社会保险制度的永续发展。①

基于此，在当前阶段建立全国统一的社会保险公共服务平台，需要从以下几个方面进行突破：

（1）框架设计与实现路径方面，要坚持以人民为中心，养老保险和医疗保险为主线，以互联网为载体，建立兼顾各个险种和覆盖面广泛的公共服务平台。在建立统一平台的过程中，着重对现有的社会保险经办模式进行改造，面向服务对象的部分尽可能不变动，着重调整后台工作。在建立过程中应适当借鉴商业银行的服务模式。② 做好从"管理服务"到"公共服务"的转变。

（2）社会保险公共服务平台需要做到标准化、信息化、民主化。具体而言，标准化是指各级政府与服务机构需要做到组织构架、经办流程、服务项目与业务的统一，使不同地区、不同群体能够享受同等的社会保险项目与服务。信息化是指更多更好的利用互联网和移动通信技术，提供更加便捷的服务，建立更加完善的数据库，更准确地预判未来的发展。民主化是指社会保险需要覆盖到全民，使全民参与其中，全民共享收益，全民监督工作，加强社会保险的信息公开，在群策群力的过程中更好的发挥社会保险的社会功能。③

（3）基层政府、地方政府、中央政府职责方面，需要按照规定履行相应的事务。基层政府需要完成党中央的任务，收集和管理参保人的权

---

① 古轼：《新时代新使命——建立全国统一的社会保险公共服务平台刍议》，《中国社会保障》2017 年第 12 期。

② 聂明隽：《适应新形势，如何建立全国统一的公共服务平台？》，《中国社会保障》2018 年第 9 期。

③ 古轼：《新时代新使命——建立全国统一的社会保险公共服务平台刍议》，《中国社会保障》2017 年第 12 期。

益信息，为国家的顶层设计服务。地方政府需要修建"上通下达，左右畅通"的社会保险信息交换的"十字形"信息交流平台，并在一段时间内承担社会保险统筹与资金调度的任务。中央政府是社会保险信息的权威机构，需要完成顶层设计、收支预算、信息披露等工作。①

除此之外，由于各地社会保险服务体系建设的水平不同，社会保险公共服务平台的分散程度也不同，因此要建立全国统一社保公共服务平台，所要选择的路径也会有所不同。有两种具体的路径可以加以参考和运用：一种是自下而上进行推进，先在各统筹区建立起统一的社会保险公共服务平台，再建立省内跨统筹区的统一社保公共服务平台，再进而推动全国社保公共服务平台的统一。另一种路径是上下结合进行推进，在全国、省（自治区、直辖市）和统筹区三个层次同时推进统一的社会保险公共服务平台建设。②

七 文献评价

通过对文献的梳理，可以发现从理论和实践角度"五险合一"经办模式得到了多数学者的认可，有学者提出"五险合一"分量总和是社会保险管理体制改革的必然趋势。③并且，不同学者选择了不同评价视角与评价方法对社会保险经办模式进行了相应的绩效评价，认为垂直管理模式有利于增强组织建设，形成规范化和标准化的服务模式，④"五险合一"经办模式有利于提高效率、节省资源。⑤并且，建立全国统一的社会保险公共服务平台也受到了广泛关注，不同学者从多个方面提出了相应的建设路径。

综合而言，目前有关社会保险经办模式的相关文献中，国外的研究较少从中国发展的实际情况出发，但能够看出未来社会保险经办的合办倾向。国内的研究主要分析出了实践中分立运行的现状及问题，并对整合模式试点运行的地区进行评价，发现了一些改革过程中的新问题，并

---

① 杨燕绥、妥宏武：《基本养老保险全国统筹需统一社会保险公共服务平台》，《中国人力资源社会保障》2017年第11期。
② 傅志明：《围绕"统一"做文章》，《中国社会保障》2018年第2期。
③ 席恒、张静宜：《地税代征还是回归社保——"五险合一"分量总和基础上的路径选择》，《西北大学学报》（哲学社会科学版）2008年第6期。
④ 张晨寒：《垂直管理：养老保险经办机构能力建设的突破口》，《河南师范大学学报》（哲学社会科学版）2012年第39期。
⑤ 陈仰东：《实现"五统一"，提升执行力》，《中国社会保障》2008年第6期。

从理论层面提出社会保险经办模式的发展趋势。

上述研究资料给本书提供了非常丰富的资料，为课题组理清思路，基本明确了五险合一、统一经办的初步目标提供了资料和理论支持。但是现阶段的研究从理论和实践层面还存在以下问题：第一，经办机构作为社会保障公共服务的提供者，其运行效能直接体现着政府公共服务能力的高低。反过来，社会保障公共服务对经办机构也提出了新的需求，这需要从理论层面上进一步研究，从而对社会保险经办模式改革方向有更准确的把握。第二，目前的研究多是对各地经办整合模式具体做法的介绍，对于如何实现，实现的条件及制约因素的研究需要结合具体地方进行深入实证分析。第三，经办模式运行的绩效评估关注很少，对于各地在经办模式改革中的各种做法，缺乏统一的衡量标准，对于各种模式中出现的问题难以形成统一意见，需要设计科学的绩效评估指标体系。这些为本书的研究提供了探索的空间。第四，在社会保险经办模式改革过程中，大多数学者只注重如何统一与整合，忽视了全国统筹的同时还要照顾到不同地区的经济基础、平台建设水平等差异以及各地特殊情况，需要因地制宜进行改革。第五，鲜少有学者在研究中提及统一经办与分立经办的财政支持和分担问题。这些问题为本课题的进一步研究提供了方向和空间。

第三节　研究思路

本书沿着"理论框架—状态评价—机制构建—政策支持"的基本思路（见图1-1），从社会保险利益相关者的需求出发，从经办机构分立运行的现状及问题入手，通过建立经办机构绩效评价指标体系，对典型地区经办整合模式进行实证评价，研究不同类型经办合作模式的动力机制和利益分配机制，剖析影响因素，从制度、激励、组织和能力四个层次上力图解决城乡社会保险资源的集中配置及实现路径问题。

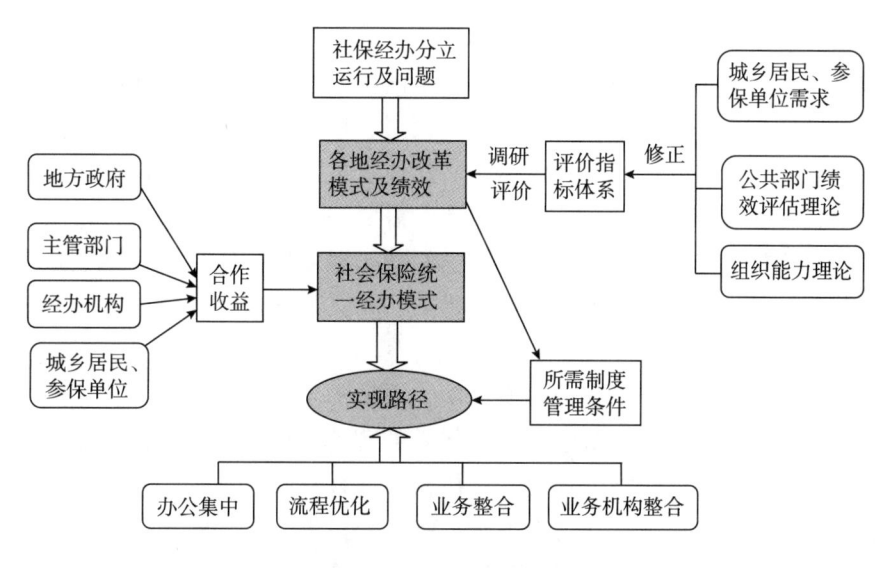

图 1-1 本书研究技术路线

第四节 内容框架

社会保险制度和政策要通过经办体系来执行，经办体系体制、机制，经办机构的绩效直接决定着社会保险制度和政策目标的达成。随着我国各项社会保险制度建立和完善，社会保险经办管理体制和经办体系也随之进行改革和调整，在此期间，各地涌现多种经办模式，对各地经办模式的科学评价，对于确定我国社会保险经办体制和经办模式有着重要的指导意义，以此，本书主要内容包括七个章节：

第一章是研究背景和文献综述部分。对本书的选题、内容框架和研究方法进行介绍，其中重点部分在于对相关文献的梳理。制度设计及其外部性一直是国内外社会保障领域研究的重点和主要内容，而由于操作性较强，社会保险运行机制问题在社会保障领域一直不是研究的重点，理论界对此问题的关注很少，主要是实务界操作性的总结。党的十八大报告将社会保险体制机制问题列入顶层设计以来，理论界开始重视对此问题的研究，而实务界对此问题的研究更多，在借鉴理论界和实务界已有研究文献的基础上，从社会保险经办机构性质和定位、目前运行的状况、各地改革形成的模式及其绩效评价、社会保险经办模式改革及经办能力提升的对策和近两年来新提出的全国统一的社会保险公共服务平台建设 6 个方面进行了系统的梳理。决策层、理论界和实务界在社会保险五险合一统一经办模式的确定上基本达成了共识，但对于各地各种模式出现的问题难以形成统一意见，因此，需要综合考虑社会保障公共服务对经办机构提出的新要求，设计科学的绩效评估指标体系对各地经办模式进行评估，从而对社会保险经办模式，尤其是管理模式改革方向有更准确的把握。

第二章是理论基础部分。通过深入系统的学理性论证，主要从四个方面提出了统一社会保险经办服务体系的理论基础，分别是社会保险性质与功能定位、组织能力理论、合作秩序与合作收益理论以及制度组织激励与能力分析框架。社会保险经办机构是提供社会保险服务的法定机构，是履行国家公共服务与行政管理职能的执行机构，是政府连接群众的重要桥梁，是创新社会治理的重要工具，其公共服务能力直接决定着社会保障制度政策和社会治理目标的实现；组织能力理论侧重于从组织内部条件出发，从组织资源、能力、知识，尤其是组织中的集体学习四个方面，对组织如何获取并保持竞争优势进行解释。社会保险经办机构作为一种组织，其能力是通过内在的组织调整、人力资源的有效利用以及部门的组织协调等，体现在对外的经办服务质量上；合作秩序与合作收益理论认为合作秩序的产生和形成是由于合作收益的存在，而经办服务得以实施所需建立的合作秩序则需要更加多元的社会主体及建立主体共同合作的基本平台和框架；制度、组织、激励与能力分析框架认为决定组织能力的基础是组织的激励机制和手段，而这又取决于不同的组织结构，其根本是由建立在战略基础之上的制度决定的。社会保险经办机构作为公共组织，在其提供的公共服务能力上，建立符合中国城乡实际的管理体制制度是关键，以此减少经办服务过程中的交易成本，在此基础上构建适当的组织体系，建立满足组织成员需求为核心的有效激励机制，这样才能培育高效的机构核心能力，不断满足参保者的公共服务需求。

第三章对中国社会保险经办服务体系的历史演进、目前的状况进行了宏观分析。中华人民共和国成立以来，我国社会保险经办服务体系历史演进，可以划分为工会管理（1951—1966 年）、经办工作停滞（1967—

1977年)、多部门管理(1978—1998年)和归口管理(1998—2019年)四个阶段,随着社会保险服务体系的演变,经办改革逐渐从注重行政管理向社会管理转变,实现了从管理职能向服务职能的转变、从管理单位化向管理服务社会化的转变、从单位人享有向人人享有的转变,社会保险公共服务不断深化。目前形成了5级层级组织结构、多种经办模式,经办人员有了一定的增长,服务更快捷、方便,基本满足了参保者的需求,促进了社会保险覆盖面的持续扩大,多元合作经办模式初步建立。但是还存在经办机构定位不清,机构设置分散,组织形象多种多样,工作负荷日益加大,部分地区经办机构人力资源配置不合理,经办信息系统与其他系统不统一,部门系统分割致使数据分散,标准不一致等问题,不能满足参保对象多样化的服务需求,更不能适应人口流动性的需要。

第四章是各地社会保险经办整合模式的综合实证评价。具体从两个方面进行调研,一是对社会保险经办机构和工作人员进行调研和访谈,主要目的在于考察经办机构公共服务能力。二是对参保者的调研,从经办机构服务的对象参保者的角度来对经办机构提供的服务质量进行评价。选择了天津市、乌鲁木齐市、西安市和太原市四个典型地区,分别代表了"五险合一"垂直管理模式、"五险合一"属地管理模式、集中经办混合管理模式和分立运行属地管理模式四种典型的经办模式,从基础保障、工作量、信息化建设、外部沟通、服务表现五个方面23项指标,对四种经办模式公共服务能力进行比较分析,结果显示五险合一垂直管理模式得分最高,依次是五险合一属地管理模式和混合经办模式,得分最低的是太原为代表的分立运行属地管理模式。通过对混合经办内部不同模式服务能力对比分析,也发现集中经办模式的绩效也要优于分立运行经办模式;从参保者感知的服务质量表现也得出类似的结果,四种经办模式经办机构公众感知的服务质量与期望的都存在差距,但差距最大的是分立运行属地管理经办模式,差距值最小的是五险合一垂直管理经办模式,显然,上述四种经办模式,五险合一垂直管理经办模式服务质量最好,五险合一属地管理模式排名第二,分立运行属地管理经办模式得分最低,服务质量最差。

第五章为社会保险经办模式的海外比较研究。通过对OECD、亚洲23个主要代表国家社会保险经办体系运行情况的比较,从这些国家经办机构的组织体制出发,进一步考虑经办机构的业务内容,将国外社会保险经办服务体系划分为统一经办模式、分立运行模式、自治式经办模式和公司制经办模式四种。统一经办模式是由中央政府通过设置下属的行政部门或者依法成立的特殊公共机构，统一负责全国的社会保险经办业务，采用这种方式的主要有英国、美国、澳大利亚、新西兰等；分立运行模式按险种分开设置经办机构，负责社会保险经办业务，如日本、韩国、瑞典、挪威、加拿大等；自治式经办模式由非政府自治组织通过与政府签订契约的方式进行社会保险经办管理和服务，政府相关部门负责监督与政策指导，实现管办分离，如法国、德国、荷兰、奥地利、意大利、瑞士、葡萄牙、西班牙、比利时等；公司制经办模式下，社会保险制度的管理、实施等职能由政府相关监管部门批准的公司履行。采用此种模式的主要有智利、新加坡、印度、印度尼西亚以及多数拉丁美洲地区等国家。海外的发展实践经验表明，各国社会保险经办管理体制机制不一，伴随国情变化与制度改革，其经办管理组织体系在不断进行着适应性调整，大部分国家经办服务由专职机构提供，发展趋势从分立走向统一，运行模式由分散经办到统一经办，从政府和市场经办走向公私合作经办。政府直接管理型体制下的一些国家，机构将部分业务进行外包，但其主要业务，尤其是提供基本保障的项目，本质上仍然保持着由政府直接管理的方式。

第六章提出适合我国实际的社会保险统一经办模式。当前，我国社会保险事业的发展已经达到了一个新的阶段，由制度构建与覆盖范围拓展的外延式发展阶段，向提高制度统筹与管理绩效的内涵式发展阶段转变，要求统一管理服务、统一信息系统，进一步规范经办管理服务流程、减少管理成本、提高服务质量与水平、实现资源共享。同时，随着人口老龄化进程加快、全民参保计划的实施和社会化管理的推进、科技进步催生的新业态发展，基金支出刚性化、服务对象社会化、人员流动常态化、利益诉求多元化，分立运行属地管理模式已不能适应社会保险事业的发展及参保人群的实际需求。机关事业单位养老保险制度的建立、城乡居民社会养老保险制度的统一、统一城乡居民基本医疗保险制度的探索、提高统筹层次取得的新进展，尤其是征缴体制改革、组建国家医疗保障局带来的新要求，建立统一社会保险经办服务体系已迫在眉睫。"五险合一"垂直管理的经办运行模式按照管理体制和业务流程重新设计，逐步建成增强公平性、适应城乡人员流动性的各个险种统一征缴、统一标准、统一业务流程、统一基金管理、统一信息平台、统一结算、统一支付支付、垂直管理，充分整合利用社会和市场资源的社会保险经办模式。其人员编制应采取动态管理，与参保人次挂钩。社会保险服务部分经费，从社会保险基金中列支，纳入财政预算。这种模式使得中央政府、主管部门、地方政府和主管部门、经办机构、城乡居民与参保单位都实现了各自的利益，同时，统一高效的经办服务，形成了新的共同利益和合作收益，最终实现合作收益在各主体之间的共享。建立统一社会保险经办服务体系，建立"五险合一"垂直管理的经办运行模式的政策条件已经具备，各地"五险合一"统管的实践经验支持，信息技术的有力支撑，顶层制度设计的时机已经成熟。

第七章是实现路径与所需创设的制度与管理条件。结合前面的分析，在顶层制度出台之前，没有实现五险合一垂直管理模式的省份可以加快改革，根据各地运行模式的实际，分类制定改革政策。对于分立运行模式的地区，先进行物理集中整合，将办公场所进行集中，同时，实行"综合柜员制"，按照前台、后台综合窗口来优化业务流程；对于五险合一属地管理的地区，关键在于改革管理体制，推进实行省以下垂直管理，相应地，省级政府的大力支持成为核心因素，加快相关政策出台；对于混合模式的地区，一方面，要提高其他险种的统筹层次，有条件的实行省级统筹，条件不完备的尽快实行市级统筹；另一方面，各险种集中办理业务，随后，业务逐渐合并，并不断优化流程，最后完成机构整合。当然，这一系列改革也需要省政府出台相应政策，由省编办和人社厅具体实施。最终，由国务院出台相关政策，从部到省市县实现"五险合一"省以下垂直管理的体制。上述目标的实现还需要配套制度与管理条件，主要包括加快实现基本养老保险基金全国统筹，尽快实现医保等基金省级统筹，加快统一公共服务平台的建设，明确实现统一经办模式后的财政支持与分担模式等相关制度。

第五节 研究方法

1. 政策分析与评价方法。通过社会保险管理体制和机制相关政策文本梳理和文献分析，综合运用词频分析软件 CiteSpace 5.0 和人工方式提取关键词，进行内容筛选，对政策文本推进过程、热点领域、价值取向以及与其他法律、政治制度的相互依存关系进行分析，对社会保险经办政策体系的调研、制定、分析、筛选、实施和评价的全过程进行研究，掌握我国社会保险经办管理体制和经办体系发展历史脉络和阶段特征，对政策的效果、本质及制定的原因进行分析，探索不同经办模式差异性根源及相应体制内深层次结构。

2. 类型分析法与抽象法。从社会保险机构设置、职责范围、管理权限、统筹层次、人员配备、经济发展水平、地方财政、城乡居民收入水平等，对各地经办模式及整合试点进行归类，通过调研和评价，抽象概括出适合我国实际的经办模式，以及符合各地区实际的分阶段实现路径。

3. 问卷调查与深度访谈。调研从两个方面进行，一是对社会保险经办机构和工作人员进行调研和访谈，考察经办机构公共服务能力。二是对参保者的调研，从经办机构服务对象参保者的角度来对经办机构提供的服务质量进行评价。对城乡居民和参保单位进行调查和访谈；与主管部门和各经办机构人员座谈，了解试点整合模式的背景、运行效果和出现的新问题及解决办法。通过问卷调查和深度访谈，对目前我国各种经办模式进行综合评价。

4. 统计分析。对天津市、乌鲁木齐市、西安市和太原市四个典型地区，分别代表的"五险合一"垂直管理模式、"五险合一"属地管理模式、集中经办混合管理模式和分立运行属地管理模式四种典型的经办模式进行综合评价，运用因子分析法和修正后的 SERVQUAL 模型，对各种模式的运行绩效和提供的服务质量进行综合评价，并对影响各模式运行效果的因素进行分析，为相应政策建议提供突破口。

5. 比较分析法。在进行相关理论梳理、制度沿革和实践考察的研究中，运用历史分析法和比较分析法充分梳理社会保险经办体系历史演进各阶段的主要特征并进行比较，明确各阶段制度环境与政策取向；采用比较制度经济学中静态分析与动态分析相结合的方法，重点分析了欧洲、拉丁美洲、亚洲、大洋洲等 23 个国家的社会保险管理体制和经办体系，比较其制度和体系方面的差异性和同构性，为统一社会保险经办体系的建立提供启示和政策突破方向。

第六节　创新之处

1. 在分析框架上，从社会保险经办分立运行模式的异质性出发，按照"刺激—反应"的机制设计理论，从制度、组织、激励和能力四方面建立分析框架。在明确社会保险经办机构性质与功能定位基础上，建立在社会保险各利益相关者，即合作主体合作收益基础上的制度、组织、激励和能力分析框架，分析社会保险经办管理体制改革和各主体的利益均衡，构建了激励相容的统一社会保险经办模式和实施机制。

2. 在研究方法上，在借鉴组织能力理论、绩效评价理论、合作收益理论基础上，构建了包括制度、组织、激励与能力四方面框架内容在内的评价指标体系。从经办机构工作人员（服务主体）和参保者（服务对象）两个角度进行调查，综合运用抽样调查、统计分析、制度分析、比较研究和质性研究等方法，对各地经办模式进行综合评价，寻求各种经办模式的公共服务能力和参保者对服务的感知，从而确定较优的经办模式，为我国社会保险经办体制改革和经办模式确定提供了理论和实证参考，这种建立在调研实证基础上的研究较之目前侧重于定性经验总结的研究是突破和深化。

3. 在研究观点上，提出了一些富有新意的观点。如对中国社会保险经办服务体系历史演进四个阶段的梳理，总结出了三大转变，即随着社会保险服务体系的演变，经办改革逐渐从注重行政管理向社会管理转变，实现了从管理职能向服务职能的转变、从管理单位化向管理服务社会化的转变、从单位人享有向人人享有的转变，社会保险公共服务不断深化；已有的研究基本上是根据组织体制对国外社会保险经办体系划分为三种类型，而本书是从这些国家经办机构的组织体制出发，进一步考虑经办机构的业务内容，将国外社会保险经办服务体系划分为统一经办模式、分立运行模式、自治式经办模式和公司制经办模式四种类型，并总结了适用条件和发展趋势；提出了在顶层制度出台之前，没有实现五险合一垂直管理模式的省份根据各地运行模式的实际，分类制定改革政策，从不同的具体路径，实现五险合一垂直管理的统一经办体系等观点。

第七节　学术价值和应用价值

当前，我国社会保险经办管理体制不顺、经办模式五花八门、经办机构服务能力不足的矛盾日益突出。全民参保计划的实施和社会化管理的推进、科技进步催生的新业态发展，基金支出刚性化、服务对象社会化、人员流动常态化、利益诉求多元化，现有的社会保险模式已不能适应社会保险事业的发展及参保人群的实际需求。《社会保障"十二五"规划纲要》、党的十八大报告、十九大报告、《社会保障"十三五"规划纲要》都将社会保险经办管理纳入了顶层设计。社会保险经办体制机制问题已成为当前社会保障迫切需要解决的关键问题之一，因此，本书具有重要的实践应用价值。

社会保险经办模式方面的内容一直比较欠缺，一直是社会保障学科的薄弱环节，在已有的社会保障概论、社会保险学、社会保险基金管理、社会保障国际比较等课程中，社会保险经办管理体制、经办模式及其国际比较等内容基本缺失。研究成果对社会保险经办模式问题进行了系统深入的理论、实证和对策的前瞻性研究，可以补充丰富社会保障研究的学科架构和内容体系，推动社会保险领域的深入系统研究，以期补充完善社会保障学科的内容体系。本书对社会保险经办相关理论的梳理与剥离，在已有组织能力理论的基础上，提炼出社会保险经办组织能力理论、合作秩序与合作收益理论，构建了制度组织激励能力分析框架，为具体研究的开展提供了充分的学理性支撑，弥补了学界当前对社会保险管理体制和经办模式理论研究的不足，开创性地对社会保险统一经办模式的不同实现路径进行了全面系统研究，为构建适合我国国情社会保险经办模式的具体实践提供了学理依据。

同时，本书梳理和分析了目前中国社会保险经办体系发展的现状，对国内典型的四种经办模式，即"五险合一"垂直管理模式、"五险合一"属地管理模式、集中经办混合管理模式和分立运行属地管理模式的公共服务能力和服务质量进行了综合评价，在此基础上提出了社会保险统一经办目标模式的运行机制，并探索实现统一社会保险经办模式的机制与路径，提出的不同情况下实现社会保险统一经办的系统化路径和结构性策略,可以为政策制定者提供决策依据和路径设计,具有重要的学术理论价值和现实的政策参考意义。

第八节 不足与研究展望

总体来看,本书基本完成了预期研究任务,但也存在着一定的不足和欠缺,主要有以下三点不足:(1)对各地近些年在经办模式的总结方面只是比较了典型的四种模式,对于其他模式总结得不够。(2)对于四种典型模式和其他模式演变的深层原因,以及促使这些模式演变原因的分析不够深入。(3)国外典型模式、重点国家社会保险经办模式和其社会、政治、经济之间的关系分析不够深入。

在未来研究中,笔者将会按照上述三点不足,继续深入,进一步构建各种经办模式演变模型,以期通过数学建模来验证已获得数据变量的相关性和结构性,并从宏观和微观结合的视角研究整个社会保险经办体系的结构要素、框架内容、运行机制和实现路径,尤其是对经办模式的演变机制和核心影响因素的研究,为社会保险管理体制改革的深入推进提供更加完善的理论支持和决策参考。

第二章　一体化社会保险经办模式的理论依据

社会保险经办模式的确定，必须有其坚实的理论依据，通过理论的分析才能正确地评判目前经办模式运行的状况，解决存在的问题，为健全和完善社会保险经办模式的改革指明正确的方向。

第一节　社会保险经办机构的性质与功能定位

一　经办机构是提供社会保险服务的法定机构

1994年，全国人民代表大会常务委员会审议通过的《中华人民共和国劳动法》确立了社会保险基金经办机构的地位和职能，第七十四条做出规定："社会保险基金经办机构依照法律规定收支、管理和运营社会保险基金，并负有使社会保险基金保值增值的责任。"

2010年，《中华人民共和国社会保险法》从法律上完整地对社会保险经办机构做出规定，总则部分确立了"社会保险经办机构提供社会保险服务，负责社会保险登记、个人权益记录、社会保险待遇支付等工作"的法定职责，第九章就经办机构的设置原则、制度建设及支付待遇、登记和保管缴费信息资料、提供权益记录等权利义务做出规定，改变原来按行政区划设立机构的做法，提出"统筹地区设立社会保险经办机构"，人员经费/基本运行费用、管理费用，由同级财政按照国家规定予以保障，此外，还规定社会保险经办机构及其工作人员有"未履行社会保险法定职责的"行为等，将被追究法律责任。《社会保险法》的颁布标志着社会保险经办机构作为我国提供社会保险服务的法定机构地位的确立。

二　经办机构是履行国家公共服务与行政管理职能的执行机构

社会保险经办机构兼具公共服务与行政管理的双重属性，因此既是履行国家公共服务职能的机构也是履行国家行政管理职能的机构。一方面，党的十八大报告明确提出，转变政府职能，建设服务型政府的要求，党的十九大报告进一步对深化机构和行政体制改革做出部署，强调建设人民满意的服务型政府，从演进趋势看，服务型政府意味着公共服务目标的高度实现，公共服务均等化成为政府的基本职能①，加强政府的公共服务职能，是政府职能改革的重要内容，也是加快健全经办服务体系的目标所在。服务型政府实行政事分开，由决策、执行、监督机构共同组成，经办机构应该是服务型政府专司公共服务职能的执行机构。相应地，社会保险经办机构，负责执行国家社会保险公共服务职能，不仅服务于各类组织机构，也直接服务于广大民众。社会保险经办服务体系的健全和完善成为服务型政府建设的重要内容和标志之一，随着公共服务逐渐成为大众媒体中的热词，成为社会共识、群众期盼和衡量政府特别是各项公共服务提供部门工作绩效的标准。

另一方面，在提供社会保险公共服务的同时，社会保险经办机构具有一定的行政指导与管理职能。社会保险经办机构，通过立法确定社会保险基金的收缴以及使用办法等，提供的是国家的强制性制度服务，并对下级机构进行监督检查，具有行政职能。此外，依照法律行使相应的社会保障职能，如征收、管理社保缴费、给付和提供现金、实物或服务性待遇等，具有事业性管理职能，其基础属性也是一种执行国家行政管理职能的组织。因此，许多国家的社会保障体系建设中，将经办机构纳入政府体系，并且以政府部门的组织方式组建，在我国社会保险经办机构是政府建立的事业单位组织，行政管理职能不可忽视。近年来，服务型政府转向公共服务职能，经办组织改革最重要的就是弱化政府主管部门对所属经办组织的行政管理方式，但其行政管理属性依然存在且具有重要性，明确其管理的权限范围，以减少干预是改革的重点。②

三 经办服务体系是社会保障体系的重要组成部分

社会保障经办服务体系既是社会保障制度赖以运转也是社会保障政策得以落实的重要载体，包括缴费型和非缴费型社会保障制度的服务提

---

① 孙涛、张怡梦：《从转变政府职能到绩效导向的服务型政府——基于改革开放以来机构改革文本的析》，《南开学报》（哲学社会科学版）2018 年第 6 期。

② 顾海：《我国社会保险经办组织体系的环境变化与组织变革》，《南京社会科学》2015 年第 10 期。

供体系①，实际上也是一种综合的工作机制和执行系统，包括法律和政策的执行、相关事务的办理、相关服务的提供以及基金的筹集等。② 这关系到所建立和采用的组织体系、管理制度、服务模式、工作手段和运行机制等，其中组织体系，尤其是社会保险经办机构以及公共服务项目的提供机构是核心。社会保险经办服务体系使得社会保险制度全面贯彻落实，将制度规定的各项待遇按时足额支付。《社会保障"十二五"规划纲要》注重优质高效服务的基本要求，突出强调社会保障经办管理服务，将其纳入顶层设计。党的十八大报告明确要求"整合城乡居民基本养老保险和基本医疗保险制度""健全社会保障经办管理体制，建立更加便民快捷的服务体系"；党的十八届三中全会进一步提出要求，"加快健全社会保障管理体制和经办服务体系"，明确了改革保障的目标。社会保险经办服务体系是社会保障体系的重要组成，也是建立多层次社会保障体系的重要任务，社会保险经办服务体系需紧跟社会保障制度发展步伐，进行改革，全面推进社会保障体系建设，最终成为不断促进人的全面发展和实现全民共享国家发展成果的基本途径与制度保障。③

四 经办服务体系是创新社会治理的重要工具

社会保障是一种国家治理工具，其根本任务在于促进社会的和谐与稳定。④ 社会保障治理能力是国家治理能力的重要内容，社会保险经办服务体系是创新社会治理的重要工具。健全的社会保障经办服务体系对于国家政治稳定、经济发展、社会和谐具有重要作用。如在美国，法律规定，即使政府关门，社会保障署也依然运作；在日本，由于系统升级改造、管理不当等原因，造成社会保险厅的养老金原始凭证丢失和记录有误等，该事件引发首相下台。社会保险经办服务体系，不仅关乎民生，更关乎社会公共安全。党的十九大报告提出："建立全国统一的社会保险公共服务平台"，社会保险经办体系的改革不仅要以保障民生为目标，也要成为加强社会治理的方式。社会保险服务体系覆盖的信息全，沟通快，渠道多，通过社会保障的利益机制将分散的个人联系起来，这种作用是

---

① 郑秉文：《中国社保经办服务体系亟需深化改革》，《上海证券报》2013年12月27日。
② 贾康、苏京春：《创新与优化：健全社保经办服务体系》，《地方财政研究》2014年第4期。
③ 郑功成：《中国社会保障发展报告·2016》，人民出版社2016年版。
④ 席恒：《新时代、新社保与新政策——党的十九大之后中国社会保障事业的发展趋势》，《内蒙古社会科学》（汉文版）2019年第1期。

政府其他社会管理工具所缺乏的。

五　经办服务体系是政府连接群众的重要桥梁

社会保障是民生之基，通过社会保障事业，实现社会建设事业繁荣，通过加强收入再分配等优化社会结构，通过多种福利政策，满足人民多元化需求；动员各种社会力量参与社会保障事业的发展，保障人民群众的获得感、幸福感、安全感，在我国整个社会保障管理体系中，社会保险经办服务是民众的重要需求之一，及时、便捷地参保或申请相关的社会保障事务，是民众最关心的事项。[①] 社会保险经办服务体系一方面为参保人提供服务窗口，包括办理参保登记、申报缴费、申领待遇、查询咨询等服务，直接连接政府与群众；另一方面，社会保险经办服务体系负责提供社会保险公共服务相关事项，是政府联系群众的桥梁。此外，社会保险经办体系几乎覆盖了所有单位和个人的重要信息，为政府提供了了解民众真实需求与社会保障发展现状的重要依据。在此基础上，可以深入了解社会保障的运行效率，发现问题，及时改进，同时通过运用强大的信息技术，建立统一的社会保障公共管理平台，不仅可以增强社会保险公共服务供给效率，而且为其他基本公共服务的提供奠定基础，为公共服务均等化提供平台，帮助实现人的全面发展与人民美好生活需要。

第二节　组织能力理论

一　组织能力理论发展

长期以来，战略管理领域一直致力于寻求与保持竞争优势，20世纪80年代初，组织能力理论产生，侧重于从组织内部条件出发，对组织如何获取并保持竞争优势进行解释，经过二十多年的发展逐渐在战略管理领域占据重要地位。组织能力理论主要分化为四个流派，既相互独立，

---

① 席恒：《新时代、新社保与新政策——党的十九大之后中国社会保障事业的发展趋势》，《内蒙古社会科学》（汉文版）2019年第1期。

又相互补充,资源基础理论①、核心能力理论②、动态能力理论③和知识基础理论④。

关于组织能力的探讨始于1959年Penrose的《企业成长论》,认为企业是一系列资源的集合,在发展演进过程中,积累并形成不同的知识资源,进而引致了不同的竞争力。⑤ 1984年,Wernerfelt发表"企业资源基础观",将资源定义为企业具有的优势或者劣势的东西,80年代中后期,资源基础理论(RBV)的理论框架逐步占据主导地位。该理论强调,企业的内部条件,主要是组织资源、能力、知识等,既是企业获得超额利润的重要方面也是保持竞争优势的关键因素。资源基础观将组织的竞争优势来源转向内部,强调内部资源的意义更大。

1990年,Prahalad和Hamel《公司的核心能力》一文的发表,标志着组织能力理论发展的新阶段,该文认为企业是核心能力的集合体,而这种"核心能力"是组织中的集体学习,尤其指的是如何协调多种生产技能以及整合多种技术流派的学识,通常具有稀缺性、可延展性、价值性、难以模仿性等特征⑥。从能力载体方面,Barton对核心能力概念进行补充,认为核心能力蕴藏员工的知识与技能、组织的技术系统、组织的管理系统和价值与规范,强调这种能力是辨识与提供竞争优势的知识集合。⑦ 1992年,Stalk等进一步将其概念拓展到关注整个企业价值链。⑧

资源基础观与核心能力观的学者们都认识到异质、难模仿、难替代

---

① Wernerfelt, B., "A Resource-based View of the Firm", *Strategic Management Journal*, Vol. 5, No. 2, 1984, pp. 171-180.

② Prahalad, C. K. and Hamel, G., "The Core Competence of the Corporation", *Harvard Business Review*, Vol. 63, No. 3, 1990, pp. 79-91.

③ Teece, D. J. and Pisano G., "The Dynamic Capabilities of Firms: an Introduction", *Industrial & Corporate Change*, Vol. 3, No. 3, 1994, pp. 537-556.

④ Grant, R. M., "Toward a Knowledge-Based Theory of the Firm", *Strategic Management Journal*, Vol. 17, No. S2, 1996, pp. 109-122.

⑤ Kor, Y. Y. and Mahoney, J. T., "Edith Penrose's (1959) Contributions to the Resource-based View of Strategic Management", *Journal of Management Studies*, Vol. 41, No. 1, 2004, pp. 183-191.

⑥ Prahalad, C. K. and Hamel, G., "The Core Competence of the Corporation", *Harvard Business Review*, Vol. 63, No. 3, 1990, pp. 79-91.

⑦ Leonard-Barton, D., "Core Capabilities and Core Rigidities: A Paradox in Managing New Product Development", *Strategic Management Journal*, Vol. 13, 1992, pp. 111-125.

⑧ Stalk, G., Evans, P. and Shulman, L., "Competing on Capabilities: The New Rules of Corporate Strategy", *Harvard Business Review*, Vol. 70, No. 2, 1992, pp. 57-68.

等知识和能力对竞争优势起到至关重要的作用，前者更重视企业资源（物理资源、人力资源和组织资源），后者更关注组织拥有的集体能力。

随着对能力和核心能力基础的日益关注，以及知识和组织学习理论的发展，1992年，Kogut和Zander①《企业的知识、组合能力和技术的复制》一文标志着知识基础理论的产生。组织是自愿性社会共同体，通过运用高阶组织原则，个人和职能的特长被转变为经济上有用的产品和服务。组织的知识大多是隐性的，同时具有社会性，在一个社会的情境中产生和复制，很难转移并应用到不同企业。一个高阶的组织机制包括共享的编码模式、价值观、语言、流程等，是市场无法提供的，能够将生产技术编码成为一种个人可以获得和访问的语言。能力基于知识，知识不仅能够解释企业的竞争优势，并且帮助解释企业的存在、边界、内部组织问题，如多元化、纵向整合和创新。② 1996年，Grant和spender在《战略管理杂志》的专刊上正式提出企业知识基础理论，为知识视角的研究提供蓝图。③

然而，企业在某一时点所形成的核心能力并不能长期维持，反而会产生负面影响，成为阻碍企业变革和发展的因素。因此，1994年，Teece和Pisano等将"动态"的观点引入企业能力的研究框架，正式提出动态能力理论，强调组织能力与外部环境的密切联系。Teece等（1997）提出动态能力的流程、位势、路径模型（即3P模型），指出动态能力就是企业整合、构建和重构企业内外部能力以应付环境快速变化的才能，动态能力存在于企业的组织和管理过程中，其形成是由企业的资产地位、采用的发展路径等决定。④ 动态能力理论更强调能力的适应性特征，其重点在于对组织核心能力进行整合、重组、更新和再创造等，进而获取竞争优势。⑤

---

① Kogut, B. and Zander, U., "Knowledge of the Firm, Combinative Capabilities and the Replication of Technology", *Organization Science*, Vol. 3, No. 3, 1992, pp. 383-397.

② Foss, N. J., "Thorstein B. Veblen: Precursor of the Competence-Based Approach to the Firm", Druid Working Papers, No. 96, 1996, p. 16.

③ Grant, R. M., "Prospering in Dynamically Competitive Environments: Organizational Capability as Knowledge Integration", *Organization Science*, Vol. 7, No. 4, 1996, pp. 375-387.

④ Teece, D. J., Pisano, G. and Shuen, A, "Dynamic Capabilities and Strategic Management", *Strategic Management Journal*, Vol. 18, No. 7, 1997, pp. 509-533.

⑤ Wang, C. L. and Ahmed, P. K, "Dynamic Capabilities: A Review and Research Agenda", *International Journal of Management*, Vol. 9, No. 1, 2007, pp. 31-51.

组织能力理论将经济学理论和战略管理理论结合，围绕资源、能力和知识，强调了企业内部条件对于其竞争优势的重要作用。组织能力理论是一种战略观，本质上是一个能力体系，而能力是组织拥有的主要资源，是一种社会智力资本，能够有效解决组织的现实问题。组织能力关乎组织的效率，并且能够把组织承担和进行内部处理的各项活动清晰界定，有效管理与执行，并且随着环境的改变做出相应改进，不断提高组织运行效率。

二 社会保险经办机构的组织能力

"组织能力"（Organizational Capability）通常被用于私人组织，尤其常常出现在与公司治理相关的学术文献中，包含组织内部的领导、组织管理的策略与质量、组织实践的有效性以及组织属性与组织生产性活动的联系等（Ulrich & Lake, 1991[①]；Winter, 2003[②]）。近年来，"组织能力"概念开始用于对公共部门的分析，2015 年，Andrews 等指出，组织能力包含目标的设定、人力资源的有效利用以及部门的组织协调等能力，这种组织协调能力既有组织内部的协调也包含部门之间的协调。[③]

社会保险经办机构作为一种组织，其能力是通过内在的组织调整，体现在对外的管理服务效力，其组织能力与社会保险经办服务质量与执行效率密切相关。基于动态能力理论发展，组织的内外部环境对组织能力也有不同的影响，不同组织的组织能力应该包含的核心要素也会有所差别，因而社会保险经办机构的组织能力与其组织定位与核心职能有着非常密切的关系。20 世纪 70 年代末开始的"新公共管理运动"，政府组织也开始关注其功能定位和组织变革，新公共管理理论将服务中心主义引入政府管理，以提供公民满意的公共服务作为重要责任。[④] 在服务型政府职能的要求下，如何更好地满足民众公共服务需求，提供经办服务治理，是实现社会保障制度运行"载体"功能的关键，社会保险经办机构

---

① Ulrich, D. and Lake, D., "Organizational Capability: Creating Competitive Advantage", *Academy of Management Executive*, Vol. 5, No. 1, 1991, pp. 77-92.

② Winter, S. G., "Understanding Dynamic Capabilities", *Strategic Management Journal*, Vol. 24, No. 10, 2003, pp. 991-995.

③ Andrews, R., Beynon, M. J. and McDermott, A. M., "Organizational Capability in the Public Sector: A Configurational Approach", *Journal of Public Administration Research and Theory*, Vol. 26, No. 2, 2015, pp. 239-258.

④ 朱米均：《西方新公共管理理论述评》，《党政干部学刊》2006 年第 8 期。

要以此为依据,加强组织能力建设。

社会保险经办机构组织能力建设就是指根据社会保障制度安排与当前社会保障事业发展目标和任务,积极适应外部环境的不断变化,通过优化制度流程设计、合理设置组织架构、科学界定职能范围、合理安排人员结构、提高工作人员专业能力与素质,改善硬件支撑条件、增强机构文化建设、创新机构管理模式(如建立绩效评价体系、构建统一信息系统)等一系列措施,使得经办机构充分保持物理资源、人力资源和组织资源,形成核心能力,增强调整适应能力,进而充分履行社会保障的行政管理与公共服务等职能。

第三节 合作与合作收益

竞争意识与行为在人类历史发展较早,自达尔文提出"物竞天择"以来,人们习惯于用竞争解释社会生活领域的问题。"合作"一词最早源于拉丁文,指成员间的共同行动或者协作行动。《辞海》将合作定义为:互相配合做某事或者共同完成某项任务。随着社会发展,人们渐渐认识到,通过合作能够增加各方收益,并且大于竞争条件下的收益,因此,在不断实践中,人们合作意识增加。

一 合作行为解释

公共组织运用公共权力提供公共产品,维护和提高公共利益,公共管理领域的基本问题是,关于何种机制能够维护社会既定的公共利益,不同学科曾经给予不同解释。关于合作行为的解释,主要有以下三种:

第一,博弈论解释。A. Smith 的"理性经济人"假设,是经济学的逻辑前提,也是整个经济学形成的理论基石。主流经济学理论中,对理性行为的定义涵盖两个方面,一方面强调理性人的行动与目标具有绝对的一致性,另一方面,认为理性是以追求个人自利最大化为目标。基于此,经济学通过建立非合作博弈的分析框架,来解释人类经济活动中的竞争与冲突。经典"囚徒困境"模型展现出,由于理性经济人之间各自行为与目的的一致性和自利最大化产生矛盾,进而导致集体无理性,造成福利损失。理论上来讲,对于每一个博弈参与者,从(坦白,坦白)到(不坦白,不坦白)的策略组合,都是其福利的帕累托改进过程,然而无法在现实中自然发生。因此，要使合作博弈成为可能，必须具备外部存在一个可置信的约束力量的条件，并且通过联盟的博弈双方所得到的收益将大于单独博弈时的收益，此时（不坦白，不坦白）才可能成为参与人最优选择。理性人也是策略理性人，能够根据不同情况选择个人利益最大化的方式。

第二，利他主义解释。按照 A. Sen 的观点，一致性自身并不是理性行为的充分条件，只是要求人们努力实现的目标与如何实施的行为具有一致性。① 但是一致性的选择易受到外部条件的影响，如人们的目的、偏好、动机和价值观，而不仅取决于对选择本身的认识与解释。面对其目标，不同的个体既可以进行一致性选择，也可做出相互冲突的选择，追求个体目标的实现并非最为重要，个体行为也以其他人的目标为基础。通常来说，通过全体的共同努力以更好地实现每个个体目标的实现即为所追求的最高目标。事实上，人们经常会离开自身的目标，而注意到其他人的利益和目标行事。现实生活中，一定程度上人们违背自利目标是有可能的，更多的时间是相互合作。利他主义意味着博弈的双方采取合作策略，利他主义本质是一种行为假设，策略上的相互依赖也会影响人们的行为，一个利他主义的合作行为，是以个体自身的理性选择，或者基因遗传、文化遗传等来解释的。尤其在重复博弈中，通过对非合作者的惩罚或激励，合作也得以持续。如果将合作行为视为一种行为规范，在社会成员相互依存的状态下，各种道德原则、社会规则、文化价值等也将成为合作行为中的重要因素。②

第三，交往理解性解释。合作行为普遍存在于人们的各项活动之中。哈贝马斯的交往行为理论认为，合作行为的达成需要在保证每个合作主体获得的权利具有机会均等性的前提下，并且建立在和平共处、平等互利的基础上，通过协商来实现。交往行为理论并没有对人的利己与利他进行界定，主张构筑在"真实性、正确性、真诚性"要求之上的话语共识，并且将交往有效性要求和规范提升到社会伦理原则的高度。③ 在合作过程中，交往主体既对自身利益进行表达，同时也尊重和理解他人利益，

---

① Amartya Sen, *Collective Choice and Social Welfare*, New York: Elsevier Science Pub Co, 1979, pp. 34–36.
② 杨春学：《利他主义经济学的追求》，《经济研究》2001 年第 4 期。
③ 章国锋：《哈贝马斯访谈录》，《外国文学评论》2000 年第 1 期。

经过多次协商谈判过程，最终成为一种自然选择的结果，达成利益的均衡。

在公共管理学领域，公共事务是起点，基本问题涉及公共组织之间、公共组织与市场之间的研究，组织中的个体既追求人利益，也对公共利益产生诉求，而且，伴随着生活水平的提高以及社会发展进步，个体的公共利益诉求逐渐增多，解决公共利益的组织和社会对于每个人来说更加重要。此外，不仅每个个体，公共管理主体，包括执行公共服务职能的机构主体，都存在双重性质，即既有利己趋向又有利他成分。

二 合作收益理论

合作秩序是一种特定文化环境下的社会结构，基于各主体的共同意愿或利益形成。一定程度上，社会基于人之间的合作秩序而存在，在人类长期适应社会发展中，正是由于利益激励，即获得比较优势或绝对优势的强烈冲动，促使合作秩序的形成。然而，合作并不属于完全以利益为目的的自利行为，同时，受到地理环境、文化背景甚至习俗等要素的影响，因此，合作秩序包括两种形式，即自愿与利他基础上的血缘式合作、互利共生与基于制度的超血缘式合作。共处共生、互惠互利、共创共享的合作，一方面，降低了人类交往和活动的成本，产生了实际的福利增长和自由保障；另一方面，塑造了较为清晰的社会结构，保障了参与合作的主体分享合作成果。

正是因为合作能产生收益，人们才选择合作。"经济人"假设下，传统经济学中的竞争性主体存在于成本收益分析框架之中，能够为其决策提供依据，由于收益产生的条件发生了改变，竞争主体转变为合作性主体，随之，竞争分析框架演进为合作收益。[1] 基于此，合作收益主要呈现出以下三种形式，其一，个人直接收益，由与他人的合作中直接得到，即合作完成了独自无法完成的某种工作；其二，共同收益，每个合作参与者可分享，也表现为多人合作完成后参与个体分享的收益大于其独立完成时获得的收益；其三，公共收益，即在协作事务和公共事务的联合生产过程中产生正外部性，表现为合作过程中产生的一种既能由合作参与者分享，也能由非合作者进行享用的收益，体现在未来可预期的收益的现值上。

---

[1] 席恒、雷晓康：《公共管理的方法论基础：从成本收益分析到合作收益分析》，《江苏行政学院学报》2006年第4期。

与此同时，进一步考虑合作中的成本。合作成本由两部分组成，一是形成于合作事务本身的生产成本，二是合作过程中产生的交易成本，当生产成本与交易成本均衡时，合作达成。因此，合作过程的进行与否，取决于总收益（R）与总成本（C），只有当R>C时，合作产生。就合作过程中的个体而言，个体只是承担C的一部分，并且不同个体在公共物品生产中承担的成本各不相同，要促进合作收益最大化，还应该考虑到合作参与方个人的净收益。此外，当合作的共同收益可以分享时，分配的合理化问题也就至关重要。

任何制度的形成都涉及群体的联合行动，共同收益的产生使得制度得以持续。社会保险经办服务体系中，通过合作，个体或者群体可以获取关于养老、医疗等社会保障的更多确定性信息，降低因为信息延迟、错误而导致的经济成本。经办服务的供给者与需求者之间通过采取协同行动，提高经办效率与服务质量，提高社会保障水平，在拓展个体受益程度的同时，增加公共利益与共同收益，同时实现社会保险公共服务服务均等化。社会保障的受益主体要达到均衡状态下的集体满意，必须实现利益均衡，关键就在于能否形成一个良好的合作秩序。

社会保险公共服务的良好实施所需建立的合作秩序，需要多元的社会主体及服务主体形成合作的基本平台和框架，社会保险经办服务体系就是这样一种框架。社会保险经办服务需求者与提供者需要形成合作秩序，需求者之间也需要形成合作秩序，提供者内部组织和成员同样也需要合作。社会保险公共服务均等化受益机制的实施与合作秩序之间是存在互动关系的，二者之间本身就存在互惠。改革社会保险经办机构组织与管理模式等，建设合作秩序下的社会保险经办服务体系，为社会保障供给实现公平性和可及性奠定基础。

第四节 制度、组织、激励与能力分析框架

"二战"以后，随着许多殖民地国家取得政治独立，摆脱半殖民地地位，追求自己国家的现代化，发展经济学应运而生。2000年，巴拉舒伯拉曼雅姆、桑加亚·拉尔对发展中国家工业化进行研究，并对工业化的成功进行解释，认为通过政府干预，市场能够对激励做出有效反应，工

业化的成功是激励、制度和能力相互作用的结果。国家制度是工业化战略实施的一个决定性因素，其建立以克服工业能力发展中的特殊市场失灵为目的，而激励来源于贸易战略与产业政策，能力通常由物质资本、人力资本、技术努力构成。[①]

事实上，一体化社会保险经办模式的建立，需要借鉴巴拉舒伯拉曼雅姆、桑加亚·拉尔的理论，从制度、组织、激励与能力上提高社会保险经办机构的服务质量与经办效率。首先，形成制度保障是关键，以此减少经办服务过程中的交易成本。其次，在良好的制度环境下，通过政策制定等，形成一体化社会保险经办的激励机制与管理结构。最后，通过组织设置和能力建设，完善治理机制，有效促进社会保障公共服务实现，增强社会保险经办服务的能力，提升经办水平与效率。因此，如何看待当前社会保险服务经办体系中存在的激励结构以及面对的激励阻碍，一体化社会保险经办模式应该构建怎样的激励结构，如何进行制度设计、完善组织、增强能力等是适应当前发展，解决人民最关切现实利益问题的关键。

一　建立合理的制度安排

诺思（Douglass C. North）将制度定义为一个社会的游戏规则，更准确地说，制度是为决定人类相互关联和相互影响而设定的一系列制约，包括正规与非正规约束以及这些约束的实施特性。[②] 制度的主要功能就是通过这些约束来创造合作或竞争的经济秩序，减少交易的不确定性，从而降低交易成本，因此，也为做出从事某项经济活动决策提供依据，并且决定了活动的生产率。合理的制度安排决定着激励机制的有效实施，社会保险经办服务体系各主体的能力能否增强并有效发挥，是最根本的因素。制度的合理建立，实际上，就是以减少建设社会保险经办服务过程中的交易成本为目的，进行制度设计与改革，确立一体化社会保险经办模式的总体定位与总体框架，明确战略目标与实施导向，形成基本保障。

---

① ［英］V. N. 巴拉舒伯拉曼雅姆、桑加亚·拉尔主编：《发展经济学的前沿问题》，梁小民译，中国税务出版社 2000 年版，第 138 页。

② ［美］道格拉斯·C. 诺思：《制度、制度变迁与经济绩效》，杭行译，格致出版社、上海人民出版社 2008 年版。

二 设置有效的激励机制

激励是以满足组织成员的需求为核心,通过劝说、诱导、推进或促使等一系列做法,或者采取一定的行为规范和惩罚性措施,来推动其积极行动,进而有效实现组织和个人的目标。在行为科学中,激励被认为是对人从起码需要到高级需要的一种满足,是一个长期持续的过程,满足产生的效用与社会环境、制度安排、组织结构、个人需求等密切相关。① 激励机制就是要使制度的激励正确,正式制度依靠法制规则、行政规章和组织程序等进行激励,非正式制度依靠道德约束、风俗习惯等实施激励。激励机制要求制度安排达到正确激励效果,符合激励目标,并且提升制度安排效率,因此,一项合理且有效的社会保险经办服务制度安排应注重加强各类主体能力建设,利于调动各类主体的积极性,充分发挥其创造性,并且实现社会保险基金资源的优化配置,促进一体化社会保险经办模式的建立,达成服务目标,实现激励相容。而关键就在于政府实施的政策与战略,满足人民需要,减少服务实现障碍,采用多种方式,充分发挥各类主体优势,建立更加便民快捷的服务体系,促进社会保障目标的实现。

三 构建适当的组织体系

组织是社会的基本单元,以一定方式根据一定的目标、任务而形成,是社会经济发展的有效载体。② 在现实生活中,组织是为实现一定的目标,按照一定的任务和形式,结合而成的集体或团体。在合理的制度安排和有效的激励机制下,建立适当的社会保险经办服务组织体系,进而整合社会组织等社会保险服务资源,共同满足民众的社会保险公共服务诉求,改善民众维护权益的谈判能力,减少交易成本,提高运行效率。关于社会保险经办组织体系建设,应该包含核心层和附属层的建设。核心层的理想模式是统一垂直管理的组织模式,在中央建立全国统一的制度和信息服务网络,实行集中管理和监督,并且做到政事分离,下设不同层级的机构,自上而下,各级机构责任明确、分工清晰,并且增强其独立性,各级经办机构全部联网,及时信息共享与传递,以网络为依托,

---

① [美] J. 史蒂文·奥特、桑德拉·J. 帕克斯、理查德·B. 辛普森:《组织行为学经典文献》(第3版),王著、朱为群、孔晏编译,上海财经大学出版社2009年版,第161—173页。

② 任保平:《城乡发展一体化的新格局:制度、激励、组织和能力视角的分析》,《西北大学学报》(哲学社会科学版)2009年第39期。

进而实现经办服务的统一参保登记、统一缴费基数、统一基金管理、统一业务流程、统一信息系统①；附属层通过购买、代办等服务项目，构建市场主体、社会组织、志愿组织等力量形成的基层服务组织体系，实现公共目标与市场主体的现金管理技术、社会组织等的专业化服务手段等的优势互补，以此降低公共服务成本。②当然，这种组织体系的有效运行与核心层组织的有效监督、风险防范以及外包业务选择等息息相关。

四 培育有效的机构能力

在国家层次上，桑加亚·拉尔指出，能力可以分为物质资本、人力资本和技术努力③，三者相互关联，如果仅有足够的物质资本却缺乏技术能力，则生产成本高昂；如果技术领先，物质资本匮乏，则人力资本得不到充分发挥；如果仅有物质资本和人力资本，缺乏技术，则发展与创新受制。④社会保障是基本公共服务的核心与基础，经办机构是社会保障制度执行机构的核心，其运行效能直接决定了社会保障制度目标的实现程度。但随着建设与发展，社会保险经办过程出现了许多问题，经办机构服务能力不足日益突出，因此，培育经办机构服务能力是关键。而社会保险经办机构的基本功能，表现在提供社会保险公共服务，在新时代的要求下，尤其是要满足参保者多样化需求的核心能力，并且针对不同的人群实现不同程度需求的满足。物质资本能够为一体化社会保险经办模式的建设提供物质保障，如何整合社会各方资源共同提供经办服务、增强经办机构的经费保障、提高社会保险基金投资回报率等需要着重建设，同时，注重人才培养，增强经办机构人员业务水平与专业素养，增强人力资本积累，借助互联网等力量，积极进行信息化、标准化建设，创新经办服务方式与管理模式，提高经办服务能力。

---

① 顾海：《我国社会保险经办组织体系的环境变化与组织变革》，《南京社会科学》2015年第10期。

② 郭静：《社会保险公共服务"外包"谨慎前行——社会保障经办机构国际比较之一》，《中国社会保障》2011年第1期。

③ 任保平：《城乡发展一体化的新格局：制度、激励、组织和能力视角的分析》，《西北大学学报》（哲学社会科学版）2009年第39期。

④ ［英］V.N.巴拉舒伯拉曼雅姆、桑加亚·拉尔编：《发展经济学的前沿问题》，梁小民译，中国税务出版社2000年版，第138页。

第三章 中国社会保险经办服务体系发展历程、现状与问题

准确把握我国社会保险经办体系的发展状况，必须从社会保险经办体系的成立之初开始研究，系统地分析其发展进程，这样才能准确地把握未来的发展趋势。

第一节 发展历程：公共服务的视角

一 经办服务体系的历史沿革

中华人民共和国成立以来，我国社会保险经办服务体系的改革和发展历程，可以分为工会管理（1951—1966年）、经办工作停滞（1967—1977年）、多部门管理（1978—1998年）和归口管理（1998—2019年）四个阶段。在这四个阶段的交替过程中，我国社会保险经办制度性质、管理部门、业务部门以及征缴模式也在发生变化，且逐渐走向成熟。

1. 工会管理阶段（1951—1966年）

工会管理阶段是我国社会保险经办机构形成的雏形阶段，也是计划经济体制下的工会管理阶段。全国社会保险工作主要是由工会组负责管理，保险基金也由工会在全国范围内统筹调剂，社会保险制度覆盖人群仅仅针对劳动者，因此，称为劳动保险。

1951年，《中华人民共和国劳动保险条例》明确了劳动保险机构及职责，中国全国总工会是全国劳动保险事业的最高领导机关，主要负责统筹管理全国劳动保险事业；劳动部是最高监督机关，负责全国劳动保险业务监督；劳动保险业务的具体经办单位由各工会基层委员会及其下设机构承担，主要负责保险金的缴纳、支付、监督、费用开支等业务。另外，劳动保险金的统筹由中华全国总工会承担，中国人民银行代收、保

管。1954年6月15日，劳动部、全国总工会印发《关于劳动保险业务移交工会统一管理的联合通知》，企业劳动保险事务移交工会统一管理，这在一定程度上弱化了劳动保险的监督职能，这标志着"上级工会管理，基层工会经办"的社会化管理体制基本形成（见图3-1）。

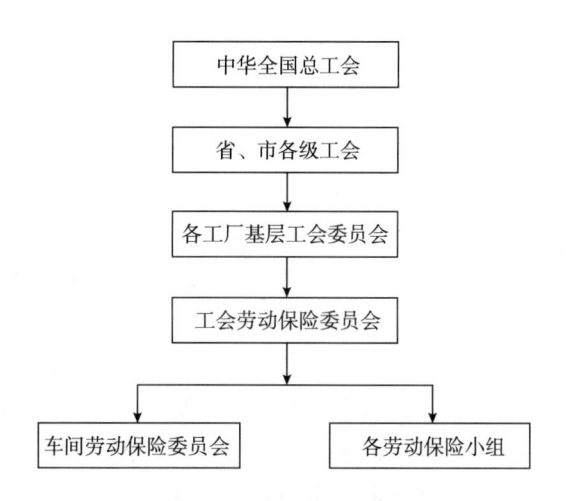

```
中华全国总工会
    ↓
省、市各级工会
    ↓
各工厂基层工会委员会
    ↓
工会劳动保险委员会
    ↓            ↓
车间劳动保险委员会   各劳动保险小组
```

图3-1　各级劳动保险组织结构

这一阶段，建立起了养老、医疗、失业、工伤、疗养、困难补助等多项福利待遇的职工劳动保险，劳动保险费用是由企业或行政方承担，个人不缴纳，但主要是针对城镇企业和机关事业单位的职工。机关事业单位职工养老保险由财政部和人事部管理，而城镇企业职工养老保险由全国总工会管理。对于医疗保险业务，又按照对象的不同分为公费医疗和劳保医疗。公费医疗主要针对机关事业单位职工，经费来自政府预算拨款，由政府卫生部门管理。劳保医疗针对企业职工，经费来自企业职工福利金，由企业行政负责。到1966年4月，我国对企业职工的医疗保险方面进行了整顿，改变了之前医疗费用和责任不清的问题，并明确规定了在特定情况下，医疗费用是由本人承担和企业行政方面负担。

2. 经办工作停滞阶段（1967—1977年）

"文化大革命"时期，内务部被撤销，劳动保险业务处于无政府状态，各级工会组织陷于瘫痪，劳动保险金原有的筹资机制被破，社会保险统筹工作被迫停止，社会保险变成了"企业保险"。① 1968年社会保险工作由各地劳动部门统管，呈现出了管办合一的特点。1969年2月，财政部颁布了《关于国营企业财务工作中几项制度的改革意见（草案）》，规定国营企业停止提取劳动保险金，一些劳保开支改在企业营业外开支，直接扣减企业利润，社会保险自此演变成了企业保险，社会保险统筹工作自此停止。

3. 多部门管理阶段（1978—1998年）

这一阶段，是我国现代意义上社会保险经办机构初步建立时期，也是企业保险向社会保险的过渡时期。

在多部门管理阶段，我国社会保险工作主要由劳动部、人事部、民政部、卫生部和财政部共同管理，分别承担各项社会保险业务。1986年，社会保险社会化管理进入改革视野，② 国家设立了社会保险经办机构，负责基金征收、管理和支付，实行社会统筹，原企业负责制的劳动保险制度成为过去时。1987年，为适应改革需要，我国11个行业实行行业统筹养老保险模式。这一时期，劳动人事部作为主管部门，11个行业和中国保险公司、劳动服务公司等企业作为辅助管理部门，形成了地方和行业统筹的社会保险管理体制，见图3-2。

1987年成立的退休费用统筹管理委员会，是第一个独立于企业之外的社会管理服务机构，设在劳动人事部门，为以后建立以劳动人事部为主体的经办管理体制奠定了基础。这一时期，全国各地的劳动部门相继成立了社会保险经办机构，命名为"××省（市）社会劳动保险公司"。同年，国家要求经办机构按事业单位预算管理，所需管理费用由同级财政核定，分别从"两项基金"中提取列支，坚持专款专用。

1991年，国家颁布相关决定，将经办社保事务的机构定性为非营利性事业单位，主要负责具体经办业务和基金管理。1994年，劳动部成立社会保险事业管理局，负责指导各地经办管理工作。1998年，《企业职工基本养老保险基金实行收支两条线管理暂行规定》（财社字〔1998〕6号）规定地方税务可以代征养老保险。

---

① 岳宗福：《新中国60年社会保障行政管理体制的变迁》，《安徽史学》2009年第5期。
② 刘军强：《资源、激励与部门利益：中国社会保险征缴体制的纵贯研究（1999—2008）》，《中国社会科学》2011年第3期。

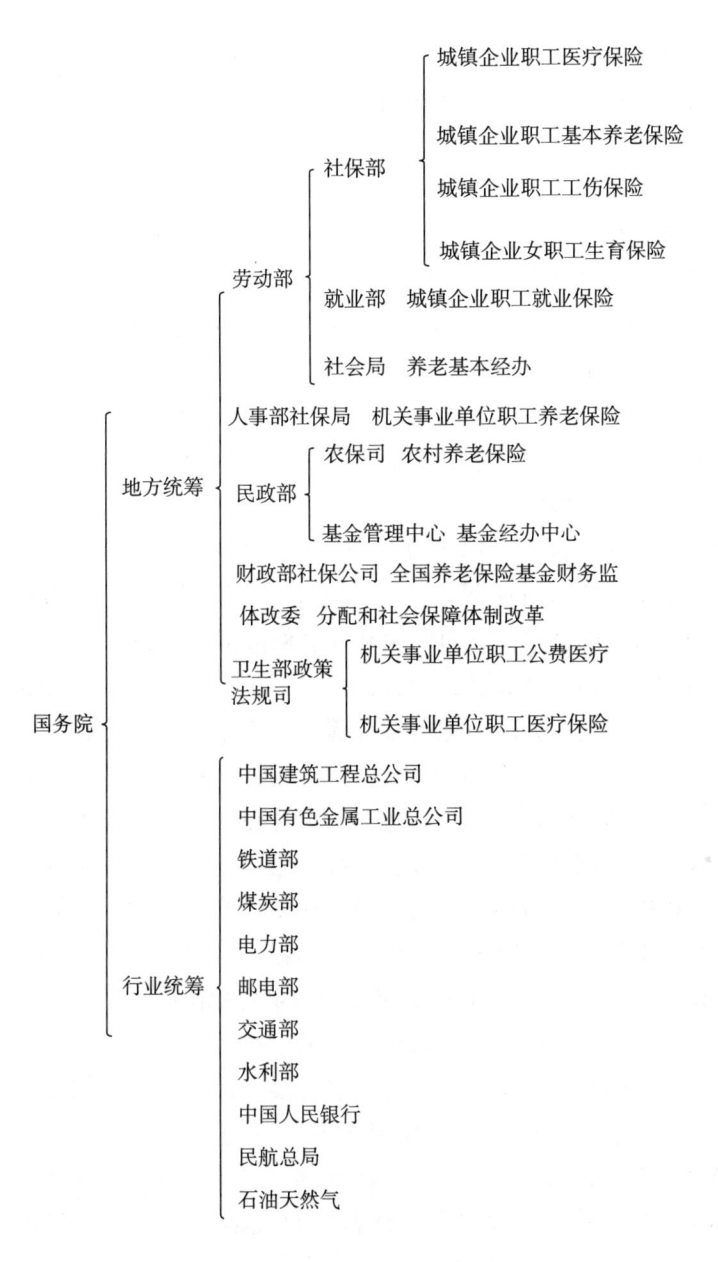

```
                    ┌─────┬ 社保部 ┬ 城镇企业职工医疗保险
                    │     │       ├ 城镇企业基本养老保险
                    │     │       ├ 城镇企业职工工伤保险
                    │ 劳动部│       └ 城镇企业女职工生育保险
                    │     ├ 就业部  城镇企业职工就业保险
                    │     └ 社会局  养老基本经办
                    │
                    │ 人事部社保局  机关事业单位职工养老保险
         ┌ 地方统筹 ┤     ┌ 农保司  农村养老保险
         │          │ 民政部│
         │          │     └ 基金管理中心 基金经办中心
         │          │
         │          │ 财政部社保公司 全国养老保险基金财务监
         │          │ 体改委  分配和社会保障体制改革
         │          │     ┌ 机关事业单位职工公费医疗
         │          │ 卫生部政策
         │          └ 法规司└ 机关事业单位职工医疗保险
国务院 ─┤
         │          ┌ 中国建筑工程总公司
         │          │ 中国有色金属工业总公司
         │          │ 铁道部
         │          │ 煤炭部
         │          │ 电力部
         └ 行业统筹 ┤ 邮电部
                    │ 交通部
                    │ 水利部
                    │ 中国人民银行
                    │ 民航总局
                    └ 石油天然气
```

图 3-2　地方统筹和行业统筹的基本格局

4. 归口管理阶段（1998—2019 年）

1998 年，劳动和社会保障部的成立，全国劳动和社会保险事务由其统筹管理，这标志着社会保险"五龙治水"多头管理局面的结束。同年，国发〔1998〕28 号文件提出社会保险经办机构实行省级垂直管理，从此经办机构开始独立承担、社会化服务的经办管理、社会保险基金管理等工作。

《社会保险费征缴暂行条例》（1999）规定税务机关、社会保险经办机构均可征收社会保险费，具体采用哪个模式由地方政府自行规定。自此，我国社会保险基金二元征缴体制形成。

进入 21 世纪，我国社会保险经办机构进入了快速发展时期。社会保险经办机构由完全依托企业、事业单位管理向社会化管理转变，由单纯管理开始向管理与服务并重方向转变。2000 年，劳动和社会保障部社会保险事业管理中心成立之后，标志着中央、省、市、县四级社保经办机构的整体架构基本形成。①

2008 年 3 月，随着大部制改革的启动，我国的社会保险管理体制在基本格局维持不变的前提下，进行了调整和完善，将原国家劳动和社会保障部同原人事部合并为人力资源和社会保障部（见图 3-3）。2011 年，《中华人民共和国社会保险法》明确规定，全国社会保险工作由国务院社会保险行政部门统一管理，地方社会保险工作由地方社会保险行政部门负责，国务院及地方社会保险经办职责范围外的工作由同级其他部门。这种管理体制具有明显的属地化色彩，但这也是中国社会保险管理体制的目标模式。《社会保险法》规定，由各级卫生行政部门及其下属的农村合作医疗机构管理的新型农村合作医疗保险应当归并到人力资源和社会保障系统，由各级人社厅及其下属的社会保险经办机构统一管理。

2018 年 3 月，国家将基本医疗保险与生育保险合并，并成立中华人民共和国国家医疗保障局，负责医疗保险、生育保险、新农合和医疗救助等职责，这标志着五险由人社部、卫计委、民政部三部门统管，演变到人社部、国家医保局两家主管的新格局。

2018 年 7 月，《国税地税征管体制改革方案》的颁布，明确了社会保险费征收机构，社会保险二元征缴模式自此演变为税务部门独立征缴模式。

---

① 王美桃：《我国社会保险经办服务体系的历史变迁及启示》，《当代经济》2014 年第 18 期。

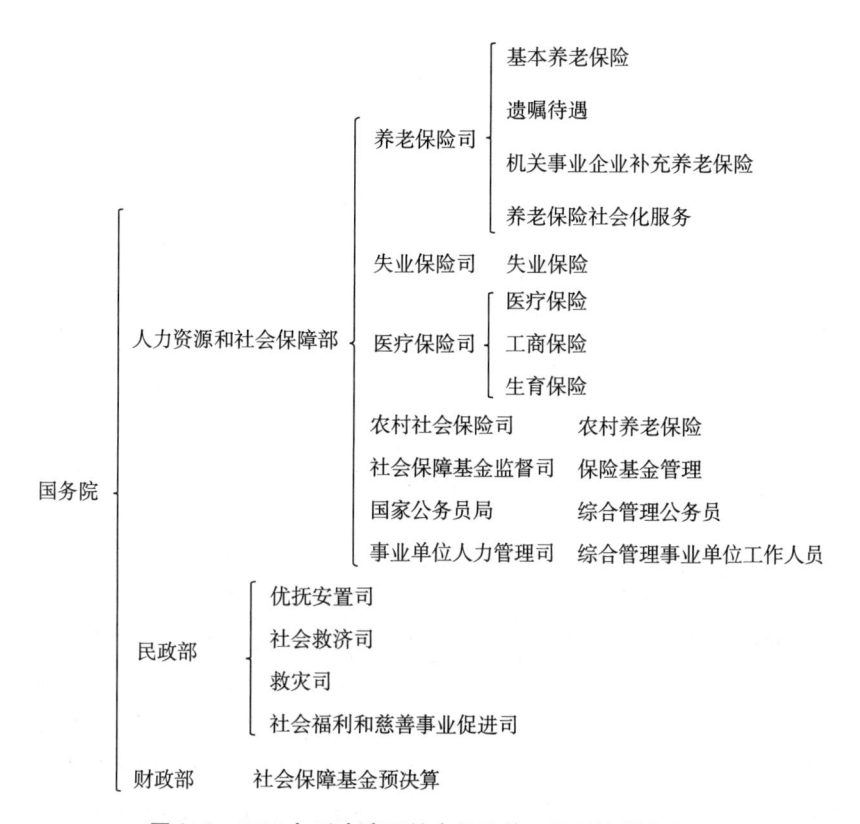

```
                          ┌ 基本养老保险
                          │ 遗嘱待遇
               ┌ 养老保险司 ┤
               │          │ 机关事业企业补充养老保险
               │          └ 养老保险社会化服务
               │
               │ 失业保险司   失业保险
               │          ┌ 医疗保险
      ┌ 人力资源和社会保障部 ┤ 医疗保险司 ┤ 工商保险
      │        │          └ 生育保险
      │        │
      │        │ 农村社会保险司    农村养老保险
      │        │ 社会保障基金监督司  保险基金管理
      │        │ 国家公务员局     综合管理公务员
      │        └ 事业单位人力管理司  综合管理事业单位工作人员
国务院 ┤
      │        ┌ 优抚安置司
      │        │ 社会救济司
      ├ 民政部  ┤
      │        │ 救灾司
      │        └ 社会福利和慈善事业促进司
      │
      └ 财政部   社会保障基金预决算
```

图 3-3　1998 年以来我国社会保险管理体制的基本格局

二　公共服务视角下经办职能、责任、对象的演变

随着社会保险服务体系的演变，经办改革逐渐从注重行政管理向社会管理转变，进而不断向公共服务深化。1986年《国民经济和社会发展第七个五年计划》的颁布，标志着社保经办管理体制改革的开始。在这30多年的改革过程中，社会保险经办管理呈现出三个特点（见表3-1）。

表 3-1　　　　　　　　　社会保险经办改革轨迹

职能	发布年份	政策文件	主要内容
以行政管理职能为主	1986年4月	《中华人民共和国国民经济和社会发展第七个五年计划》	明确提出建立中国特色社保制度雏形，改革社保管理体制，坚持社会化与单位管理相结合
	1986年7月	《国务院关于发布改革劳动制度四个规定的通知》	成立劳动争议仲裁、劳动保险机构，加快劳动服务公司建设

续表

职能	发布年份	政策文件	主要内容
以行政管理职能为主	1987年5月	《劳动人事部关于设立各级退休费用统筹管理委员会的通知》	设立退休费用统筹管理委员会,统一管理退休人、钱、事等
	1991年6月	《国务院关于企业职工养老保险制度改革的决定》	明确社会保险管理机构非营利性质及职责,部分管理费用可从养老基金中提取
	1993年11月	《中共中央关于建立社会主义市场经济体制若干问题的决定》	明确社会保险管理机构的行政管理职能
	1994年7月	《中华人民共和国劳动法》	规定经办机构的法律地位及不同险种经办职责
	1995年3月	《关于深化企业职工养老保险制度改革的通知》	规定行政与基金分开管理,执行机构与监督机构分开设置
	1996年8月	《企业职工工伤保险试行办法》	明确基金经办机构工伤保险经办职责
	1997年7月	《国务院关于建立统一的企业职工基本养老保险制度的决定》	要求提高社会保险管理服务的社会化水平,加快推进养老金改为社会化发放、离退休人员的管理服务工作转向社会
	1998年6月	《中共中央 国务院关于切实做好国有企业下岗职工基本生活保障和再就业工作的通知》	要求省、自治区、直辖市社会保险经办机构实行系统管理,中央有关部门(单位)实行养老保险行业统筹的企业改为参加地方统筹
	1998年8月	《国务院关于实行企业职工基本养老保险省级统筹和行业统筹移交地方管理有关问题的通知》	要求行业统筹养老保险向地方移交,加快推进养老保险省级统筹
	1998年12月	《国务院关于建立城镇职工基本医疗保险制度的决定》	明确经办机构筹集、管理基本医疗保险职能及经费来源
	1999年1月	《社会保险费征缴暂行条例》	规定税务机关征收、社会保险经办机构都可征收社会保险费,并列入预算
	1999年1月	《失业保险条例》	规定经办机构失业保险筹集、管理等职责和经费来源
	2000年12月	《国务院关于印发完善城镇社会保障体系的试点方案》	提出建立多元化、规范化、社会化社会保险体系,养老保险个人账户基金由省级社会保险经办机构统一管理

续表

职能	发布年份	政策文件	主要内容
注重社会管理职能	2001年12月	《劳动和社会保障部办公厅关于开展社会保险经办机构工作人员业务素质考核工作的通知》	开始重视业务素质和服务水平
	2002年5月	《劳动和社会保障系统"三优"文明窗口工作标准（试行）》	规定社会保险经办"三优"文明窗口工作标准
	2003年2月	《社会保险稽核办法》	规定县级社会保险稽核工作由同级经办机构负责
	2003年4月	《工伤保险条例》	规定了工伤保险经办机构职责范围
	2003年6月	《关于积极推进企业退休人员社会化管理服务工作的意见》	对社会化管理服务内容、形式等进行明确，退休金社会化发放，解放企业
	2005年6月	《关于开展全国社会保险经办机构人员培训工作的通知》	加强和改进经办机构工作人员的培训工作，提升专业技能
	2005年12月	《国务院关于完善企业职工基本养老保险制度的决定》	提出加快推进社保信息服务网络进程，提高经办效率
	2006年2月	《劳动和社会保障部办公厅关于印发加强社会保险经办能力建设意见的通知》	提出学习、执行政策、管理、服务、风险防范、创新是经办能力的主要内容
	2006年7月	《劳动和社会保障部办公厅关于开展社会保障服务中心建设试点有关问题的通知》	对社保服务中心标准进行规定
	2007年1月	《社会保险经办机构内部控制暂行办法》	对经办机构内部控制原则、内容、管理与监督进行规定
	2007年6月	《关于建立社会保险信息披露制度的指导意见》	规定社会保险经办机构具体向社会披露社会保险信息
	2007年9月	《劳动和社会保障部关于印发城镇居民基本医疗保险经办管理服务工作意见的通知》	明确经办管理服务具体内容和经办体系建设内容

续表

职能	发布年份	政策文件	主要内容
强调公共服务职能	2009年7月	《社会保险业务档案管理规定（试行）》	规定社会保险业务档案管理具体内容
	2009年9月	《关于开展新型农村社会养老保险试点的指导意见》	要求建立全国统一的新农保信息管理系统，纳入金保工程
	2010年1月	《国务院关于试行社会保险基金预算的意见》	明确社保基金预算编制、执行、决算中经办机构职责
	2010年4月	《关于开展社会保险标准化工作的指导意见》	要求实现从经办经验型操作向标准化操作转变
	2010年10月	《中华人民共和国和社会保险法》	对经办机构职责、经费来源进行规定
	2011年7月	《关于开展城镇居民社会养老保险试点的指导意见》	要求建立全国统一的城镇居民养老保险信息管理系统，与职工基本养老保险、新农保信息管理系统整合，纳入金保工程
	2011年6月	《关于建立社会保险经办管理要情专报制度的通知》	要求建立高效情报信息报送渠道和工作机制，杜绝犯罪
	2011年7月	《社会保险基金先行支付暂行办法》	规定先行支付中经办机构的具体职责
	2012年2月	《关于贯彻实施社会保险服务总则和社会保障服务中心设施设备要求国家标准的通知》	对社保经办服务标准、服务中心设施要求进行规定
	2012年8月	《关于开展城乡居民大病保险工作的指导意见》	对开展大病保险工作的筹资方式、承办方式等进行规定
	2013年5月	《社会保险视觉识别系统》	对经办使用标志、标识、文件样式等进行规定
	2013年7月	《关于加强社会保险精算工作的意见》	明确了社会保险精算工作原则、内容等
	2014年2月	《关于建立统一的城乡居民基本养老保险制度的意见》	加强城乡居民养老保险经办能力建设，充实加强基层经办力量
	2015年12月	《人力资源社会保障部、财政部关于印发在京中央国家机关事业单位工作人员养老保险制度改革实施办法的通知》	人社部负责在京中央国家机关及所属事业单位基本养老保险的管理工作，同时集中受托管理其职业年金基金

续表

职能	发布年份	政策文件	主要内容
强调公共服务职能	2014年5月	《关于实施"全民参保登记计划"的通知》	推进社会保险全覆盖
	2016年1月	《关于整合城乡居民基本医疗保险制度的意见》	鼓励有条件的地区理顺医保管理体制，统一基本医保行政管理职能，整合城乡居民医保经办机构、人员和信息系统
	2016年6月	《关于开展长期护理保险制度试点的指导意见》	提出加强长期护理保险经办管理服务能力建设，规范机构职能和设置，积极协调人力配备，加快信息系统建设
	2017年3月	《三部门关于做好生育保险和职工基本医疗保险合并实施试点有关工作的通知》	明确组织机构、试点方案等
	2018年10月	《关于深入推进12333发展促进人力资源社会保障公共服务便民化的意见》	明确主要内容、服务支撑等

1. 实现了从管理职能向服务职能的转变

20世纪80年代，我国建立社会劳动保险机构，设立各级退休费用统筹管理委员会，对退休人、钱、事进行统一管理，自此开始确立管办分离的管理体制。90年代，国家明确了社会保险管理机构的非营利性质、行政管理职能以及业务职责，成立劳动部社会保险事业管理局，后更名为社会保险事业管理中心，综合管理全国社会保险基金和社会保险经办业务，随之实行行业统筹的基本养老保险工作全面移交省、自治区、直辖市管理，以及县级社会保险经办机构的成立，形成了中央、省、市、县四级经办服务组织。这一时期所建立的社会保险管理机构主要是对各项公共服务进行管理分配，并没有明确规定提供公共服务这一职责。

2011年颁布的《社会保险法》明确指出，经办机构提供社会保险登记、待遇支付等工作，其运行、管理等费用实行属地化管理。这表明，经办机构是为参保者提供社会保险服务的专门机构，是基本公共服务体系的组成部分。

2012年以来，《关于贯彻实施社会保险服务总则和社会保障服务中心设施设备要求国家标准的通知》《关于建立统一的城乡居民基本养老保险制度的意见》《关于开展长期护理保险制度试点的指导意见》和《关于深入推进12333发展促进人力资源社会保障公共服务便民化的意见》等文件的陆续印发，表明社会保险经办公共服务职能向广度、深度发展。

2. 实现了从管理单位化向管理服务社会化的转变

全国范围的社会保险经办服务体系逐步实现了养老金社会化发放，企业保险几年间便"升级"为社会保险。[①] 从企业保险向社会保险转变，不仅是费用负担和待遇支付上由各个企业转变为社会，实现各类人员的互助互济和新老企业负担均衡，同时也包含着管理服务的社会化。

1984年，以《关于经济体制改革若干问题的决定》为标志，我国经济体制进入新阶段，开始开展养老保险制度社会统筹的探索。首先进行了企业职工退休费用的社会统筹，之后在企业职工养老、医疗、失业、工伤保险等方面陆续实行这一统筹模式，建立了真正意义上的社会保险制度，解决了"企业保险"带来的企业劳动保险费负担沉重的问题，分散了企业的用工风险，为向"社会保险"的转变创造了必要的前提条件。

1986年，《国营企业实行劳动合同制暂行规定》规定，参保单位和职工都缴纳社会保险费。1991年，《国务院关于企业职工养老保险制度改革的决定》的颁布标志着，由国家、企业两方负担模式向国家、企业、个人三方负担转变。这就使得社会保险费的缴纳从企业单一责任转变为社会共同承担的责任机制。

另外，我国在经办机构业务管理方面也实现了管理服务的社会化，建立统一规范的经办管理业务。1997年，依据社会保险基金的来源和流向，劳动部制定并颁布了《社会保险业务管理程序》，将社保业务管理进行细分，并做了详细说明，按照该环节设置经办机构的管理岗位。2000年，《劳动和社会保障部关于印发城镇职工基本医疗保险业务管理规定的通知》对经办管理具体事务的操作内容、程序与方法进行明确，这标志着统一规范的经办管理业务进入了新阶段。

3. 实现了从单位人享有向人人享有的转变

随着服务型政府的深化以及企业保险向社会保险转变的完成，我国

[①] 郑秉文：《中国社会保险经办服务体系的现状、问题及改革思路》，《中国人口科学》2013年第6期。

社会保险事业的发展进入了新时期——扩展制度覆盖人群。经办体制的演变也意味着我国开始从劳动保险时期的单位职工享有向人人享有转变，社会发展的重要任务就是让改革的成果惠及全体国民。

1993年，《关于建立社会主义市场经济体制若干问题的决定》明确要求城镇职工养老和医疗保险金实行单位和个人共担、统账结合模式，且开始鼓励发展农村储蓄养老和合作医疗，社会保险开始向农村扩展。《关于开展新型农村社会养老保险试点的指导意见》（2009）、《关于开展城镇居民社会养老保险试点的指导意见》《关于开展城乡居民大病保险工作的指导意见》等文件，社会保险覆盖范围进一步扩大。

以劳社部发〔2003〕10号文件和劳社部发〔2004〕18号文件为标志，将医疗保险覆盖面扩大到城镇灵活就业人员，将工伤保险扩大至农民工，标志着我国社会保险开始从单位人享有向人人享有转变，不仅要将社会保险制度扩展到城镇企业职工之外的人员，还要改革完善已有的社会保险制度。2011年《中华人民共和国社会保险法》的实施为建立人人享有的社会保险体系提供了法律依据。2012年，《中华人民共和国军人保险法》的实施奠定了人人享有的社会保险制度基础。至此，我国的社会保险制度从城镇职工和机关事业单位部分职工，逐步扩展到城乡居民、军人等，全面建立了"人人享有的社会保险"制度框架。

第二节 社会保险经办服务体系总体发展状况

公共服务体系是以服务对象为中心的业务管理、服务设施、服务组织和信息系统的总和。[①] 社会保险作为最基本的公共服务经办体系有着独特的特点，社会保险经办服务体系是伴随着社会保险制度的建立、完善而不断调整的，其服务主体、服务对象、组织形态、信息系统等是由社会保障制度和相应的管理体制决定的。经过改革开放四十多年的发展，社会保险制度已由单位人享有到人人享有，覆盖城乡居民的社会保险制度体系已经建立起来，因此，对于当前我国社会保险经办服务体系总体

---

① 杨燕绥：《社会保险经办机构能力建设研究》，中国劳动社会保障出版社2011年版，第3页。

的把握应该从管理体制、经办模式、组织层级结构、人员结构、业务管理、服务设施、信息系统等方面全面考察。

社会保险经办管理体制也形成了属地管理、垂直管理和混合管理并存的格局。在这一阶段，群众对社会保险需求趋于多元化，如社会保险服务的便捷性、均等化等。为适应社会需求，党的十八大、十八届三中全会、十九大都要求改革经办体制，不断提升群众的幸福感、获得感、安全感。

一　管理体制

近些年我国社会保障制度改革力度较大，2014年2月7日，国务院常务会议决定建立全国统一的城乡居民基本养老保险制度，2015年2号文件决定建立机关事业单位工作人员养老保险制度，2015年57号文对全面实施城乡居民大病保险进行了部署，2016年3号文决定整合城乡居民基本医疗保险管理体制，2017年6号文对生育保险和职工医疗保险合并试点进行了布置，2018年颁布了《国税地税征管体制改革方案》，并多次提出加快实施养老保险全国统筹以及其他险种统筹层次提高等，这些制度、政策的实施，对于社会保险管理体制、经办服务体系产生了巨大的影响。

1. 经办管理模式

社会保险经办管理体制是指社会保险经办系统的结构和组成方式，即采用怎样的行政隶属关系将经办机构结合成为一个合理的有机系统，并以怎样的手段、方法来提供经办服务的任务和目的。我国社会保险经办管理体制是在改革探索中逐渐形成的，因成立初期考虑各地区域差异，由各省自行决定，国家未明确规定，呈现出多样化状态。目前主要有三种类型经办体制，分别为属地管理、垂直管理和混合管理。

属地管理是指经办机构是所在地政府社会保险行政管理部门的直属事业单位，经办机构设立、变更、编制、人员及经费等由所在地的同级政府负责，与上级经办机构之间没有隶属关系，仅接受上级经办机构的业务指导，其优点是明确地方政府发展社会保险事业的责任。

垂直管理意味着经办机构设立、变更、编制、人员及经费等由垂直管理体系最高一级政府负责，且是其派出机构，直接受其领导，垂直管理优点是业务管理专业化，基金收支规范化，并呈现稳步增长态势，参保群众满意度提升。垂直管理管理模式最先出现于陕西省，2000年成立省社会保障局,在职工基本养老保险经办体系内实现垂直管理。

混合管理就是将属地管理与垂直管理结合起来,部分实行垂直,部分实行属地,代表省市有武汉、南宁等。① 武汉市 13 个辖区中,江岸、青山等 7 个中心城区实行的是垂直管理,经办机构是市局的派出机构,人员属于市社保局,经费由市财政负担。东西湖、江夏、汉南等 6 个郊区县实行属地管理,经办机构是所在地政府社会保险行政管理部门的下属机构,只受市社保局的业务指导;陕西省社会保险经办实施"垂直管理"和"属地管理"的二元模式。其中城镇职工养老保险经办实行"垂直管理"模式,由省社会保障局对全省养老保险经办机构进行统一的行政管理、业务管理、经费财务管理和人事管理。而医疗保险、城乡居民社会养老险、工伤保险、失业保险和生育保险经办机构的设置比较复杂,各地市发展情况和统筹层次不一,机构设置、机构名称各不相同,但实行的是地市级和县级统筹相结合的"属地管理"模式。

2. 统筹层次

统筹层次是社会保险基金统筹区域对应的行政管理层级,与各地区采用何种管理体制、经办模式有密切关系。实行垂直管理模式的地区相应的职工养老保险倾向于实行统收统支的省级统筹模式。实行属地管理模式的地区相应的职工养老保险倾向于实行省级调剂金制度统筹模式。《人力资源和社会保障事业发展"十三五"规划纲要》明确提出稳步提高统筹层次,现行五项社会保险统筹层次如下。

(1) 养老保险统筹层次

目前我国城镇职工养老保险已全面建立省级统筹制度,只有北京、上海、重庆、海南、西藏、陕西等少数省份实现了基金统收统支,其余省份仅建立了省级调剂金制度。2018 年印发的《关于建立企业职工基本养老保险基金中央调剂制度的通知》要求在全国范围内建立养老保险基金的中央调剂制度,这是实现养老保险基金全国统筹的关键一步。

机关事业单位养老保险制度方面,我国 31 个省(市、自治区)中,北京、天津、上海、重庆、四川、青海、甘肃、陕西、云南、西藏、宁夏、河北、新疆、贵州 14 省(区、市)和新疆生产建设兵团机关事业单

---

① 孟昭喜、傅志明:《中国社会保险管理服务(1978—2013)》,中国劳动社会保障出版社 2014 年版,第 101 页。

位养老保险直接实行省级统筹，山东、湖南、辽宁、山西、江西、黑龙江、河南、内蒙古 8 省（区）机关事业单位养老保险实行省级调剂金制度。①

城乡居民养老保险方面，2014 年印发的《国务院关于建立统一的城乡居民基本养老保险制度的意见》（国发〔2014〕8 号）要求各地要在整合城乡居民养老保险制度的基础上，逐步推进城乡居民养老保险基金省级管理，因受制于财政补贴制度，统筹层次的提升工作并未展开，部分地区已经开始探索，例如四川攀枝花市已实现城乡居民基本养老保险市级统筹。

（2）其他四项社会保险统筹层次

截至 2016 年，职工医疗保险与城乡居民基本医疗保险基本全部实现地级统筹，部分省市甚至实现省级统筹②，比如北京、天津、上海、青海等。目前，上海、重庆、四川、河南、湖南、广西、天津已实现生育保险市级统筹，海南、江苏则在生育保险省级统筹方面处于领先地位。2018 年 3 月，中华人民共和国国家医疗保障局成立，在医疗保险和生育保险合并试点经验基础上，继续稳步推进基本医疗保险与生育的合并，更好地发挥医疗保险保障群众医疗权益的作用。

目前，全国基本实现了工伤保险市级统筹，北京、天津、上海、重庆、贵州、海南、河北、甘肃、西藏、宁夏、河南、安徽、广西 13 个省（区、市）实现了省级统筹。③ 2017 年，人社部、财政部印发《关于工伤保险基金省级统筹的指导意见》（人社部〔2017〕60 号），提出逐步建立规范、高效的工伤保险基金省级统筹管理体系，确保在 2020 年年底全面实现省级统筹。

二 经办模式

在改革探索过程中，我国形成了一系列经办模式，根据社会保险管理体制与经办内容，经办模式分为集中经办垂直管理的模式、集中经办

---

① 孟昭喜、傅志明：《中国社会保险管理服务（2016—2017）》，中国劳动社会保障出版社 2018 年版，第 40 页。
② 孟昭喜、傅志明：《中国社会保险管理服务（2016—2017）》，中国劳动社会保障出版社 2018 年版，第 43 页。
③ 孟昭喜、傅志明：《中国社会保险管理服务（2016—2017）》，中国劳动社会保障出版社 2018 年版，第 45 页。

属地管理模式、分散经办属地管理和混合经办模式四种。2018 年，国家成立医疗保障局，负责基本医疗保险、生育保险、新型农村合作医疗和医疗救助等职责，地方政府陆续组建省、市医疗保障局，目前理论界、实践界主张将分立运行的医疗保险、生育保险、医疗救助等职能划归医疗保障局，虽改变了部分险种的主管部门，但并不影响经办模式的分类。

"五险合一"垂直管理模式的主要特征表现在两方面，一是在管理权限上，经办机构的设立、变更、编制、人员与经费等不再由同级政府负责，受上级对本机构的直接领导，属于上级的派出机构，以省级统筹地区实行的垂直管理为例，人、财、物等权力均由省级经办机构进行管理，实现自上而下的垂直管理，但也容易减少与地方机关的沟通联系，导致出现系统内"灵活"，系统外"封闭"等问题；二是在经办险种方面，"五险统一"经办，精简办理流程，整合经办资源，通过一票征缴、统一基数、统一征缴、统一申报、统一支付以及分别建账等操作方式实现对各项社会保险政策和数据的集中管理。实行"五险合一"垂直管理模式的省份主要有上海、河南、天津、海南、湖北等省市，实行后可以实现机构编制、业务流程、人事管理、人员工资、信息管理等的统一，提高工作效率和工作服务水平等。但也存在人员工作负荷高、工作积极性受损、内部协调失衡等问题。

"五险合一"属地管理经办模式是目前我国采用最多的经办方式，主要特征表现在经办险种上各项社会保险进行合并，其管理权限仍遵循属地化的管理模式，分级设立经办机构，下级经办机构受到上级的业务指导，其人员、经费等管理权限由同级政府给予保障，各级政府对社保经办机构的人员编制、财政收支、资产管理进行统一管理。代表省份有辽宁、浙江、江苏、安徽、江西、北京、宁夏、新疆、四川、广东、广西 11 个。横向上，各险种集中管理；纵向上，实行分散化的行政管理。

属地管理分散经办主要特征表现在下级经办机构接受上级在业务方面的指导，但并不直接归属上级管理，实行这种模式的有福建、内蒙古、青海、甘肃、湖南、河北、山西、云南、西藏 9 个省份。由省级部门进行业务管理和基金，同级政府管理人员和经费，社会保险资金调度使用及管理权限归属地方。在经办内容上，各险种自成体系，封闭运行，不同的机构和服务平台经办不同险种，往往出现机构名称和属性不一，群众不易区分，办事找不到地点或跑错地点时有发生，降低了办事者的满意度。因此，就形成了在社会保障部门的主管下，社会保险按照险种分别设立经办机构，独立运行、自成体系、互不干涉的经办模式，表现为条块为主、权利分立运行的扁平化组织结构。此种模式不利于提高社会保险统筹层次的提高。

混合管理模式是将垂直管理与属地管理相结合而形成的一种模式，主要形式是在同一行政区域内，部分地区实行垂直管理，部分实行属地管理，或者是部分险种机构实行垂直管理，部分实行属地管理，代表省市有陕西、黑龙江、吉林。以武汉市为例，在武汉市的13个辖区中，其中江汉、汉阳、武昌等7个中心城区实行垂直管理，经办机构是市局的派出机构，人员属于市社保局，经费由市财政负担。还有6个郊区县则实行属地管理，经办机构由所在地政府进行管理，是政府的下属机构，人员与市社保局没有关系，经费由同级政府负担，仅仅接受市社保局的业务指导。陕西省城镇职工养老保险经办实行"垂直管理"模式，而医疗保险、城乡居民社会养老险、工伤保险、失业保险和生育保险经办机构的设置比较复杂，不同地市设置不同，如西安市设置西安市社会保险管理中心，统一经办除城镇职工养老保险外的其他险种，西安市各区县也同样。而咸阳市基本实行的是按照险种、人群分立的运行模式。各省市经办机构设置的情况见表3-2。

表3-2　　2017年全国各省份经办机构设置种类情况

种类数	1	2	3	4	5	6
省、市、自治区	广西、天津、重庆、新疆、新疆兵团	北京、内蒙古、吉林、海南、青海、宁夏	广东、贵州、西藏	辽宁、黑龙江、上海、江苏、浙江、安徽、福建、四川、甘肃	河北、山西、山东、河南、湖南、湖北、陕西	云南

资料来源：人力资源和社会保障部社会保险事业管理中心。

从表3-2中可以看出，各个省份经办机构设置类型差距较大，广西、天津、重庆、新疆等是按照五险合一来设置经办机构，经办机构种类只有一种，北京、内蒙古等设置了2种经办机构，设置3种经办机构有三个省，设置4种经办机构有9个省，设置5种经办机构的7个省，云南有6

种经办机构，设置更分散。经办机构设置的种类越多，经办资源相对越分散。表3-3更详细地列出了各省市经办机构设置情况。

表3-3　2017年各省份各险种经办机构设置情况　　单位：个

省份	养老保险				医疗保险	工伤保险	其他	合计
	企业职工	机关事业	城乡居民	合计				
北京	18	18		18	6			24
天津	24			24				24
河北	207	28	81	316	133	22		471
山西	135	98	121	354	140	63		557
内蒙古	130			130	82			212
辽宁	94	44	27	165	65			230
吉林	60			60	54			114
黑龙江	80	83		163	90	6		259
上海	18		16	34	18			53
江苏	144	44	52	240	59			299
浙江	102	1	4	107	30			137
安徽	129		84	213	80			296
福建	89	82	91	262	83			345
江西	118		118	236	106			342
山东	194	79	96	369	113	13		495
河南	176	96	126	398	155	66		619
湖北	104	38	83	225	79			340
湖南	148	121	116	385	154	123		662
广东	196		4	200	21			221
广西	111			111				111
海南	20		16	20				36
四川	206	54	100	360	192			552
贵州	110		20	130	20			150
云南	150	23	97	270	153	2		426
西藏	14			14	7	1		22
陕西	120	85	134	339	106	28		473
甘肃	107	5	21	133	39			172

续表

省份	养老保险				医疗保险	工伤保险	其他	合计
	企业职工	机关事业	城乡居民	合计				
青海	57			57	39			96
宁夏	20			20	19			39
新疆	103			103				103
新疆生产建设兵团	15			15				15
合计	3240	881	1407	5528	2043	327		7936

资料来源：人力资源和社会保障部社会保险事业管理中心。

三 组织层级结构

1. 层级结构

经过多年的发展，我国基本形成了国家层面人社部社会保险事业管理中心、省（自治区、直辖市）、地（市、州、盟、区）、县（市、旗、区）、乡镇（街道）五个层级社会保险经办服务机构组织体系。

第一层级是国家层面的经办机构，即人社部社会保险事业管理中心。中心为"五险合一"经办机构，主要职责是依据国家社会保险政策，制订社会保险经办计划和实施方案，收集、汇总、整理分析全国社会保险数据信息，编制汇总社会保险基金预算、决算，通过制定社会保险经办管理规程、调度督导地方社会保险经办业务等方式对全国社保经办机构工作进行规范和指导。

第二层级是省级经办机构。省级经办机构有的是"五险合一"机构，多数省份在本区域内分别设有养老（含多险合一）和医疗保险经办机构，少数地区还单独设有工伤保险、城乡居民养老保险、机关事业单位养老保险经办机构。省级经办机构往往主要负责省直单位社保经办工作，并指导省内地市经办机构业务工作，有的省市对地市社保经办机构实行垂直管理。

第三层级是地市级经办机构。主要负责本市区域内社保经办工作，并指导各县（市、区）或镇经办机构工作。在当前部分地区实现市级统筹的情况下，具体经办功能往往以市级经办机构为核心展开。

第四层级是县（市、区）级经办机构，主要负责各自县（市、区）

社保经办工作。在部分实现市级统筹的地区，县（市、区）经办机构是市级经办机构的分支机构，人、财、物都交由市级经办机构统一管理。

第五层级是乡镇或街道的社会（劳动）保障事务所，多数都是综合性功能机构（提供就业、社会保障甚至民政、计生等公共服务），并非单一社保经办机构。这类机构通常负责社保参保动员、保费征缴、零星报销等工作。

截至2016年年底，除人社部社会保险事业管理中心，全国县级以上社会保险经办机构共计7937个，其中省级社会保险经办机构有59个，地（市）级有1007个，县（区）级有6871个。分险种看，养老保险机构共有5528个，医疗保险机构有2043个，工伤保险机构327个，其他单设机构39个，具体见表3-4。

表3-4　　2016年各险种经办机构设置情况　　单位：个

	机构总数	分层级			比上年增减
		省级	地（市）级	县（区）	
养老保险	5528	40	702	4786	77
企业职工	3240	32	498	2710	12
机关事业	881	5	100	776	42
城乡居民	1407	3	104	1300	23
医疗保险	2043	16	259	1768	-41
工伤保险	327	0	42	285	-13
其他	39	3	4	32	-1
合计	7937	59	1007	6871	22

注：表内养老保险机构总数包括职工、机关城乡居民机构数；职工养老保险包含多险合一；医疗保险包含医疗、工伤、生育合一；其他包括基金结算和医疗保险监督机构。

资料来源：孟昭喜、傅志明：《中国社会保险管理服务（2016—2017）》，中国劳动社会保障出版社2018年版，第48页。

2. 组织机构的变动情况

随着社会保障制度不断的建立和完善全国社会保险经办机构也在不断地进行调整，这可以从经办机构的数量的变动情况反映出来，见表3-5。

表 3-5　　　　2007—2017 年全国经办机构数量变动情况　　　　单位：个

年份	2007	2008	2009	2010	2011	2012	2013	2014	2015	2016	2017
经办机构数	7434	7419	7448	7653	8109	8411	8363	8031	7915	7937	7985
比上年增减		-21	-15	29	205	456	302	-48	-332	-116	22	48

资料来源：人力资源和社会保障部社会保险事业管理中心。

从表中可以看出，经办机构的数量从 2009 年开始增长较快，到 2012 年后达到顶峰，随后经办机构开始减少，主要原因是随着农村养老保险制度的建立，农村居民养老保险经办机构的设立所致。从 2013 年开始经办机构数量减少较快，主要是各地在整合经办资源，减少经办机构，包括整合城乡居民社会养老保险经办机构等原因的影响。近两年又开始增加，主要是机关事业单位养老保险制度的建立，从而部分省份设置了相应的机构。

四　人员结构

十年来，我国各级社会保险经办机构编制人员和实有人数都在增加。编制人数方面，2016 年总编制人数为 179026 人，省级经办机构人数为 4940 人，地（市）级为 45919 人，县（区）级 128167 人。实有人数方面，2016 年总人数为 195869 人，省级经办机构人数 4992 人，地（市）级 50174 人，县（区）级 140703 人[①]，具体见表 3-6。

表 3-6　　2016 年各行政级别、险种经办机构编制、实有人员情况　　单位：人

类别	总人数	省级	地（市）级	县（区）级	养老	医疗	工伤	其他
编制	179026	4940	45919	128167	132018	43937	2597	474
实有	195869	4992	50174	140703	142326	49833	3059	651

资料来源：人力资源和社会保障部社会保险事业管理中心。

2017 年全国社会保险经办机构学历情况见图 3-1。总体上本科占比最高，为 56%，大专占 33.2%，高中及以下占比 7.4%，经办机构人员学历有待进一步提高。

---

① 数据来源：人力资源和社会保障部社会保险事业管理中心。

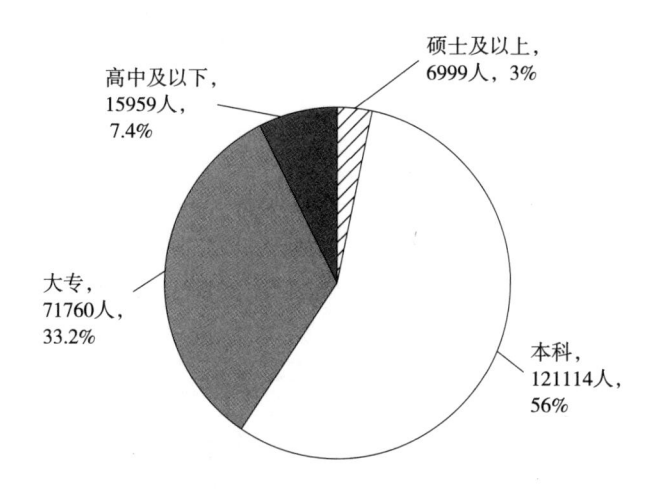

图中数据：
- 硕士及以上，6999人，3%
- 高中及以下，15959人，7.4%
- 大专，71760人，33.2%
- 本科，121114人，56%

图 3-4　2017 年全国社保经办机构实有人员学历分布状况
资料来源：人力资源和社会保障部社会保险事业管理中心。

五　业务管理

1. 基础性日常工作

各级社会保险经办机构根据职责做好基础性的参保登记、保费核定、审核及支付社会保险待遇、各项社会保险基金的管理、结余基金的管理和运营等工作。此外，积极探索医疗保险药品目录价格谈判工作，深入开展多样化的支付方式改革，在异地就医结算方面取得了新进展，并利用信息技术和互联网技术全面开展医疗服务智能监控；采取多种措施突出重点，改进完善服务方式，在失业人员的待遇保证和促进就业方面做了大量工作；各级经办机构贯彻各地出台的各项社会保险转移接续制度，在养老保险跨制度关系转移接续方面取得了新的突破，转移接续经办业务下沉，充分利用网上办理，推动业务下沉到乡镇村社区等。

2. 参保登记

2016 年全民参保登记计划从试点走向了全面实施阶段各地社会保险经办机构将全民参保登记工作列入重点工作项目。湖北、吉林、河南、陕西、江苏等省份省委省政府高度重视，建立起了全民登记参保登记的长效管理机制。在全民参保计划工作推动下社会保险覆盖面持续扩大，参保人数大幅度增加（见表 3-7）。

在全民参保登记计划推动下，2017 年五项社会保险参保人数达到了 270037 万人次，其中基本养老保险参保人数为 91548 万人，基本医疗保险参保人数 117681 万人，失业、工伤、生育保险人数分别为 18784 万人、22724 万人和 19300 万人。①

表 3-7　　　　　2015—2017 年全国社会保险参保人数　　　　单位：万人

年份	基本养老	基本医疗	失业	工伤	生育	合计
2015	85883	66582	17326	21432	17771	208944
2016	88777	74392	18089	21889	18451	221598
2017	91548	117681	18784	22724	19300	270037

资料来源：各年度人力资源和社会保障事业发展统计公报。

3. 基金收支管理

社会保险费征缴是筹集社会保险基金的主要渠道，包括受理缴费申报、核定缴费与征缴以及欠费管理等。在缴费申报方面，实行网上申报缴费的地区增多，开展较早的一些地区覆盖的缴费人员多数在 80% 左右。征缴方面，截至 2016 年年末，全国 21 个省（自治区、直辖市、计划单列市）由地税部门负责征收全部或部分社会保险费，其他地区则是由社保经办部门负责征收。② 2018 年《国税地税征管体制改革方案》，明确社会保险费由税务部门统一征收，机关事业单位基本都已移交至税务部门征收，但企业社会保险费征缴至今仍未移交。

2016 年随着全民参保登记工作的全面实施，各级社会保险经办机构将参保登记工作作为重点，参保人数增长较快，基金收入相应提高较快。2017 年全国社会保险基金总收入 58437.57 亿元，城镇职工基本养老保险基金收入 33542.04 亿元，城乡居民基本养老保险基金收入 3339.3 亿元，城镇职工基本医疗保险、居民基本医疗保险③基金收入分别为 12134.65 亿元、6838.33 亿元，失业保险基金收入 1112.63 亿元，工伤保险基金收入 831.77 亿元，生育保险基金收入 638.85 亿元。④

---

① 数据来源：人力资源和社会保障部社会保险事业管理中心。
② 汪德华：《税务部门统一征收社会保险费：改革必要性与推进建议》，《学习与探索》2018 年第 7 期。
③ 包括城乡居民基本医疗保险基金、城镇居民基本医疗保险基金和新型农村合作医疗基金。
④ 国家统计局编：《2018 年中国统计年鉴》，中国统计出版社 2018 年版。

失业保险基金，1112.63亿元，2%
工伤保险基金，831.77亿元，1%
生育保险基金，638.85亿元，1%
居民基本医疗保险基金，6838.33亿元，12%
城镇职工基本医疗保险基金，12134.65亿元，21%
城乡居民基本养老保险基金，3339.3亿元，6%
城镇职工基本养老保险基金，33542.04亿元，57%

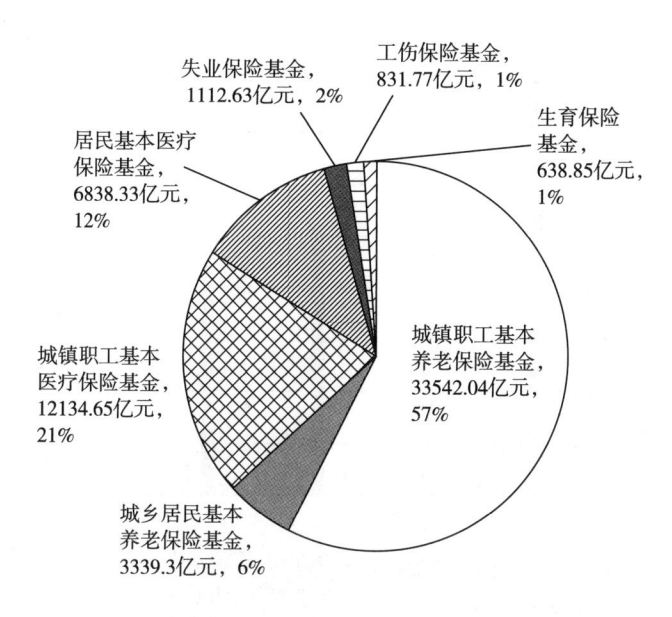

图 3-5　2017 年社会保险基金各险种总收入情况

2017 年全国各项社会保险基金支出总额达 57145 亿元，城镇职工基本养老保险基金总支出 38052 亿元，城乡居民基本养老保险基金支出 2372 亿元，职工、居民基本医疗支出分别为 9467 亿元、4955 亿元，生育、工伤、失业保险基金支出分别为 744 亿元、662 亿元和 894 亿元。

2017 年，社会保险基金总收入 58438 亿元，总支出 57145 亿元，年度结余 10009 亿元。城镇职工基本养老保险基金年度结余 5239 亿元，城乡居民养老保险方面结余 932 亿元，城镇职工、城乡居民基本医疗保险基金年度结余分别为 1987 亿元、1347 亿元，工伤、失业、生育保险基金年度结余分别为 192 亿元、219 亿元和 102 亿元。

4. 权益记录管理

2016 年全民参保计划全国推广推动了个人权益和基础信息的登记。各地经办机构在筑牢信息权益记录基础上，改进登记方式，未纳入"5 证合 1，一照一码"登记制度管理的单位，到经办机构办理社会保险登记，由经办机构核发社会保险登记证，并逐步采用统一的社会信用代码进行登记证管理。截至 2017 年年底各省上报参保人员基础信息 14.17 亿人开

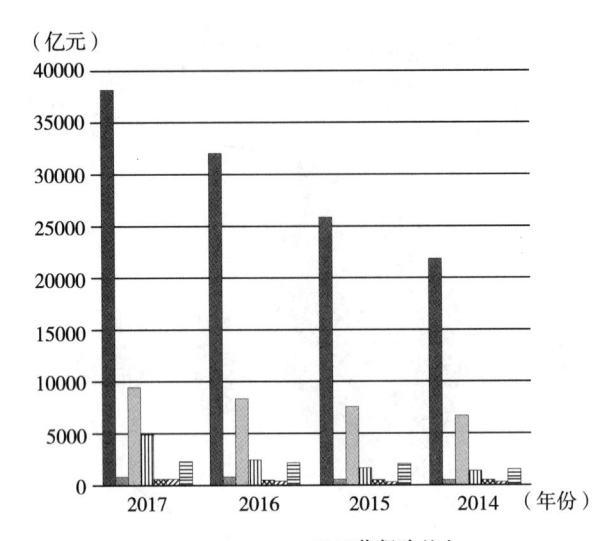

图 3-6 2014-2017 年社会保险基金各险种总支出

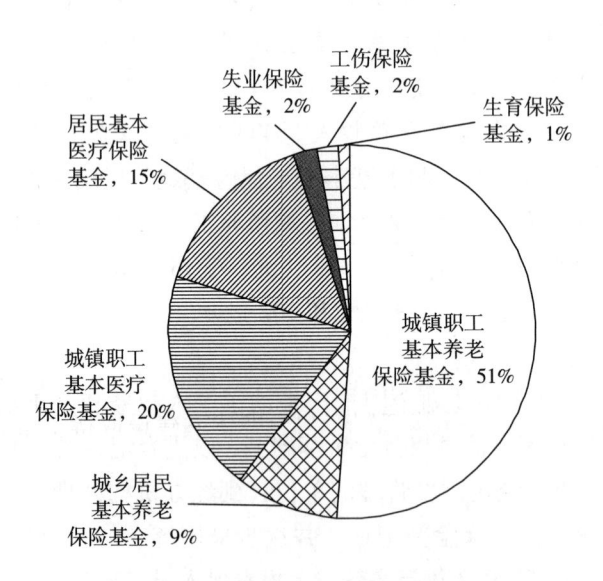

图 3-7 2017 年社会保险基金各险种年度结余占比

展了 1.5 亿人入户调查。初步统计仅参加一项社会保险的人数为 5.2 亿人，参加两项社会保险人次为 4.74 亿人，参加三项保险及以上的为 2.49 亿人，未参加社会保险的人数为 0.88 亿人，跨省异地参保人数为 1.04 亿人。①

5. 社会保险标准化

作为服务型政府重要组成部分，社会保险经办服务标准化体系是提升服务质量和效率，不断增强人民群众获得感的重要基础。2017 年，国家层面颁布了一系列标准，主要是《社会保险咨询服务规范》（GB/T 34276-2017）、《社会保险费申报缴纳管理规范》（GB/T34277-2017）等 14 项国家标准和 1 项行业标准，至此社会保险领域已经正式颁布了 28 项国家标准和 4 项行业标准。标准化试点方面，2017 年 5 月，国家标准委办公室发布《关于下达第四批社会管理和公共服务综合标准化试点项目的通知》（标委办服务〔2017〕76 号），全国社会保险领域有 7 个单位获批为试点项目单位。机构建设方面，2017 年，《关于进一步健全社会保险经办服务标准化体系的意见》（人社部发〔2017〕104 号）明确了健全社会保险标准体系的指导思想、基本原则和目标任务，并要求各地健全管理机构，加强标准化专业人员培训，建设高水平标准化专业人才队伍。

各地在国家政策制度要求下，积极探索，较具影响力的有新疆昌吉、福建福州等。新疆昌吉以 GB/T24421 为指南，制定涵盖基础、服务 165 个标准，以公众需求为导向，通过线上线下多种方式提高扩散率，通过电话服务、微信平台等方式加强沟通，提高了政策实施效果。福州市充分利用大数据技术，开发社保证明自助打印系统，搭建社保可信证明共享平台，研发"社保可信证明云平台"，打通服务群众"最后一公里"。②

6. 档案管理

《社会保险业务档案管理规范》（GB/T31599-2015）的颁布，标志着社会保险业务档案规范化管理制度和标准体系建设取得了重大进展。各地区管理档案量迅速提升，服务规模也快速扩大。截至 2017 年年底，浙江省共完成各类社会保险规范达标档案（不含医疗保险、失业保险）99202 卷 21860061 件。同时，随着各地区社会保险档案管理工作达标率

---

① 资料来源：人力资源和社会保障部社会保险事业管理中心。
② 刘德峰：《对标国家标准夯实基础建设》，《就业与保障》2018 年第 12 期。

逐年提高至接近 100%，档案管理机构与人员也慢慢改变过去兼职状态，逐步走向专业化发展道路。①

2018 年，国家档案局、人力资源和社会保障部印发《档案专业人员继续教育规定》，明确了档案专业人员继续教育内容、教育培训时间以及激励机制，并将档案专业人员继续教育培训作为档案专业人员考核评价、岗位聘用的重要依据，这将有利于提高档案专业人员的素质，进而保证档案管理服务水平。

7. 风险管理

社会保险经办风险主要表现在，资金不安全、信息不准确、保险资金管理不善等，这些会导致危险加大和机会流失。②

2015 年以来，陆续印发《社会保险欺诈案件管理办法》（人社厅发〔2016〕61 号）、《关于贯彻落实贪污社会保险基金属于贪污罪中较重情节规定的通知》（人社厅发〔2017〕107 号）等文件，从法律、制度层面约束了犯罪、违规行为，保障了社会保险基金安全。

待遇领取风险管理方面，较具代表性的是福建省企业退休人员，运用人脸识别技术认证确认养老金领取资格，并实现全球"漫游"认证。截至目前，全省 82 个经办机构均设立人脸识别认证窗口，配置自助认证设备 769 台，1324 个社区（街道）设立认证网点，12 家金融机构协助开展认证工作。

六　服务设施

1. 硬件设施建设

社会保险管理服务设施包括各级社会保险服务大厅，以及基层社会保险服务场所的基础设施等，是经办机构开展经办服务（包括延伸服务）的主要工作平台。社会保险管理服务设备主要是以计算机为主的办公设备和信息管理设备，是开展经办服务、提高服务质量和效率必不可少的工具之一。

设施建设方面，截至 2013 年，全国各级经办机构有经办服务场所

---

① 孟昭喜、傅志明：《中国社会保险管理服务（2016—2017）》，中国劳动社会保障出版社 2018 年版，第 211 页。
② 杨燕绥：《社会保险经办机构能力建设研究》，中国劳动社会保障出版社 2010 年版，第 108 页。

17206个，面积累计达553.3万平方米，服务场所平均面积321.6平方米。① 其中，"多险合一"经办机构服务场所数量、场所面积和平均面积最多，表明经办机构服务场所在向综合性方向发展。

设备建设方面，截至2012年，全国各级经办机构共装备计算机170329台，占全国人社系统拥有计算机总数量的17.5%。其中，连接业务专网的计算机105166台，专网连接率为61.7%；连接互联网的计算机67458台，互联网连接率为39.6%。计算机装备数量最多的是"多险合一"经办机构，共计有73177台，占全国人社系统拥有计算机总数量的7.5%，专网连接率为65.6%。②

2. 经费保障

根据财政部公布的《政府收支分类科目》，经办机构的经费支出包括商品和服务支出、基本建设支出、人员经费支出和其他经费支出。2016年全国经办机构实际经费总支出为246.09亿元，其中，商品和服务支出62.82亿元，基本建设支出3.67亿元，人员经费支出154.48亿元，其他经费支出25.12亿元，分别占总支出的25.53%、1.49%、62.77%、10.21%，具体见表3-8所示。

表3-8　　2014—2016年经办机构分项目支出情况　　单位：亿元,%

年份	支出总额	商品和服务支出		基本建设支出		人员经费支出		其他支出	
		金额	占比	金额	占比	金额	占比	金额	占比
2014	171.01	48.21	28.19	4.21	2.46	103.72	60.65	14.87	8.7
2015	198.94	50.19	25.23	4.35	2.19	125.9	63.29	18.5	9.3
2016	246.09	62.82	25.53	3.67	1.49	154.48	62.77	25.12	10.21

资料来源：人力资源和社会保障部社会保险事业管理中心。

截至2016年，按参保人次计算，四项经费支出年人均12.09元，比2015年增加了1.71元。从各省（区、市）看，高于平均值的有20个省份和新疆生产建设兵团，其中新疆生产建设兵团、北京、新疆、上海明显高于平均值，分别为35元、23.64元、23.56元、23.34元；低于平均值的有11个省份，其中安徽、河北、贵州明显低于平均值，分别为5.35

---

① 资料来源：人力资源和社会保障部社会保险事业管理中心。
② 资料来源：人力资源和社会保障部社会保险事业管理中心。

元、6.52 元、7.83 元。

纵向上看，2013 年以前，经办机构的年人均服务费用逐年降低，2013 年后，人均服务费用继续提高，且提高幅度不断扩大。2014 年比 2013 年提高 0.41 元，提高比例为 4.44%；2015 年比 2014 年提高了 0.97 元，提高比例为 10.31%；2016 年比 2015 年提高了 1.71 元，提高比例为 16.47%（见表 3-9）。

表 3-9　　　　2010—2016 年经办机构人均经费支出情况

年份	2010	2011	2012	2013	2014	2015	2016
参保人数（亿）	9.74	14	16.68	17.54	18.17	19.16	20.35
经费支出额（元）	112.43	131.33	148.11	157.82	171.01	198.94	246.09
人均服务费用（元/人）	11.54	9.38	8.88	9.00	9.41	10.38	12.09

资料来源：人力资源和社会保障部社会保险事业管理中心。

七　信息系统

1. 信息化建设

为经办服务体系提供技术手段的信息化系统已经粗具规模。在国家金保工程带动下，各级政府多渠道筹资近百亿元，初步建立了可用于参保登记、申报缴费、权益记录、待遇发放、稽核监督、咨询查询的信息系统。适应统筹层次提高，数据开始向上集中。许多地区根据医保专业管理需要，在统筹区内实现了与双定单位的实时联网，医疗费用即时结算和"社保一卡通"，并探索异地就医即时结算。

近三年来，这方面的工作取得了长足的进展。2016 年，《关于加强和改进人力资源社会保障领域公共服务的意见》（人社部发〔2016〕44 号）、《关于加快推进"互联网+政务服务"工作的指导意见》（国发〔2016〕55 号）和《关于印发"互联网+人社"2020 行动计划的通知》（人社部发〔2016〕105 号）的陆续发布，要求根据服务特点和群众需求，逐步构建实体大厅、网上平台、移动客户端等公共服务平台，加速了"互联网+社保服务"的发展。

2017 年 3 月，人力资源社会保障部发布《关于印发社会保险网上业务经办规程（暂行）的通知》（人社厅发〔2017〕33 号），推动了"互联网+社保服务"的标准化与规范化。截至 2017 年年底，社会保障卡全国持卡人数达到 10.88 亿人，遍布所有省份，社会保障卡普及率达到 78.7%，遍布城镇、农村。

经过 13 年的建设，金保工程已形成了对各项社会保险实施的支撑能力。2018 年，部省市三级网络互联覆盖全国，城域网在人社管理服务机构、街道和乡镇的覆盖率均已超过 95%，定点医疗机构网络连通率基本实现全覆盖。

全国统一的社会保险核心平台应用软件已普遍在各地推广使用，支持城镇职工各项社会保险业务的统一经办管理与服务，多数省份核心业务系统已经开始向省级集中，部分省份已经实现全险种、全地市省级集中，有效提高办事效率，方便参保人员，提高信息共享程度，降低系统建设和行政成本。

2. 基层服务平台

基层劳动就业和社会保障服务平台是推进基本公共服务均等化的基础工程，是深化人社事业改革发展的重要载体，是服务群众联系群众的桥梁纽带，事关人民群众福祉，是民生事业的重要体现。近年来，部分省份在基层服务平台建设方面颇具成效。2017 年河北省投入 3000 多万元资金，支持省内 10 个深度贫困县所辖的 2955 个行政村（社区）开展村级服务平台建设工作。[①] 河南省 159 个县（市、区）经办机构均已设立服务平台，2114 个乡镇（街道）中有 1268 个设立服务所，其他在便民服务中心集中服务办公；30391 个行政村（社区）中有 20345 个设立服务站，共有乡镇以下基层工作人员 31019 人。[②]

第三节 经办体系改革取得的成效

2014 年以来，陆续印发了《关于实施"全民参保登记计划"的通知》（人社部发〔2014〕40 号）、《关于建立统一的城乡居民基本养老保险制度的意见》（国发〔2014〕8 号）、《关于机关事业单位工作人员养老

---

① 孟昭喜、傅志明：《中国社会保险管理服务（2016—2017）》，中国劳动社会保障出版社 2018 年版，第 68 页。

② 孟昭喜、傅志明：《中国社会保险管理服务（2016—2017）》，中国劳动社会保障出版社 2018 年版，第 70 页。

保险制度改革的决定》(国发〔2015〕2号)、《基本养老保险基金投资管理办法》(国发〔2015〕48号)、《关于全面实施城乡居民大病保险的意见》(国发〔2015〕57号)、《关于整合城乡居民基本医疗保险制度的意见》(国发〔2016〕3号)、《关于做好生育保险和职工基本医疗保险合并实施试点有关工作的通知》、《国务院关于建立企业职工基本养老保险基金中央调剂制度的通知》(国发〔2018〕18号)、《深化党和国家机构改革方案》等文件,这为社会保险由被动扩面走向主动扩面,城乡居民医疗、养老保险由分立走向统一,机关事业单位由单位保障走向社会保障,基本养老保险基金由单一投资工具走向多元化投资,大病保险由政府主导模式走向政府、市场相结合,职工医疗、生育保险由分立走向合并,养老保险由省级统筹走向全国统筹,社会保险由二元征缴模式走向税务统一征收,医疗保险由人社部、卫生部主管走向医保局统一管理奠定了制度基础,同时有利于理顺管理体制,提升服务效能,促进我国城乡基本公共服务均等化发展。

一 管理体制不断完善

在制度和经办模式的演变过程中,管理体制的改革逐渐关注群众服务需求和经办效率。"五险合一"经办可以实现社保信息共享,各类保险业务由一个部门办理,便于监管,节约了行政成本,也让群众少跑腿,还可以避免重复参保等问题,体现了行政管理体制的创新,体现了从管理职能向服务职能的转变。目前,已实行或正在实行"五险合一"经办的有20个省份,其中有物理空间合一的广东,也有业务合一不分设窗口的"桂林模式"。试点经验进一步表明,生育保险、医疗保险的合并扩大了覆盖范围,增强了基金共济能力,提升了生育保险的统筹层次,完善了支付方式,提高了管理效率。随着养老、医疗、失业、工伤、生育五项社会保险从原来的分散僵化的管理向"五险整合""整合业务、分项核算"的运作模式转变,政府在此领域也逐渐从行政管理向为服务型政府转变。①

从经办行政隶属关系来看,国外发达国家多实行垂直管理,可以提高规范化程度和经办效率,也有利于理顺社会保险经办机构管理服务体

---

① 杨燕绥、张曼:《社会保险"五险整合"运作模式研究》,《广西社会科学》2010年第9期。

系、增强组织建设能力、避免地方政府不必要的干扰而独立开展工作等①，因此部分省份经办开始走向垂直管理。2018年，中华人民共和国国家医疗保障局的成立，这有助于医疗保险统筹层次的提高，基本医疗保险与生育的合实施并，进而更好地发挥医疗保险保障群众医疗权益的作用。

二　促进了社会保险基金多元化运营

2015年印发的《基本养老保险基金投资管理办法》（国发〔2015〕48号）明确规定，省级政府可将养老基金委托经国务院授权的养老基金管理机构进行投资，受托机构、托管机构、投资管理机构及相关主体的行为由人社部、财政部监管。该办法对经办机构的职能未明确，但也有体现，主要表现在划转可委托投资运营的养老基金，根据养老基金委托投资收益率进行记账、结算和收益分配，委托投资情况的定期汇总及公布。

2016年多元化投资管理运营正式开始，部分省（区、市）与全国社保基金理事会签署基本养老保险基金委托投资合同，部分资金已到账并开始投资运营。这改变了过去社会保险基金职能购买国债、存银行，获取低收益率，被通货膨胀侵蚀的境况，投资渠道得到拓展，对社会保险基金保值增值具有重大意义。2017年6月底，北京、上海、河南、湖北、广西、云南、陕西、安徽8省（区、市）将部分资金以委托合同形式交于全国社保基金理事会，并开始投资。

在具体操作中，经办机构会同人社部门和财政部门在基金账户管理、受托责任以及投资监督等方面共同承担责任，在基金安全以及运营上的多元化投资。投资的效应在一定程度上取决于基金的规模，实行省级统筹，尤其是实行五险合一垂直管理体制的省份，在基金的规范化管理、标准化运营等方面，对于基金的统一管理和运营显示出了较大的优势。部分省份的经办体制改革有利于社保基金多元化投资运营政策的实施。

三　为养老保险基金全国统筹积累了经验

改革开放40多年来，我国社保经办系统经历了从管理职能向服务职能、从单一主体责任独担向多元主体责任共担，从服务对象到部分群体

---

① 王飞跃、郭怀亮：《属地管理、运行机制与社会保险经办机构变革取向》，《改革》2012年第11期。

再到全民共享三个转变过程，在管理体制方面表现为由属地化管理向垂直管理转变，在经办模式方面表现为由"五险分立"向"五险合一"转变，在统筹层次方面表现为市县统筹向省级统筹转变，在经办服务能力建设方面从管理为主向以人为本转变，这些都为养老金走向全国统筹积累了经验，创造了条件，也为其他险种走向更高统筹层次奠定了理论、制度、经验基础。截至目前，我国各省份全部实现养老金省级统筹，但由于我国区域发展不均衡，养老金统筹账户统筹层次问题，部分地区养老金结余非常多，比如广东9000多亿元，部分省份每年靠政府转移支付勉强收支平衡，如辽宁，为解决养老金区域结余失衡问题，充分发挥养老保险风险共担作用，2018年印发的《关于建立企业职工基本养老保险基金中央调剂制度的通知》要求建立养老保险基金的中央调剂制度，这是实现养老保险基金全国统筹的关键一步。各地经办体系的改革，尤其是五险合一和垂直管理大大促进了职工基本养老保险基金的省级统筹，各省积累的经验和教训，为养老保险基金全国统筹积累了经验和创造条件，同时为其他险种省级统筹创造了经办条件。

四 促进了社会保险制度覆盖面的持续扩大

社会保险制度需要经办机构来具体实施，多年来，经办体系在适应社会保险政策变化背景下，不断深入改革，具体表现在由各险种分立运行向"五险整合"模式、垂直管理模式的转变，金保工程不断升级，使得社会保险转移接续关系更快捷，异地就医结算更方便，经办人员、经费得到保障，有力地促进了全民参保登记计划、机关事业单位养老保险改革、城乡居民社会养老保险整合等政策的实施，经办体系提供的服务更便捷、高效，有力地促进了经办机构扩面工作的完成，参保单位、参保人员人数大幅度增加。机关事业单位方面，2016年参加养老保险的人数为3666万人，与上年相比增长了63.8%；参加医疗保险的人数为5896万人，增长率为1.6%，参加养老保险和医疗保险的人数不断增加。2017年，五项社会保险参保人数达到了270037万人，其中基本养老保险参保人数为91548万人，同比增加了2771万人，基本医疗保险参保人数为117681万人，较2016年增加了43289万人，失业、工伤、生育保险人数分别增至18784万人、22724万人和19300万人。

五 经办服务更快捷、方便，基本满足了参保者的需求

社会保险关系转移接续办理更便捷、高效。2016年，养老保险关系跨省转移、城乡养老关系制度累计转移、退役军人养老保险关系转接次数分别为200万次、55万人次和219万人①，全国办理跨统筹地区基本医疗保险关系转移接续218万人次，比2015年增加了47万人次，增长了27.5%。

异地就医住院医疗费用直接结算系统基本建立。2017年国家建立了国家异地就医结算系统。截至2018年5月底，已实现全国32个省级系统、400个统筹地区的全面接入，累计有效结算50.23万笔。

社保一体化服务稳步推进。截至2017年年底，社会保障卡实现省份全覆盖，地市覆盖率达99.7%。全国社会保障卡持卡人数达到10.88亿人，社会保障卡普及率达到78.7%。全国所有省份均已开通12333电话咨询服务，全年接听总量约1.2亿通。方便快捷的社会保险经办体系基本形成。

六 多元合作经办模式初步建立

经过多年的发展，我国形成了五级社会保险经办组织体系，初步建立起了业务覆盖中央、省、市、县、镇（乡），较为完备的社会保险组织框架体系。近些年随着金保工程的实施，人力资源和社会保障部提出的"数据向上集中，服务向下延伸"服务理念的贯彻，社会保险经办业务下沉到街道和社区（村），建立起了城乡居民社会养老保险村和社区（兼职）协管员办法，部分省份实现了社保卡窗口业务办理下延至乡镇、村（社区）。这些制度和办法的实施，实际上我国基本形成了国家层面人力资源和社会保障部社会保险事业管理中心、省（自治区、直辖市）、地（市、州、盟、区）、县（市、旗、区）、乡镇（街道）、村（社区）六个层级社会保险经办服务机构体系。

除了社会保险经办组织体系以外，还通过委托和购买，充分发挥市场社会服务组织的专业优势作用。在社会保险费账户管理、现金管理、汇兑、划转、发放等方面，都是通过银行系统进行的。在养老金投资运营中，商业银行也发挥了资金管理人的作用，对于养老金安全起到了不可替代的作用。此外，社会保险经办机构与全国2万个定点医疗机构，17万个定点药店联网，为参保人提供住院、门诊医疗服务和药品零售服务。

近几年来，在社会保险经办改革过程中，与社会组织机构的合作不

---

① 褚福灵：《社会保险：覆盖面大了，转接更顺了》，《中国社会保障》2017年第10期。

断加强，在大病保险多元化、经办监管多元化进行了探索。截至目前，委托商业保险公司作为承办主体的大病保险经办体系已经建立起来，既发挥了商业机构的专业优势，大病保险效率、质量也获得了大幅度提高，充分发挥了市场的作用。

在一些地区，在经办业务的参与、评价与监管方面，一些地区也做出探索。如西安市人力资源和社会保障局面向社会选聘社会保险基金监督员，通过一定程序，聘用了社会保险基金监督员，涵盖多个领域和行业，不仅加大了监管力度，也带动了居民的参加积极性。这样既可满足人民群众日益增长的公共服务需求，又能满足地区间发展不平衡的问题，还能提高某些领域的公共服务质量。在经办系统内部引入一定的竞争和示范效应，有利于创新公共服务供给模式和社会保险终端服务方式。[①] 社会保险的各合作主体在社会保险业务的开展过程中都获得了收益，随着经办效率的不断提高，各合作主体和合作收益越来越大，多元化合作经办模式的改革将逐渐深入推进。

第四节　主要问题

经过40多年的改革和发展，我国社会保险制度体系和管理服务水平不断健全和完善，覆盖面不断扩大，资金规模不断增加，保障能力和水平持续增强，基金监管与风险防范措施不断完善，信息技术特别是互联网技术的应用不断拓展和深化，经办服务的便捷性、有效性持续提高，但仍存在以下问题，亟待解决。

一　经办管理体制改革滞后，机构定位不清

经办机构设置和职责的划分是社会保险经办体制改革的核心内容，也是建设服务型政府的基础性工程。经办机构作为政府的执行机构，是提供公共服务的主要载体，机构性质定位不清，必然会影响政府职能的发挥。长期以来，由于各地普遍实行属地管理，经办机构的设置和对人、财、物的管理权均属于县级以上政府，由于管理主体的不同，这就导致

[①] 郑秉文：《中国社会保险经办服务体系的现状、问题及改革思路》，《中国人口科学》2013年第6期。

各地经办机构的设置呈现多样化,主要表现在设置方式不一,名称、规格、隶属关系和机构性质也不统一。

经办机构设置的不科学还体现在机构的名称、规格、性质的不统一等方面。这不仅会影响社会对经办机构的认知,也会给服务对象办理社保业务造成很大的不便,不利于树立良好的行业形象。1989年,我国颁布了《关于社会保险机构的名称和工作职责的通知》,要求将省、市、县各级劳动部门下设的经办机构统一命名为"社会保险事业管理局",但目前省级经办机构的名称只有中心和局两类,如社会保险事业管理中心和社会保险事业管理局,但具体的称谓却多种多样。在经办机构的规格方面,虽然全国各地经办机构都属于人力资源和社会保障部直属的事业单位,但各地政府赋予本级经办机构的名称、规格并不相同。有的地级市所属县级县市区从股级到正科级的都有,目前,全国多数地区的县级经办机构规格不明确。在单位性质上,有的属于全额拨款事业单位,有的地区是参公管理,有的地区内部实行的不同管理,有的地区还没有明确,各级经办机构性质见表3-10。

表3-10　　　2010-2016年各级经办机构参公管理情况　　　单位:个,%

年份	合计		省级（含新疆生产建设兵团）		地市级		县（区）级	
	数量	占比	数量	占比	数量	占比	数量	占比
2010	3988	52.2	59	85.5	688	66.7	3241	49.6
2011	4374	53.9	60	85.7	747	71.1	3567	51.0
2012	4421	52.6	56	88.9	724	69.6	3641	49.8
2013	4388	52.5	56	86.2	702	70.8	3630	49.7
2014	3991	49.7	56	83.6	703	71.4	3232	46.3
2015	3889	49.1	58	92.1	734	73.9	3097	45.2
2016	3756	47.3	54	91.5	742	73.7	2960	43.1

资料来源:人力资源和社会保障部社会保险事业管理中心。

2019年全国5577个经办机构中,参照公务员管理的2528个,占45.33%,(省级机构的90%,地市级机构的70%,区县级机构的42%),其他机构大多划为公益事业单位一类,人员和工作经费由本级财政全额拨款保障，还有少数机构划分为公益二类。全国没有确定社保经办机构属性的统一规则，上级机构与下级机构属性不一的现象大量存在。总体上看全国各地参公管理的比例在一半左右，级别越高，参公管理的比例越高，基层参公管理的比例较低。经办机构性质和隶属关系不统一将直接影响经办机构职能的界定、运行机制，还涉及工作人员的切身利益。而经办机构体制的不规范和不统一，将直接制约经办服务体系的长远建设。

经办机构职责划分不科学还与管理体制有关，特别是在行政管理和业务管理权责的划分上。在实施属地化管理的地区，上级经办机构与下级经办机构之间不是自上而下的垂直管理关系，这就容易造成事权与责任不匹配。而上级仅仅对下级进行业务指导，并不对下级行使财权、人事权等行政性权利。因此，上级经办机构对下级发出的约束性指令效力较差，主要表现在统一业务规程、统一基金管理制度和统一进行标准化、信息化建设等方面。甚至不少统一业务规程、标准因缺乏内在动力而导致流于形式。尽管"六统一"标准的职工基本养老保险省级统筹已在全国实施，但实际的执行情况却与各地相差较大，有的地区在险种经办方面，各个级别的经办机构仍采取各自分散经办、各行其是。

二 机构设置分散，缺乏组织上的一致性、协同性

社保经办机构设置分散。据统计，全国经办机构数量最多的 2012 年高达 8411 个，按当年县级以上行政区划单位 3223 个计算，平均每个县级以上行政区划单位约有 2.61 个。① 虽然受到经办机构整合的影响，经办机构逐年递减，但考虑到机关事业单位改革等，2017 年，全国经办机构增至 7985 个，比 2016 年增加了 48 个。我国设置 1 种经办机构的有广西、重庆、新疆、新疆建设兵团，北京、天津、内蒙古、吉林、海南、青海、宁夏设置了 2 种经办机构，山西、广东、贵州、西藏设置了 3 种，设置 4 种经办机构的有辽宁、黑龙江、上海、江苏、浙江、安徽、福建、四川、甘肃、河北，河北、山西、山东、河南、湖南、陕西设置了 5 种，设置最多的是云南省，有 6 种机构类型。② 截至 2016 年年底，设置经办机构数量最多的是湖南省，有 662 个，经办机构设置最少的是新疆建设兵团，

---

① 孟昭喜、傅志明：《中国社会保险管理服务（1978—2013）》，中国劳动社会保障出版社 2014 年版，第 235 页。

② 孟昭喜、傅志明：《中国社会保险管理服务（2016—2017）》，中国劳动社会保障出版社 2018 年版，第 50 页。

只有 15 个。2018 年机构改革后,一些原来合办的地区又面临分办的局面,原来由医保机构经办的工伤保险,需重新设立经办机构,这种各险种交叉错位经办的状况增加了管理的复杂性和群众办事的困扰。

经办机构组织形象多种多样。尽管早在 1989 年,劳动部曾印发《关于社会保险机构的名称和工作职责的通知》(劳险字〔1989〕13 号),要求将省、市、县各级劳动部门所属的经办机构名称统一为"社会保险事业管理局",但具体名称多种多样。以职工养老保险为主设立的经办机构名称为例,其中有 21 个省份称为"局",具体的则有 10 种;有 8 个省份称为"中心",具体名称则有 6 种。① 此外机构级别参差不齐。有的地区经办机构与行政单位同级,有的地区低半格,有的地区低一级。

三 工作负荷日益加大,人力资源配置不合理

人员与业务量的动态配置机制没有建立。随着全面参保计划的实施以及机关事业单位的改革,社会保险制度覆盖范围的不断扩展,尤其是面对灵活就业人员急剧增加和居民分散且自愿参保的挑战,经办人员配置与业务量不匹配,2013 年工作人员人均服务量达 1∶9883 人次,2017 年人均服务人次大幅度提高,达到 11641 人次,比 2016 年提高了 1251 人次,提高幅度达 12.04%,远远超出国外同行工作量,远高于英国、美国、新加坡等发达国家,具体情况见表 3-11。

表 3-11　　　　2010—2017 年社会保险经办机构基本情况

	2010 年	2012 年	2014 年	2016 年	2017 年
机构数量(个)	7653	8411	8031	7937	7985
实有人数(人)	150376	172177	178598	195869	215832
参保人次(万)	97444	166876	198700	221598	251250
负荷比	1∶6480	1∶9692	1∶10174	1∶11313	1∶11641

资料来源:数据由人力资源和社会保障部提供。

随着社保经办机构业务量的成倍增加,人员编制的增长速度明显比较缓慢,这是导致服务能力低的主要原因。就全系统来看,有些地区对

---

① 孟昭喜、傅志明:《中国社会保险管理服务(1978—2013)》,中国劳动社会保障出版社 2014 年版,第 236 页。

人员编制进行了调整，但效果并不明显，并没有从根本上解决人员不足的问题。从全国来看，2015年超过负荷平均值的有12个省（区、市），其中上海、广州、重庆分别达到了1∶20084人次、1∶22138人次、1∶20213人次。而一些省会城市，如杭州、武汉、厦门、青岛、郑州等地的服务量已达到25000—30000人次，经办人员工作负荷进一步加重。

另外，受区域差异的影响，经办机构存在服务绩效低下与超负荷工作并存现象，2017年各省（区、市）年人均服务人次差异也比较大，年人均服务人次最高的上海为20934人次，人员配备不足问题突出。但是最低的新疆生产建设兵团为3581人次，尤其是一些经济欠发达地区的基层工作人员，服务绩效比新疆还低。

经办机构内部多种人事管理制度交错。往往是管理人员与窗口服务工作人员（柜员）实行不同的人事制度。即使在同一岗位工作，有的人参公管理，有的人列为事业单位编制，执行相应的聘用合同制、职级晋升制和薪酬社保标准。有的属于公益性岗位协理人员，执行政策规定的薪酬社保补贴制，在窗口经办人员中，此类占比较高。还有的执行劳动合同制，甚至属于服务外包的劳务派遣人员，执行企业内的薪酬制度和社保标准。杂乱的内部人事管理，使各类工作人员身份、工资、社保待遇和职业发展空间差异很大，在一定程度上影响了工作积极性和管理效能。此外，经办机构人员配置不合理的现象在全国各地区普遍存在。因受到编制、待遇的制约，经办机构对专业人才需求无法得到满足，这导致保险精算、信息系统、医疗智能化监管等工作无法开展，这不利于经办能力的提升。

经办机构人员配备不足的主要原因是人员编制的增加跟不上工作任务量的增长，工作任务量增长后不增编或增编不足现象较为普遍，有的地级市甚至在参保人数大幅增长的近十多年里没有增加1个编制。这不仅导致经办机构尤其是基层经办机构工作人员长期超负荷工作，影响"精细化管理"的落实，进而制约服务质量的提升，而且影响基层经办队伍的稳定。

四　经办资源受地方财力掣肘，经费不足

财社字〔1999〕173号文件的出台，标志着经办机构经费由同级财政部门核拨，核拨依据人事（机构编制）部门核定的编制人数，不得再从社会保险基金中提取或列支费用。中国区域经济发展的不平衡，财政能

力较弱的地方无法满足经办服务快速发展的需求。并且在经济下行压力不断加大的趋势下，地方财政和地方债务形势均不明朗，各级社保经办机构的预算安排好于以往的可能性很小。①

全国经办机构经费保障虽然逐年增加，服务人次经费支出逐年上升，但依然很低。以2014—2016年为例，尽管实际支出由171.01亿元增加到了246.09亿元，但参保人次则由19.87亿增加到了22.16亿，服务人次经费支出逐年缓步上升，由2014年的9.41元/人上升为2016年的12元/人。这有限的支出不仅包括直接用于管理服务的行政性支出，还包括商品和服务经费支出、基本建设支出和人员经费支出。如果剔除这三项，人均服务支出则更低。② 这种状况在一些经济欠发达地区尤其是基层尤为突出，2016年安徽省经办机构年服务人次经费支出仅为5.35元，能够保障经办机构人员工资按时足额发放就已经不错了，根本没有财力进行基本建设和提高经办服务能力。

五 信息共享机制不健全

社会保险信息系统建设随制度完善和统筹层次提高而逐步加快，特别是党的十八大后，金保工程一期竣工，二期建设启动，经过多年的建设，我国社会保险信息系统初步建立，但还存在着以下问题：

第一，部门系统分割致使数据分散。我国税务系统通过金税工程实现税务严密监控，民政部则通过金民工程实现信息共享，卫生系统通过金卫工程增强信息化建设，与人社系统负责的金保工程社会保险经办信息系统不一致，这给社会保险移交税务系统，统一城乡居民养老保险、统一城乡居民医疗保险、医疗保险与生育保险合并产生很多障碍。

各地成立了信息中心，目的之一在于推动信息系统整合，横向上，将就业、社保和行政电子化结合起来开发，统一管理。带来优点的同时，可能会造成信息系统和经办服务体系分立，数据管理和经办管理分离的潜在风险。纵向上，由于经办管理体制和投资体制双重制约，信息整合进展难度大，真正实现数据实时向省数据库集中的地方并不多。

第二，地区发展不平衡导致信息系统低效投资。从总体上看，经办系统尚不能满足社会保障事业快速发展的需要，特别是地区之间发展很

---

① 郑秉文：《中国社会保险经办服务体系的现状、问题及改革思路》，《中国人口科学》2013年第6期。

② 资料来源：人力资源和社会保障部社会保险事业管理中心。

不平衡，离全国社保一卡通的终极目标很远。改革开放初期，用电脑替代手工操作的方式可以在局域网内实现。但当统筹层次提升到省级乃至全国，医保要求异地就医结算，养老金要求异地发放和相应资格认证，人员的频繁流动不断地转接社保关系，人们期待"社会保障卡"能够携带个人权益信息而通行全国的时候，关键的不是有了多少先进地区的经验，不是各地已经发了多少张卡，而是离一卡通的标准还有多远，是如何尽快补上欠发达地区信息化建设的"短板"。因此，地区发展不平衡已经不是个可以熟视无睹的小问题，而是直接影响战略目标的大问题。

第三，信息系统的变化致使数据标准不一致。社会保险信息建设布局经历了从分散在县级到向地市集中，再到省级集中的过程，每次整合、清理数据都会出现错误、遗漏等现象，这与各地管理水平良莠不齐有关。随着技术的进步，群众需求的变化，地方经办信息系统处于不断更新换代过程中，经办系统由市场提供，但可能是不同的企业，这就会导致前后数据标准不一致，因此很多数据在时间跨度上无法识别、存储等，较为严重的是医疗保险，因为其涉及药品、材料等。

第四，社保卡与信息的分割导致的低效率。社会保障卡承载着社会保险经办发展目标，虽然已覆盖全国各省份，但由于基层地区的经办系统可能较为落后，采集的数据等还无法与社保卡连通，部分信息还无法精准识别，有了社保卡也不一定能用。这不利于社保卡的进一步发展和使用效率。

第五，信息利用率低，大数据优势无法发挥。数据分析停留在低层次上，数据共享更谈不上。从理论上讲，只要加快信息整合集中，社保具有超大型的海量信息，是大数据的绝好用武之地。

经过多年的发展，我国社会保险搭建了覆盖城乡全体居民的信息系统架构并实现网络贯通，特别是金保工程的建设，形成了对各项社会保险实施的支撑能力。然而我国税务系统通过金税工程实现税务严密监控，民政部则通过金民工程实现信息共享，卫生系统通过金卫工程增强信息化建设，与社会保险经办信息系统不一致，这给社会保险移交税务系统，统一城乡居民养老保险、统一城乡居民医疗保险、医疗保险与生育保险合并造成很多障碍。因此，要实现党的十九大报告提出的建立全国统一的社会保险公共服务平台，必须要解决信息系统不统一的问题。

第六，部分地区基础信息平台建设严重滞后。近年来，由于国家大力推进，大部分地区基层公共服务平台建设呈现出快速发展的态势，但在一些经济欠发达的县市尚处于起步阶段，存在村（社区）公共服务平台发展不平衡，村（社区）综合公共服务平台人员配备不足，村（社区）综合公共服务平台发挥作用不够等问题。一些发展比较快的地区经办服务方式也存在一些不足，具体表现在综合柜员制改革还未完全到位，网上大厅建设进展缓慢，功能不够齐全，经办服务完全受场地、人员、时间、空间等客观因素制约，不仅不能满足参保对象多样化的服务需求，更不能适应人口流动性的需要。

第四章 各地社会保险经办整合模式的综合实证评价

前面各章的分析,对我国目前社会保险经办体系有了总体的认识,改革开放四十多年来,随着社会保障相关制度的建立和完善,社会保险经办管理体制和经办机构也在不断地调整,尤其是近十年来,各地在社会保险经办管理体制和组织架构方面在不断进行改革,目前呈现出多种多样的格局。本部分从两个方面进行调研:一是对社会保险经办机构和工作人员进行调研和访谈,主要目的在于考察经办机构公共服务能力;二是对参保者的调研,从经办机构服务的对象参保者的角度来对经办机构提供的服务质量进行评价。具体选择不同地区、不同经办模式为样本,通过对各地各种经办模式制度安排,从经办机构和参保者两个角度进行调研数据统计分析,从而对各种经办模式,对各地近十年来经办模式改革的绩效进行综合评价。

第一节 典型地区社会保险经办模式

为了更加全面地了解目前国内各地经办模式的运行绩效,根据本书第三章目前国内四种典型的经办模式,同时考虑全国地理分布和地方经济社会发展的特点,调查地点选择天津市、乌鲁木齐市、西安市和太原市四个城市,它们分别代表了"五险合一"垂直管理模式、"五险合一"属地管理模式、集中经办混合管理模式和分立运行属地管理模式4种经办模式。

为保证调查的代表性,本次抽样选择了覆盖东中西、经济发展不同的区域,具体调查的经办机构与参保者如表4-1所示。

表 4-1　　抽样选定的社会保险经办机构

所在城市	社保经办机构名称
天津市	天津市社会保险基金管理中心河西分中心
	天津市社会保险基金管理中心和平分中心
乌鲁木齐市	乌鲁木齐市天山区社会保险管理分局
	乌鲁木齐市新市区社会保险管理分局
太原市	太原市企业养老保险管理服务中心
	太原市医疗保险管理服务中心
	太原市城乡居民养老保险管理服务中心
	太原市晋源区社会保险中心
西安市	陕西省社会保障局长安区养老保险经办中心
	西安市长安区社会保险事业服务中心

天津市经办管理模式可以概括为"机构垂直管理，五险统一征支、基金一级结算、稽核集中实施、网络统一规划"。天津市社会保险基金管理中心在全市 18 个区县和开发区、保税区、高新区分别设有分中心，本次调研选择了天津市社会保险基金管理中心河西分中心和天津市社会保险基金管理中心和平分中心两个机构。

新疆社会保险经办采用"五险合一"的经办模式，按照"属地管理"的原则，由各级政府对社保经办机构进行统一管理，各级社会保险管理局统一经办养老、医疗、工伤、生育和失业保险。本次调研选择了乌鲁木齐市天山区社会保险管理分局乌鲁木齐市新市区社会保险管理分局两个机构。

陕西省社会保险经办实施"垂直管理"和"属地管理"的二元模式。其中城镇职工养老保险经办实行"垂直管理"模式，由省社会保障局对全省养老保险经办机构进行统一的行政管理、业务管理、经费财务管理和人事管理。而其他几个险种经办机构的设置比较复杂，各地市发展情况和统筹层次不一，机构设置、机构名称各不相同，有的实行的是地市级和县级统筹相结合的"属地管理"模式，由市县政府对市、县经办机构提供人力、财政和资产保障。有的城市，如西安市，设置西安市社会保险管理中心，统一经办除城镇职工养老保险外的其他险种，西安市各区县也同样。而咸阳市基本实行的是按照险种、人群分立的运行模式。

主要本次调研选择了陕西省社会保障局长安区养老保险经办中心和西安市长安区社会保险事业服务中心两个机构。

山西省社会保险系统实行"五险分设、属地管理"经办模式，经办机构按照险种分设，在管理上分省、市、县三级管理。省一级和区县一级目前各机构在整合，在地市一级基本上还是按照险种设立机构。省级设山西省社会保险局，负责对本省的社会保险经办业务的程序、规则进行拟定和组织实施。太原市社会保险经办机构基本上按照社会保险险种设置，设有太原市企业养老保险管理服务中心、太原市城乡居民养老保险管理服务中心、太原市机关事业单位社会保险管理服务中心、太原市医疗保险管理服务中心、太原市失业保险管理服务中心。区县经办机构近些年也在整合，如太原市晋源区社会保险中心负责全区各类企业、事业单位养老、工伤、生育保险基金的征缴管理和拨付工作以及退休人员的社会化管理。太原市晋源区医疗保险管理服务中心负责区城镇职工基本医疗保险、城镇居民基本医疗保险等事务。本次调研选择了四家经办机构，具体见表4-1。

第二节　四种经办模式公共服务能力比较分析

一　评价指标选取

社会保险经办机构是面向参保者提供社会保险基本公共服务的机构，对其绩效的科学评价，关键在于评价指标体系选择的科学性和合理性。本书在对已有文献的梳理和大量调研访谈的基础上，运用如下方法确定了评价指标体系。

（一）理论法

社会保险是最基本的公共服务，而社会保险经办机构作为承办机构，其运营绩效直接决定着社会保险制度的实施效果。指标的选取主要考虑两个方面，一方面，作为政府提供的社会保险最基本公共服务的执行机构，其体现的社会价值，主要包括社会保险相关政策的执行情况、社会保险政策扩面情况、基金收支以及安全规范情况等，体现社会保险经办工作的社会化、规范性和标准化；另一方面，作为公共组织的社会保险经办机构，要体现作为组织应有的内在价值，对其经办能力的评价要符合公共组织绩效评价的标准。从这个角度考虑，本书在充分借鉴公共组织绩效理论的基础上，从社会保险经办机构的"公共性"出发，充分考虑到服务对象——社会保险参保者的感受和经办机构的效率，设计绩效（经办能力）指标体系，同时也要考虑其作为组织应有的效率，要考虑其内部人、财、物等各种资源综合配置利用的情况、风险控制情况，最终由服务对象——参保者对其业务和服务进行的评价情况。

（二）专家意见法

根据公共组织理论和社会经办机构的性质、职能，初步确定经办绩效评价指标后，征询经办机构负责人、社保领域专家学者，进一步修正评价指标。具体过程是课题确定后，开始搜集最新资料，同时设计指标体系，于2014年4—5月征求了陕西省社会保障局2名副局长、西安市养老保险经办管理处副处长1名、陕西省社会保障局养老保险经办处副处长1名、城乡居民养老保险经办处副处长1名、西安市长安区社会保险事业服务中心主任1名、河南洛阳市社会保险事业管理局副局长1名、西安交通大学公共政策与管理学院教授1名、西北大学公共管理学院教授2名、中国人民大学副教授1名、河南大学哲学与公共管理学院教授1名，共12名专家，主要是从事社会保险经办人员和高校研究人员的意见。具体步骤是确定初步指标体系后，向上述所选择的专家发送文档，对于评估的机构和评估的目的进行详细说明，请求专家对选择的绩效指标体系进行评价。待返回意见后，对各位专家提出的意见进行整理，然后再将意见用电子文档发送给专家，请求专家进行第二轮修改后提出意见。

2014年7月，课题组负责人利用参与郑秉文老师主持的中改办251号项目"加快健全社会保障管理体制和经办服务体系"课题调研的机会，对陕西省人力资源和社会保障厅副巡视员1名、陕西省社会保障局副局长1名、陕西省社会保障局养老保险经办处副处长、综合处副处长各1名、西安市城镇职工养老保险经办管理处处长和副处长各1名、咸阳市养老保险经办中心主任、咸阳市三原县城镇职工养老保险中心主任进行了访谈，听取对绩效评价指标体系的意见，最后把专家们重新考虑的意见收集加以整理，最终确定评价指标体系。

（三）文献法

参考了各级政府和职能部门关于经办工作、绩效管理文件、绩效考核办法、并参考了《陕西省省社会保障局养老保险经办服务标准汇编》

以及大量相关文献，最终选取 23 项指标整理如表 4-2 所示。

表 4-2　　　　　　　社会保险经办机构绩效评价指标

指标编号	指标名称	指标编号	指标名称
X1	基础设施状况	X13	标准化建设情况
X2	信息化建设	X14	经办人员学历层次
X3	经费到位度	X15	经办人员流动情况
X4	基金征缴和稽核情况	X16	经办人员的培训情况
X5	基金收支规范情况	X17	工作流程设计合理情况
X6	基金的调剂使用情况	X18	特殊业务处理情况
X7	与其他部门协调沟通情况	X19	网上申报率
X8	信息披露情况	X20	投诉率
X9	足额发放比率	X21	单笔业务办理时间
X10	人均工作量	X22	参保者满意率
X11	人均处理异地转移接续笔数	X23	单笔业务参保者等待时间
X12	人均日处理业务变更笔数		

二　样本选择和数据收集

（一）样本的选择

抽样地区天津市、乌鲁木齐市、西安市和太原市分别代表五险合一垂直管理模式、五险合一属地管理模式、集中经办混合管理模式、分立运行属地管理模式 4 种典型的经办模式。调查对象为这 4 种经办模式经办机构的工作人员和参保者，参保者中包括参保个人和参保单位办事人员。问卷具体通过采用"集中填答和偶遇抽样法"两种方式发放，共发放问卷 470 份，回收问卷 452 份，其中无效问卷 14 份，有效问卷 438 份，问卷有效率为 96.9%。针对经办工作人员采用集中式填答的方法发放问卷，共发放问卷 146 份，回收问卷 146 份，无效问卷 6 份，有效问卷 140 份；针对参保者采用在经办大厅向前来办理业务和咨询业务的参保者偶遇发放的方式，共发放问卷 324 份，回收问卷 311 份，无效问卷 13 份，有效问卷 298 份，其中参保单位办事人员问卷 88 份，参保个人问卷 210 份，问卷发放对象的基本情况见表 4-3。

表 4-3　社会保险经办机构工作人员和服务对象总体情况

		经办机构工作人员		参保单位办事人员		参保个人	
		人数（人）	百分比（%）	人数（人）	百分比（%）	人数（人）	百分比（%）
年龄	30 岁以下	39	27.9	35	39.8	61	29.0
	31—45 岁	78	55.7	47	53.4	79	37.6
	46—60 岁	23	16.4	6	6.8	56	26.7
	60 岁以上	0	0.0	0	0.00	14	6.7
	合计	140	100.0	88	100.0	210	100.0
文化程度	高中及以下	0	0.00	3	2.1	39	18.6
	大中专	32	0.00	26	34.3	56	26.7
	本科	85	60.6	56	58.6	91	43.3
	研究生及以上	23	16.4	3	5.0	24	11.4
	合计	140	100.0	88	100.0	210	100.0
月平均收入	2000 元以下	0	0.0	0	0.00	13	6.2
	2000—3000 元	10	7.0	7	8.0	77	36.7
	3001—5000 元	79	56.4	57	64.8	63	30.0
	5001—8000 元	38	27.1	23	26.1	46	21.9
	8000 元以上	12	8.5	1	1.1	11	5.2
	合计	140	100.0	88	100.0	210	100.0

天津市、乌鲁木齐市、西安市和太原市社会保险经办机构发放问卷对象的基本情况见表 4-4。其中向天津市相关经办机构工作人员发放问卷 28 份，回收问卷 28 份，无效问卷 1 份，有效问卷 27 份；向乌鲁木齐市相关经办机构工作人员发放问卷 30 份，回收问卷 30 份，无效问卷 1 份，有效问卷 29 份；向西安市相关经办机构工作人员发放问卷 38 份，回收问卷 38 份，无效问卷 2 份，有效问卷 36 份；向太原市相关经办机构工作人员发放问卷 50 份，回收问卷 50 份，其中无效问卷 2 份，有效问卷 48 份。问卷发放对象四个地区经办机构工作人员的基本情况见表 4-4。

在经办大厅向前来办理业务和咨询业务的参保者偶遇发放的方式发放问卷。向天津市参保者发放问卷 75 份，回收问卷 72 份，无效问卷 2 份，有效问卷 70 份；向乌鲁木齐市参保者发放问卷 77 份，回收问卷 75 份，无效问卷 3 份，有效问卷 72 份；向西安市参保者发放问卷 82 份，回

表 4-4　调查样本区社会保险经办机构工作人员基本情况

		天津		乌鲁木齐		西安		太原		总体	
		人数（人）	百分比（%）	人数（人）	百分比（%）	人数（人）	百分比（%）	人数（人）	百分比（%）	人数（人）	百分比（%）
年龄	30 岁以下	7	25.9	7	24.1	10	27.8	11	22.9	39	27.9
	31—45 岁	16	59.3	17	58.6	21	58.3	28	58.3	78	55.7
	46—60 岁	4	14.8	5	17.2	5	13.9	9	18.8	23	16.4
	60 岁以上	0	0.0	0	0.0	0	0.0	0	0.0	0	0.0
	合计	27	100	29	100	36	100	48	100	140	100
文化程度	高中及以下	0	0.0	0	0.0	0	0.0	0	0.0	0	0.00
	大中专	3	11.1	6	20.7	6	16.7	11	22.9	32	0.00
	本科	17	63.0	22	78.9	24	66.6	34	70.8	85	60.6
	研究生及以上	7	25.9	1	3.4	6	16.7	3	6.3	23	16.4
	合计	27	100	29	100	36	100	48	100	140	100
月平均收入	2000 元以下	0	0.0	0	0.0	0	0.0	0	0.0	0	0.0
	2000—3000 元	0	0.0	3	10.3	3	8.3	5	10.4	10	7.0
	3001—5000 元	5	18.5	17	58.7	23	63.9	31	64.6	79	56.4
	5001—8000 元	17	63.0	7	24.1	8	22.2	9	18.8	38	27.1
	8000 元以上	5	18.5	2	6.9	2	5.6	3	6.2	12	8.5
	合计	27	100	29	100	36	100	48	100	140	100

收问卷 79 份，无效问卷 4 份，有效问卷 75 份；向太原市参保者发放问卷 90 份，回收问卷 85 份，其中无效问卷 4 份，有效问卷 81 份。

对于一些有代表性的个案采取了深度访谈法，进一步了解经办机构的实际运行情况以及参保者对经办服务满意度。之后我们借助于 Excel 和 SPSS 两种分析工具对有关的数据进行了分析，以求能够为我们的政策建议提供有力的数据支撑。

（二）问卷设计和数据收集

问卷是以 23 项指标为基础来设计，指标中有部分是定性指标，不能量化，采用李克特评价法对指标进行赋值打分，5 表示非常好，4 为好，3 为一般，2 为差、1 为很差，打分越高表示经办能力越高效。

第一，为了提高问卷的可靠性，本书在正式开展调查之前对问卷进行了探索性工作，一般常用的方式有非结构式的访问和问卷的预调查等，具体采用查阅法、非结构式访谈和预调查方法。调查前期查阅大量相关文献资料,尤其是公共服务机构绩效和能力相关评价指标体系以及公众满意度的相关文献进行比较分析。第二,本书在前期参与中改办课题调研中,走访了陕西省社会保障局、西安市养老保险经办处、咸阳市渭城区养老保险经办中心工作人员,对问卷设计的重点问题等进行了访谈,进一步修改问卷。形成问卷后,对西安市长安区社会保险大厦一楼随机选取20名前来办事的群众进行问卷预调查,让他(她)们对调查问卷提出意见,然后进行修改,形成问卷,见附录1;在长安区社会保险大厦,随机选取10名工作人员进行问卷预调查,让他(她)们对调查问卷提出意见,然后进行修改,形成问卷,见附录2,之后对四地社会保险经办机构工作人员和参保者正式发放问卷。

(三)描述性统计

对问卷调查和走访获得的数据,输入Excel,采用SPSS19.0统计分析软件处理数据,各项分析结果见表4-5。

表4-5　　　　　　　　　描述性统计分析

	N	均值		标准差
	统计量	统计量	标准误	统计量
X1 基础设施状况	140	3.3917	0.11488	0.45956
X2 信息化建设	140	3.2855	0.19922	0.79690
X3 经费到位度	140	3.2043	0.09787	0.39158
X4 基金征缴和稽核情况	140	3.3699	0.11965	0.47857
X5 基金收支规范情况	140	3.4418	0.11297	0.45195
X6 基金的调剂使用情况	140	3.4318	0.09325	0.37303
X7 与其他部门协调沟通情况	140	3.1893	0.07283	0.29144
X8 信息披露情况	140	3.3112	0.16751	0.67005
X9 足额发放比率	140	3.7224	0.11058	0.44235
X10 人均工作量	140	3.4239	0.10786	0.44054
X11 人均处理异地转移接续笔数	140	3.4087	0.19617	0.78472
X12 人均日处理业务变更笔数	140	3.0238	0.08004	0.30021

续表

	N	均值		标准差
	统计量	统计量	标准误	统计量
X13 标准化建设情况	140	3.6520	0.07278	0.33113
X14 经办人员学历层次	140	1.9143	0.06603	0.26416
X15 经办人员流动情况	140	2.8312	0.07116	0.28471
X16 经办人员的培训情况	140	3.1155	0.14620	0.58481
X17 工作流程设计合理情况	140	3.1180	0.11441	0.45768
X18 特殊业务处理情况	140	2.9218	0.06813	0.27251
X19 网上申报率	140	2.6100	0.10529	0.42115
X20 投诉率	140	3.2050	0.08482	0.33931
X21 单笔业务办理时间	140	2.9386	0.09841	0.39362
X22 参保者满意率	140	3.0117	0.17212	0.68852
X23 单笔业务参保者等待时间	140	2.7146	0.12521	0.49611
有效的 N（列表状态）	140			

表 4-5 结果可以看出，23 项指标总体均值是 3.1407 分，足额发放比例指标最高，均值为 3.7224 分。最低指标平均值是 1.9143 分，为经办人员学历层次指标，低于总体平均值的指标有 9 项，有 14 项指标高于平均值。得分分布情况如下：1 项指标得分均值低于 2 分，占指标总数的 4.35%；得分平均值处于 2—3 分的有 5 项指标，占指标总数的 21.74%；14 项指标得分均值处于 3—3.5 分，占指标总数的 60.9%；2 项指标高于 3.50 分，占指标总数的 8.7%，大部分指标运行得分一般，基本符合"正态分布"状态，个别指标得分较低。

从表 4-6 可以得出 4 个城市的平均得分为 3.14，4 个城市当中，天津市也就是五险合一的垂直管理模式得分最高，为 3.51，其次是乌鲁木齐市系五险合一的属地管理模式，得分为 3.02，排名第三的是西安市混合经办模式，得分为 3.16，得分最低的是太原市代表的分立运行属地管理模式，得分为 2.85。

表 4-6　　描述性统计分析二

	总体	天津	乌鲁木齐	西安	太原
X1 基础设施状况	3.39	3.99	3.63	3.21	2.75
X2 信息化建设	3.29	3.71	3.11	3.30	2.68
X3 经费到位度	3.20	3.77	3.44	3.06	2.94
X4 基金征缴和稽核情况	3.37	3.73	3.43	3.28	3.07
X5 基金收支规范情况	3.44	3.58	3.49	3.14	3.01
X6 基金的调剂使用情况	3.43	3.86	3.50	3.16	3.00
X7 与其他部门协调沟通情况	3.19	3.38	3.49	2.89	3.03
X8 信息披露情况	3.31	3.51	3.23	3.42	3.01
X9 足额发放比率	3.72	4.13	3.87	3.52	3.24
X10 人均工作量	3.42	2.34	3.81	3.23	3.77
X11 人均处理异地转移接续笔数	3.41	3.81	3.78	3.44	3.11
X12 人均日处理业务变更笔数	3.02	3.28	3.08	3.06	2.62
X13 标准化建设情况	3.65	3.95	3.34	3.75	3.41
X14 经办人员学历层次	1.91	3.55	1.73	2.23	1.62
X15 经办人员流动情况	2.83	2.56	3.54	3.11	3.05
X16 经办人员的培训情况	3.11	3.71	3.03	3.49	2.62
X17 工作流程设计合理情况	3.12	3.84	3.21	3.34	2.77
X18 特殊业务处理情况	2.92	3.13	2.99	3.13	2.54
X19 网上申报率	2.61	3.67	2.12	2.98	2.67
X20 投诉率	3.21	3.30	3.31	3.01	2.87
X21 单笔业务办理时间	2.94	3.39	2.86	3.04	2.76
X22 参保者满意率	3.01	3.33	3.05	3.17	2.61
X23 单笔业务参保者等待时间	2.71	3.12	2.67	2.79	2.34
平均	3.14	3.51	3.20	3.16	2.85

三　分析过程

（一）信度和适应性检验

1. 信度检验

对设计的问卷量表采用克朗巴哈 α 信度系数法进行检验，检验结果如表 4-7 所示。

表 4-7　　可靠性统计量

Cronbach's Alpha	基于标准化项的 Cronbach's α	项数
0.875	0.882	23

结果显示，信度系数为 0.875，表示量表有着很高的信度，问卷可靠。

应用 KMO 和 Bartlett 的检验来说明变量之间的相关性，结果如表 4-8 所示。

表 4-8　　　　　　　　　KMO 和 Bartlett 的检验结果

KMO 和 Bartlett 的检验		
取样足够的 Kaiser-Meyer-Olkin 度量		0.916
Bartlett 的球形度检验	近似卡方	765.472
	df	139
	Sig.	0.000

检验测量结果 KMO 值为 0.916。P 值为 0.000<0.001，说明因子的相关系数矩阵不是单位矩阵，变量适合作因子分析。

2. 提取公因子

"适合性检验"之后，采用主成分分析法提取公因子，只选择那些特征根大于 1 的指标，计算各因子特征值以及方差贡献率，提取结果见表 4-9。

表 4-9　　　　　　　　　公因子方差（共同度）

指标	初始	提取	指标	初始	提取
经办机构基础设施建设	1.000	0.829	标准化建设情况	1.000	0.802
信息化建设情况	1.000	0.603	经办人员学历层次	1.000	0.658
经费到位度	1.000	0.946	经办人员流动情况	1.000	0.912
基金征缴和稽核情况	1.000	0.639	经办人员培训情况	1.000	0.776
基金收支规范情况	1.000	0.741	工作流程设计合理情况	1.000	0.595
基金调剂使用情况	1.000	0.668	特殊业务处理情况	1.000	0.539
与其他部门协调沟通情况	1.000	0.759	网上申报率	1.000	0.699
信息披露情况	1.000	0.879	投诉率	1.000	0.677
足额发放比例	1.000	0.808	单笔业务办理时间	1.000	0.886
人均工作量	1.000	0.929	参保者满意率	1.000	0.764
人均处理异地转移接续人数	1.000	0.718	单笔业务参保者等待时间	1.000	0.613
人均日处理业务变更笔数	1.000	0.832			

注：提取方法：主成分分析。

从表4-9提取的公因子方差可以看出,各变量提取的共同度都较高,说明信息丢失较少,信息提取效果满意。

根据主成分分析法提取公因子,结果如表4-10所示。

表4-10　　　　　　　　　　解释的总方差

成分	初始特征值			提取方差和载入			旋转平方和载入		
	合计	方差的%	累积%	合计	方差的%	累积%	合计	方差的%	累积%
1	4.714	26.981	26.981	4.714	26.981	26.981	4.281	24.734	24.734
2	3.421	19.797	46.778	3.421	19.797	46.778	3.393	19.798	44.532
3	2.676	13.896	60.674	2.676	13.896	60.674	2.659	16.974	61.506
4	1.976	11.978	72.652	1.976	11.978	72.652	1.865	10.713	72.219
5	1.352	9.031	81.683	1.352	9.031	81.683	1.453	9.464	81.683
6	0.863	3.748	83.432						
7	0.793	2.445	84.878						
8	0.712	2.097	86.973						
9	0.627	1.396	87.029						
10	0.523	1.269	86.243						
11	0.485	0.906	88.348						
12	0.456	0.784	90.333						
13	0.438	0.607	92.239						
14	0.345	0.596	93.735						
15	0.283	0.480	94.964						
16	0.256	0.421	96.085						
17	0.235	0.413	97.100						
18	0.174	0.392	97.852						
19	0.138	0.374	98.445						
20	0.109	0.357	98.923						
21	0.104	0.315	99.367						
22	0.078	0.308	99.715						
23	0.053	0.285	100.000						

注:提取方法:主成分分析。

结果显示,共有5个因子大于特征根值,可以提取5个公因子,其累计方差贡献率为81.683%,概括内容较强,原有变量信息丢失较少,分析结果比较理想。

对 5 个公因子解释的内容,通过因子载荷进行分析。经过分析,旋转前的成分矩阵如表 4-11 所示。

表 4-11　　　　　　　　　旋转前的因子载荷矩阵

	成分				
	1	2	3	4	5
经费到位度	0.842	0.057	0.230	-0.394	-0.115
经办人员流动情况	0.839	0.090	0.262	-0.333	-0.102
经办人员培训情况	0.814	0.185	0.134	-0.201	0.004
人均工作量	0.800	-0.332	-0.145	0.130	0.133
基础设施建设情况	0.799	-0.205	0.026	0.082	-0.215
信息化建设情况	0.785	0.044	0.219	-0.364	-0.147
人均日处理转移接续笔数	0.758	0.033	0.108	-0.136	0.206
经办人员学历层次配比情况	0.756	-0.071	0.236	-0.071	-0.037
基金征缴和稽核情况	0.738	0.461	-0.185	0.038	0.070
网上申报率	0.715	-0.500	-0.174	0.199	0.208
基金扩面完成情况	0.712	-0.538	-0.121	0.204	0.244
工作流程合理情况	0.698	0.461	-0.182	-0.032	0.066
特殊情况处理情况	0.673	-0.467	-0.093	0.179	0.283
足额发放率	0.625	0.295	-0.358	0.054	0.173
参保者满意率	0.601	-0.377	-0.171	0.196	-0.434
标准化建设情况	0.457	0.073	0.241	-0.273	0.399
基金收支规范情况	0.377	0.210	-0.345	0.136	-0.023
单笔业务办理时间	0.166	0.345	0.662	0.481	-0.058
参保者等待时间	0.412	0.418	-0.594	0.187	-0.099
与其他部门协调沟通情况	0.405	0.211	0.556	0.268	-0.052
投诉率	0.356	0.499	-0.532	0.054	-0.081
基金调剂使用情况	0.257	0.360	0.402	0.599	0.208
风险披露情况	0.587	-0.193	0.035	0.201	-0.603

注:提取方法为主成分分析;a. 已提取了 5 个成分。

数据之间的相互关系经过旋转后可以更加清晰地显示,使用最大方差法进行旋转,旋转后的新的载荷矩阵如下表 4-12。

表 4-12　　　　　　　　　　　旋转后成分矩阵

	成分				
	1	2	3	4	5
经费到位度	**0.905**				
经办人员流动情况	**0.882**				
基础设施建设情况	**0.842**				
经办人员培训情况	**0.748**				
经办人员学历层次	**0.631**				
工作流程设计合理情况	**0.578**				
人均工作量	0.231	**0.909**			
人均日处理业务变更笔数	0.220	**0.859**			
人均日处理转移接续笔数	0.240	**0.738**			
特殊业务处理情况	0.354	**0.558**			
信息披露情况	0.009	0.068	**0.845**		
标准化建设情况	0.070	-0.060	**0.807**		
基金收支规范情况	0.265	0.166	**0.714**		
网上申报率	0.209	0.190	**0.683**		
信息化建设	0.066	0.156	**0.533**		
单笔业务参保者等待时间	0.115	-0.116	-0.069	**0.883**	
足额发放率	0.006	0.117	0.171	**0.840**	
参保者满意率	0.283	0.080	0.120	**0.773**	
投诉率	0.148	0.048	0.061	**0.670**	
单笔业务办理时间	0.167	0.039	-0.020	**0.584**	
基金调剂使用情况	0.256	0.238	0.133	0.140	**0.792**
基金征缴和稽核情况	0.163	0.367	0.162	0.132	**0.696**
与其他部门协调沟通情况	0.055	0.137	0.043	-0.045	**0.590**

注：提取方法为主成分分析法；旋转法是具有 Kaiser 标准化的正交旋转法；a. 旋转在 9 次迭代后收敛；KMO 值为 0.916，累计方差贡献率为 81.683%。

表 4-12 是旋转后的因子载荷表。可以看出：

第一，经费到位度（0.905）、经办人员流动情况（0.882）、基础设施状况（0.842）、经办机构人员培训情况（0.748）、工作人员学历层次（0.631）以及工作流程设计合理情况（0.578）在第 1 个因子上有较高的载荷，这几个指标涉及经办业务的人、财、物最基本的要素，是开展社会保险业务的基础，可以解释为基础保障因子 F1。

第二，人均工作量（0.909）、人均日处理业务变更笔数（0.859）、人均日处理转移接续笔数（0.738）、特殊业务处理情况（0.558）在第2个因子上有较高的载荷，这几个指标主要是涉及经办业务的工作量强度，可以解释为工作强度因子F2。

第三，信息披露情况（0.845）、标准化建设情况（0.807）、基金收支规范情况（0.714）、网上申报率（0.683）、信息化建设（0.533）在第3个因子上有较高的载荷，这几个指标都需要在系统上运行，涉及社会保险业务的信息化程度，可以解释为信息化建设因子F3。

第四，单笔业务参保者等待时间（0.883）、足额发放率（0.840）、参保者满意率（0.773）、投诉率（0.670）、单笔业务办理时间（0.584）在第4个因子上有较高的载荷，这几个指标是参保者对于参保业务的感受，可以解释为服务表现因子F4。

第五，基金调剂使用情况（0.792）、基金征缴和稽核情况（0.696）、与其他部门协调沟通情况（0.590）在第5个因子上有较高载荷，这几个指标都需要与其他部门协调沟通，第5个因子可以解释为外部沟通因子F5。

根据旋转矩阵对23个评价指标进行归类，对提出的公因子命名，构建社会保险经办模式运行绩效评价指标，如表4-13。

表4-13　　　　　　　　　公共因子命名

公共因子	指标变量	公共因子	指标变量
基础保障因子F1	经费到位度 X3	工作强度因子F2	人均工作量 X10
	经办人员流动情况 X15		人均日处理业务变更笔数 X12
	基础设施状况 X1		人均日处理异地转移接续笔数 X11
	经办人员培训情况 X16		特殊业务处理情况 X18
	经办人员学历层次 X14	服务表现因子F4	单笔业务参保者等待时间 X23
	工作流程设计合理情况 X17		足额发放率 X9
信息化建设因子F3	信息披露情况 X8		参保者满意率 X22
	标准化建设情况 X13		投诉率 X20
	基金收支规范情况 X5		单笔业务办理时间 X21
	网上申报率 X19	外部沟通因子F5	基金调剂使用情况 X6
	信息化建设 X2		基金征缴和稽核情况 X4
			与其他部门协调沟通情况 X7

3. 因子得分系数矩阵

回归分析求出各因子得分系数，见表 4-14。

表 4-14　　　　　　　　　　成分得分系数矩阵

	成分				
	1	2	3	4	5
经办机构基础设施建设	0.460	0.105	0.082	0.108	0.001
信息化建设情况	0.107	0.013	0.0236	0.104	0.010
经费到位度	0.532	0.024	0.073	0.190	0.006
基金征缴和稽核情况	−0.058	−0.003	0.091	−0.040	0.455
基金收支规范情况	−0.123	−0.040	0.395	0.011	0.222
基金调剂使用情况	−0.038	−0.102	−0.007	−0.138	0.517
与其他部门协调沟通情况	0.024	0.007	−0.034	−0.071	0.274
信息披露情况	−0.028	−0.052	0.445	0.010	0.080
足额发放比例	−0.142	0.061	0.003	0.0410	0.042
人均工作量	0.248	0.490	−0.208	−0.217	−0.201
异地转移接续人数	0.260	0.315	−0.035	−0.176	−0.042
人均日处理业务变更笔数	0.092	0.412	−0.010	−0.032	−0.002
标准化建设情况	0.163	0.008	0.037	0.085	0.002
经办人员学历层次	0.152	0.055	0.120	0.007	0.005
经办人员流动情况	0.349	−0.431	−0.061	−0.113	−0.221
经办人员培训情况	0.191	−0.002	−0.035	0.068	0.021
工作流程设计合理情况	0.144	0.109	0.247	0.122	0.013
特殊业务处理情况	−0.093	0.160	0.131	−0.062	−0.055
网上申报率	−0.124	−0.118	0.372	0.094	0.088
投诉率	−0.129	0.061	−0.256	0.324	0.091
单笔业务办理时间	−0.0172	0.250	−0.131	0.135	−0.019
参保者满意率	0.027	−0.301	0.044	0.278	0.028
单笔业务参保者等待时间	−0.311	0.221	−0.089	0.449	−0.002

注：提取方法：主成分；旋转法：具有 Kaiser 标准化的正交旋转法；构成得分；a. 系数已被标准化。

4. 确定权重

权重确定方法从赋值上可分为主观权重赋值、客观权重赋值两类。

主观权重根据研究目的和评价指标的内涵状况，主观地分析、判断来确定的反映各个指标重要程度，具体方法包括：德菲尔系数法、优序法、层次分析法三种。而客观权重确定法则是从调查的实际数据出发，由数据本身内在关系提取出的权重值，主要方法有相关系数确定法、回归系数确定法、因子分析确定法。研究应用的是客观权重确定法中的因子分析法来计算权重，具体是根据各公因子的方差贡献度以及因子得分系数确定权重。

先算出各公因子得分和方差贡献度：

$$F_i = \beta_{1i}X_1 + \beta_{2i}X_2 + \beta_{3i}X_3 + \cdots, \beta_{ni}X_n \qquad (4-1)$$

F_i 为主成分（$i=1, 2, \cdots, m$），$X_1, X_2, X_3+, \cdots, X_n$ 为各个指标，$\beta_{1i}, \beta_{2i}, \beta_{3i}, \cdots, \beta_{ni}$ 为各指标在主成分中的得分系数。

根据式（4-2）：

$$W_j = (m \sum i)\beta_{ij}e_i / (n \sum j)(m \sum i)\beta_{ij}e_i \qquad (4-2)$$

计算指标的权重 $W_j = $ （$0 \leqslant W_j < 1$）

对数据进行标准化处理，得出权重计算结果如表4-15所示。

表4-15　　　　　　　　　评价指标权重

一级指标	二级指标	权重	三级指标	权重
经办机构服务绩效评价 F	基础保障指标 F_1	0.3007	经办机构基础设施建设情况	0.0538
			经办人员流动情况	0.0599
			经费到位度	0.0769
			经办人员培训情况	0.0461
			经办人员学历层次	0.0343
			工作流程设计合理情况	0.0297
	工作强度指标 F_2	0.1893	人均工作量	0.0886
			人均日处理业务变更笔数	0.0374
			人均日处理转移接续笔数	0.0354
			特殊业务处理情况	0.0279
	信息化建设指标 F_3	0.1632	标准化建设情况	0.0355
			信息披露情况	0.0509
			基金收支规范情况	0.0302
			网上申报率	0.0261
			信息化建设	0.0205

续表

一级指标	二级指标	权重	三级指标	权重
经办机构服务绩效评价 F	服务表现指标 F_4	0.2341	参保者满意率	0.0449
			单笔业务参保者等待时间	0.0675
			投诉率	0.0397
			足额发放率	0.0485
			单笔业务办理时间	0.0335
	外部沟通指标 F_5	0.1127	基金调剂使用情况	0.0433
			基金征缴和稽核情况	0.0408
			与其他部门协调沟通情况	0.0286

从表中的各因子得分情况可以看出，对经办机构服务绩效影响最大的是基础保障指标，其权重达到 0.3007，而经办服务表现、工作强度、经办机构的信息化建设情况以及与其他部门的沟通情况等对经办机构服务绩效影响依次减弱，权重分别为 0.2341、0.1893、0.1632 和 0.1127。而在三级指标中，各经办机构的经费情况、基础设施情况以及工作人员的流动等情况对基础保障指标影响较大。同样，对其他二级指标影响的权重如表 4-15。

5. 不同经办模式的得分

将各种经办模式的数据和表 4-15 中各因子的权重值带入服务绩效评价模型 $F = \sum_{j=1}^{n} w_j F_j$，可以得出四种经办模式下机构的服务绩效评价综合得分，见表 4-16。

表 4-16　　　　　　　　不同经办模式得分情况

经办模式	基础保障 $F1$	工作强度 $F2$	信息化建设 $F3$	服务表现 $F4$	外部沟通 $F5$	综合得分 F
五险合一垂直管理模式（天津）	1.178	0.673	0.632	0.837	0.456	3.776
五险合一属地管理模式（乌鲁木齐）	0.926	0.584	0.513	0.757	0.423	3.114
混合经办模式（西安）	0.751	0.612	0.598	0.729	0.334	3.013

续表

经办模式	基础保障 $F1$	工作强度 $F2$	信息化建设 $F3$	服务表现 $F4$	外部沟通 $F5$	综合得分 F
分立运行属地管理模式（太原）	0.627	0.533	0.499	0.697	0.321	2.677

从表 4-16 可以看出：以天津为代表的五险合一垂直管理的模式综合得分最高，为 3.776，其次是以乌鲁木齐为代表的五险合一属地管理模式，得分为 3.14，排名第三的是以西安为代表的混合经办模式，综合得分为 3.013，得分最低的是太原为代表的分立运行属地管理模式，为 2.677。

四 结果分析

（一）基础保障方面

4 个地区以天津得分最高，为 1.178，其次是乌鲁木齐，为 0.926，西安得分为 0.751，太原最低，为 0.627。国家从 2010 年就开始进行公共服务平台建设。天津市随后开始按照机构、人员、经费、场地、制度、工作 6 个方面加强社会保险经办机构建设，已实现了市、县、乡（镇）标准化、一站式服务体系的全覆盖。每一个分中心都有独立的办公场所，2012 年天津市实施社会保险经办机构硬件环境改善措施以来，各分中心都设有办事大厅、等候休息区、自助服务区、综合服务区。服务设施方面调研的两个分中心都有排队叫号系统、宣传设施和自助办理设备，自助终端设备可以实现社保卡的缴费、查询、储蓄和支付等功能；乌鲁木齐市的两个机构情况大体类似，也设有排队叫号系统。但天山区社会保险管理分局面积只有 410 平方米，其中经办服务大厅有 140 平方米，随着参保人数的增多，经常出现排队面积不够的现象；西安市长安区养老保险经办中心和长安区社会保险服务中心合署办公，具体在西安市长安区社会保障大厦集中办公，硬件条件较好，每一层也都设有办事大厅、等待区、自助终端设备；而太原市社会保险机构分设，各机构基础设施情况不一，太原市城乡居民养老保险管理服务中心办公地点为租赁，而太原市晋源区社会保险中心与其他机构在一起办公，办事大厅面积狭小。

在经费方面，天津市和乌鲁木齐市社会保险经办机构经费到位率较高，经费较为充足，在访谈中，两地经办机构负责人表示经费基本能够满足需要，基本能够及时到位，但也表示由于近几年人员津贴上涨较快，拨款不能满足津贴需要。四地中天津市经办机构经费到位度最高，一方面得益于天津市的经济发展水平，另外，经办机构设施更新专项和办公经费都纳入财政预算，与天津市市级机构经费拨款标准相同，经费基本能够满足经办机构的运行；乌鲁木齐市的天山区社会保险管理分局和新市区社会保险管理分局，除了区财政拨付的办公经费外，乌鲁木齐市还拨付专款用于办公经费的补充；而西安市长安区养老保险经办中心经费是按照省级部门每人每月 700 元的办公标准进行拨付，低于长安区社会保险服务中心的标准，并且多年没有提高，满足不了经费的需要，但是由于实行集中经办，长安区养老保险经办中心和长安区社会保险事业服务中心合署办公，经办硬件由长安区政府负责，大大节约了硬件费用。此外，长安区财政每年给予一定的补贴，大大缓解了长安区养老保险经办中心办公经费的不足；通过调查发现，太原市的各经办机构经费都有短缺、经费不能及时到位的现象，经费紧张，办公设施条件落后。

在工作流程及窗口设置方面，五险合一的经办模式明显优于其他的两种模式。天津市和乌鲁木齐市都实行综合柜员制，柜员接单后能办理部分业务，其余业务由后台处理，都能在规定的时间内办理大部分的业务。天津市社会保险基金管理中心河西分中心设置 33 个窗口，窗口较多，排队现象要优于其他的各经办机构；乌鲁木齐市新市区社会保险管理分局设置 28 个窗口；西安市长安区社会保险服务中心设置 16 个窗口，办理除城镇职工基本养老保险以外的其他险种业务，窗口设置也较多，而社保大厦 2 楼的西安市长安区养老保险经办中心办理城镇职工基本养老保险业务，也设置有 7 个窗口；太原市各机构由于按照险种分设，窗口设置较少，工作流程不统一。

在人员流动和学历层次方面。天津市和西安市经办机构人员学历层次配比较高，本科以上所占的比例较高，主要是由于两地高校集中。但在人员流动上西安市长安区养老保险经办中心反映，由于是由陕西省社会保障局垂直管理，人员横向流动机会少，尤其是经办机构的领导晋升空间狭窄。天津市的经办机构也有相似的问题，但从访谈的情况来看，工作人员尤其是领导干部，对此的反应没有西安市强烈。而乌鲁木齐市和太原市在人员流动和晋升机会方面要好于西安市，这也反映出垂直管理模式较为突出的问题。

（二）工作强度方面

四个地区以天津得分最高，为 0.673，其次是西安，得分为 0.612，乌鲁木齐得分为 0.584，太原最低，为 0.533。总体上实行五险合一或者多险合一的工作量相对较大。天津市经办机构的人均负荷比是 15613∶1；长安区的养老保险人均负荷比是 3787∶1，到了 2016 年，上升为 6364∶1，西安市城区经办中心人均负荷比更高。而太原市企业养老保险管理服务中心人均负荷比是 7778∶1，太原市晋源区社会保险中心人均负荷比是 3882∶1。一方面是由于天津市和西安市人口较多，人口流动频繁，随着参保覆盖率的增加和吸引人才政策的实施造成了人均负荷比的增加。另一方面天津市核心的五险合一经办模式，长安区实行的是四线合一并集中经办模式，此外，实行综合柜员制，一人办理就可办理五（或四）个险种的业务，需要办理多业务和特殊业务的参保者足不出楼，办理业务的人次较多。而分立运行经办服务模式下各险种分立运行办理，各机构只是办理单一险种，人均处理申报人数较少，相应的办理人次降低。而乌鲁木齐工作强度指标上得出较低，主要在于人口较少，人均负荷比低于天津和西安市。

此外，在处理业务的变更、转移接续以及特殊业务处理方面。天津市近年来对社会保险关系转移接续 7 个关键问题重新梳理，明确了养老保险关系转入的 5 类人员，明确了 5 种人员待遇的领取，厘清了三类人员档案接收部门的工作职责，规范了一次性缴费的转移程序，进一步明确军人及其配偶家属关系转移的程序途径以及特殊人才关系转移通道建设等，已实现了与人社部转移接续平台的信息对接。

天津市和西安市工作量要高于其他两个地区。主要原因在于城市化发展占用了大量耕地，随着拆迁、征地等增加，相应的诉讼材料的审核、出席诉讼等特殊业务也在日益增多。随着人口的迁移规模的增加，办理的转移接续业务量增加也较快。此外，天津市和西安市经办机构在办理周边省份就医报销、审核等业务增加也较快。

乌鲁木齐市经办机构在军人社会保险关系转移接续方面做得也较好。经办机构专门设立退役军人关系转移接续咨询窗口，开辟绿色通道，对资料齐全、基金转移到位的提供绿色服务，及时办理相关手续。此外，与民政部门、退役军人部队等定期沟通，采取各种渠道及时告知退役军人或家属，督促其及时办理转移接续手续。

（三）信息化建设方面

四个地区以天津得分最高，为 0.632，其次是西安，得分为 0.598，乌鲁木齐得分为 0.513，太原最低，为 0.499。信息披露管理方面总体上四地经办机构做得都较好，能够按照国务院公布的《政府信息公开条例》和部省有关信息披露办法定期公布相关信息。天津市从 2012 年就开始在城乡一体、联网结算的基础上，创新应用实时监控，推广人脸识别技术，加强费用特别是医疗费用审核管理，形成了经办、管理、监督三位一体的新格局；陕西省 2007 年就下发了《陕西省社会保险信息披露制度实施办法》，陕西省社会保障局在信息公开和披露方面也有着详细的规定和标准，长安区养老保险经办中心严格按照陕西省社会保障局颁布的各项规定和标准，在参保人员的信息查询、政策规定、各项业务经办流程、待遇发放、业务办理进展等方面都在网上公布，12333 咨询电话都已开通。两家经办机构能够按照陕西省人力资源和社会保障厅规定的双随机抽取信息系统①，建立了"两库一单"②制度，将抽取的检查事项及时向社会公众公开。长安区社保大厦每层都设有政策、业务宣传资料，设有自助设备，可以进行相关政策、业务等信息的查询。

在数据对接、数据共享和集中管理方面，五险合一模式要优于分立运行模式。天津市和乌鲁木齐市实行五险合一经办模式，各险种在数据共享、系统连接、缴费基数确定等方面明显好于太原市分立运行的模式。2016 年天津市已实现了与人社部门转移接续平台的信息对接。此外，有 60% 的参保者反映通过网上办理过相关业务。而西安市这一比例只有 31%。乌鲁木齐市和太原市参保者网上办理业务的比例太低，基本上业务都是通过柜台办理。

在标准化建设方面，2007 年国家就开始了服务业标准化的试点，社会保险经办机构已开始进行标准化的先期建设和验收。近几年来国家先后颁布了多项与社会保险相关的标准化标准和业务流程，如《社会保险

---

① 双随机抽取采取检查组组长负责制，组长从全省分管局长、相关社会保险行政和经办业务部门领导库中随机抽取，组员由全省检查人员库中随机确定，交叉组成检查组，打破属地检查监管人员相对固定的模式。检查人员与检查对象的监管关系仅发生在此次抽查工作中，减少了"属地交集"，避免了"人情监管"，形成了相互制约、相互监督的监督检查环境，有助于防范说情风和隐瞒不报的失职渎职行为。同一检查组的检查人员来自不同地方和单位，彼此之间相互监督，相互竞争，互相学习，有力地促进了基金监管能力的提升。

② "两库一单"是指监督检查对象名录库、检查人员名录库和双随机抽查事项清单。

经办业务流程总则》《社会保险经办机构岗位分类》《社会保险咨询服务规范》等。天津市、乌鲁木齐市和西安市经办机构基本上能够按照人力资源和社会保障部颁布的《经办标准化规程》要求，能够按照各自省份颁布的经办服务标准细化工作标准。天津市从2012年就开始按照机构、人员、经费、场地、制度、工作6个方面，按照统一机构、统一人员配备、统一设备配置、统一建设标准、统一工作职能、统一标牌标识的要求加强社会保险经办机构建设，已实现了市、县、乡（镇）标准化、一站式服务体系的全覆盖；陕西省社会保障局颁布的《养老保险经办服务标准》，在经办大厅的外观、视觉清晰、引导标识、窗口设置、岗位设置以及各级操作人员的业务规范、管理人员业务规范等方面严格执行；2016年新疆昌吉州社会保险管理局综合服务标准化试点项目以96.5分的成绩通过验收。近些年来，乌鲁木齐市按照综合服务标准化要求，对标昌吉州，在场地、设备等方面，已优于昌吉州相关机构；而在太原市调查发现，办公场所的外观标识不统一，办事大厅标识不清晰，工作人员服装标准也不统一，窗口的设置和人员的配备不统一，个别柜台业务量较少，而有些柜台工作量较大。

在基金收支规范方面，各经办机构都能严格按照《社会保险基金财务制度》、《关于进一步加强企业职工基本养老保险基金收支管理的通知》（人社部发〔2016〕132号）规范养老保险费率的调整、待遇领取核查和稽核等方面严格规范，对各项社会保险基金统一管理。天津市、乌鲁木齐市的经办机构，西安市长安区社会保险服务中心对各项社会保险基金按险种分别建账，分账核算，统一管理，设置参保登记、基金征缴、个账管理、待遇审核发放、基金财务、审计稽核等关键岗位"一事两岗两审制"，做到专款专用；但调查中发现太原市晋源区社会保险中心失业保险基金支出不清晰，在被问起失业保险基金的支出项目、支出数量时，访谈者无法提供准确的数据。

（四）服务表现方面

四个地区以天津得分最高，为0.837，其次是乌鲁木齐为0.757，西安得分为0.729，太原最低，为0.697。服务方面，参保者认为办理业务的等待时间所占的权重最大。单笔业务参保等待时间不仅和办理业务的种类、复杂程度、办理人员的业务熟练水平相关，而且和参保者等待的环境有关。办事大厅环境越舒适，提供的服务，如茶水、查询设备越好，参保者对于等待带来的焦虑等感知越不明显。这方面天津市和乌鲁木齐市的经办机构以及长安区社保大厦要好于太原市各经办机构。天津市经办机构每层都设有等待大厅，设施齐全，环境较好，提供免费饮用水。自助设备经办业务的种类要比其他三地现代化，提供的自助办理业务的种类明显优于其他三地。

单笔业务办理时间方面，天津经办机构办理时间最短。经过调查，四地区办理业务时间如表4-17所示。

表4-17　　　　　　　不同城市参保者业务办理时间百分比　　　　　　单位：%

	天津市	乌鲁木齐市	西安市	太原市
30分钟以上	11.28	36.30	5.22	28.21
21—30分钟	6.77	4.44	6.87	7.45
11—20分钟	19.55	13.33	40.09	25.68
5—10分钟	6.02	8.15	10.43	14.27
5分钟以内	56.39	37.04	37.39	23.54
不了解/不清楚	0.00	0.74	0.00	0.85

资料来源：根据调查问卷整理。

表中显示天津市5分钟以内能办理的业务所占比例最高，为56.39%。太原市占比最低，为23.54%。而30分钟以上能办理完成的业务占比最高的是乌鲁木齐市，为36.30%，最低的是西安市，仅占5.22%。

四地参保者对社会保险费足额发放评价都较高。随着养老保险制度的建立，退休人员的社会化管理基本做到了全覆盖，退休人员能够按时足额地领取养老金。调研中对年龄较大的城乡居民访谈得知，他们也能够按时足额地领取养老金。但在医保基金的办理和报销中，个别参保者评价较低，主要是一些农村居民和城市居民反映报销比例达不到预期的标准，这和他们对政策的知晓度以及看病往大医院跑的习惯都有关系。

投诉率与满意率方面，以天津和乌鲁木齐为代表的五险合一经办机构明显优于太原市为代表的分立运行经办机构。调查中参保者反映太原市经办机构地点分散，办理业务需要在各个网点往返，时间成本较大。部分单位办事人员反映除了上述问题以外，经办流程不统一，基数不统一，给企业和单位办理社会保险业务也带来了不便和成本的增加。个别企业反映本单位职工失业保险金和生育保险金待遇发放和报销不及时。

各机构间信息不能做到互通共享，各经办机构办理流程不统一，重复提交资料和文件。投诉主要集中在排队时间长，业务办理时间长，等待时间较长。

（五）外部沟通方面

四个地区以天津得分最高，为 0.456，其次是乌鲁木齐，得分为 0.423，西安得分为 0.334，太原最低，为 0.321。在基金征缴、稽核以及与其他部门配合方面，天津、新疆和山西一直是社会保险经办机构负责征缴，而陕西省养老保险基金是由地税局代征，因此，对于天津、新疆和山西，社会保险经办机构与外部沟通配合主要是和乡镇社会保障工作站、村（社区）管委会及代办员配合方面，在发放环节主要是和银行等金融机构的配合。调研中发现，为解决服务渠道单一问题，天津市社会保险经办机构充分利用信息化手段，建成了网络、自助终端、掌上 App、柜台 4 位一体的征缴服务模式。调研中天津市河西区经办机构工作人员介绍，他们在天津市各大医院、银行网点、社区都布设了自助终端机，可以满足参保群体的缴费需要，参保单位也可以通过企业网银进行缴费，居住在异地的还可以通过网络和手机 App 完成缴费。通过这些手段，天津与乡镇、社区等机构配合较好，其征缴和扩面工作相对完成较好；而陕西省目前在征缴环节实行的是二元征缴模式，地方税务局负责对企业养老保险基金的征收，长安区养老保险经办中心在征缴环节与地税局按照规定进行分工，近些年在推进信息共享，加强数据交换，以及在长安区社保大厦设置税务窗口等方面加强与地税的协调，总体协作较好，但也存在一些问题，主要是地税在代征环节中存在着压单子和票据传递问题。在发放环节和银行部门各环节协调的程度都较好。

第三节 不同经办模式服务质量评价

一 评价模型

（一）SERVQUAL 模型

SERVQUAL 模型又称为"感知—期望"模型，是由帕纳莎曼（A. Parasuraman）、泽森曼（Zeithaml）、贝里（Berry）三位学者在 1988 年最早提出，他们依据全面质量管理理论，对服务行业的服务质量提出的分析模型。该模型从 5 个维度 22 个项目对服务项目质量进行评价。5 个维度包括：有形性指视觉上可见的实体表现，包括环境、设施设备和员工外形等；可靠性指公司对外答应顾客的服务，实施如何；回应性指企业供给服务时，工作人员表现的主动性及效率如何；保证性指企业对外供给能力被顾客信任的工作能力；关怀性指关心特殊顾客或关注顾客的特殊需求。

该模型提出服务质量是由顾客感受到的服务质量水平与顾客所期待的服务质量水平之间的差距所决定。企业要想获得高质量的服务评价，必须在提供服务的过程中促使顾客体验的服务高于其期望的服务值。该模型计算公式为：

$$SQ = \sum_{1}^{22} (\overline{P_i} - \overline{E_i}) \tag{4-3}$$

在运用 SERVQUAL 量表评价服务质量时，若差距数值 SQ 大于 0 时，企业提供的该项服务供给满足了顾客的需求；若 SQ 差距数值 SQ 小于 0 时，企业所提供的这项服务没有满足顾客的需求；若 SQ 差距数值等于 0，则企业所提供的这项刚好满足顾客的需求。通过对照各维度和测试项目的具体 SQ 得分情况，可以发现服务中存在问题的部分，从而找到解决问题的方法，优化服务质量。

（二）改进的 SERVQUAL 模型

由于在实际的服务质量测评中，各维度对于公众来说服务质量的重要性是不同的，即要区分权重，现对 SERVQUAL 模型加权改进，使得改进后的 SERVQUAL 模型用于社会保险经办机构服务质量评价时，更加具有适用性以及准确性。计算公式有如下：

$$SQ = \sum_{1}^{m} W_j \sum_{i}^{n} (\overline{P_i} - \overline{E_i}) \tag{4-4}$$

公式说明如下：SQ 表示服务质量得分；W_j 代表各维度在服务质量评价中的权重；$\overline{P_i}$ 表示公众的平均感知值；$\overline{E_i}$ 表示公众的平均期望值；n 表示指标的个数，m 代表维度数。

通过对上述学者研究成果的综合整理，可以看出服务质量评价模型 SERVQUAL 模型研究具有良好的实践性，可以借鉴应用于本书中。目前国内经办模式比较复杂，由于各地发展不同，尚未形成统一的模式，初步可以概括为四种模式；关于经办机构的服务能力建设，学者提出从改革经办模式、加强内部控制、经办人员能力提高等几个方面进行改善；有的学者通过满意度评价来考核经办机构服务水平，发现经办机构这项公共服务尚未达到公众的期望。综上所述，本书从公众的角度对不同模式下经办机构服务质量进行研究，可以更好地从公共服务的享受者公众来反映不同经办机构服务质量存在的不足之处。由于学界对社会保险经办机构服务质量的评价研究目前还没有统一的评价标准，本书利用理论模型分析和实地的公众访谈结合，建立社保经办机构服务质量指标体系，最后通过公众感知期望的服务质量差距分析对不同模式的社保经办机构服务质量进行评价，针对不同的经办模式存在的问题，提出改进建议，以此来提高经办机构的服务质量和经办模式优化。

二 依据访谈的经办服务质量评价指标体系

在应用 SERVQUAL 模型时首先根据社保经办机构服务的特点，进行了维度内容的调整，使其在应用上更适用于社会保险经办机构的发展。但是为了保证量表的合理以及检测适用情况如何，在修正、确定评价指标时，运用访谈法和因子分析法进行指标的调整与删除，从而保证社会保险经办机构服务质量评价指标的合理性，尽量反应本书研究的问题。

（一）社会保险经办机构服务质量维度划分依据

SERVQUAL 量表被国外的服务行业或政府部门广泛应用，用来找出改良企业或者组织在服务提供过程中具体存在的问题，找到问题存在的根源，从而提出具体的改进措施，实现具体问题具体分析。在国内被旅游、教育、银行、快递等服务行业广泛应用，也有学者进行医疗卫生服务、公共服务等具有社会性质的公共服务组织机构研究时使用，但是 SERVQUAL 模型在社会保险经办机构服务水平研究方面很少，尚处于初级的阶段。由于每个行业具有自己特殊的服务人群以及独特的服务方式，因此在应用该模型量表时需要对其进行修改，使得设计出来的服务质量评价指标体系更加适应目标行业或机构。本书首先站在公众的角度，结合 SERVQUAL 量表的五项维度，分析了其在社会保险经办机构的适用性以及对照的项目内容。

1. 有形性

有形性是指企业或组织的一些服务硬件设施、员工外在形象表现等对服务水平的影响。由于服务具有无形性的特质，因此只能借助一些外在服务能力表现出来。在经办机构中，基础设施建设则包括办公或服务设备设施是否具有现代化的水平、办公区域内环境整体是否舒服、整洁等，机构业务员工的外在形象是否得体等在公众享受服务的过程中，可以作为指标在一定程度上评价服务质量。服务水平无形的体验，可以借助上面这些有形的东西进行表达。

2. 可靠性

可靠性指企业或组织承诺对顾客所承诺完成的事情完成程度，代表着企业对外形象的维护是否得当。顾客十分看重企业是否可以按照企业的规定，把提前承诺给顾客的服务完成，顾客在心理上比较中意自己完成承诺的企业，社保经办机构作为政府公共服务供给的单位，其服务质量的高低直接关乎政府被公众承认的程度。在社保经办机构实际提供服务的过程中，经常会有由于机构承诺的服务项目得不到满足或者服务能力有限，产生拥挤、服务纠纷等现象，这些现象的出现会对政府的形象保证产生影响，降低政府的对外形象水平。因此作为公共服务实施的平台，社会保险经办机构应该贯彻执行国家的服务标准，对于承诺保证的服务应尽量完成，树立人民信任的对外形象。

3. 响应性

响应性是在企业为顾客服务时，所表示出来的积极性，是否帮助顾客快速解决问题，或者对于顾客反映的情况或者需求能不能及时给予解答。主要表现在服务的主动性、服务的接待能力这两个方面。公众办理业务所花费的时间以及等待业务办理的时间，是影响公众服务质量评价及公众满意度高低的关键因素。对于社会保险经办机构的服务而言，很多公众在享受这项惠民的公共服务时，对社会保险经办机构服务时间长短、服务的效率及经办人员对于自己的问题的反馈态度方面有较高的期望和要求。

4. 保证性

保证性是指企业对外供给能力被顾客信任的工作能力，被顾客信任及接受能力的表现。包括保证服务顺利进行服务的能力，对顾客的态度、熟练操作的技能和解决突发问题随机应变能力等。在社保经办机构服务中，业务经办人员在办理业务时，对公众表现尊重、业务办理进行顺畅，不存在无法办理或需重复办理的情况，从而加强公众对经办机构的信赖程度。公众作为服务型政府的享受者，公众对经办机构的员工业务的专业性和道德水平有很高的期待和要求，因为他们属于政府部门。

5. 关怀性（移情性）

关怀性（移情性）指全心全意地为顾客着想，在为顾客服务的过程中更多地关注顾客的特殊需求的满足，从而使顾客在心理上觉得自己在被理解和尊重。对于社会保险经办机构来说，其服务的对象是全体公众，由于服务人群的广泛，所以在服务提供的时候，需要满足各种各样的需求。在服务时，业务经办机构需要在考虑到服务群体的特殊化，有针对性地提供个性化的服务，从而尽量满足公众的需求，提倡对公众的人性化关怀。

（二）访谈研究

1. 访谈内容设计

首先通过对经办机构业务经办人员进行咨询，了解其在日常业务工作中涉及为公众进行业务办理服务时经常遇到的问题和公众的普遍需求是什么，以及业务办理流程存在不合理之处，建议改进的有哪些地方，为访谈内容做铺垫。通过与导师及相关专家学者的沟通交流，补充业务经办人员在理论知识涉及方面的缺失，使得访谈内容更加丰富。主要侧重在以下 9 个方面：

（1）请问您是否在附近居住或者公司在附近？您的单位或者家庭附近还有其他经办机构办理机构吗？

（2）您对该经办机构业务办理范围了解多少？对它的窗口业务办理类型及服务标准、程序您了解吗？

（3）您通过什么途径了解社会保险经办机构服务的政策动向活或者业务办理的范围？

（4）您在该机构办理业务时需要奔波在不同的窗口吗？它可以实现一个窗口就办理所有的业务（参保、待遇审核、支付、缴费等）吗？

（5）您认为该经办机构办公环境如何？会出现嘈乱的现象吗？

（6）您觉得该经办机构业务办理过程时间长短情况？一般办理业务需要多久？

（7）您认为该经办机构业务办理业务的流程（主要了解公众在经办机构业务办理服务流程方面的情况）。

（8）您觉得经办人员服务过程的表现如何？包括服务态度是否耐心有礼貌、专业知识回答是否清晰、业务办理机器操作熟练程度、服务时间长短?

（9）您觉得该经办机构的自助服务您的使用如何？包括终端机、网站业务、社保 App 等的使用情况。

2. 访谈结果整理

在长安区社会保险经办机构大厅，随机询问了来办理业务的 20 名公众，通过上述问题，了解其在经办机构办理业务的情况，倾听公众的需求以及对于经办机构服务仍然需要满足的地方提出建议。访谈结束以后，通过对 20 名公众的访谈内容的整理合并，主要概括出公众最为关注的 5 个方面（见表 4-18）。

表 4-18　长安区社会保险经办机构参保者访谈资料

类型	序号	出现问题
业务办理	1	业务办理时间耗费时间较长
	2	业务需要往返几次才能顺利办理
	3	业务办理流程不够简便
	4	排队时间较长
服务态度	5	经办人员主动性较差
	6	经办人员对公众反馈回应不及时
业务能力	7	经办人员对政策解释度不够清晰
	8	经办人员专业知识掌握欠缺
	9	业务办理人员业务操作能力不强
	10	经办人员与业务人员的沟通交流不足
信息传达	11	业务办理政策内容更新不及时
	12	业务大厅业务指示牌信息不明显且不完整
	13	业务办理流程与宣传不一样
硬件设施	14	经办机构（办事大厅）环境差
	15	经办机构设备设施现代化程度不高
	16	自助平台使用有限、服务项目不完整

3. 维度调整

根据访谈的内容以及结果反馈情况，对表 4-18 社保经办机构服务质量指标评价体系问题及维度进行修改整合，分析如下：

（1）有形性

```
有形性 ─┬─ 经办设备 ──→ 该经办机构服务设备现代化，易操作
        ├─ 机构人员 ──→ 该经办机构工作人员着装统一
        ├─ 服务项目标识 ──→ 该经办机构服务项目标识清晰
        └─ 机构整体环境 ──→ 该经办机构办公及等待区环境舒适
```

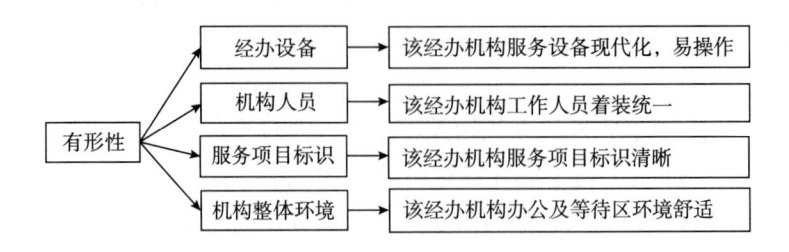

图 4-1　社保经办机构服务质量评价有形性维度

"该经办机构服务设备现代化，易操作""该经办机构工作人员着装统一""该经办机构服务项目标识清晰""该经办机构办公及等待区环境舒适"4项评价指标能够反映社保经办机构的服务外在形式、办公环境以及基础设备设施建设方面是否达到公众的期望，因此，称为"有形性"。

（2）可靠性

```
可靠性 ─┬─ 业务记录 ──→ 经办人员业务办理记录正确且可查阅
        ├─ 服务时间 ──→ 经办人员在规定时间内完成服务，用时较短
        ├─ 问题解决 ──→ 经办人员能一次性告知存在的问题
        └─ 政策宣传 ──→ 该经办机构对国家政策能够及时宣传更新
```

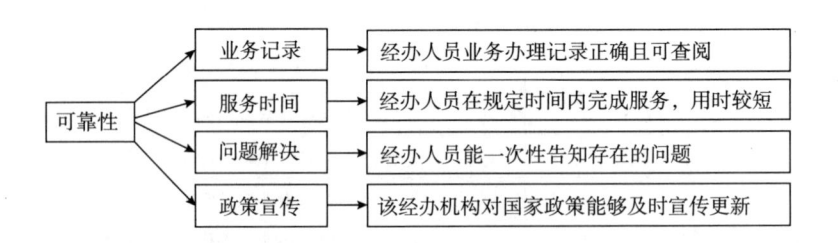

图 4-2　社保经办机构服务质量评价可靠性维度

"经办人员在规定时间内完成服务""经办人员业务办理记录正确可查阅""经办人员能一次性告知存在的问题""该经办机构对国家政策能够及时宣传更新"4项评价指标反映的是公众感觉到机构承诺的服务完成效果怎么样，是否做到与对外宣传的一致，可以归纳为"可靠性"。

（3）响应性

"经办人员对我的业务表示关心，及时服务""经办人员主动告知我业务办理的进展""经办人员对我的需求和反馈及时回应""经办人员向

第四章 各地社会保险经办整合模式的综合实证评价

```
         ┌─ 业务服务过程 ──→ 经办人员对我的业务表示关心，及时服务
         │
响应性 ──┼─ 业务办理进展 ──→ 经办人员主动告知我业务办理的进展
         │
         ├─ 业务过程响应 ──→ 经办人员对我的需求和反馈及时回应
         │
         └─ 业务服务效率 ──→ 经办人员向公众提供快速便捷的服务
```

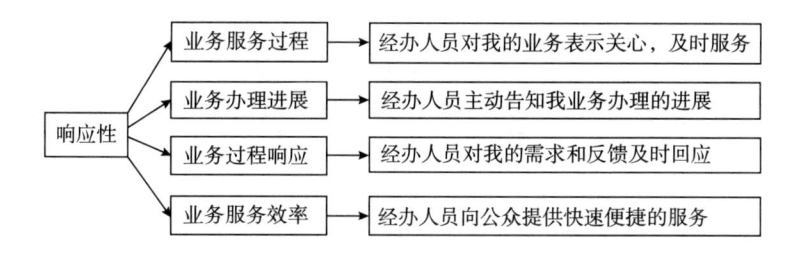

图 4-3　社保经办机构服务质量评价响应性维度

公众提供快速便捷的服务"4项指标，主要概括了经办人员在为公众办理业务时能否及时给予帮助，经办人员在办理业务时能不能就该项业务提供高效的服务，可以概括为"响应性"。

（4）保证性

```
         ┌─ 业务办理结果 ──→ 经办人员业务办理过程和结果公正无误
         │
保证性 ──┼─ 业务能力 ────→ 经办人员业务操作熟练，专业知识丰富
         │
         ├─ 业务服务态度 ──→ 经办工人员服务有耐心、待人礼貌
         │
         └─ 服务效果 ────→ 经办人员经过培训，服务效果好
```

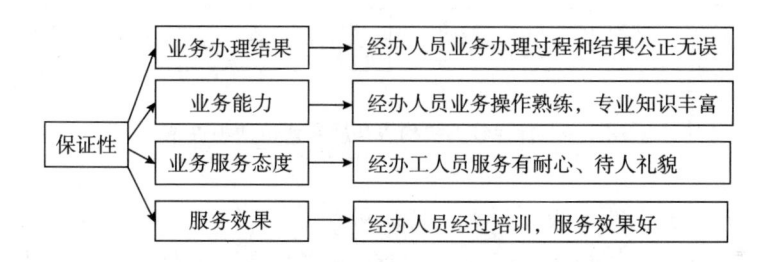

图 4-4　社保经办机构服务质量评价保证性维度

"经办人员业务办理过程和结果公正无误""经办人员业务操作熟练，专业知识丰富""经办工人员服务有耐心、待人礼貌""经办人员经过培训，服务效果好"4项评价指标能够反映出业务经办人员在经办服务方面的专业性以及业务处理能力如何、能否给予公众信赖，可以概括为"保证性"。

（5）关怀性（移情性）

"经办机构设置绿色通道，服务特殊群体""业务办理时间能够根据您的要求有所调整""经办人员根据您的实际需求，提供差异化服务"3项评价指标能够反映经办人员对前来办理业务公众的特殊需求的关心程度，因此，可以共同归纳为"关怀性维度"。

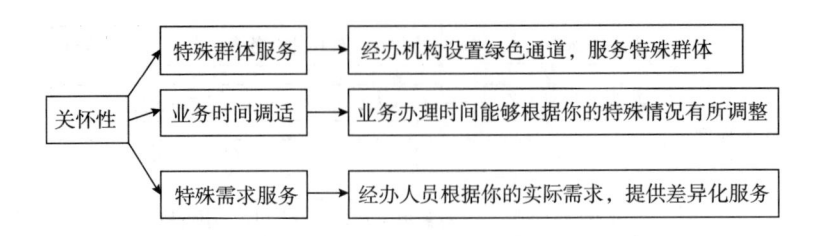

```
                    ┌─ 特殊群体服务 ──→ 经办机构设置绿色通道，服务特殊群体
            关怀性 ──┼─ 业务时间调适 ──→ 业务办理时间能够根据你的特殊情况有所调整
                    └─ 特殊需求服务 ──→ 经办人员根据你的实际需求，提供差异化服务
```

图 4-5　社保经办机构服务质量评价关怀性维度

（6）便利性

```
                    ┌─ 业务流程 ────→ 经办机构业务办理流程简便
            便利性 ──┼─ 地点分布 ────→ 经办机构分布合理，公众近便
                    ├─ 窗口模式 ────→ 经办机构实现一站式的服务
                    └─ 自助平台服务 ──→ 经办机构自助平台服务项目完善方便
```

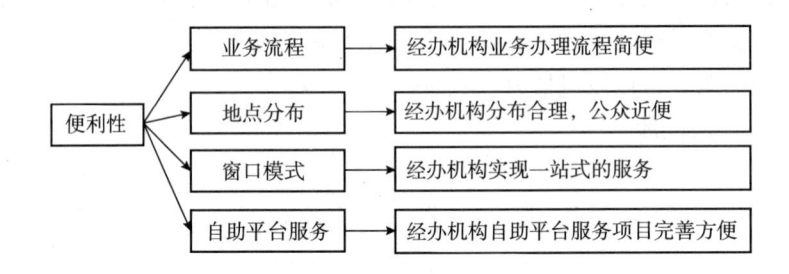

图 4-6　社保经办机构服务质量评价便利性维度

通过对公众的访谈了解到，公众对经办机构业务办理是否方便比较重视，因此添加便利性维度。此维度包括"经办机构业务办理流程简便""经办机构分布合理，近便公众""经办机构实现一站式的服务""经办机构自助平台服务项目完善方便"4项评价指标能够反映社会保险经办机构提供服务的便利性情况，可以共同归纳为"便利性"。

4. 社会保险经办机构服务质量评价指标体系

根据上述分析，形成社会保险经办机构服务质量评价指标体系，如表4-19。

表 4-19　社会保险经办机构服务质量评价指标体系

维度	序号	指　　标
有形性	1	该经办机构服务设备现代化，易操作
	2	该经办机构工作人员着装统一
	3	该经办机构服务项目标识清晰
	4	该经办机构办公及等待区环境舒适

续表

维度	序号	指标
可靠性	5	经办人员在规定时间内完成服务，用时较短
	6	经办人员业务办理记录正确且可查阅
	7	经办人员能一次性告知存在的问题
	8	该经办机构对社会保险政策及时宣传更新
响应性	9	经办人员对我的业务表示关心，及时服务
	10	经办人员主动告知业务办理的进展
	11	经办人员对需求和反馈及时回应
保证性	12	经办人员向公众提供快速便捷的服务
	13	经办人员业务办理过程和结果公正无误
	14	经办人员业务操作熟练，专业知识丰富
	15	经办工人员服务有耐心、待人礼貌
	16	经办人员经过培训，服务效果好
关怀性	17	经办机构设置绿色通道，服务特殊群体
	18	业务办理时间能够根据需求有所调整
	19	经办人员根据实际需求，提供差异化服务
便利性	20	经办机构业务办理流程简便
	21	经办机构分布合理，对公众而言近便
	22	经办机构实现一站式的服务
	23	经办机构自助平台服务项目完善方便

三 预调研与指标权重

本书安排的调研共两个阶段，第一阶段为预调研，第二阶段为正式调研。

（一）预调研问卷设计

应用表4-19形成的社会保险经办机构服务质量指标体系，形成了访谈提纲和问卷，具体见附录3和附录4。问卷首先对被调研者的基本信息进行调查，是23项指标代表的23项问题，每一项指标即每一个问题，包含感知—期望两个部分的评分。问卷采用李克特量表打分法进行打分（1—5），1分为非常不满意、2分为不满意、3分为满意、4分为较为满意、5分为非常满意。

(二) 预调研数据分析

1. 问卷和样本统计分析

为了测试指标体系的适用性和合理性,了解公众对经办机构服务质量的评价,2017年4月,本书课题组带领硕士研究生通过现场发放问卷的方式在西安市长安区社保经办机构进行调研。此次共调研前来两经办机构办理业务的90名公众,发放问卷90份,剔除其中失效的问卷10份,剩余有效问卷80份,问卷的合格率达88.89%。

表4-20　　　　　　　　预调研样本统计分析　　　　　　　单位:份,%

年龄	频数	有效率	教育背景	频数	有效率	样本数
20岁以下	8	10	高中以下	7	8.75	80
20—40岁	36	45	高中或中专	22	27.5	80
41—60岁	27	33.75	大专或本科	41	51.25	80
60岁以上	9	11.25	研究生及以上	10	12.5	80

资料来源:由预调研问卷整理分析而得。

通过对预调研问卷的统计分析,年龄方面:20岁以下的公众占比10%,20—40岁公众占比45%,41—60岁公众占比33.75%,60岁以上的公众占比11.25%,公众年龄分布在不同的年龄阶层;教育背景方面,高中以下的公众占样本总数的8.75%,高中或中专学历的公众占27.5%,大专或本科的学历的公众占51.25%,研究生及以上的公众占12.5%,公众的教育背景分布各不相同。

2. 信度分析

以SPSS19.0作为分析工具,采用Cronbach's α系数,来分析可靠性,Cronbach's α系数值小于0.7时则表明问卷指标可信度不高,数据不能继续分析使用。如表4-21所示调研数据中6维度和整体的Cronbach's α系数值分别为0.824、0.817、0.876、0.865、0.816、0.849、0.835,

表4-21　　　　　　　　预调研样本信度分析　　　　　　　单位:份,个

维度	项数	Cronbach's α	样本数
有形性	4	0.824	80

续表

维度	项数	Cronbach's α	样本数
可靠性	4	0.817	80
响应性	4	0.876	80
保证性	4	0.865	80
关怀性	4	0.816	80
便利性	3	0.849	80
总体	23	0.835	80

资料来源：由预调研问卷整理分析而得。

均大于0.8，调研数据信度相当高，可以后续使用。

3. 效度分析

效度分析可以检验问卷调研指标是否符合研究的基本内容。效度分析分为内容效度和构建效度，问卷设计首先借鉴 SERVQUAL 模型，通过对业务经办人员、专家学者咨询以及公众实地访谈之后，多次修改，确定课题研究的经办机构服务质量量表，因此本问卷在内容上是值得信赖的。

本书采用因子分析法进行效度检验，通过 Bartlett 和 KMO 值来确定该样本问卷数据是否可以应用。在因子分析中，当 KMO 大于等于 0.7 的时候，表明数据接下来适合做因子分析。

表 4-22　　　　　　　　预调研样本效度分析

维度	项数	KMO 值	Bartlett 球形检验的显著性结果
有形性	4	0.779	0.000
可靠性	4	0.836	0.000
响应性	4	0.867	0.000
保证性	4	0.831	0.000
关怀性	3	0.758	0.000
便利性	4	0.728	0.000
全部	23	0.886	0.000

资料来源：由预调研问卷整理分析而得。

从表 4-22 可知，总体 KMO 值为 0.886，其余各维度 KMO 值分别为 0.779、0.836、0.867、0.831、0.758、0.728，都大于 0.7，另表中数据还显示 Bartlett 显著性结果为全部 0.000，适合做因子分析。

4. 因子分析法筛选指标

通过因子分析的方法，研究各个变量之间的关系，通过降维对变量进行分类，用少数因子描述多指标或因素之间的联系，同时将一些不合适的变量进行删除。通过 SPSS19.0 数据分析输出解释总方差，如表 4-23。从自变量因子分析的结果可以看出，共提取出了 5 个特征值大于 1 的项，第 6 项特征值接近于 1（0.866），故采用固定因子的方法抽取 6 个公因子，累计方差达到 84.443%，说明自变量的测量是有效的，问卷具有良好的构建效度。

表 4-23　　　　　　　　解释总方差

成分	初始特征值			提取平方和载入		
	合计	方差的%	累计（%）	合计	方差的%	累计（%）
1	10.102	43.922	43.922	10.102	43.922	43.922
2	2.673	11.620	55.541	2.673	11.620	55.541
3	2.386	10.373	65.914	2.386	10.373	65.914
4	1.741	7.570	73.484	1.741	7.570	73.484
5	1.654	7.192	80.676	1.654	7.192	80.676
6	0.866	3.767	84.443	0.866	3.767	84.443
7	0.599	2.603	87.046			
8	0.514	2.236	89.281			
9	0.389	1.693	90.974			
10	0.330	1.435	92.410			
11	0.259	1.126	93.536			
12	0.256	1.115	94.651			
13	0.242	1.053	95.704			
14	0.181	0.788	96.492			
15	0.159	0.693	97.186			
16	0.143	0.624	97.809			
17	0.121	0.528	98.338			

续表

成分	初始特征值			提取平方和载入		
	合计	方差的%	累计（%）	合计	方差的%	累计（%）
18	0.097	0.423	98.760			
19	0.080	0.347	99.107			
20	0.067	0.291	99.399			
21	0.054	0.237	99.636			
22	0.045	0.194	99.829			
23	0.039	0.171	100.000			

之后利用方差最大化法输出旋转后的因子载荷矩阵，如表4-24所示。

旋转矩阵载荷系数值越大公因子对原始变量的解释能力越重要。目前，研究者对于载荷系数的标准不尽相同，本书通过借鉴相关文献把载荷系数值临界值设置为0.5，每一项指标的载荷系数值必须在一个主成分上大于0.5，在其他主成分上全部小于0.5，对于不满足条件的数据指标项进行删除。通过表4-24可知，本问卷调研数据分析指标全部满意条件，则指标不需要剔除。

表4-24　　　　　　　　　旋转后成分矩阵

	成分					
	1	2	3	4	5	6
1	0.230	0.288	0.256	0.197	0.636	0.047
2	0.259	0.256	0.279	0.078	0.565	0.085
3	0.076	0.262	0.131	0.049	0.802	0.018
4	0.356	0.334	0.326	0.213	0.634	-0.041
5	0.178	0.186	0.202	0.851	-0.014	0.196
6	0.169	0.180	0.209	0.738	0.011	0.183
7	0.183	0.128	0.260	0.854	0.033	0.126
8	0.180	0.124	0.246	0.737	0.063	0.246
9	0.905	0.233	0.170	0.146	0.064	0.158
10	0.867	0.238	0.200	0.191	0.053	0.179

续表

	成分					
	1	2	3	4	5	6
11	0.908	0.182	0.132	0.151	0.087	0.173
12	0.877	0.251	0.230	0.113	0.121	0.152
13	0.277	0.848	0.146	0.120	0.036	0.287
14	0.173	0.884	0.135	0.141	0.023	0.179
15	0.241	0.872	0.193	0.155	0.016	0.258
16	0.255	0.832	0.174	0.163	0.095	0.260
17	−0.004	0.054	−0.004	−0.005	−0.014	0.723
18	0.102	0.026	0.076	0.034	0.037	0.543
19	0.125	0.029	−0.007	0.044	0.058	0.627
20	0.121	0.039	0.751	0.176	−0.014	0.148
21	0.210	0.192	0.801	0.196	0.080	0.126
22	0.048	0.079	0.654	0.226	0.023	0.048
23	0.174	0.222	0.737	0.209	0.012	0.054

由前文解释总方差表4-23和旋转后成分矩阵表4-24可知道，主成分1含有9、10、11、12四个指标因子，公因子为响应性因子；主成分2含有13、14、15、16四个指标因子，公因子为保证性因子；主成分3含有20、21、22、23四个因子指标，公因子为便利性因子；主成分4含有5、6、7、8四个因子指标，公因子为可靠性因子；主成分5含有1、2、3、4四个因子指标，公因子为有形性因子；主成分6含有17、18、19三个因子指标，公因子为关怀性因子。6个公共因子对经办机构服务质量的影响依次为响应性、保证性、便利性、可靠性、有形性、关怀性。

综上可知，表4-19构建的社会保险经办机构服务质量评价指标体系分别为：一级指标由可靠性、响应性、关怀性、有形性、保证性、便利性6个维度构成；二级指标则是由6个维度细化后的23个指标构成，它们是准确测量公众对社会保险经办服务质量评价水平高低的关键所在。该指标体系总体契合度较高，通过可靠性分析、信度检验和因子分析后表明该指标体系构建合理、有效，可以继续使用分析。

（三）确定指标权重

权重表示在服务质量评价中，表示各评价因子对整体服务质量影响的重要度。它侧重点在于指标对结果的影响程度大小，权重和贡献系数、载荷系数、路径系数有很大的关系，计算方法不同，其称呼也不相同。权重确定分为主观权重赋值、客观权重赋值两类。主观权重法包括德尔菲系数法、优序法、层次分析法三种。客观权重则是从调查的实际数据出发，由数据本身内在关系提取出的权重值。主要方法有：相关系数确定法、回归系数确定法、因子分析确定法。本书应用的是客观权重中的因子分析确定法来计算权重。

表 4-25　　　　　　　　　　成分得分系数矩阵

	成分					
	1	2	3	4	5	6
1	-0.028	-0.091	-0.096	0.335	-0.016	0.072
2	-0.013	-00.015	-0.086	0.312	0.015	-0.011
3	-0.060	-0.030	-0.044	0.329	0.003	-0.035
4	-0.021	0.029	-0.062	0.310	-0.010	-0.085
5	-0.043	-0.005	0.344	-0.077	-0.015	-0.086
6	-0.047	-0.003	0.350	-0.074	-0.004	-0.096
7	-0.029	-0.018	0.337	-0.045	0.004	-0.126
8	-0.044	-0.057	0.309	-0.049	0.016	-0.013
9	0.322	-0.053	-0.042	-0.028	-0.027	-0.066
10	0.299	-0.055	-0.036	-0.012	-0.029	-0.050
11	0.330	-0.085	-0.065	-0.017	-0.018	-0.028
12	0.302	-0.037	-0.003	-0.053	-0.003	-0.086
13	-0.041	0.318	-0.037	-0.036	-0.008	-0.065
14	-0.078	0.383	-0.015	-0.021	-0.008	-0.162
15	-0.060	0.342	-0.011	-0.028	-0.015	-0.105
16	-0.053	0.317	-0.022	-0.020	0.016	-0.088
17	-0.058	0.026	0.005	-0.009	0.367	-0.029

续表

	成分					
	1	2	3	4	5	6
18	-0.022	-0.022	0.020	-0.009	0.362	-0.003
19	-0.008	-0.030	-0.029	0.008	0.356	0.031
20	-0.040	-0.089	-0.061	0.014	0.003	0.411
21	-0.013	-0.082	-0.016	-0.042	0.018	0.348
22	-0.103	-0.126	-0.124	-0.020	0.000	0.616
23	0.008	-0.082	-0.038	0.000	-0.039	0.366

用因子分析确定法来计算权重，其计算根据在于其是利用因子分析方法，用主成分得分矩阵作为计算基础，确定对应变量的权重。将调研数据输入 SPSS19.0，输出结果（表 4-25 因子得分系数矩阵），然后将因子得分系数矩阵取绝对值，将表 4-23 解释总方差中因子的初始特征值和取绝对值后的对应的因子得分系数对应一一相乘加总，最后将乘积结果标准化，得到各个指标的权重。

根据表 4-23 解释总方差中的初始特征值和取绝对值的表 4-25 的成分得分系数矩阵，计算得出各个指标的权重 W =（0.0359、0.0240、0.0354、0.0269、0.0371、0.0387、0.0338、0.0366、0.0920、0.0847、0.0956、0.0839、0.0374、0.0514、0.0432、0.0397、0.0330、0.0238、0.0217、0.0297、0.0199、0.0565、0.0192）。

四 描述性统计

（一）抽样框及实施过程

为保证调查的一致性，抽样选择了前期同样的机构，如表 4-26。

表 4-26　　　　　　　　抽样选定的社会保险经办机构

所在城市	社保经办机构名称
天津市	天津市社会保险基金管理中心河西分中心
	天津市社会保险基金管理中心和平分中心

续表

所在城市	社保经办机构名称
乌鲁木齐市	乌鲁木齐市天山区社会保险管理分局
	乌鲁木齐市新市区社会保险管理分局
太原市	太原市企业养老保险管理服务中心
	太原市医疗保险管理服务中心
	太原市城乡居民养老保险管理服务中心
	太原市晋源区社会保险中心
西安市	陕西省社会保障局长安区养老保险经办中心
	西安市长安区社会保险事业服务中心

在预调研的基础上，2017年7—8月，本书课题组带领研究生和本科生，利用假期对天津市、乌鲁木齐市、西安市和太原市进行了调研。其中，课题组委托新疆大学经济管理学院的邓峰教授，带领他的博士生和硕士生，对乌鲁木齐市社保经办机构进行了调研。每个城市发放问卷130份，剔除其中出现错误涂写以及失真的问卷，共计回收了490份，问卷有效率为94.23%。调查采取偶遇抽样方法，同时辅助以深度访谈的方法。为尽可能保证调查样本的客观性和随机性，调查中采用每隔5分钟对前来办理业务的参保者采样，多人同行只选择一人的方式进行问卷调查。由于被调查者是随机截访的，被调查者有拒绝接受调查的权利，因此，问卷的设计尽可能简洁，题目设计尽可能使被调查者接受，并在调查前对于调查的目的、意义、填写问卷注意事项等明确告知，每份问卷填写时间控制在10分钟以内。

（二）被调查居民基本情况

调查对象的年龄、教育等各方面的个人特征会影响其对经办服务的评价，因此首先从被调查者的基本情况入手，以求为之后的选择提供一些依据和支撑，具体情况见表4-27。

个体特征一般要考虑年龄教育程度，收入结构职业城乡户籍等等因素。但是考虑到对于参保者的感受而言，不管是什么特征的人群，其对服务感受的基本要求是一致的。考虑到收入户籍相对较敏感，因此在描

表4-27　　　　参保者年龄、受教育程度描述统计　　　　单位：人，%

		总体		天津		乌鲁木齐		西安		太原	
		频数	比例	频数	比例	频数	比例	频数	比例	频数	比例
年龄	20岁及以下	50	10.2	10	8.33	15	12.4	13	10.4	12	9.7
	21—40岁	232	47.3	66	55	54	44.6	57	45.6	55	44.4
	41—60岁	151	30.9	34	28.34	39	32.3	38	30.4	40	32.3
	60岁以上	57	11.6	10	8.33	13	10.7	17	13.6	17	13.6
教育背景	高中以下	49	10	8	6.66	16	13.2	13	10.4	12	9.7
	高中或中专	116	23.6	18	15	34	28.1	31	24.8	33	26.5
	大专或本科	283	57.8	77	64.17	67	55.4	69	5.2	70	56.5
	研究生及以上	42	8.6	17	14.17	4	3.3	12	9.6	9	7.3
	合计	490	100	120	100	121	100	125	100	124	100

资料来源：根据问卷统计整理。

述性统计中主要考虑了年龄和教育背景两个因素。从表4-27中可以看出4个地区各经办机构共抽取了被调查者490名，其中天津市120名，乌鲁木齐市121名，西安市125名，太原市124名。从年龄段来看21岁到40岁的被调查者人数最多，占到总数的47.3%。在4个地区中，天津市21岁到40岁的被调查者人数占比最高，达到55%，其他三个城市略低一些。大专或本科的人数占比最高，达到57.8%，其他4个地区情况相类似。值得注意的是在被调查者中，研究生及以上学历中天津市占比最高，达到14.17%，其次是西安市，达到9.6%，这也和两个城市高校比较集中有关。

（三）信度、效度

1. 信度检验

把公众对社会保险经办机构服务质量感知和期望服务的评价得分作为信度分析的基础，通过Cronbach's α系数分析问卷的内部一致性。表4-28得到的感知和期望数据的整体Cronbach's α系数值分别为0.811、0.832，由此可见调查问卷可信度较强。

表 4-28　　　　　　　　　　　样本可靠性分析

项数	Cronbach's Alpha		样本数
	感知	期望	
23	0.811	0.832	490

资料来源：根据问卷统计整理。

2. 效度检验

如表 4-29 所示，计算的感知与期望的总体 KMO 取值为 0.839、0.859（大于0.8），Bartlett 检验的 Sig 值为 0.00，问卷效度性较好。

表 4-29　　　　　　　　　样本 KMO 和 Bartlett 检验

项数 23	样本数 490	感知	期望
KMO		0.839	0.859
Bartlett	近似卡方	1908.735	1395.939
	Sig.	0.00	0.00

资料来源：根据问卷统计整理。

（四）配对样本的 T 检验

进行两配对样本的 T 检验目的是检验数据是否具有差异性，能否进行后续服务质量差距分析。首先将各个指标公众感知（P）和期望（E）的配对样本 t 检验［配对样本 t 检验，根据假设值（P 值），给予显著水平 $p=0.05$］进行匹配，以验证是否可以进行服务质量的差距分析。23 对指标数据的配对 T 检验结果见表 4-30。

表 4-30　　　　　　　　　　　配对样本 T 检验

	成对差分					t	Df	Sig.（双侧）
	均值	标准差	均值的标准误	差分的95%置信区间				
				下限	上限			
对1	-0.517	1.243	0.114	-0.741	-0.292	-4.552	489	0.000
对2	-0.375	1.116	0.102	-0.577	-0.173	-3.682	489	0.000
对3	-0.450	1.144	0.104	-0.657	-0.243	-4.310	489	0.00

续表

	成对差分					t	Df	Sig.（双侧）
	均值	标准差	均值的标准误	差分的95%置信区间				
				下限	上限			
对4	-0.533	1.256	0.115	-0.760	-0.306	-4.650	489	0.000
对5	-0.533	0.660	0.060	-0.653	-0.414	-8.849	489	0.000
对6	-0.400	1.064	0.097	-0.592	-0.208	-4.117	489	0.000
对7	-0.917	1.164	0.106	-1.127	-0.706	-8.629	489	0.000
对8	-0.408	0.835	0.076	-0.559	-0.257	-5.356	489	0.000
对9	-0.525	1.202	0.110	-0.742	-0.308	-4.785	489	0.000
对10	-0.508	1.309	0.120	-0.745	-0.272	-4.253	489	0.000
对11	-0.383	1.397	0.128	-0.636	-0.131	-3.005	489	0.003
对12	-0.408	1.312	0.120	-0.646	-0.171	-3.408	489	0.001
对13	-0.483	0.550	0.050	-0.583	-0.384	-9.631	489	0.000
对14	-0.608	1.285	0.117	-0.841	-0.376	-5.185	489	0.000
对15	-0.342	1.703	0.155	-0.649	-0.034	-2.198	489	0.000
对16	-0.592	1.065	0.097	-0.784	-0.399	-6.085	489	0.000
对17	-0.850	0.984	0.090	-1.028	-0.672	-9.460	489	0.000
对18	-0.783	0.927	0.085	-0.951	-0.616	-9.252	489	0.000
对19	-0.500	0.565	0.052	-0.602	-0.398	-9.693	489	0.000
对20	-0.458	0.593	0.054	-0.565	-0.351	-8.472	489	0.000
对21	-0.633	0.961	0.088	-0.807	-0.460	-7.220	489	0.000
对22	-1.083	1.112	0.102	-1.284	-0.882	-10.671	489	0.000
对23	-0.800	1.149	0.105	-1.008	-0.592	-7.625	489	0.000

资料来源：根据问卷统计整理。

表中数据显示，评价指标双尾概率 P=0.00 均小于显著性水平 0.05，表明参保这对社会保险经办机构的感知质量与期望质量评价打分之间存在显著差异，可以后续对该经办机构的服务质量差距进行分析。

五 不同经办模式服务质量评价

通过问卷数据分析，得到参保者对四种模式四个地区经办机构服务感知和期望及其差距的情况，具体结果见表4-31。

表 4-31 四种经办模式服务质量感知—期望差距

维度	指标	五险合—垂直管理（天津）			五险合—属地管理（乌鲁木齐）			集中经办混合管理（西安）			分立运行属地管理（太原）		
		P-E	SQ		P-E	SQ		P-E	SQ		P-E	SQ	
有形性	1	-0.2564	-0.0092	-0.0335	-0.3018	-0.0108	-0.0414	-0.4226	-0.0152	-0.0580	-0.5263	-0.0189	-0.0740
	2	-0.1432	-0.0034		-0.1389	-0.0033		-0.2981	-0.0072		-0.3864	-0.0093	
	3	-0.4019	-0.0142		-0.4407	-0.0156		-0.7189	-0.0254		-0.8147	-0.0288	
	4	-0.2503	-0.0067		-0.2718	-0.0073		-0.3784	-0.0102		-0.6342	-0.0170	
可靠性	5	-0.3841	-0.0143	-0.0389	-0.4126	-0.0153	-0.0441	-0.4986	-0.0185	-0.0587	-0.7997	-0.0297	-0.0693
	6	-0.1659	-0.0064		-0.1772	-0.0069		-0.2483	-0.0067		-0.3290	-0.0127	
	7	-0.3111	-0.0105		-0.4012	-0.0136		-0.6633	-0.0224		-0.4864	-0.0164	
	8	-0.2110	-0.0077		-0.2263	-0.0083		-0.3022	-0.0111		-0.2874	-0.0105	
响应性	9	-0.2671	-0.0246	-0.0991	-0.2897	-0.0267	-0.1306	-0.3200	-0.0294	-0.1258	-0.4600	-0.0424	-0.1852
	10	-0.2879	-0.0244		-0.3335	-0.0282		-0.3027	-0.0256		-0.4900	-0.0415	
	11	-0.2610	-0.0250		-0.3924	-0.0375		-0.3800	-0.0364		-0.5500	-0.0526	
	12	-0.2992	-0.0251		-0.3673	-0.0382		-0.4100	-0.0344		-0.5800	-0.0487	

续表

维度	指标	五险合—垂直管理（天津）			五险合—属地管理（乌鲁木齐）			集中经办混合管理（西安）			分立运行属地管理（太原）		
		P-E	SQ	SQ	P-E	SQ	SQ	P-E	SQ	SQ	P-E	SQ	SQ
保证性	13	-0.1986	-0.0074		-0.2762	-0.0103		-0.4900	-0.0183		-0.5800	-0.0217	
	14	-0.4036	-0.0207	-0.0566	-0.6735	-0.0346	-0.0808	-0.6122	-0.0315	-0.0879	-0.6800	-0.0350	-0.1018
	15	-0.3008	-0.0131		-0.4217	-0.0184		-0.3400	-0.0147		-0.4100	-0.0177	
	16	-0.3887	-0.0154		-0.4413	-0.0175		-0.5900	-0.0234		-0.6901	-0.0274	
关怀性	17	-0.3312	-0.0109		-0.2654	-0.0088		-0.4200	-0.0139		-0.4600	-0.0152	
	18	-0.5510	-0.0131	-0.0389	-0.4536	-0.0108	-0.0306	-0.7400	-0.0176	-0.0528	-0.6101	-0.0145	-0.0486
	19	-0.6883	-0.0149		-0.5067	-0.0110		-0.9800	-0.0213		-0.8722	-0.0189	
便利性	20	-0.2883	-0.0086		-0.4028	-0.0120		-0.4628	-0.0137		-0.6387	-0.0190	
	21	-0.2992	-0.0060	-0.0351	-0.2315	-0.0046	-0.0484	-0.3725	-0.0074	-0.0550	-0.3947	-0.0079	-0.0941
	22	-0.1894	-0.0107		-0.2776	-0.0157		-0.3516	-0.0199		-0.8377	-0.0473	
	23	-0.5102	-0.0098		-0.8406	-0.0161		-0.7302	-0.0140		-1.0385	-0.0199	
合计		-6.7001	-0.3021		-8.5443	-0.3715		-11.0324	-0.4382		-13.556	-0.5730	

资料来源：根据问卷统计整理。

(一) 四种经办模式服务质量评价

从表中可以看出，从总体上，四种经办模式经办机构的服务质量，公众感知与期望的都存在差距，表明公众感知到的服务都没有达到公众内心期望得到的服务质量，在一定程度上说明社会保险经办公共服务水平有待提高。

1. 五险合一垂直管理经办模式服务质量

这种模式总体上看，经办机构服务质量和参保者预期有一定的差距，但总体上差距较小。具体看在第19项经办工作人员针对参保者实际需求提供差异化服务，第18项业务办理时间能够根据参保者的需求有所调整，第23项经办机构自助平台服务项目完善方便，第14项经办人员业务操作熟练、专业知识丰富以及第3项经办机构服务项目标识清晰方面，提供的服务与参保者的期望差距较大，差距程度依次降低。在实际访谈中的材料也证实了上述结论。对于年龄在20—60岁的参保者而言，业务办理时间不能预约与调整，时间冲突经常发生。

部分参保者反映在办理转移接续业务时，需要资料较多，有些历史资料需要数次反复核对，尤其是需要往返流出地和流入地，在办理时间约定上难以满足参保者的需求。经办人员也反映，由于业务有办理时限限制，往往约定的时限难以满足参保者的需求。一些参保者反映，总体上，经办机构业务窗口标识较为清晰，但有些业务的说明复杂，难以看明白，需要咨询经办人员。

在第2项经办机构工作人员着装统一、第6项经办人员业务办理记录正确且可查阅、第22项经办机构实现一站式的服务三个指标方面，提供的服务与参保者的期望差距较小。这主要是由于天津市社会保险经办体系最初来源于企业，至今依然采用企业化管理的服务理念和一些做法。从2008年成立以后，一直实行的是五险合一的垂直化管理模式，社会保险险种统一管理、统一业务流程、统一待遇标准，确保政令畅通制度基础。2012年中心和各分中心的办公硬件的改造，使得天津市经办机构的办公条件大幅度提高，包括工作人员统一着装、统一标识、统一标准，一站式办理各项社会保险经办业务。但是考虑各指标的权重后，在响应性维度方面，得分差距最明显，在经办人员对参保者表示关心，及时服务、主动告知业务办理的进展、对参保者的需求和反馈及时回应方面需要进一步加强。

2. 五险合一属地管理经办模式服务质量

这种模式总体上看,经办机构服务质量和参保者预期也有一定的差距,但总体上差距较小。具体在第 23 项经办机构自助平台服务项目完善方便,第 14 项经办人员业务操作熟练、专业知识丰富,第 19 项经办工作人员针对参保者实际需求提供差异化服务,第 18 项业务办理时间能够根据您的需求有所调整以及第 3 项经办机构服务项目标识清晰方面,提供的服务与参保者的期望差距较大,差距程度依次降低。在实际的访谈中的材料也证实了上述结论,参保者对社保大厅在基础设施建设方面比较重视,提高有形设备设施的服务能力,所以参保者相对于其他方面对其服务质量差距评价较小。此外,乌鲁木齐各经办机构实行一个窗口办理五险种业务,超过 75% 的参保者反映在一个窗口能办理所有业务,简化了参保者办理不同业务的手续,大大方便了参保者的业务办理。

但是在一个窗口办理业务的种类比较多,这就使得经办人员业务量增大且需要关注的方面比较多,所以在效率和回应能力方面做得相对较差。此外,调研中还发现,由于各机构实行的"五险合一"业务服务模式,经办人员对五险种政策的掌握熟悉度并不精通,对于一般性的业务处理没有难度,但对于专业程度要求比较的高,服务能力有限。调研中,多数参保者反映,经办人员在专业性问题方面回答比较模糊,在业务办理时得到的人性化关怀比较少,只是被动性的完成业务办理。调研中发现在经办机构提供服务的过程中,40% 的老年人反映每次在窗口等办理业务需要较长时间。

在第 2 项经办机构工作人员着装统一、第 6 项经办人员业务办理记录正确且可查阅、第 8 项对社会保险政策及时宣传更新三个指标方面,提供的服务与参保者的期望差距较小。另外,在调研中发现,经办机构针对特殊人群,如部分年龄较大的少数民族参保者,由于语言交流障碍,专门为他们设置绿色通道,服务特殊群体,在这方面,评价在四种经办模式中最高。

但是考虑各指标的权重后,在保证性维度的经办人员业务操作熟练、专业知识丰富方面,响应性维度对参保者的需求和反馈及时回应、向参保者提供快速便捷服务方面得分差距最明显,需要进一步加强改进。

3. "集中经办"模式服务质量评价

整体来说,该模式经办机构服务质量参保者感知与期望的差距进一步拉大，参保者在关怀性维度方面，最为不满意，突出地表现在第 19 项经办工作人员针对参保者实际需求提供差异化服务、第 18 项业务办理时间能够根据您的需求有所调整方面。此外，在第 23 项经办机构自助平台服务项目完善方便、第 3 项经办机构服务项目标识清晰、第 7 项经办人员能一次性告知存在的问题、第 14 项经办人员业务操作熟练，专业知识丰富方面，与参保者预期的服务质量差距也较大。实际调研中发现经办机构对参保者真正需求了解较少，只是按照经办要求办理业务，并且业务办理的时间和内容，不能根据参保者的实际情况进行调整。在实际调研中发现有 45% 的参保者反映该经办机构二楼城镇职工养老保险处经常会看到很多的老年人和年轻人一起排队办理业务，虽然保证了公平性，但从以人为本的角度思考还需改进，而且二楼对老年人来说不是很方便。在经办人员要回答的问题方面，47% 的调查者反映经办人员只是按照相关标准办理业务简单回应，对于其他方面则回应程度较低。45% 的调查者反映在服务的过程中经办人员否定其材料后就结束了本次服务，但其他材料也存在问题，导致往返于经办机构的次数的增加。此外，社保中心每层都有自助设备，由于对于一些操作流程参保者不熟悉，不清楚其能服务的项目和功能，使用频率不是很多，到人工窗口去办理的较多，占比 85% 左右，从而导致服务的供给者公共设施无法分流窗口服务的人流压力，由此带来参保者在机构设备体验及服务项目标识方面的服务质量评价相对较差。长安区经办机构致力于"一站式"服务，其服务只是业务的集中办理，不出一栋大楼办理业务，但是参保者在办理不同类型的业务时，不仅要奔波于不同的窗口，而且涉及城镇职工养老保险的相关业务时，还需要奔跑到不同的楼层，在一定程度上降低参保者的服务质量评分。

在第 2 项工作人员着装统一、第 6 项业务办理记录正确且可查阅等方面相对做得较好，主要是长安区社保中心除城镇职工养老保险实行的是省级垂直管理，其他险种实行的是属地管理，但各险种统一实行的是陕西省城镇职工养老保险服务标准，2000 年城镇职工养老保险开始实行省级垂直管理后，服务标准化一直作为陕西省社保局重点工作，发展比较成熟。

总体上，长安区经办机构服务质量与参保者期望的差距较大，在对于参保者需求的回应程度较低、主动告知参保者业务办理过程中存在问题方面服务质量较差，导致参保者在办理业务时反复修改材料；此外，信息化建设不够完善，不能实现一个窗口办理所有的业务，参保者在使用自助服务办理业务时，并不能完整地办完业务，只能进行简单的申请、打印、查询等服务；参保者在办理社保业务对很多政策、流程、业务内容不了解，获得的服务体验较差。

4. "分立运行"模式服务质量分析

整体来说，该模式经办机构服务质量参保者感知与期望的差距最大，参保者在便利性维度的第23项经办机构自助平台服务项目完善方便、第22项经办机构实现一站式的服务，关怀性维度的第19项经办工作人员针对参保者实际需求提供差异化服务，第3项经办机构服务项目标识清晰、第5项经办人员在规定时间内完成服务方面与参保者预期的服务质量差距较大。在实际的调研中发现，太原市各险种经办机构自助服务平台不统一，自助平台办理的业务内容、界面、操作引导等都不相同。此外，养老保险、医疗保险经办机构由于在不同的地区，办理特殊业务，如转移接续等业务，需要参保者在不同地区往返，加大了参保者的成本。在实际调研中有68%的参保者反映，由于经办机构窗口业务办理比较繁杂，用时较长，经办人员很难在预期的时间内完成业务的服务，造成排队的参保者较多，参保者的服务质量评价较低。

考虑各指标的权重后，在响应性维度方面，得分差距最明显，在对参保者的需求和反馈及时回应、经办人员对参保者表示关心、及时服务、主动告知业务办理的进展和实现一站式服务方面需要进一步加强。

（二）四种经办模式服务质量差异分析

从表中可以看出，四种经办模式参保者感知到的服务质量和期望服务质量差距最大的是分立运行属地管理经办模式，其差距值达到-13.556，考虑权重后达到-0.5730；差距次之的是集中经办混合管理模式，其差距值达到-11.0324，考虑权重后达到-0.4382；五险合一属地管理模式差距再次之，其差距值达到-8.5443，考虑权重后为-0.3715；差距值最小的是五险合一垂直管理经办模式，其差距值达到-6.7001，考虑权重后也是最低为-0.3021。显然，上述四种经办模式，五险合一垂直管理经办模式服务质量最好，五险合一属地管理模式排名第二，分立运行属地管理经办模式得分最低，服务质量最差。

从6个维度的差异来看，响应性维度对五险合一垂直管理经办模式服务质量的影响最大，其次是保证性维度、保证性维度、便利性维度以及可靠性维度。对五险合一属地管理模式服务质量影响最大。集中经办混合管理模式影响最大的维度是保证性维度，其次为可靠性和有形性维度。而响应性维度对分立运行属地管理模式服务质量的影响最大，其次是保证性维度和便利性维度。

从6个维度四种经办模式的情况来看，有形性、响应性、保证性、便利性维度的SQ值从小到大依次为五险合一垂直管理经办模式、五险合一属地管理经办模式、集中经办混合管理模式和分立运行属地管理模式。在经办硬件、环境和设备方面五险合一经办模式要好于其他模式，分立运行模式差距显著。但是在响应性维度上，集中经办混合管理模式要好于五险和一属地管理，这主要是因为长安区社会保险经办中心自成立起一直按照陕西省社会保障局制定的经办标准来执行，不同的业务规定有时间，经办中心注重经办人员的业务培训，因此在响应性方面表现较好。在关怀性维度方面，五险合一属地管理模式做得最好，这主要是在调研中发现乌鲁木齐市社会保险各经办中心都设立绿色通道，针对特殊群体、少数民族困难群众提供特殊的服务，尤其是针对跨境少数民族参保者在办理复杂业务时，根据参保者的需求在办理时间、办理流程等方面，能够提供差异化的服务。

但是另一方面也可以看到，四种模式在响应性维度方面都有着共同的表现。4种模式在第9项经办人员对参保者关心及时服务情况、第11项经办人员针对参保者的需求和反馈及时回应程度、第12项经办人员向参保者提供快速便捷的服务方面表现与参保者的期望都有一定的差距，考虑到权重因素后对4种经办模式的服务质量影响都较为明显。此外4种模式在第3项经办机构服务项目目标标识清晰方面也有同样的问题。

（三）4种经办模式服务质量多因素方差分析

通过对四地区经办机构服务质量的感知—期望分析可知，四地区参保者对服务质量评价都存在差异。在分析服务质量差异时，也要需要考虑参保者群体不同的人口统计学变量是否对其有影响？为了进一步检验服务质量评价在人口统计学变量上的差异状况，本书以两地社会保险经办机构服务质量各服务项目得分作为因变量，分别对两个经办机构以参保者的年龄和教育背景2个变量为自变量进行多因素方差分析，以考察参保者年龄和性别自变量的不同对因变量是否有显著的影响。多因素方差分析结果如表 4-32 所示。

表 4-32 四种经办模式服务质量各指标题项多因素方差分析结果（F）

题项 (X)	五险合一垂直管理（天津）		五险合一属地管理（乌鲁木齐）		集中经办混合管理（西安）		分立运行属地管理（太原）	
	年龄	教育背景	年龄	教育背景	年龄	教育背景	年龄	教育背景
SQX_1	0.340	1.621**	0.544	0.776	0.839	2.160**	0.375	0.575
SQX_2	0.546	0.0710	0.396	0.432	0.396	0.053	1.307	0.324
SQX_3	1.211**	0.812	1.009*	0.846	1.048**	1.784*	0.619	1.555*
SQX_4	0.748	0.936*	0.405	0.777	0.131	0.436	0.626	0.452
SQX_5	0.632	0.862*	0.323	0.855	0.732	2.118**	0.041	0.789
SQX_6	0.814	0.758	0.411	0.408	0.411	0.812	0.251	0.557
SQX_7	0.796	0.909	0.957**	1.532*	1.957***	2.076***	0.109	1.713**
SQX_8	0.248	0.367	0.330	0.233	0.700	0.823	0.186	0.233
SQX_9	1.014**	0.623	0.741	0.303	0.990	0.821	0.768	0.303
SQX_{10}	0.306	0.393	0.412	0.722	0.296	0.473	0.753	0.790
SQX_{11}	0.401	1.269**	0.805*	269	0.184	1.396**	0.098	0.269
SQX_{12}	0.461	0.835	0.616	0.310	0.861	0.646	0.120	0.310
SQX_{13}	0.309	0.598	0.408	0.401	0.449	0.636	1.046	0.401
SQX_{14}	0.138	0.675	0.222	1.711**	0.093	0.863*	0.655	0.811
SQX_{15}	1.125***	0.771	0.407	1.602*	0.523	0.647	0.741	1.360*
SQX_{16}	0.202	0.801	0.099	0.513	0.240	0.670	0.701	0.513
SQX_{17}	0.613	0.399	0.883*	0.354	0.701*	0.310	0.594	1.131
SQX_{18}	0.851	1.105**	0.726	0.813	1.452	0.784	1.420*	1.433**
SQX_{19}	0.769*	0.781	1.041***	0.772	1.524	0.880	0.686	2.116***
SQX_{20}	0.327	0.343	0.3773	1.818***	0.273	0.355	0.559	0.786
SQX_{21}	0.547	0.532	0.654	0.445	0.908	0.835	0.731	0.212
SQX_{22}	0.113	0.358	0.197	0.732	0.979	0.220	0.752	0.664
SQX_{23}	0.719	2.356***	0.638	1.747*	1.180*	1.584**	1.192*	0.905*

注：* 表示 $P<0.1$，** 表示 $P<0.05$，*** 表示 $P<0.01$。

资料来源：根据问卷统计整理而得。

多因素方差分析显示，年龄和教育背景两个因素二阶（包括二阶）以上的交互作用不显著。其中，天津市经办机构年龄变量在问项 X_3、X_9、X_{15}、X_{19} 上有显著主效应，在其他问项不存在显著主效应；乌鲁木齐市经办机构年龄变量在问项 X_3、X_7、X_{11}、X_{19} 上有显著主效应，在其他问项不存在显著主效应；西安市经办机构年龄变量在问项 X_3、X_7、X_{17}、X_{23} 上有显著主效应，在其他问项不存在显著主效应；而太原市经办机构年龄变量在只在问项 X_{18}、X_{23} 上有主效应。通过调查发现，四地老年人在经办机构服务评价方面有相同之处，老年人更注重办公大厅内服务内容及窗口标志醒目、经办人员的热心帮助、老年专用窗口的服务需求，因为随着年龄的增大，老年群体的身体机能逐渐下降，办理业务的过程中对窗口业务办理依赖性比较大，有85%的老年人反映在使用大厅内的自助平台时往往需要大厅服务人员的帮助。但年轻人对自助设备的使用较多，普遍更关心自助设备提供的服务项目和内容及设备的操作易用性等方面。四地平均62%的年龄在40岁以下的参保者对经办机构自助服务项目评价程度较低，太原参保者感知和预期差距最大，40岁以下的参保者的 SQ 值达到-2.433，远高于均值-1.0385。差距最小的是天津经办机构，40岁以下的参保者的 SQ 值达到-1.025，但也高于均值-0.5102。

对于教育背景因素，天津市经办机构在问项 X_1、X_4、X_5、X_{11}、X_{18}、X_{23} 上有显著主效应，在其他问项不存在显著主效应；乌鲁木齐市经办机构教育背景变量在问项 X_7、X_{14}、X_{20}、X_{15}、X_{23} 上有显著主效应，在其他问项不存在显著主效应；西安市经办机构年龄变量在问项 X_1、X_3、X_5、X_7、X_{11}、X_{14}、X_{23} 上有显著主效应，其他问项不存在显著主效应；而太原市经办机构年龄变量在只在问项 X_3、X_7、X_{15}、X_{18}、X_{19}、X_{23} 上有主效应。调查中发现，随着知识文化程度的不断提高，参保者对对经办机构服务质量感知差距逐渐增大（X_{23} 除外），四地普遍存在着随着学历层次的提高，参保者对服务的要求也越高。天津市和西安市经办机构表现更明显。天津市硕士及以上学历的参保者在 X_{23} 项（自助平台服务项目完善程度）上的差距最为明显，SQ 值达到-1.893，远高于均值-0.5102；西安参保者更关注在办理业务中经办人员一次性告知办理业务内容和问题的 X_7 项，硕士及以上学历参保者的 SQ 值达到-1.752，也远高于均值-0.6633。其余两地也表现为相似的状况，但参保者感知和预期服务差距随着学历水平提高的差距小于天津和西安两地。此外，调查发现，随着学历层次的提高，参保者也更关注经办机构提供的服务要能满足参保者的实际需求，提供的差异化服务和根据参保者需求调整办理时间等。文化程度越高的参保者对其服务质量的感知—期望差距越大，服务要求的标准越高，服务项目越需要进行改进。

分析结果可以看出，四地区代表的四种经办模式参保者文化程度、年龄的不同对服务质量的评价各有差异，可以为四地区代表的四种经办模式经办机构针对服务群体的不同进行服务质量改进，提供借鉴之处。

第四节 混合经办内部不同模式服务能力对比分析

本章第二节和第三节分别从社会保险经办机构工作人员和参保者两个角度，对国内四种典型经办模式的绩效（公共服务能力）和参保者感知方面进行了实证分析，但是在混合模式的样本选择中，只选取了西安市长安区养老保险经办中心和长安区社会保险服务中心两家机构，实际上，这两家机构在一栋楼合署办公，因此，长安区这种模式叫作集中经办模式。但是长安区的经办模式并不能代替陕西省的经办模式，陕西省各地市具体模式不相同，因此，有必要单独对混合模式内部进行分类和实证分析。

一 不同经办模式的选取

从我国社会保险经办服务体系的发展现状来看，总体上呈现出多种模式共的状态，本书中第三章已说明，越来越多的省份实行了五险合一的模式，但是还有一些省份实行的是混合模式，在省内不同地、市，社会保险经办体系运行不一致，有的地市实行的是单项险种的垂直管理模式，而其他险种合一管理运行；而在有的地市实行的依然是按照险种分立运行。目前，国内代表性的省份是陕西省、黑龙江省、吉林省。各省具体经办体系和经办模式见附录7，下面简单介绍这几个省的特点，由此作为样本选择的依据。

（一）黑龙江省社会保险经办服务体系

黑龙江省社会保险经办事业实行部分险种合并经办的垂直管理与属地管理共存的二元模式。其中，养老保险经办机构实行垂直管理，建立了人、财、物"三权在上"的管理模式。黑龙江省统一各级养老保险经办机构名称及职责，成立了省市县各级社会保险事业管理局，负责职工养老保险、机关事业单位养老保险、城乡居民养老保险经办组织工作，对市县社会保险事业管理局垂直管理。省级财政对各市县经办机构经费给予保障，各级管理局经费预算统一由省级财政厅核定并纳入省级预算。各级管理局的人员、资产和编制也划归省社会保险事业管理局统一管理。

黑龙江省医疗保险、工伤保险、生育保险经办事业实行"三险合一"的模式，经办机构实行属地管理。在2018年政府机构改革之前，医疗保险、工伤保险、生育保险经办事业由各级社会医疗保险局负责，由各地方政府管理各级社会医疗保险局的人员、经费、编制、资产等。省社会医疗保险事业局作为省人社厅直属机构，仅对全省社会医疗保险经办工作进行业务指导。依据政府机构改革方案，2018年10月15日，黑龙江省医疗保障局成立，承接原省社会医疗保险事业局职责，作为省政府直属机构，负责经办省直医疗保险、工伤保险、生育保险，并对全省各级医疗保险经办机构进行业务、服务、信息化等方面的指导。黑龙江省失业保险也属于属地管理的模式，由各级人力资源和社会保障部门下属的就业服务中心经办。

（二）吉林省社会保险经办服务体系

吉林省社会养老保险与失业保险经办事业属于"二险合一"的垂直管理模式。吉林省建立了省市县三级社会保险事业管理局共50个，除省社保局外，还有市（州）级局10个，县（市）级局39个，负责城镇职工养老保险、城乡居民养老保险、机关事业单位养老保险、城镇职工失业保险的经办工作。管理体制上，吉林省从1995年开始全省社保经办机构实行垂直管理，由省社会保险事业管理局对全省各级经办机构的人员、经费、编制、资产进行管理，经办事业经费统一纳入省级财政预算。2008年4月，吉林省社会保险事业管理局被确定为参照公务员管理部门，副厅级建制，为省人社厅直属机构，省社会保险事业管理局领导组织全省经办事业，制订社会保险事业发展计划，编制社保基金预算，核定并征收参保单位及个人社保费，管理和运营社保基金等。同时除了对全系统实施领导和管理以外，省社会保险事业管理局还直接经办中央下放的行业单位的养老保险业务和失业保险费统一代征收工作。

吉林省实行医疗保险、工伤保险、生育保险经办事业"三险合一"

的模式，经办系统采用属地管理的原则，成立了省市县各级社会医疗保险事业局负责经办工作，各地政府对社会医疗保险事业经办机构人、财、物进行管理，办公经费也纳入同级地方政府财政预算。在2018年10月省医疗保障局组建之前，省社会医疗保险管理局作为省人社厅直属事业单位，负责直接经办省直机关和事业单位的基本医疗保险、工伤保险、生育保险，并对全省各级医疗保险经办机构履行上级业务部门职责，进行经办业务上的指导。2018年10月，吉林省在原省社会医疗保险事业局的基础上，划入新农合、医疗救助、药品及医疗服务等管理职能，组建省医疗保障局，作为省政府直属机构。新组建的省医疗保障局承接原省社会医疗保险局的经办工作，对全省医疗保险、工伤保险、生育保险经办机构进行业务指导。

（三）陕西省社会保险经办服务体系

陕西省社会保险经办实施"垂直管理"和"属地管理"的二元分立模式。陕西省人力资源和社会保障厅下设省社会保障局、省医疗保险管理中心和省机关事业单位社会保险基金管理中心。其中养老保险经办实行省级统筹的"垂直管理"模式，由省社会保障局对全省12个市级养老保险经办处和107个县（区）级养老保险经办中心实施垂直管理，形成了"五统一"（统一政策、统一调剂使用基金、统一编制和实施基金预算、统一计算机应用和业务标准化管理、全省养老保险经办机构统一实行省级垂直管理）为显著特色的陕西社保模式。

医疗、工伤、失业和生育保险经办机构的设置比较复杂，各地区发展情况和统筹层次不一，机构名称也各不相同，主要实行地市级和县级统筹相结合的"属地管理"模式，上级与下级经办机构建立指导和被指导的关系。2005年陕西省医疗保险管理中心成立，是陕西省人力资源和社会保障厅下属参照公务员管理的全额拨款事业单位，主要职责是对全省基本医疗、工伤和生育保险经办业务进行指导。而市、县级经办机构主要由同级政府进行统一管理，并提供人力、财政和资产保障。

陕西省机关事业单位社会保险基金管理中心成立于1993年2月，隶属于陕西省人力资源和社会保障厅，为正处级直属事业单位。2004年7月，根据陕公推办函〔2004〕3号文件规定，列为参照国家公务员管理单位。目前编制18人，实有19人。目前，在陕西省机关事业单位社会保险基金管理中心参保的单位主体是省级差额和自收自支事业单位及部分中央驻陕机关事业单位合同制工人、驻陕部队事业单位非军籍职工。

其他各险种经办体系，各地市差异较大，有些地市实行的是其他社会保险统一由一个机构负责经办，机构实行属地管理，如西安市成立的社会保险事业管理中心，负责除城镇职工基本养老保险以外的所有险种的经办。而有些地市依然实行的是分立运行的、基本按照险种进行分设的经办模式，如咸阳市。咸阳市设立有咸阳市养老保险经办处（隶属陕西省人力资源和社会保障厅、省社会保障局垂直管理，正县级建制，下辖13个县市区养老保险经办中心，实行的是垂直管理。主要工作职责是：依照法律法规对城镇各类企业和灵活就业人员进行养老保险登记、征缴申报、个人账户管理、养老保险稽核、企业离退休人员待遇核定与发放及社会化管理等工作）、咸阳市城乡居民社会养老保险经办中心、咸阳市机关事业单位养老保险经办中心、咸阳市医疗保险基金管理中心、咸阳市失业保险经办中心、咸阳市工伤经办中心，各区县相应实行设立各自的险种经办中心，但各中心由各级人民政府人力资源和社会保障局属地管理。

（四）样本的选取

相比上述两个省份，陕西省社会保险经办模式更加"混合"，在各地市县区层面上，做法差异较大，因此，混合经办模式中的典型代表是陕西省，而各地市中西安市和咸阳市作为突出的代表。在具体的经办模式上，本书选择了西安市长安区和咸阳市渭城区作为代表进行比较。

1. 长安区经办模式（集中经办模式）

长期以来，西安市一直实行的是按照险种设立相应的经办机构的管理体制和运行模式，2014年西安市开始探索集中经办模式，成立了西安社会保险管理中心，统一经办除职工养老保险以外的其他险种业务。相应的西安市各区县也做出了同样的调整，长安区成立了社会保险事业服务中心，统一经办除职工养老保险以外的其他险种业务，将机关事业单位养老保险、城乡居民社会养老保险、城镇职工医疗保险、城镇居民医疗保险、失业保险、工伤保险、生育保险统一到西安市长安区长兴北路280号的社保大厦统一经办。一楼是长安区社会保险事业服务中心，二楼是长安区养老保险经办中心。长安区社会保险事业服务中心实行属地管理，由长安区人力资源和社会保障局管理。而长安区养老保险经办中心是垂直管理，由西安市养老保险经办处对其人财物进行管理。从长安区社会保险管理体制和运行模式来看，其最突出的特点是物理式集中，在长安区社会保障大厦里办理全部的社会保险业务，改革原先分立运行经办模式，向集中化转变。实现了社会保险经办机构的物理合一。

2. 渭城区经办模式（分立运行经办模式）

咸阳市基本实行的是按照社会保险险种、人群分立的管理体制和运行模式，经办机构按照险种分设，在管理上分省、市、县三级管理。设有咸阳市养老保险经办处、咸阳市医疗保险基金管理中心、咸阳市机关事业单位养老保险经办中心、咸阳市城乡居民社会养老保险经办中心、咸阳市失业保险经办中心、咸阳市工伤和生育保险经办中心，其中咸阳市养老保险经办处经办辖区职工基本养老保险，实行陕西省社会保障局垂直管理。其他几个机构实行属地管理，由咸阳市人力资源和社会保障局管理。咸阳市各区县社会保险经办体系管理体制和运行模式也大体如此，渭城区设有渭城区养老保险经办中心、渭城区医疗保险基金管理中心、渭城区城乡居民社会养老保险经办中心、渭城区失业保险经办中心和渭城区工伤和生育保险经办中心，工伤和生育保险由一个中心经办，各中心办公地点独立。这里值得特别说明的是三原县，三原县设立有三原县养老保险经办中心、三原县医疗保险基金管理中心，其失业保险、城乡居民社会养老险业务由三原县养老保险经办中心代理经办。其他区县大体上是按照险种设置经办机构，分立运行。课题的样本选择渭城区养老保险经办中心、渭城区医疗保险基金管理中心、渭城区城乡居民社会养老保险经办中心三个中心。

二　指标选取与数据收集

（一）指标选取和问卷设计

和本章第一节一样，选取23项指标，如表4-33所示。

表4-33　　　　　社会保险经办机构绩效评价指标

指标编号	指标名称	指标编号	指标名称
X_1	基础设施状况	X_{13}	标准化建设情况
X_2	信息化建设	X_{14}	经办人员学历层次
X_3	经费到位度	X_{15}	经办人员流动情况
X_4	基金征缴和稽核情况	X_{16}	经办人员的培训情况

续表

指标编号	指标名称	指标编号	指标名称
X_5	基金收支规范情况	X_{17}	工作流程设计合理情况
X_6	基金的调剂使用情况	X_{18}	特殊业务处理情况
X_7	与其他部门协调沟通情况	X_{19}	网上申报率
X_8	信息披露情况	X_{20}	投诉率
X_9	足额发放率	X_{21}	单笔业务办理时间
X_{10}	人均工作量	X_{22}	参保者满意率
X_{11}	人均处理异地转移接续笔数	X_{23}	单笔业务参保者等待时间
X_{12}	人均日处理业务变更笔数		

问卷的内容和上一节一样。

(二) 数据收集

2014年7—8月课题组参与郑秉文老师主持的中改办251号项目"加快健全社会保障管理体制和经办服务体系"课题的调研，调研主要是针对陕西省社会保障局、西安市城镇职工养老保险经办处、咸阳市养老保险经办处的调研和访谈，搜集了大量的资料，在此基础上，2016年7—8月，课题组组织学生前往西安市长安区社会保障大厦和咸阳市渭城区养老保险经办中心、渭城区医疗保险基金管理中心（渭阳西路64号）、渭城区城乡居民社会养老保险经办中心发放问卷。同时实地走访调研西安市长安区人力资源和社会保障局、长安区郭杜街道、长安区韦曲街道社保所、咸阳市渭城区市人力资源和社会保障局，与相关人员进行访谈。

问卷具体通过采用"集中填答和偶遇抽样法"两种方式，对上述两区社会保险经办机构工作人员和参保者发放，针对经办工作人员采用集中式填答的方法，共发放问卷60份，回收问卷60份，无效问卷2份，有效问卷58份，问卷有效率96.7%。其中长安区相关机构共发放调查问卷28份，回收问卷28份，无效问卷1份。渭城区相关机构共发放调查问卷32份，回收问卷32份，无效问卷1份；针对参保者采用在经办大厅向前来办理业务和咨询业务的参保者偶遇发放的方式，共发放问卷100份，回收问卷98份，其中无效问卷5份，有效问卷93份，问卷有效率94.9%。长安区发放调查问卷47份，回收问卷46份，无效问卷1份。渭城区共发放调查问卷 53 份，回收问卷 52 份，无效问卷 2 份。

问卷发放对象的基本情况见表 4-34。

表 4-34　　社会保险经办机构工作人员和服务对象基本情况

调查项目		经办机构工作人员		参保单位办事人员		参保个人	
		人数（人）	百分比（%）	人数（人）	百分比（%）	人数（人）	百分比（%）
性别	男	22	37.93	13	44.83	35	53.03
	女	36	62.07	16	55.17	31	46.97
	合计	58	100.00	29	100.00	66	100.00
年龄	35 岁以下	21	35	16	55.17	8	12.12
	36—45 岁	22	36.7	12	41.38	14	21.21
	46—55 岁	10	16.67	1	3.5	13	19.70
	56—60 岁	5	8.33	0	0.00	28	42.42
	60 岁以上	0	0.00	0	0.00	3	4.55
	合计	58	100.00	29	100.00	66	100.00
文化程度	初中及以下	0	0.00	0	0.00	19	28.79
	高中	0	0.00	1	3.5	26	39.39
	中专或大专	14	24.14	7	24.03	13	19.70
	本科	35	60.35	20	68.97	8	12.12
	研究生及以上	9	15.51	1	3.5	0	0.00
	合计	58	100.00	29	100.00	66	100.00
月平均收入	2000 元以下	0	0.00	0	0.00	13	19.70
	2000—3000 元	8	13.79	7	24.03	33	50.0
	3001—5000 元	45	77.59	19	65.52	17	25.75
	5001—8000 元	5	8.62	3	10.45	3	4.55
	8000 元以上	0	0.00	0	0.00	0	0.00
	合计	58	100.00	29	100.00	66	100.00

根据调查问卷和实地走访得到的两地区社会保险经办机构的基础数据，采用 SPSS19.0 统计分析软件对数据进行处理，各项分析结果如表 4-35 所示。

表 4-35　　　　　　　　　　一般描述性统计分析

	统计量	平均	长安	渭城
基础设施状况	58	3.11	3.39	2.83
信息化建设	58	3.26	2.98	2.33
经费到位度	58	3.40	3.08	2.70
基金征缴和稽核情况	58	3.37	3.44	3.29
基金收支规范情况	58	3.44	3.75	3.66
基金的调剂使用情况	58	3.43	3.88	2.98
与其他部门协调沟通情况	58	3.31	3.32	3.30
信息披露情况	58	3.39	3.49	3.29
足额发放率	58	3.52	3.30	3.74
人均工作量	58	3.62	3.92	3.32
人均处理异地转移接续人数	58	3.41	3.51	3.31
人均日处理业务变更笔数	58	3.12	3.20	3.04
标准化建设情况	58	3.35	3.56	3.14
经办人员学历层次	58	3.01	3.51	2.51
经办人员流动情况	58	1.73	2.02	1.44
经办人员的培训情况	58	3.22	3.61	2.83
工作流程设计合理情况	58	3.21	3.66	2.76
特殊业务处理情况	58	2.92	3.09	2.75
网上申报率	58	2.43	2.50	2.36
投诉率	58	2.43	2.48	2.38
单笔业务办理时间	95	3.04	3.39	2.69
参保者满意率	95	2.36	2.61	2.11
单笔业务参保者等待时间	95	2.77	2.98	2.56
平均		3.08	3.25	2.84

根据表 4-35 的结果，指标总体均值是 3.08 分，最高指标均值 3.62 分，为人均工作量指标。最低指标平均值 1.73 分，为经办人员流动情况指标，大部分指标运行得分一般，个别指标得分较低。得分平均值处于 3—3.5 分的有 14 项指标，占指标总数的 60.9%，指标总体得分基本符合"正态分布"状态。长安区经办机构平均得分为 3.25 分，渭城区经办机构平均得分为 2.84 分，长安区社会保险经办机构得分高于渭城区经办机构。从各指标来看，大部分指标长安区的得分都要高于渭城区，只是在个别指标上渭城区的得分稍高。从总体分布状态和指标得分来看，两地

社会保险经办工作都存在很大的提升空间。

三 分析过程

(一) 信度和相关性检验

1. 信度检验

检验问卷的信度也就是检验问卷的可靠性，即问卷的一致性和稳定性，一致性得分越高，说明问卷反映的真实情况越好。检验结果如表 4-36 所示。

表 4-36　　　　　　　　　可靠性统计量

Cronbach's α	基于标准化项的 Cronbach's α	项数
0.925	0.927	23

问卷的 Cronbach's α 系数为 0.925，问卷的信度检验效果较为理想。

2. 适应性检验

应用 KMO 和 Bartlett 的检验来说明变量之间的相关性，结果如表 4-37。

表 4-37　　　　　　　KMO 和 Bartlett 的检验结果

KMO 和 Bartlett 的检验		
取样足够的 Kaiser-Meyer-Olkin 度量		0.901
Bartlett 的球形度检验	近似卡方	597.354
	df	57
	Sig.	0.000

检验测量结果 KMO 值为 0.901，巴特利球度检验 (Bartlett's Test of Sphericity) 的 p 值为 $0.000<0.001$，说明因子的相关系数矩阵不是单位矩阵，原有变量适合作因子分析。

(二) 数据分析

1. 提取公因子

"适合性检验"之后，采用主成分分析法提取公因子，选取特征根值大于 1 的指标，计算各因子的特征值和方差贡献度，结果如表 4-38。

表 4-38　　　　　　　　　　公因子方差（共同度）

指标	初始	提取	指标	初始	提取
经办机构基础设施建设	1.000	0.837	标准化建设情况	1.000	0.801
信息化建设情况	1.000	0.612	经办人员学历层次	1.000	0.663
经费到位度	1.000	0.901	经办人员流动情况	1.000	0.902
基金征缴和稽核情况	1.000	0.608	经办人员培训情况	1.000	0.733
基金收支规范情况	1.000	0.711	工作流程设计合理情况	1.000	0.615
基金调剂使用情况	1.000	0.677	特殊业务处理情况	1.000	0.518
与其他部门协调沟通情况	1.000	0.747	网上申报率	1.000	0.644
信息披露情况	1.000	0.885	投诉率	1.000	0.618
足额发放比例	1.000	0.821	单笔业务办理时间	1.000	0.895
人均工作量	1.000	0.902	参保者满意率	1.000	0.793
人均处理异地转移接续人数	1.000	0.721	单笔业务参保者等待时间	1.000	0.607
人均日处理业务变更笔数	1.000	0.841			

注：提取方法：主成分分析。

从表 4-38 提取的公因子方差可以看出，各个变量提取的共同度都比较高，说明信息丢失比较少，提取的效果较为满意。

根据因子分析结果，方差累计贡献率为 81.683%，指标解释程度较高；共同度均值为 0.817，分值较高，各指标在各自公因子上因子载荷较高。问卷具有很好的构建效度。

表 4-39　　　　　　　　　　解释的总方差　　　　　　　　　　单位：%

成分	初始特征值			提取平方和载入			旋转平方和载入		
	合计	方差	累积	合计	方差	累积	合计	方差	累积
1	4.911	27.772	27.772	4.911	27.772	27.772	4.411	25.921	25.921
2	3.523	20.596	48.368	3.523	20.596	48.368	3.387	19.674	45.595
3	2.367	12.654	61.022	2.367	12.654	61.022	2.399	13.169	58.764
4	1.822	9.766	70.788	1.822	9.766	70.788	1.694	9.445	68.209
5	1.249	6.317	77.105	1.249	6.317	77.105	1.451	8.896	77.105
6	0.802	4.069	81.174						
7	0.726	3.401	84.575						
8	0.688	3.092	87.667						
9	0.649	2.417	90.084						

续表

成分	初始特征值			提取平方和载入			旋转平方和载入		
	合计	方差	累积	合计	方差	累积	合计	方差	累积
10	0.612	1.667	91.751						
11	0.584	1.492	93.243						
12	0.516	1.212	94.455						
13	0.448	0.836	95.391						
14	0.405	0.717	96.208						
15	0.385	0.602	97.810						
16	0.311	0.532	98.342						
17	0.265	0.464	98.806						
18	0.224	0.341	99.087						
19	0.178	0.273	99.354						
20	0.109	0.219	99.573						
21	0.073	0.184	99.757						
22	0.051	0.138	99.895						
23	0.023	0.101	100.000						

注：提取方法：主成分分析。

根据主成分分析法提取公因子，结果如表 4-39 所示，结果显示，大于 1 特征根值的共有 5 个因子，因此，可以提取 5 个公因子，5 个公因子的累计方差贡献率 77.105%，表明 5 个公因子包含了总指标的 77.105% 的内容，概括内容较强，原有变量的信息丢失较少，分析结果比较理想。

2. 因子命名

得到旋转前的成分矩阵后，进行正交旋转。旋转后的结果如表 4-40。

表 4-40　　　　　　　　　旋转后成分矩阵

	成分				
	1	2	3	4	5
工作流程设计合理情况	0.906				
经办人员流动情况	0.877				
经费到位度	0.830				
经办机构基础设施建设情况	0.767				
经办人员培训情况	0.682				

续表

	成分				
	1	2	3	4	5
经办人员学历层次	0.536				
人均工作量		0.899			
人均处理人均日处理转移接续笔数		0.821			
人均日处理业务变更笔数		0.746			
特殊业务处理情况		0.517			
信息披露情况			0.865		
基金收支规范情况			0.812		
标准化建设情况			0.740		
信息化建设			0.691		
网上申报率			0.542		
单笔业务参保者等待时间				0.848	
参保者满意率				0.808	
单笔业务办理时间				0.766	
足额发放率				0.681	
投诉率				0.624	
基金征缴和稽核情况					0.788
基金调剂使用情况					0.661
与其他部门协调沟通情况					0.583

注：提取方法：主成分分析法；旋转法：具有 Kaiser 标准化的正交旋转法；旋转在 9 次迭代后收敛。

KMO 值为 0.916，累计方差贡献率为 81.683%，表 4-40 是旋转后的因子载荷表。

可以看出：

第一，工作流程设计合理情况（0.906）、经办人员流动情况（0.877）、经费到位度（0.830）、经办机构基础设施建设情况（0.767）、经办人员培训情况（0.682）、经办人员学历层次（0.536）在第 1 个因子上有较高的载荷，这几个指标涉及经办业务的人、财、物最基本的要素，是开展社会保险业务的基础，可以解释为基础保障因子 F1。

第二，人均工作量（0.899）、人均日处理转移接续笔数（0.821）、人均日处理业务变更笔数（0.746）、特殊业务处理情况（0.517）在第 2 个因子上有较高的载荷，这几个指标主要是涉及经办业务的工作量强度，可以解释为工作强度因子 F2。

第三，信息披露情况（0.865）、基金收支规范情况（0.812）、标准化建设情况（0.740）、信息化建设（0.691）、网上申报率（0.542）在第 3 个因子上有较高的载荷，这几个指标都需要在系统上运行，涉及社会保险业务的信息化程度，可以解释为信息化建设因子 F3；

第四，单笔业务参保者等待时间（0.848）、参保者满意率（0.808）、单笔业务办理时间（0.766）、足额发放率（0.681）、投诉率（0.624）在第 4 个因子上有较高的载荷，这几个指标是参保者对于参保业务的感受，可以解释为服务表现因子 F4；

第五，基金调剂使用情况（0.788）、基金征缴和稽核情况（0.661）、与其他部门协调沟通情况（0.583）在第 5 个因子上有较高载荷，这几个指标都需要与其他部门协调沟通，第 5 个因子可以解释为外部沟通因子 F5。

根据旋转后矩阵对评价指标归类，命名提出的公因子，构建社会保险经办模式运行绩效评价指标，如表 4-41 所示。

表 4-41　　　　　　　两地各公共因子命名

公共因子	指标变量	公共因子	指标变量
基础保障因子 F1	工作流程设计合理情况 X_{17}	工作强度因子 F2	人均工作量 X_{10}
	经办人员流动情况 X_{15}		人均日处理异地转移接续笔数 X_{11}
	经费到位度 X_3		人均日处理业务变更笔数 X_{12}
	基础设施状况 X_1		特殊业务处理情况 X_{18}
	经办人员培训情况 X_{16}	服务表现因子 F4	单笔业务参保者等待时间 X_{23}
	经办人员学历层次 X_{14}		参保者满意率 X_{22}
信息化建设因子 F3	信息披露情况 X_8		单笔业务办理时间 X_{21}
	基金收支规范情况 X_5		足额发放比率 X_9
	标准化建设情况 X_{13}		投诉率 X_{20}
	信息化建设 X_2	外部沟通因子 F5	基金调剂使用情况 X_6
	网上申报率 X_{19}		基金征缴和稽核情况 X_4
			与其他部门协调沟通情况 X_7

3. 确定权重

根据回归分析求出各因子得分系数，再按照上一节中确定权重的方法确定各指标的权重，如表4-42所示。

表4-42　　各指标权重

一级指标	二级指标	权重	三级指标	权重
经办机构服务绩效评价 F	基础保障因子 F_1	0.3353	经办机构基础设施建设情况	0.0585
			经办人员流动情况	0.0701
			经费到位度	0.0632
			经办人员培训情况	0.0358
			经办人员学历层次	0.0275
			工作流程设计合理情况	0.0806
	工作强度因子 F_2	0.1785	人均工作量	0.0763
			人均日处理业务变更笔数	0.0351
			人均日处理异地转移接续笔数	0.0467
			特殊业务处理情况	0.0204
	信息化建设因子 F_3	0.1517	标准化建设情况	0.0294
			信息披露情况	0.0531
			基金收支规范情况	0.0329
			网上申报率	0.0251
			信息化建设	0.0112
	服务表现因子 F_4	0.2236	参保者满意率	0.0544
			单笔业务参保者等待时间	0.0667
			投诉率	0.0288
			足额发放比例	0.0292
			单笔业务办理时间	0.0445
	外部沟通因子 F_5	0.1109	基金调剂使用情况	0.0365
			基金征缴和稽核情况	0.0446
			与其他部门协调沟通情况	0.0298

从表中的各因子得分情况可以看出，对经办机构服务绩效影响最大的是基础保障指标，其权重达到0.3353，工作流程设计合理、人员的流动以及经费到位情况和基础设施情况相应的影响较大。而经办服务表现、工作强度、经办机构的信息化建设情况以及与其他部门的沟通情况等对经办机构服务绩效影响依次减弱，权重分别为0.2236、0.1785、0.1517

和 0.1109。同样，其他三级指标影响的权重如表 4-42 所示。

4. 不同经办模式的得分

将各种经办模式的数据和表 4-42 中各因子的权重值代入服务绩效评价模型 $F=\sum_{j=1}^{n}w_{j}F_{j}$，可以得出两种经办模式服务绩效评价综合得分，见表 4-43。

表 4-43　　　　　　　　不同经办模式得分情况

经办模式	基础保障 F_1	工作强度 F_2	信息化建设 F_3	服务表现 F_4	外部沟通 F_5	综合得分 F
集中经办模式（长安区）	1.348	0.764	0.558	0.973	0.392	3.219
分立运行经办模式（渭城区）	1.002	0.648	0.452	0.609	0.353	2.707

从各因子得分情况和两种模式综合得分情况，可以得出，集中经办模式（3.219），高于分立运行模式的得分（2.707），社会保险集中经办模式运行绩效要优于分立运行经办模式。

四　结果分析

具体分析结果如下：

（一）基础保障方面

长安区集中经办模式得分为 1.348，而渭城区分离运行经办模式的得分为 1.002，集中经办模式得分高于分立运行模式。首先是两地经办机构工作流程设计合理情况存在着较大的差距。这很大程度上又和两地两种模式下经办机构的基础设施密切相关。长安区养老保险经办中心和长安区社会保险事业服务中心合署集中办公，一楼是长安区社会保险事业服务中心办事大厅，设置 16 个窗口，按照险种和业务设置窗口，办理缴费、参保、资格审核、退休审核、年审和支付等业务具体包括机关事业单位新到龄人员退休审核、工伤保险待遇审核、职工生育保险待遇审核、失业保险待遇审核、机关事业单位养老保险年审、城镇职工医疗保险待遇审核等的五险年审、城乡居民医疗保险门诊慢性病申报鉴定及补助等窗口。长安区养老保险经办中心办事大厅在二楼，设置 7 个窗口，办理养老保险参保、资格审核、待遇审核支付、退休审核等业务。所有的社会保险业务在社保大厦内能全部办理，做到"一站式办理"。一楼和二楼按照《陕西省社会保障局养老保险经办服务标准》设置楼层分布导引、服务大厅平面导引，张贴27块业务流程图，统一设置"中国社会保险"形象墙、标识牌、玻璃门腰线，每层设有LED宣传大屏等，统一标识、工作人员统一着装，办公面积宽敞，进门设有自动查询机，能自助办理部分业务。中心档案室面积80平方米，配备了智能档案管理系统，做到了档案管理规范化、标准化、精确化。

但在分立运行经办服务模式下，渭城区养老保险经办中心位于北平街75号，渭城区医疗保险基金管理中心位于渭阳西路64号，渭城区城乡居民社会养老保险经办中心位于玉泉路5号，机构办公地点距离较远，参保者办理业务时要分别往返于各机构之间，参保者反映一上午只能在一处办理完业务，下午再去另一处，大大增加了参保者的时间和其他成本。此外，各险种经办机构基础设施条件不一，机构建设基础情况参差不齐。渭城区养老保险经办中心，由于经费有限，其办公地点是租赁，办公面积狭窄，设施陈旧，档案室只有30平方米，面积狭小，随着参保人数的增多，档案存储面积、设施严重不足。渭城区医疗保险基金管理中心硬件条件相对较好，窗口按照缴费、参保、审核和支付分别设置。

在人员流动方面两种模式也有一定的差异。长安区养老保险经办中心和渭城区养老保险经办中心为陕西省社会保障局垂直管理，人员为参公管理，而其余的几个险种的经办机构属于事业编制。调查发现，长安区社会保险服务中心部分工作人员对于事业编制意见非常大，希望转变为参公身份。此外，由于是垂直管理，机构人员编制、人事关系由系统内调配流动，横向调动困难，相对封闭，干部升迁难；调研中发现，渭城区养老保险经办中心经办人员流动性低，而区失业经办中心人员流动性较好，由访谈得知，这主要与中心负责人影响力和能力有关；而集中经办服务模式下，长安区养老保险经办中心也存在着领导干部升迁通道狭窄等问题，但渭城区养老保险经办中心要好得多。访谈中得知，由于长安区养老保险经办中心和长安区社会保险事业服务中心在一个大楼办公，在业务办理量不均时，两个机构人员之间可以"借用"，经办人员的这种"借用"调配，大大缓解了工作量的压力。部分经办人员从长安区养老保险经办中心正式调入长安区社会保险事业服务中心。

经费到位方面。长安区要比渭城区经办机构好得多。长安区养老保险经办中心和渭城区养老保险经办中心都是省社会保障局垂直管理的经办机构，其经费主要来源于专项基建经费和办公经费。专项基建经费主要用于经办机构硬件设施的建设和更新，由市人力资源社会保障局统一报陕西省社会保障局批准，报省财政厅纳入财政预算。办公经费是按照省级部门每人每月700元人头经费标准拨付，多年未变，已不能适应当前经办业务的发展和机构的运营要求，渭城区养老保险处2014年经费到位情况不到80%，经费紧张，办公设施条件落后。访谈中得知，省内其他地市垂直管理的机构有着类似的情况，与地方政府联系较少，办公经费实际到位情况不足现象明显；而长安区的情况要好得多，由于实行集中经办，长安区养老保险经办中心和长安区社会保险事业服务中心合署办公，经办硬件由长安区政府负责，大大节约了硬件费用。此外，长安区财政每年给予一定的补贴，大大缓解了长安区养老保险经办中心办公经费的不足，再加上业务量增加时，从长安区社会保险事业服务中心借调人员相应地又大大节约了人力方面的费用。

在业务培训方面，陕西省社会保障局、西安市人力资源和社会保障局定期举行各类业务培训，同时自主安排业务经办、财务、稽核和行政方面的培训，长安区养老保险经办中心业务培训的次数、培训的质量在调查中显示得都较高。此外调查中发现集中办公后，长安区社会保险服务中心经常派人参加长安区养老保险经办中心的业务培训。社会保险法律政策、业务的标准、服务的标准、流程的设计、信息系统的更新等方面，长安区社会保险服务中心受到了长安区养老保险经办中心的指导和帮助。人员业务水平提高较快。由于集中经办服务模式的推行，需要经办人员掌握多险种的政策和业务知识，综合性培训和能力培训更加重要。坚持"阳光政务窗口、开启服务新思维、打造一流服务团队"的要求下，长安区社会保险服务中心邀请西安迎来特企业文化传播有限公司进行礼仪知识培训，长安区养老保险经办中心经办人员也同时接受培训，双方共同促进，提升了长安区社会保险经办机构对外形象；渭城区社会保险相关经办机构也能够按照省厅、省局、市局的要求参加和组织各类培训活动，但是这些培训活动基本上是在系统内部进行的，各机构间的交流很少，总体培训的效果弱于长安区经办机构的培训效果。

在经办工作人员学历层次方面，问卷数据显示，长安区经办机构学历总体上高于渭城区经办机构，调查的样本中长安区经办机构硕士研究生为 7 人，本科人数为 21 人，而渭城区经办机构硕士研究生为 2 人，本科人数为 14 人，长安区经办机构人员学历结构明显优于渭城区经办机构。

（二）工作强度方面

长安区集中经办模式得分为 0.764 分，而渭城区分离运行经办模式的得分为 0.648 分，集中经办模式得分高于分立运行模式。人均工作量方面，2014 年长安区的养老保险人均负荷比是 2787∶1，到了 2016 年，上升为 5364∶1，而渭城区的人均负荷比是 3066∶1。显然长安区人均负荷比明显高于渭城区。这两年随着西安吸引人才的加入，长安区社会保险经办机构人均负荷比增加更是迅速。这其中的原因主要有两个方面，一是长安区人口众多已突破 100 万人，34 所高校集中于此，师生达到 32 万人，20 多所研究院所，人口增长速度较快。而渭城区人口不到 40 万人，人口差距较大，业务量差异相应较大。二是长安区为集中经办，实行综合柜员制，1 人就可办理 4 个险种的业务。此外，各险种在长安区社保大厦都能办理，相应的需要办理多业务和特殊业务的参保者足不出楼，办理业务的人次较多；分立运行经办服务模式下，渭城区各险种分立运行，各机构只办理单一险种，人均申报数较少，相应的办理人次降低。

近年来，随着长安区的快速发展，人口的快速增多，产业、企业和高校、医院等的进驻，尤其是高新区的快速发展，占用了长安区的大量耕地，拆迁、征地大大增加，一些特殊的社会保险业务也大大增加，长安区社会保险经办业务量也大大增加，经办人员人均处理业务的变更笔数也增加较快，如受工伤认定的行政复议事项、被征地农民的社会保险及行政诉讼和审核材料等事项。此外，近几年，长安区人口流动的数量日益频繁，高校众多，每年毕业生数量众多，相应的办理异地转移接续的数量增加很快。相应的渭城区要少得多，每年增长的数量较少。渭城区受理的特殊事项主要集中在新征地农民行政诉和工伤认定复议方面，2015 年，渭城区配合受理的新征地农民养老保险行政诉讼仅 2 件。

（三）信息化建设方面

长安区集中经办模式得分为 0.558 分，而渭城区分离运行经办模式的得分为 0.452 分，集中经办模式得分高于分立运行模式。信息披露管理方面总体上两地经办机构做的都较好。2007 年陕西省就下发了《陕西省社会保险信息披露制度实施办法》，省社保局在信息公开和披露方面也有着详细的规定和标准，长安区养老保险经办中心和渭城区养老保险经办中心严格按照陕西省社会保障局颁布的各项规定和标准，在参保人员的信息查询、政策规定、各项业务经办流程、待遇发放、业务办理进展等方面都在网上公布，12333咨询电话都已开通。长安区社保大厦每层都设有政策、业务宣传资料，都有自助设备，都可以进行相关业务的查询。此外，长安区近几年在致力于打造数字长安，社会保险也纳入了民生保障专题，相应的长安区政府投入了专项资金，定期由长安区人力资源和社会保障局、长安区社会保险服务中心公布社会保险各项信息等。随着金保工程的推进，长安区社会保险服务中心和各人力资源和社会保障所联网，信息下沉，通过网络，每个参保者都能查到参保、待遇、政策等信息。近两年来，随着机构成立运行了几年，目前在各险种纳入金保工程，实现数据对接和数据的集中管理方面取得了很大的进展。长安区在硬件、查询终端配置上，在信息联网等方面要好于渭城区。但两地社会保险各经办机构没有公开财务等信息，在信息透明度方面有待加强。

但是，两地参保者通过网上申报办理业务比例都较低，根据调查，长安区被调查的参保者个人通过网上查询信息的比例达到84%，渭城区的比例为81.4%，与参保者年龄呈反比，但是大部分参保者反映，通过网络办理的业务内容太少，大部分业务必须通过柜台办理。

在标准化建设方面，长安区养老保险经办中心、长安区社会保险服务中心和渭城区养老保险经办中心这方面做得较好，基本上能够按照人力资源和社会保障部颁布的《经办标准化规程》要求，能够按照省社会保障局颁布的经办服务标准，在经办大厅的外观、视觉清晰、引导标识、窗口设置、岗位设置以及各级操作人员的业务规范、管理人员业务规范等方面严格执行。但在渭城区城乡居民社会养老保险经办中心、渭城区失业保险经办中心和渭城区工伤和生育保险经办中心调查发现，办公场所的外观标识不统一，办事大厅标识不清晰，工作人员服装标准也不统一，窗口的设置和人员的配备不统一，个别柜台业务量较少。调研过程中还发现办事大厅咨询岗位的工作人员对待业务还有不熟悉的现象，对待参保人咨询的问题回答不清楚，这几家经办机构业务人员专业能力有待继续提升。

在基金收支规范方面各经办机构都能严格按照《社会保险基金财务制度》对各项社会保险基金统一管理。长安区社会保险服务中心对各项社会保险基金按险种分别建账，分账核算，统一管理，做到专款专用。各经办中心能够按照规定的程序编制、执行各期基金财务收支计划。但调查中发现渭城区失业保险经办中心与渭城区工伤和生育保险经办中心存财务收支计划执行有偏差，个别项目没有按照财务收支计划执行，差距较大。此外调查中还发现长安区社会保险服务中心和渭城区失业保险中心失业保险基金收支计划明细程度不够，失业保险基金支出不清晰。渭城区失业保险中心在国有企业下岗职工基本生活补贴、农民合同制工人生活补助金方面支出不清晰。

（四）服务表现方面

服务方面，参保者认为办理业务的等待时间所占的权重最大。单笔业务参保等待时间不仅和办理业务的种类、复杂程度、办理人员的业务熟练水平相关，而且和参保者等待的环境有关。办事大厅环境越舒适，提供的服务，如茶水、查询设备越好，参保者对于等待带来的焦虑等感知越不明显。这方面长安区经办机构要明显好于渭城区经办机构。长安区社保大厦每层都有专门的等待区，设施较为齐全，沙发、液晶电视、当日的《华商报》《西安晚报》以及宣传架上各项业务的宣传材料都配备，设有查询自助终端设备、纯净水免费提供，同时，咨询柜台就设在等待区旁边，参保者可以就政策、业务等问题进行咨询。而渭城区经办机构也设有等待区，但设施相比长安区社保大厦差距明显。在调查中发现长安区社保大厦每层设置窗口较多，实行五险合一征收，综合柜员接单后，部分业务在后台处理，也在一定程度上减少了参保者办理业务的时间，同时，下一个参保者的等待时间也相应减少。

单笔业务办理时间方面，通过访谈长安区经办机构工作人员介绍，实行集中经办后，长安区社会保险服务中心对各项办理的业务进行归类，制定实施了《首问责任制》《限时办结制》《服务承诺制》《失职追究制》等业务规范制度，并加强了工作人员的综合性培训。大大压缩了各项业务的办理时限。如长安区社会保险服务中心规定：失业保险基金从登记、审核到分管领导审批，15个工作日内必须完成，次月可领取失业保险金。而渭城区相对办理业务的时间较长。各经办中心在办理业务时间不统一，渭城区养老保险经办中心是按照陕西省社会保障局业务标准进行，和长安区养老保险经办中心在办理业务的时间方面差距不大。其他几个险种的经办中心在具体业务的办理方面与长安区差距较大。如渭城区失业保险中心规定接到申请后15个工作日内审核完毕,对符合条件的30日内进行告知,全部办理环节完成后需要60个工作日,大大落后于全区社会保险服务中心。

两地参保者对社会保险费足额发放评价都较高。退休人员的社会化管理已做到了全覆盖,退休人员能够按时足额地领取养老金。调研中对年龄较大的城乡居民访谈得知,他们也能够按时足额地领取养老金。但在医保基金的办理和报销中,个别参保者评价较低,主要是一些农村居民和城市居民反映报销比例达不到预期的标准,这和他们对政策的知晓度以及看病往大医院跑的习惯都有关系。

投诉率与满意率方面,长安区经办机构明显优于渭城区经办机构。调查中参保者反映渭城区经办机构地点分散,办理业务需要在各个网点往返,办理5项社会保险需要在4个地点往返,时间成本较大。各机构间信息不能做到互通共享,各经办机构办理流程不统一,重复提交资料和文件。投诉主要集中在排队时间长,业务办理时间长,等待时间较长。部分单位办事人员反映除了上述问题以外,经办流程不统一,基数不统一,给企业和单位办理社会保险业务也带来了不便和成本的增加。个别企业反映本单位职工失业保险金和生育保险金待遇发放和报销不及时。而长安区参保者总体评价满意度较好,大部分参保者反映等待大厅环境较舒适,办理业务足不出大厦就能办理5项社会保险业务。但个别参保者对办理业务的时间和排队时间较长也提出意见。

(五)外部沟通方面

调研和访谈资料显示,实行五险统一征收,统一基数申报后,基金收入稳步增长,2014年同比增长12.2%,2015年增长15.6%。调研期间的数据显示,截至2015年年末,长安区社会保险服务中心完成了1697人断费催缴,补缴保费41.38万元;城乡居民养老保险新增参保213人,失地农民新增参保人员2800余人,核实更正身份错误信息1197条,核查领取养老金121人次,追回资金4.2万余元。新增城乡居民养老保险参保211人。长安区养老保险经办中心对全区参保缴费待遇领取等方面,定期进行服务回访,但是从访谈中得知中心主要在清欠任务完成方面难度较大,长安区一些兵工企业、老工业企业较多,近年来效益不好,清欠任务繁重;渭城区实行的是社会保险分立运行模式,各险种缴费基数不统一,业务办理流程也不统一,参保企业和个人核查力度不够。个别企业存在着选择性参保以及在缴费基数不实的现象。

与其他部门配合方面,主要指在与地税部门在征缴环节的协调配合,在发放环节和银行等金融机构的配合以及与其他部门,如区财政局等部门的配合。调研中发现,目前陕西省在征缴环节实行的是二元征缴模式,地方税务局负责对企业养老保险基金的征收,长安区和渭城区养老保险经办中心在征缴环节与地税局按照规定进行分工,总体协作较好,但也存在一些问题,尤其是在渭城区表现得更为突出,主要是地税在代征环节中存在着压单子和票据传递问题。在发放环节和银行部门各环节协调的程度都较好。此外,在渭城区调研还发现,由于各机构信息沟通不畅,信息不能共享,在资料的审核等方面耗时较长,导致了参保者在待遇的领取方面,尤其是失业和生育金的领取和补助时间较长。

第五节 小结

本章第二节和第三节分别从社会保险经办机构工作人员和参保者两个角度,对国内四种典型经办模式的绩效(公共服务能力)和参保者感知方面进行了实证分析,同时,针对混合模式内部不同子模式的公共服务能力进行了实证分析。从分析的结果来看,五险合一垂直管理模式得分最高,五险合一垂直管理模式得分次之,集中式经办模式得分第三,得分最低的是按照险种分立设置属地管理模式。参保者感知方面的排序也与此相同。总结几种经办模式特点,并做出比较,如表4-44所示。

表 4-44　　　　　几种社会保险经办模式的比较

模式	分立或整合方式	领导方式	机构整合程度	业务流程	运行成本	服务效率
五险分立	多险种横向分立运行管理	多头领导	较低	复杂	较高	较低
五险整合	多险种横向集中管理	一头领导	较高	精简	较低	较高
属地管理	单险种纵向分立运行管理	双重领导	较低	复杂	较高	较低
垂直管理	单险种纵向集中管理	一头领导	较高	精简	较低	较高

社会保险经办模式发展趋势。从前述的分析可以明确,分立运行的社会保险经办体系存在着多头领导、运行成本较高、服务效率较低弊端,

增加了参保者的各种成本，已不能适应参保人群的实际需要。鉴于此，从人力资源和社会保障部到各地，近些年一直在倡导整合经办资源，整合经办机构，各地也为此进行了积极探索，涌现了多种经办模式，总体上呈现多险种整合的经办模式趋势。从各险种封闭运行到五险合一统一经办的改革路径，是提高我国社会保险经办机构公共服务能力的现实选择。

第五章 国外社会保险经办服务体系现状

作为提供社会保险公共服务的主要载体，社会保险经办服务体系的管理体制和运行效能直接决定了社会保障制度目标的实现程度。世界各国社会保险经办管理体系体制机制不一，伴随国情变化与制度改革，其经办管理组织体系不断进行适应性调整，经办服务通常由专职机构提供，发展趋势从分立走向统一，模式由分散经办到统一经办，从公司市场经办走向公私合作经办。在改革过程中，国家的经办管理并非以单一形式存在，而是通常以一种组织体制为主，充分发挥各类机构优势，呈现出"混合制"状态[1]，政府直接管理型体制下的一些国家，机构将部分业务进行外包，但其主要业务，尤其是提供基本保障的项目，本质上仍然保持着由政府直接管理的方式。

从世界各国经办机构情况来看，大致可按照两种划分标准对社会保险经办服务体系进行分类。第一种，按照机构的业务内容，社会保险经办服务体系可分为统一经办和分立运行两种模式；第二种，按照经办主体的性质，社会保险经办服务体系可分为政府直接主导管理（或统一模式）、政府监督下社会自治组织管理和私人机构运营三种模式。综合来看，现有研究多数采用第二种划分标准[2][3]，不难发现，政府直接管理的统一模式中，组织人员大部分属于政府雇员，"统一"是指管理的统一，但缺乏从业务层面对机构的细分。实际上，同一管理体制，不同的业务构成将严重影响整个经办体系的运行效率。因此，从主要的组织体制出

---

[1] 郭静：《社保经办机构的发展特点及趋势——社会保障经办机构国际比较之二》，《中国社会保障》2011年第2期。

[2] 郭静：《社保经办机构的发展特点及趋势——社会保障经办机构国际比较之二》，《中国社会保障》2011年第2期。

[3] 郑秉文：《中国社会保险经办服务体系的现状、问题及改革思路》，《中国人口科学》2013年第6期。

发，进一步考虑经办机构的业务内容，结合以上两种划分标准，将国外社会保险经办服务体系分为统一经办模式、分立运行模式、自治式经办模式和公司制经办模式四种。

第一节　统一经办模式

统一经办模式主要指由政府通过行政职能部门或者依法成立的特殊公共机构，以专职责任机构统一负责全国的社会保险经办业务，并且经办机构对各项险种相关事务实行统一办理。采用该模式社会保险经办服务体系的代表性国家有英国、美国、澳大利亚、芬兰和新西兰等。

一　管理体制

英国的社会保障体系是由完善的社会保险、社会福利和社会援助体系构成，社会保险制度以社会保险为主，社会援助制度作为补充。在管理方面，英国实行彻底的"行政主导"的方式，除全民免费医疗"国民保健制度"由中央政府保健部协调管理外，工作与年金部主管其余的社会保障相关工作。社会保险资金由"女王岁入与关税总署"负责征收和发放。[①] 然而，北爱尔兰地区的社会保障由北爱政府自治管理，以北爱政府的社会发展部和保健部为主导。

美国的社会保障以社会保险为主，涵盖公共救助与其他社会服务[②]，形成由政府直接进行统一集中管理服务的多支柱组织体系，突出的特点是包括联邦和州的两级政府管理体制，具体的财政和管理责任分担则依据各社会保障计划的性质来划分。全国性社会保障计划的管理由联邦政府财政部、劳工部、卫生部主导，其下属社会保障署及医疗照顾和医疗救助计划服务中心处于社会保障管理的核心地位。联邦养老保险和医疗保险计划实行现收现付制，所有款项进入财政部下设的专项基金，由三个部长（财政部、劳工部和卫生部部长）、社会保障署长以及经总统任命和参议院批准的另外 2 名成员共同组成的董事会监管。医疗救助、儿童健康保险和失业保险均为联邦和州两级管理，具体执行管理由州负责，

---

① 周弘：《50 国（地区）社会保障机构图解》，中国劳动社会保障出版社 2011 年版，第 190 页。
② 高娟：《美国社会福利体系的架构及启示》，《经济纵横》2014 年第 2 期。

工伤保险则主要由各州负责。

养老、医疗、工伤、失业和家庭津贴五部分构成了澳大利亚的社会保障制度，形成联邦政府相关部门制定决策、专门机构负责具体业务经办以及政府和非政府机构组织共同监督的管理体制，实现了紧密结合各社会保障项目受益人群需求的服务供给。① 具体而言，澳大利亚社会保障管理主体包括家庭社区服务部、健康老年部、财政部等联邦政府部门，主要负责相关福利政策的制定与执行监督，人民服务部负责提供具体的经办服务，下设的 Centrelink 及其遍布全国各地的分支机构负责所有社会保障项目的一站式服务。医疗保险和工伤保险管理分联邦和州两个政府层级来管理执行，且权责明确，联邦政府也较少干涉各州政府相关业务的管理和经办。

芬兰社会保障制度采取公共现收现付计划与个人账户计划相结合的混合体制，人民依靠居民身份和就业获取社会福利。② 社会事务和健康部是芬兰社会保障体系的核心管理机构，负责社会保障制度的立法、发展规划和监管，具体的执行机构以社会保险署为主，养老保障制度中与收入关联养老金的管理主体依据工作单位的性质而有所不同。社会保险署健康部门负责管理医疗保险，地方政府卫生局负责地方卫生政策的执行。

新西兰的社会保障由联邦议会立法，除工伤保险外，养老保险、医疗保险、失业保险和家庭津贴四项制度的所有开支均由一般税收支付。其社会保障管理制度从各保障项目受益人群出发，形成以社会发展部为核心，卫生部和国家税务局参与的管理体制，联邦政府相关部门统筹管理各项社会保障政策的制定、执行与监督。社会发展部下设社会政策服务局，主要负责制定和维护相关社会保障项目的政策，工作和收入管理局则负责这些项目待遇、津贴的申请、审核、批准、发放。③

二 经办体系

（一）英国

英国的社会保障事务执行主要由中央政府工作与年金部负责管理，

---

① 周弘：《50国（地区）社会保障机构图解》，中国劳动社会保障出版社2011版，第271页。

② 周弘：《50国（地区）社会保障机构图解》，中国劳动社会保障出版社2011版，第38页。

③ 周弘：《50国（地区）社会保障机构图解》，中国劳动社会保障出版社2011年版，第341页。

包括国民养老保险、医疗保险、工伤保险、失业保险、社会福利和社会援助项目，建立了全面覆盖的服务网络，拥有为数众多的代理机构。工作与年金部下设年金服务局，负责国民养老保险事务；就业中心负责管理医疗、工伤、失业保险等事务；儿童支持署和残疾人与护理者服务局分别负责管理儿童福利和相关社会援助工作、残疾人的社会援助项目。此外，工作与年金部还负责其他社会福利和社会援助项目的审批管理。①在英格兰、苏格兰和威尔士地区，工作与年金部设 11 个大区分支机构，下辖上千家代理机构，负责工伤、失业、社会福利与社会援助管理工作；年金服务局，共设 580 多个地方分支机构，负责国民基本年金相关工作。②

（二）美国

独立的社会保障署（SSA）是美国的社会保险经办机构，属于联邦政府的独立行政机构，直接对美国总统负责。美国社会保障署起源于 1935 年成立的社会保障委员会（Social Security Board），从最初的独立政府机构，经历联邦安全局的下设机构隶属关系，于 1946 年更名为社会保障署，在 1995 年《1994 年社会保障独立和计划完善法案》生效后，正式恢复其独立地位。美国社会保障署向公众提供多种社会保障经办服务，包括社会保障基金的筹集以及发放、资格审查、服务咨询等，涉及养老、遗属和伤残保险和补充保障收入计划。此外，社会保障署协助负责医疗保险和医疗救助服务中心、补充医疗保险、管理住院保险、处方药计划的相关工作。社会保障署经办"老遗残保险"的管理成本包括经办发生费用、管理发生费用以及"社会保障税"征收过程中的发生费用，由"社会保障税"收入、一般财政收入返还、养老金纳税以及投资收益四部分共同承担管理成本的支出。③ 美国社会保障署在中央一级设立总部，总部下分设 10 个区域办事处、6 个程序运作中心和 1 个数据处理中心，还拥有大约 1300 个基层办公室、39 个电信服务中心和 136 个听证办公室。社会保

---

① 周弘：《50 国（地区）社会保障机构图解》，中国劳动社会保障出版社 2011 年版，第 190 页。

② 周弘：《50 国（地区）社会保障机构图解》，中国劳动社会保障出版社 2011 年版，第 194 页。

③ 郑秉文：《中国养老金发展报告 2013——社保经办服务体系改革》，经济管理出版社 2013 年版，第 160 页。

障署实行人、财、物完全垂直管理的模式，社会保障署总部位于马里兰州的巴尔的摩市，负责对全国的经办业务进行指导。区域办事处负责对各基层单位的监督与支持。基层办事处和各服务中心负责具体项目的经办与服务工作。① 社会保障署的最高行政长官为署长，由总统任命、参议院批准，任期为六年，社会保障署雇员身份均为政府雇员。

（三）澳大利亚

《1997年联邦服务派送机构法案》的颁布，将客户服务局界定为一家一站式的多功能派送机构，成为澳大利亚社会保障的经办主体，于2004年并入人民服务部。客户服务局负责所有的社会保障项目待遇、津贴的申请、审核、批准、发放，提供一站式的服务，开发、协调、发放社会援助项目和超级年金服务，上述职责是由主管社会保障政的家庭社区服务部以合同形式交给客户服务局，因此，同时接受家庭社区服务部的监督。客户服务局的使命被描述为："政府和百姓之间服务与沟通的桥梁"，具体职能包括审核公民获得服务的资格或权利、保存记录、向联邦当局和公众提供配送服务及与之相关的信息和行为，同时，他们也承担了反欺诈和债务管理两项重要的经办工作。② 客户服务局的业务网络包括315个服务中心、25个呼叫中心、115个作业点。③ 客户服务局的工作人员为公务员，实行首长负责制，首行官对最终的效率和效果负责。客户服务局向人民服务部长负责。

（四）芬兰

1937年，随着芬兰议会通过的国家养老金法案，隶属于社会事务和健康部的社会保险署成立，成为芬兰集养老、残障、健康保险、工伤康复、失业保障、儿童与家庭津贴、学生津贴和住房津贴等多项社会福利服务为一体的公共机构，其职责是负责经办国民养老金、医疗保险、失业补助和家庭津贴等，即依据各项福利法案向符合领取条件的芬兰居民提供不同项目的咨询、投诉和待遇支付等管理和服务。芬兰社会保障署

---

① 郑秉文：《中国养老金发展报告2013——社保经办服务体系改革》，经济管理出版社2013年版，第159页。

② 华迎放：《澳大利亚社保经办管理考察报告》，《中国劳动》2011年第1期。

③ 华迎放：《澳大利亚社保经办管理考察报告》，《中国劳动》2011年第1期。

共拥有 216 个地方分支机构，2 个辅助办公室，开设了 136 个服务点①，其保险部门、健康部门等的高级管理团队由芬兰议会社会保险托管机构任命。

（五）新西兰

新西兰社会保障经办和服务由隶属于社会发展部的工作收入管理局和隶属于卫生部的 Health PAC 提供。工作收入管理局负责各类社会保障计划现金待遇的申请、审核、批准、发放，下设 11 个地区局、141 个服务中心、5 个联络中心。② Health PAC 负责医疗待遇服务提供以及医疗服务提供者的授权管理，还涉及医疗融资组织的协议管理。

三 服务实践

（一）英国

英国的社会保险经办服务提供了方便公众的多样化社保服务，第一，建立了多个"客户友善型"的社保服务网站，供人们浏览、查询项目基本信息，帮助联系代理机构，提供申请表格下载，部分项目支持直接网上办理；第二，建立了全国统一的社会保险服务电话，客户拨打电话陈述个人情况，接待人员可做出相应的项目信息提供，或者帮助转接客户所在地的代理机构提供详情，甚至安排面谈。同时，对于社区服务机构或者企业雇主等也提供了面谈、电话、网络等多种沟通渠道，以便了解各自的权利和义务，减少相应的行政成本。③

另外，英国的社保经办机构重视绩效管理，重视团队协作能力，增强组织文化建设，发挥员工积极性④，尤其表现在医疗保险方面。1948年，英国建立国家医疗卫生服务体制，医疗资源不足、服务效率低下等问题随之而来，20 世纪 80 年代以后，进行了一系列关于卫生管理部门、

---

① 阳程文：《养老保险经办机构能力评价与优化策略研究》，博士学位论文，武汉大学，2015 年。

② 周弘：《50 国（地区）社会保障机构图解》，中国劳动社会保障出版社 2011 年版，第 345 页。

③ 周弘：《50 国（地区）社会保障机构图解》，中国劳动社会保障出版社 2011 年版，第 190 页。

④ 郭静：《经办机构内部管理机制的改革方向和举措——社会保障经办机构国际比较之四》，《中国社会保障》2011 年第 5 期。

卫生服务部门的绩效管理改革实践①，对各个卫生服务机构进行评价，对不同机构按照目标达成情况进行打分，并用不同的颜色标注等级，针对得分较高的机构，给予一定的"自主权"和相应的经济激励等②，医疗服务水平得到了极大地提高。

(二) 美国

美国的社会保险经办机构利用其强大的信息系统提供老年、伤残与遗属保险业务流程的数字化，用户可以在线申请、自助终端直接办理各项业务。同时，为满足公众不断变化的需求，通过网络、电话和可视化服务等进行改进。此外，开发一系列跨部门数据整合分析系统，防范欺诈，维护公众信任。近些年来，采取多种措施，实行经办机构绩效管理，重视内部监督，提供便利民众的公共服务。

(三) 澳大利亚

澳大利亚以《职业年金保障法》以及随后颁布的《职业年金行业监督法》《退休存款账户法》等一系列法律对社会保险基金的投资运营标准、基金管理公司的准入等进行明确规定与严格要求。③ 并且以澳大利亚审慎监管局等四个机构构成分工明确的养老基金监管体系，制定监管条例、评估投资行为风险，提供良好的投资环境。④ 此外，在经办管理实践中重视信息通信技术的运用，通过多样化渠道提供服务。

(四) 芬兰

芬兰的经办服务有以下典型做法：第一，重视民众需求。首先，建立了完善的服务网络，与各地方政府签订协议，合作开设了 136 个服务点，为方便居住在边远地区的公众提供各项服务，同时，运用高新技术，改善网络与电话服务，增加电子业务办理，改进现场办理预约方式，提高了民众满意度。其次，结合芬兰实际情况，采用芬兰语、英语、瑞士语等六种语言印发宣传手册，同时对网站语言也进行改进，使得民众及

---

① 刘建春等：《英国国家卫生服务绩效管理体系对我国的借鉴意义和启示》，《中国全科医学》2013 年第 29 期。

② 董尚雯：《面向参保人的社会保险经办机构——我国社会保险经办机构改革路径研究》，经济科学出版社 2016 年版，第 151 页。

③ 马洪范、范秋萍：《澳大利亚养老保障制度的经验与启示》，《经济研究参考》2017 年第 33 期。

④ 惠宇：《澳大利亚养老保险基金投资营运模式对我国的启示》，《劳动保障世界》2017 年第 26 期。

时了解政策信息,实现政策咨询答复。此外,搭建讨论平台,满足公众的咨询需求。最后,芬兰及时向公众提供机构运营数据与政策执行情况,与图书馆合作提供借阅、查询等服务,保证信息公开。第二,重视内部管理。以满足工作需要为目的,用工模式采用永久性和临时工两种,并根据任务、绩效等动态调整,同时,定期或不定期进行多种形式的员工培训,更新员工工作知识与技能。此外,注重增强组织文化建设,以尊重客户、专业、协作和与时俱进的价值观为指引,增强组织软实力,经常开展机构运行效率与客户满意度调查,进而实现组织的高效运行和持续发展。第三,注重风险防范。一方面,重视风险管理,每季度8名审计员对基金和机构运行进行独立审计,并且引入电子化风险控制系统,全面监控、实时分析数据,进行判断;另一方面,专门设立"超额支付调整中心",定期检查参保人情况,包括其社会地位、经济状况和津贴给付等信息,此外通过与银行合作,保证调整实时性,对于超额支付资金返还时,如果公民拒还,可依法申请税收偿还,并将征返事宜转交给强制机构执行。

(五)新西兰

新西兰建立了包括估算精算模拟、短期和长期计划目标、资产配置、业绩及风险评估四个方面的运作流程,形成集决策、执行、监管与评价为一体的公共养老储备基金投资运营机制,并且详细进行各流程的信息披露,强化社会监管力度。[①]

四 小结

上述采用统一经办模式的国家,其社会保险经办服务体系具有以下特征:

第一,社会保险以中央政府或联邦政府部门为主导统筹管理,包括制度的制定、决策与执行监督等,但由于各国社会保险制度与国家体制等的不同,一些国家地方政府管理部分社会保险计划。比如,在英国,以中央政府管理为核心,实行彻底的行政主导,但是,北爱尔兰地区,社会保障事务却由其政府自治管理;在美国,全国性的社会保险计划由联邦政府管理,其余社会保险计划则由联邦与州政府两级管理,且权责

---

① 刘文、颜相子、黄艳华:《国际视角的公共养老储备基金资本化运作及投资业绩研究》,《东岳论丛》2020年第8期。

清晰。

第二，不同社会保险计划由同一机构统一经办，但经办机构性质有所差别。如英国的社会保险经办机构是中央政府相关部门下设机构，即工作与年金部下设的年金服务局。美国的社会保险经办机构是社会保障署，属于联邦政府的独立行政机构，直接对美国总统负责。澳大利亚的社会保险经办机构客户服务局是一站式服务机构，但隶属于人民服务部。

第三，各国社会保险经办机构下设多个地区分支机构和基层服务点，形成经办服务网络，且经办机构的部分营运成本来源于社会保障基金的缴费，如美国社保经办机构的管理成本由财政收入和保险基金及其投资收益等共同承担。

第四，在经办实践中，首先，重视立法。项目的设立、运行和基金的管理与运营等严格按照相关法律来执行；其次，注重民众需求，以网络、电话等多样化渠道提供服务；再次，建立强大的信息系统，运用信息通信技术强化数据系统，改善服务质量；最后，形成较为完善监管体系。内部管理、外部监管与社会监督相结合，提供良好的服务环境。

第二节 分立运行模式

分立运行模式指由政府设置行政职能部门或者依法成立的特殊公共机构，以专职责任机构统一负责全国的社会保险经办业务，但社保经办机构根据险种分开设置运行。采用这种管理组织体系的国家较多，如日本、韩国、瑞典、挪威、加拿大等。

一 管理体制

日本的社会保险实行决策机构、执行机构、年金机构以及基金管理机构分立运行的机制，机构之间职责分明、互相制约。日本的社会保险行政管理分为中央和地方政府两级，由厚生劳动省和都道府县厅的相关部门共同构成，厚生劳动省具有社会保障系统的管辖权，负责具体相关法案，建立社会保障的国家标准，并从国家层面推动具体项目。年金计划、健康保险计划、失业保险、工伤保险以及家庭津贴分别由厚生劳动省的年金局、保险局、职业安定局、劳动基准局和儿童家庭局负责相关政策的制定与行政管理。社会保险基金则由中央银行和大藏省管理，前者负责出纳,后者负责预算编制。地方政府包括辖区和市政当局(市、镇和村),是社会保障的重要支持系统,其中市政当局提供与社会保障相关的公共服务①,社会保险厅负责派出并监督管理各地方社会保险事务所的经办业务。

加拿大的社会保障体系十分完善,是实行高福利政策的国家之一,实行联邦政府、省(地区)政府以及地方政府三级管理,加上私人主办的社会保障项目,为不同群体提供社会保障相关服务,基本覆盖了全体国民,特别是弱势群体。② 各险种管理体制不同,老年收入保障制度经国家立法,由隶属于人力资源和技能发展部的社会发展部管理;公共医疗保险制度经国家立法,由省、地区地方政府的公共卫生部门管理;就业保险制度经国家立法,由隶属于人力资源和技能发展部的就业委员会管理;工伤保险制度由省级自行制定法律并管理;公共救助计划由各省(地区)自主管理。

二 经办体系

(一)日本

日本各社会保险项目有着各自的经办体系。国民年金、厚生年金和中小企业健康保险的运营职责由厚生劳动省的社会保险厅及其派出的地方社会保险事务所承担,前者负责业务的监督管理,后者负责具体执行;国民健康保险和大型企业健康保险由各类保险共济组织及民间组织负责经办;工伤保险中的职业伤害保险计划由各地劳动基准监督署负责经办,劳动福利事业的相关业务由民间组织劳动福利事业团负责执行;失业保险经办由职业安定局下属的 600 多家公共职业安定所负责;家庭津贴由各地儿童福利部门的保险处负责费用收取及津贴发放等业务。值得注意的是,政府拨付的运营费交付金是日本年金机构的运营经费来源,主要由一般税收收入、企事业单位和个人缴纳的保险费组成。

(二)加拿大

公共部门和私人部门共同构成了加拿大的社会保险经办机构。公共部门包括所有财政拨款和政府管理的服务供给机构,私人部门又分为商

---

① 董尚雯:《面向参保人的社会保险经办机构——我国社会保险经办机构改革路径研究》,经济科学出版社 2016 年版,第 131 页。

② 周弘:《50 国(地区)社会保障机构图解》,中国劳动社会保障出版社 2011 年版,第 216 页。

业部门和志愿者部门，商业部门负责营利性服务供给，志愿部门负责所有由非政府组织和机构提供的非营利性项目。① 加拿大养老保险项目中除魁北克年金计划由魁北克省自己管理外，加拿大年金计划的经办部门有就业与社会发展部（原名为人力资源与技能发展部）、国家税务部、公共工作与年金计划投资委员会。就业和社会发展部（ESDC）是加拿大养老金计划主管部门。医疗保险的经办主体为加拿大卫生部和省、特区政府，并负责资金的收缴和发放。工伤保险的经办主体为各省工伤赔偿局或委员会，负责资金的收缴和发放。失业保险的经办主体为加拿大就业保险委员会，负责资金的发放。

三 服务实践

（一）日本

在社会保险经办服务实践中，日本各级经办机构之间有明确的职能划分，机构总部、基层办事处、事务中心之间全部联网，在系统上依据相应职能明确各自的权限与职责。日本年金机构本部（总部）主要承载的是社会保险经办机构的职能界定和监管，包括产品服务的采购、业务标准化和改进、信息系统的开发以及人事、预算、绩效、监督检查等内部管理功能。年金机构下设分部，主要目的是重点强化现场管理以及现场支持。基层办事处是一线业务部门，主要负责的是本地区面对面的接待和业务经办，如对雇主单位调查、缴费收集、强制征收、年金咨询以及意见建议的收集，致力于业务和服务质量的改善。事务中心主要是将无须面对面的书面申请及登记的审查业务集约化处理，目的是提升服务的效率和质量。

（二）加拿大

加拿大建立了相对独立的服务机构，重视服务质量和服务意见，满足多样性的需求。具体建立了三个服务质量评价和服务意见收集机构，包括：客户满意办公室（OCS）、公正性问题顾问办公室（OFA）、服务加拿大资源部门咨询委员会（VSAC）。服务加拿大网站提供了各种政府项目和服务的信息。同时与其他电子服务，如在线就业保险申请等相连，并支持在线人才市场，还设立了专门的呼叫中心来解决来访者的各类

---

① 董尚雯：《面向参保人的社会保险经办机构——我国社会保险经办机构改革路径研究》，经济科学出版社2016年版，第140—142页。

问题。

四 小结

社会保险经办服务采用分立运行模式的国家具有以下特征：

第一，行政管理由中央政府或联邦政府、地方政府以及其他政府层级共同管理；第二，不同险种的社会保险经办机构不同，且由公共部门和私人部门或民间组织构成；第三，公共部门的社会保险经办机构大多实行垂直管理，如日本年金的经办机构社会保险厅，具体的业务执行由其各地方的派出机构社会保险事务所承担；第四，社会保险缴费是公共部门社会保险经办机构运营经费的来源之一，如日本年金机构的运营经费由政府拨付，其来源主要包括保险费和一般税收收入；第五，经办服务中，通过多层级服务体系构建和专门服务机构设置来完善服务质量与效率。

第三节 自治式经办模式

自治式经办模式由非政府自治组织通过与政府签订契约的方式进行社会保险经办管理，实现管办分离。政府相关部门负责实施监督与政策指导，经办机构的决策管理以董事会形式开展，具有高度自治权，政府代表、雇主与雇员共同组成董事会，实现多主体共同参与、有机合作，并且经办机构通过从基金中提取管理成本，强化其服务意识。[①] 采用这种方式的主要有法国、德国、荷兰、奥地利、意大利、瑞士、葡萄牙、西班牙、比利时等。

一 管理体制

法国现代社会保障制度建立于 1945 年，包括养老保险、医疗保险、工伤与职业病保险、失业保险和家庭津贴五部分。又分为四大类，总制度主要覆盖大部分工薪劳动者、学生和个体参保者，行政组织共三个层级，即国家、大区和地区的多所保险基金会，其中国家层级的保险基金会属公立性质，大区与地区保险基金会为私立机构，具体由 102 个家庭补

[①] 郑秉文：《中国养老金发展报告 2013——社保经办服务体系改革》，经济管理出版社 2013 年版，第 167—177 页。

助金机构、101个基层疾病保险基金会、46个社会保险费与家庭补助金联合征收机构和16个养老保险基金会组成；农业制度面向从事农业经营者和农业工人，行政管理组织包括国家层级的农业社会互助制度中央基金会及其35个区域性基金会和85所地方基金会；非领薪者非农业人员制度（"双非"制度）覆盖手工业者、自由职业者和商人，行政机构主要包括独立职业者制度全国基金会及其下辖的30家地方基金会、全国自由职业者养老保险基金会及其下辖的11家行业基金会；全国地方公务员养老基金会管理包括公立医院医务人员在内的地方公务员的养老基金。

德国是世界上第一个以社会保险立法实行现代社会保障制度的国家。[①]联邦劳动和社会事务部、卫生部负责社会保险的监管，隶属于联邦劳动和社会事务部的联邦保险监管局具体执行，不仅对各险种承保人予以监督，还负责联邦补贴、健康基金、各州养老金分配、社会护理保险财务风险等一系列管理工作。17家养老金管理机构、7类医疗保险机构及工伤事故保险机构分别负责养老保险、医疗保险和工伤保险的管理与经办。联邦就业机构及其地区和地方分支机构则负责管理失业保险。

奥地利的社会保障制度以社会保险为主，现已形成包含社会保险、社会福利、社会优抚和救济的社会保障体系。[②]养老、工伤事故和医疗三大保险由联邦政府相关部门监管（联邦社会保障及消费者保护部监管养老保险，联邦健康、家庭和青年部负责监管工伤事故和医疗保险），不同保险公司具体负责管理。失业保险的管理由联邦劳动和经济部负责，下设的劳动力市场服务中心及其地方分支机构负责经办，家庭补贴制度由联邦健康、家庭和青年部管理，家庭补贴基金执行具体业务。

二 经办体系

（一）法国

法国社会保险经办业务由中央与地方相连接的四级（全国、大区、省及社区）基金会网络实行社会化经营和分散管理。在中央设立了全国工薪收入者养老保险基金会、全国工薪疾病保险基金会和全国家庭津贴基金会，分别负责养老保险、医疗和工伤职业病保险及家庭津贴制度政

---

① 周弘：《50国（地区）社会保障机构图解》，中国劳动社会保障出版社2011年版，第60页。

② 郑秉文：《中国社会保险经办服务体系的现状、问题及改革思路》，《中国人口科学》2013年第6期。

策和目标的制定。在大区设有16所疾病保险基金会具体经办社会保险业务，其职责不仅在医疗保险方面，还负责工伤和职业病的费用报销以及代理养老金相关业务。在地方一级设立100多所基层疾病保险基金会和家庭津贴管理基金会，主要负责为受保人办理注册手续、确保各种补助金的发放等。在社区一级设有代理机构提供具体服务。此外，法国社会保障基金征缴和待遇发放分属不同机构，社会保险费与家庭补助金联合征收机构负责基金征缴，征缴基金汇入社会保险机构中央管理局，再由其拨付至经办机构。① 法国社保经办机构管理成本从基金收入中提取，不同保险项目从基金收入中提取的管理成本比例不同。

法国政府通过签署合同等方式，将社会保障管理委托给社会保险经办机构，由其自治管理。社会保险经办机构具有私法法人性质，拥有相当大的自治权，它的运作、经费使用、来源以及绝大部分决策过程都带有较浓的独立性质，各经办机构的最高决策机构为董事会，其中，董事会由雇主、雇员代表和政府代表构成。

2007年至2011年，法国普通制度社保经办机构雇员人数呈下降趋势。2013年，法国普通制度社保经办机构雇员总数为16392人，其中合同制雇员为16195名，约占雇员总数的98.8%。所有合同制雇员中，全职雇员人数（签订永久合同雇员）为15506人，占全职雇员总数的96.2%。经办机构的女性雇员占95.7%，女性雇员与男性雇员比约为3∶1。经办机构雇员平均年龄为45岁，平均工作年限在20年左右。

（二）德国

德国拥有17家法定养老保险经办机构，包括德国养老保险协会及其下属的15家地区总部以及1家行业养老金管理机构（矿工、铁路员工和海员养老金管理机构）。② 这些法定养老保险经办机构都是拥有自治性质的公法法人，实行财务自治，财务独立于国家预算。德国联邦劳动和社会事务部对年金的经办机构实行全面监督。德国养老保险年金联合会对

---

① 郑秉文：《中国社会保险经办服务体系的现状、问题及改革思路》，《中国人口科学》2013年第6期。

② 周弘：《50国（地区）社会保障机构图解》，中国劳动社会保障出版社2011年版，第60页。

德国各年金保险经办机构行政管理进行监督。①

德国法定医疗保险经办机构是实行自治管理的公法法人。自 20 世纪 70 年代以来，医疗保险经办机构历经多次兼并重组。数量从将近 2000 家降至目前的 7 类 134 家，包含医疗互助组织 6 家、一般医疗保险经办机构 11 家、企业医疗经办保险机构 109 家、手工业同业公会医疗保险经办机构 6 家、农业医疗保险经办机构 1 家、矿工医疗保险经办机构 1 家。

德国社会保险经办机构根据自身工作量和服务内容的不同进行人员编制，不同地区的养老保险经办机构人均负荷比差距较大，德国莱茵州养老保险经办机构人均负荷比最高，达 2410∶1，其次是德国联邦养老保险经办机构，人均负荷比为 2187∶1，德国巴登-符腾堡州养老保险经办机构次之，人均负荷比为 1417∶1，德国矿工、铁路工人、海员养老保险经办机构最小，人均负荷比仅为 119∶1。

（三）奥地利

奥地利社保经办管理体系是由奥地利社会保险机构联合会与 22 家社会保险经办机构（包括养老保险经办机构、9 个区级医疗保险基金会、6 个职业性医疗保险基金会、工伤保险经办机构、工业和贸易部门保险经办机构、农民社会保险经办机构、奥地利铁路和煤炭产业社会保险经办机构、奥地利公职人员保险经办机构、奥地利司法人员保险经办机构）构成的伞形组织，奥地利社会保险机构联合会负责对 22 家经办机构进行行政管理。奥地利很多社保经办机构经办一种以上社会保险项目，各经办机构实行自治管理②，通过签订契约的方式，由雇主、雇员和政府三方代表组成理事会。在社会保险经办机构自治管理的过程中，政府只发挥监管作用。资金主要来源于法定强制缴纳的各种保费，并且由国家财政来弥补其不足部分。③ 奥地利社会保障基金实行收支两条线，医疗保险机构负责对各项社会保险费用统一征收，再转账给各养老保险经办机构。奥地利社保经办机构管理成本从基金收入中提取。

---

① 郑秉文：《中国社会保险经办服务体系的现状、问题及改革思路》，《中国人口科学》2013 年第 6 期。

② 郑秉文：《中国社会保险经办服务体系的现状、问题及改革思路》，《中国人口科学》2013 年第 6 期。

③ 周弘：《125 国（地区）社会保障资金流程图》，中国劳动社会保障出版社 2011 年版，第 9—10 页。

奥地利各类社保经办机构共有全日制雇员26271人，其中61%的雇员在社保经办机构的管理部门和财务部门，39%的雇员在经办机构设立的服务机构（如门诊、医院等）。截至2012年年底，普通养老保险经办机构共有雇员6130人，307万人口参加普通养老保险制度，188万人领取养老金，而若以参保人数进行衡量，奥地利普通养老保险经办机构的大口径人均负荷比约为808∶1；小口径的人均负荷比为501∶1。

三　服务实践

（一）法国

强有力的监督。法国政府负责监督社会保险经办机构，经办机构提供的服务达不到标准的情况下，政府有权取消与该机构的委托合同。建立由财政部等相关部门派出特派员组成的独立监督委员会，负责检查经办机构的合同目标执行情况。

重视内部管理。通过培训提高社会保险经办管理服务水平，法律规定，各经办机构必须要将税前工资总额的1.6%用作员工培训投入，并且每个员工平均每年接受20小时的培训。[①] 同时，采用多种方式，针对不同管理人员、经办人员设有不同的培训内容，包括提升管理能力、专业素养、预备管理者资格能力等方面的培训。

提供多样化服务。经办机构运用信息技术改进传统的电话查询、在线询问等，将保期内参保人的信息及时记录，同时推送参保人养老金的收入、支出、余额等信息。此外，对参保人全程跟踪管理，建立电子化档案，为参保人提供专属服务，为行动不便者提供上门服务。

（二）德国

德国虽然是自治式经办模式，但是联邦政府相关部门采取一系列措施，比如设定一致的公共服务标准、制定一致的相关政策、建立相对一致的行政机构等，使得各联邦州形成了统一的社会保障标准，为公民提供相同的社会保障服务。[②]

（三）奥地利

强调社会保险服务的可获得性。享有自主权的多种社会保险经办机

[①] 王楠：《统筹视角下沈阳市社会保险经办管理研究》，硕士学位论文，沈阳师范大学，2018年。

[②] 郭静：《社保经办机构的发展特点及趋势——社会保障经办机构国际比较之二》，《中国社会保障》2011年第2期。

构提供了覆盖全民的广泛福利和高质量的医疗保健服务，居民不仅可以自由选择服务提供者，而且不同医疗保健级别（全科医生、专科医生和医院）的咨询也不受限制①，此外，慢性病患者等还被免除大部分付款。与欧盟其他成员国相比，民众对奥地利的整体医疗保健质量满意度较高。②

注重社会保险获得的公平性。基于团结、可负担性和普遍性原则，奥地利医疗保健系统为寻求庇护者和最低福利接受者提供均等的医疗服务机会。患者权利不仅在法律上有明确规定，每个州还设有患者监察员来确保在医疗事故和其他类型不当行为等情况处理中的援助。

四　小结

社会保险经办服务采用自治式经办模式的国家具有以下特征：

第一，社会保险由政府相关部门监管，经办体系由众多相关保险经办机构组成，既有公立属性机构，也有私立属性机构；第二，各社会保险经办机构实行自治管理，具有法人性质，独立决策、运营、使用经费。各经办机构最高决策机构为董事会或理事会，由雇主、雇员代表和政府代表构成，政府仅起监管作用；第三，虽然各社会保险经办机构自治管理且独立运行，但在法律规定、标准设定以及内部管理与强力监督等一系列措施下，民众社会保险获得的公平性与满意度仍然可以得到保障；第四，社保经办机构管理成本从社保基金收入中提取，不同险种提取比例不同。

第四节　公司制经办模式

公司制经办模式下，社会保险制度的管理、实施等行政职能由政府相关监管部门批准的公司履行，包括基金征缴、基金投资管理、待遇发

---

① Georgiev, A., "Health Insurance in Republic of Austria", *General Medicine*, Vol. 19, No. 4, 2017, pp. 53-56.

② Mossialos, E., Czypionka, T., Cheatley, J., et al, *Efficiency Review of Austria's Social Insurance and Healthcare System*, The London School of Economics and Political Science, 2017.

放等。① 采用此种模式的国家主要有新加坡、印度、印度尼西亚和智利等多数拉丁美洲地区国家。

一 管理体制

新加坡的社会保障框架基于自主供给和自我依靠的原则构建，中央公积金（The Central Provident Fund，CPF）是新加坡社会保障系统的基础，是带有雇主和雇员完全积累性质的个性化账户缴费计划②，包括养老保障、医疗保障、家庭保障、住房保障和资产增值，由隶属于人力部的中央公积金局负责管理。中央公积金局是一个半官方性质的独立管理机构，实行董事会领导总经理负责制的企业管理模式。工伤保险制度由隶属于人力部的工伤补偿局管理运行。

1980年智利政府颁布了《养老金制度改革法》，标志着智利社会保障制度改革的开始，1981年，公共养老金制度引入完全积累的个人账户，进行私有化改革，部分社会保障事业转归私营，形成了政府与市场共同管理格局。③ 智利的养老保险、工伤保险、失业保险和家庭津贴由社会保障部负责决策和监管，下设三个部门分别承担相应职责，即养老金总监署负责监管养老基金管理公司和失业基金管理公司的运营，社会保障局负责管理互济养老金和公共养老计划，社会保障总监署负责监管社会保障各项目的执行与落实。④ 全民覆盖的医疗保障制度由卫生部进行监管，隶属于卫生部的国家健康基金管理机构负责公共医疗计划，16家私营健康服务机构负责私营医疗计划。

20世纪90年代开始，许多拉丁美洲国家，相继引入了个人账户制度，如秘鲁（1993）、哥伦比亚（1994）、阿根廷（1994）、乌拉圭（1996）、墨西哥（1997）、玻利维亚（1997）、萨尔瓦多（1998）、哥斯达黎加（2000）、多米尼加共和国（2003）。个人账户制度下的缴费全部进入个人资本账户进行完全积累，并成立私人养老基金管理公司管理运

---

① 郑秉文：《中国养老金发展报告2013——社保经办服务体系改革》，经济管理出版社2013年版，第178页。

② 董尚雯：《面向参保人的社会保险经办机构——我国社会保险经办机构改革路径研究》，经济科学出版社2016年版，第134页。

③ 董尚雯：《面向参保人的社会保险经办机构——我国社会保险经办机构改革路径研究》，经济科学出版社2016年版，第146页。

④ 周弘：《50国（地区）社会保障机构图解》，中国劳动社会保障出版社2011年版，第223页。

营，采取"公司制"的经办管理模式。

二 经办体系

（一）新加坡

中央公积金局直接与参加中央公积金的新加坡公民和永久居民进行业务联系，为退休或无法工作的工作者提供经济保障。本质上，它具有独立机构和商业保险机构的双重属性，既是受托管理公积金基金的独立机构，也是政府的法定金融管理机构。[①]

中央公积金局有 1600 名员工，在组织机构上主要由 3 个商业集团构成，包括：服务集团、信息沟通技术服务集团以及政策和企业发展集团。中央公积金局受人力部部长管辖，是中央公积金的托管人。中央公积金局实行的是董事会领导下的首席执行官负责制，董事会由政府、雇主、雇员三方的代表以及相关的学者和专家组成。[②]

（二）智利

智利社会保险经办机构的主体是养老基金管理公司（AFPs）。养老基金管理公司负责管理个人退休金账户，并运用企业管理的手段提供服务。参加社会保障的雇员必须将月工资的 10% 存入储蓄账户，由养老基金管理公司进行管理，并提供遗属和伤残保险。同时，雇员向其缴纳管理佣金，用于管理成本和创造利润。[③]

养老基金管理公司在市场竞争中优胜劣汰，除自有资产外，其营运收入主要来源于佣金收入。养老基金产业高利润的吸引和放松的市场进入条件，致使 1992 年和 1993 年智利的养老基金管理公司数量上升到 22 家，之后随着公司的不断合并，数量持续下降并稳定在 6 家。2012 年，智利养老基金管理公司共计 6361 人，其中销售人员 2093 人。参保人数负荷比为 1457∶1，缴费人数负荷比为 823∶1。

（三）其他拉丁美洲国家

拉丁美洲地区国家养老金制度的经办机构基本为养老基金管理公司，

[①] 董尚雯：《面向参保人的社会保险经办机构——我国社会保险经办机构改革路径研究》，经济科学出版社 2016 年版，第 134 页。

[②] 周弘：《50 国（地区）社会保障机构图解》，中国劳动社会保障出版社 2011 年版，第 353 页。

[③] 董尚雯：《面向参保人的社会保险经办机构——我国社会保险经办机构改革路径研究》，经济科学出版社 2016 年版，第 146 页。

如玻利维亚、哥伦比亚、萨尔瓦多、秘鲁和多米尼加共和国的 AFPs，哥斯达黎加的 OPCs，墨西哥的 AFORES，乌拉圭的 AFAPS，这些公司皆为仅经营养老金业务的私人机构。各国相关法律均对养老基金管理公司进行严格规定，大致来看，养老基金管理公司的职责包括征收缴费、管理个人账户、投资运营、发放待遇以及其他相关服务等。

从组织（或人员）情况来看，墨西哥有 12 家 AFORES，哥伦比亚有 6 家 AFPs，哥斯达黎加有 6 家 OPCs，多米尼加共和国有 5 家 AFPs，秘鲁有 4 家 AFPs，乌拉圭有 4 家 AFAPS，玻利维亚有 2 家 AFPs，萨尔瓦多有 2 家 AFPs。① 拉丁美洲地区各养老基金管理公司人员中，销售人员占比较高。2012 年，乌拉圭养老基金管理公司共 387 人，其中，销售人员为 166 人，参保人数人均负荷比为 2968∶1，缴费人数人均负荷比为 1874∶1。②

拉丁美洲地区社会保险经办机构普遍实行从缴费和管理的基金资产中提取可变佣金。第一种，从缴费中提取佣金，表示为占工资的百分比，采用这方式的国家主要包括萨尔瓦多、哥伦比亚、秘鲁、多米尼加共和国；第二种是从管理的基金资产中提取一定百分比作为佣金，采用这一方式的国家有墨西哥和哥斯达黎加；第三种则是既从缴费中提取又从管理的基金资产中提取，如玻利维亚和乌拉圭。③

三　服务实践

（一）新加坡

企业化管理模式。尽管中央公积金局仍然主要依靠政府依法拨款，但从资金汇集、结算、使用以及储存等都是通过独立系统运行，实行的是自主经营自负盈亏的企业管理模式，独立于新加坡的财政之外，他们有权雇用一定数量的职员，工作人员的薪酬比照大型企业相应等级的员工核定。中央公积金局每年的预算要公开，公众可以通过网站了解公积金局的完整财政报告。

统一强大的数据库信息系统。新加坡的电子政务努力贯彻"把公民

---

① 郑秉文：《中国养老金发展报告 2013——社保经办服务体系改革》，经济管理出版社 2013 年版，第 173—179 页。
② 郑秉文：《中国养老金发展报告 2013——社保经办服务体系改革》，经济管理出版社 2013 年版，第 180 页。
③ 郑秉文：《中国养老金发展报告 2013——社保经办服务体系改革》，经济管理出版社 2013 年版，第 181 页。

当客户"的指导思想，公积金局有一体化的信息管理系统（IDMS），公积金会员和公众都可以在网络上随时查询和处理个人的公积金业务，为公民带来了极大的便利。①

（二）智利

严格的法律规制。一方面，智利对养老金管理公司组建时的股东和资本要求、经营期的投资渠道乃至破产后的参保人权益保障等各方面都进行明确法律规定；另一方面，智利从立法上明确了医疗保障优先项目的服务内容，比如显性担保计划下设定了56种需优先治疗的健康问题目录，其具体的服务质量标准、参考价格及等待时间方面都有法律规定。②

私有化的基金运营。养老金管理公司具有多样化投资渠道，既包括政府债券，也包括公司股票、债券以及抵押贷款，组织形式与运营模式独立化。

引入市场竞争机制。由于参保者可以自由选择或者转换养老金管理公司，为投保者提供了选择空间，增强了给付环节的有效性。

（三）其他拉丁美洲国家

均衡的分配社保资源。如墨西哥细分医疗服务内容，依据其划分医疗机构级别，实施疾病风险管理。并且，通过设置病例联网等方式进行医疗资源效率监管，保障公民社保权利的获得。③

完善的经办监管机制。拉美地区国家在个人账户制实施前后成立了养老基金监管机构。大多数国家成立养老基金监管局对养老基金公司进行监管。监管机构主要有政府与自治两种性质，设立自治性质监管机构的国家较多，如秘鲁成立银行、保险与养老基金监管局（SBS），1996年墨西哥成立的国家退休制度委员会（CONSAR），2000年哥斯达黎加成立的养老基金监管局（SUPEN），2001年多米尼加共和国成立的养老基金监管局（SIPEN），2005年哥伦比亚成立的金融监管局（SFC），2011年萨尔瓦多成立的金融系统监管局（SSF）。玻利维亚和乌拉圭设立政府性质

---

① 董尚雯：《面向参保人的社会保险经办机构——我国社会保险经办机构改革路径研究》，经济科学出版社2016年版，第136页。

② Chang-Le, L. I., and Y. C. Fan., "The Enlightenment of Medical Insurance System in Chile for China", *Soft Science of Health*, Vol. 33, No. 4, 2019, pp. 66-68.

③ 张深深：《"立法+分层"：墨西哥托起全民医保希望》，《天津社会保险》2016年第5期。

的监管机构，玻利维亚的监管机构是经济和公共财政部下设的养老金处，乌拉圭由中央银行（BCU）实施监管，该部门为财政部的主体机构。

四 小结

社会保险经办服务采用公司制经办模式的国家具有以下特征：

第一，制度统一程度比较高，如智利，除军队、警察等少数职业有专门的社会保障计划之外，其他群体均由全国性社保制度覆盖，实行统一管理；第二，私营部门在社会保险制度管理中承担重要职能，政府则通过在相关部门中设立监管机构的方式，对私营管理机构进行严格监管；第三，经办管理机构实行董事会领导下的总经理负责制，以企业管理模式提供服务，参与市场竞争机制，服务更加透明，经办机构获利最终用于成员的社会保障，有效缓解了公共开支负担；第四，法律规制与监管机制仍然是实现服务实践效率的前提，完善的监管机制成为制度运行的重要保证；第五，经办机构的管理成本普遍来源于佣金，一种模式是从社保缴费中提取，另一种模式则是从管理的基金资产中提取。

第五节 经验借鉴

一 国外经办服务体系运行模式总结

无论是统一经办模式还是分立运行模式，基本上为政府直接主导管理，因此，实行全国统一的社会保险项目，建立全国统一的经办机构，以垂直管理体制进行统一管理，要求各级机构之间以及机构内部职责清晰、分工明确；在营运收支方面，管理成本可从基金收入中提取，同时，国家层面重视信息化水平建设，追求各级经办机构之间信息和数据的及时共享。此外，这种管理体制便于根据国情或者发展情况及时进行机构的相应改革，以实现经办水平与效率的提高。其中，统一经办模式的国家，将各险种统一经办，更加方便服务民众，同时便于信息系统统一构建，方便资源共享，减少社会保险政策执行的不一致和碎片化。但是，分立运行模式也表现出服务目标更加突出的优势。

自治经办模式体现了一种合作主义。在法制框架下独立运作，政府进行政策指导和一般监督，自治组织实行经办，实现真正的管办分离，并且，相对独立的运作促进了社保经办机构专业水平的不断提升，管理精细化。此外，通过管理成本从基金中提取的方式，增强了各级经办机构的费用意识和责任意识，激励服务质量的提升，确保经办机构运行经费的可持续性。但是，这种自治组织参与的公共服务方式，需要健全的法律法规规范，具有较高协调能力的监督部门和强有力的工会组织。

公司制经办模式，养老基金管理公司提取佣金用来支付公司营运成本和获得利润，因此，为吸引参保人员，获取更多佣金收入，各公司争相提高服务质量、创新服务内容、获取更高的基金投资收益，对公司产生较大的利益驱动和营运激励性。这种模式实现了机构与参保人利益的双赢，达到了养老基金资源的优化配置。

当然，近年来随着全球老龄化的加剧，各国养老金均出现不同程度的危机，而以智利为代表的公司制经办模式的国家，面临更严峻的问题。1980年，智利政府当时为化解现收现付养老金制度濒临破产的危机，进行养老金制度改革，引入完全积累的个人账户，并在全国范围内全面实施，成为养老模式改革的典范，在世界银行的推动下，33个国家借鉴智利模式对养老金制度进行了改革。早期，智利模式成效显著，1981年到2005年，基金投资回报率平均水平达到20%以上，规模增速也超过20%。经过30多年的发展，虽然个人账户制度积累了大量的养老保险基金结余，但是随着2008年国际金融危机，导致了一系列问题爆发，以前高投资收益率难以维系，整个基金的待遇水平呈现持续下降，养老金给付过低，进而导致个人账户覆盖率、收入差距拉大。2016年领取养老金的人中，91%的人获得的养老金达不到智利最低工资62%的水平，个人账户养老保险制度的覆盖面仅56%左右，参保雇员平均缴费时间也不足，占其就业年份的一半左右。2016年7月和8月，为要求取消现行养老金制度，智利曾两度爆发上百万人参与的游行。同样，曾效仿这一样本模式的其他国家也遭遇某些瓶颈。2016年8月，花旗银行报告显示，20个OECD国家政府的养老金资金缺口高达78万亿美元。[①] 当然，这并不仅仅代表着公司经办模式国家面临困境，这更是全球养老金危机的一个缩影。个人账户制度有其激励功能，但有其局限性，缺乏收入再分配的互济功能，对提高养老金覆盖率的作用也非常有限，同时，投资回报率与经济发展

---

① 腾讯财经：《发达国家养老金缺口达78万亿美元》，2016年3月17日，腾讯网，https://finance.qq.com/a/20160317/046338.htm，2019年4月29日。

密不可分。智利模式当前面临的问题并不能否定公司制经办模式的作用，某种社会保险经办服务体系模式的选择在特定的历史背景下才可能有显著效果，纯粹的私人运营与社会保险的功能不能完全匹配，社会保险的性质决定了政府在其中的重要作用，未来公私合作经办模式将是社会保险经办模式的发展趋势。

总体来看，首先，统一经办模式便于整合资源与信息共享，减少重复登记、重复缴费、重复征缴等问题，减少社会保障制度执行的碎片化；其次，推动社会保障制度有效实践，需要建立强有力的经办组织机构，同时重视激励其提高经办效率与服务质量；再次，社会保险经办体系的有效实施需要良好的运行环境提供保障，如健全的法律法规、有效的监管体系、强大的信息系统；最后，社会保险经办体系模式的选择，需要结合不同国家的实际情况，促进社会保险制度的互济性仍然是社会保险制度的重点，改革的重点在于方法、手段的创新。

二　各国经办管理实践经验启示

无论采用哪种社会保险经办服务模式，多数国家的经办管理职能以及相应的职责分工都进行过多次调整，管理方式、方法等也多次改革，当前的总体思路集中在以下方面：

第一，在法律体系建设方面，通过法律制度，明确社会保险经办服务机构的地位与职能，界定经办机构职责范围，规定公众、雇主等社会保险参与相关主体的权利与义务，并制定相应的惩罚措施，为经办机构更好地履行职责和提供服务奠定基础，便于建立统一的社会保障标准。

第二，在机构设置或者业务流程方面，进行资金管理和给付服务的结合，实现失业基金给付与就业服务的统一，减少信息分散、信息传递过程中的风险，以及经办业务实施过程中的重复核对等行为造成的资源浪费，有利于实现资源的有效整合，即使是分立运行模式的国家，也在尝试借助信息系统、网络手段等，提供统一窗口下进行不同险种的缴费等事务办理，根据功能分成待遇申请、投诉处理等部门，或者设立专门的基层组织集约化处理一些基础工作，增强业务办理的统一性。

第三，在经办机构建设方面，提高经办机构相对独立性，增强经办机构专业化程度。自20世纪90年代以来，社会保险经办机构的发展表现出不同于传统政府部门的特点，而是更加突出其作为专业性的政府执行机构性质，甚至具有独立法律地位，虽然许多国家的执行机构仍隶属于主管政府部门,但其预算、职责、权利、义务等均进行明确界定;此外,根据实践情况,及时对社会保险经办机构做出调整,包括组织结构、服务内容、服务方式、人事制度等,以增强机构的适应性与组织能力,保持经办机构的竞争力。

第四,在信息化建设方面,多数国家致力于建立强大的信息系统,将信息通信技术作为提供服务、流程、信息和处理事务的基础,通过广泛利用互联网等信息化手段,向服务对象提供办理业务、信息咨询等服务,通过建设全国统一的网站、采用统一的电话服务号码等,提供标准化服务,同时,不断改进业务流程,节省行政成本,提高工作效率和服务质量;同时,重视建设统一信息平台,有效收集信息,方便查询与共享,为社会保险经办机构更好地发挥政府公共服务职能提供支撑。

第五,在经办服务提供方面,以民众需求为导向,通过网络、电话、邮件甚至上门服务、跨境服务等多种渠道,采取外包、联合服务项目等不同形式,整合社区等组织,充分满足民众多样化需求,提供便利服务,减少等待成本,同时,重视参保人员意见,及时收集反馈意见以便更好地提升服务水平。

第六,在机构内部管理方面,分别针对管理人员与普通经办人员开展定期不定期的管理能力、专业技能等方面的培训,提高经办机构工作人员的能力与素质。重视内部监督或绩效评价,建立指标体系,对不同经办机构的服务效能进行评价,通过市场竞争、利益驱动等模式或者采取奖惩措施,促使经办机构内在能力提升,进而增强经办效率与服务质量。

基于此,对我国的社会保险经办服务体系建设具有如下启示:一是,加强社会保险经办机构立法,从法律层面明晰经办机构职责,明确各主体的权利义务,规定相应的奖惩措施,为社会保险经办体系建设提供有效法律支撑;二是,以建设统一而强大的数据库信息系统作为整个经办服务体系有效运行的基础,同时致力于建立"全国统一的社会保险公共服务平台",充分运用互联网、信息技术等,加快信息化、标准化建设,提升社会保险公共服务便捷程度和均等化水平;三是,将经办机构朝着相对独立性、层级简单化、职责分工明确的方向发展,及时通过进行组织架构设置、业务流程优化、人员编制调整、人力资本建设等,整合社会保险服务项目,创新管理模式,比如将经办机构的管理成本从缴费中提取，减少财政支付，有效激发经办机构积极性，借助购买服务、健全和科学化的内部绩效、培训及其他管理方式，提升经办机构的服务能力和质量；四是，坚持"以人为本"，明确服务目标，有效整合信息、合理配置资源，减少中间环节、满足服务对象多样化需求，及时反映参保者的诉求和意见，联合社会组织、市场主体等各方力量，优势互补，共同努力提高服务质量，保证经办管理业务的效率、便利性，以及公正性和透明度。

第六章　构建适合我国实际的社会保险统一经办模式

前述的实证分析显示了五险合一垂直管理模式绩效最高。国外的经验也显示，社会保险经办在走向集中。随着全球经济一体化的深入，人员流动日益频繁，综合化、一体化提供社会保险的公共服务成了参保者的共同需求。在新时期，我国经济和社会的发展进入了新阶段，对社会保险经办服务提出了更多新要求。

第一节　社会保险公共服务面临的新要求和挑战

一　社会保险制度改革对管理服务提出的新要求

（一）机关事业单位养老保险制度的建立

自企业养老保险制度建立以来，我国机关事业单位和企业的退休金待遇的差距不断扩大，"双轨制"饱受质疑，机关事业单位高赡养率引致的财政负担，机关事业单位养老保险制度亟待建立。① 2015年1月，《国务院关于机关事业单位工作人员养老保险制度改革的决定》（国发〔2015〕2号）的印发，标志着我国建立机关事业单位养老保险制度正式建立，构成了我国社会保障体系的重要内容。

《决定》对改革后的制度及其过渡办法进行了系统设计，从制度和机制上要求"一个统一"，化解"双轨制"矛盾。同时，提出"五个同步"，即机关与事业单位同步改革、基本养老保险制度与职业年金同步建立、养老保险制度改革与完善工资制度同步推进、待遇确定与调整机制

---

① 张盈华：《机关事业单位养老保险改革：进程、发展与制度评价》，《北京工业大学学报》（社会科学版）2016年第6期。

同步完善、改革在全国范围同步实施。此外，对提高社会保险经办管理水平做出重点要求，强调各地根据实际需要，加强社会保险经办机构能力建设，按照国家统一制定的业务经办流程和信息管理系统建设要求，建立健全管理制度，开展经办管理服务，实现规范化、信息化和专业化管理，发放社会保障卡，逐步实行社会化管理服务。

与此同时，一系列配套措施推出。2015年1月，上调机关事业单位基本工资标准和离退休人员的退休金；作为改革的重要组成部分，2015年3月，建立了强制性职业年金制度；为进一步贯彻落实改革，2015年，给出指导文件，要求各地结合实际情况，抓紧研究制定实施办法，强调各省（市、区）规范统一政策标准，包括统一业务经办管理。2015年年底，全国机关事业单位养老保险制度改革方案的备案工作已完成，到2017年年底，全国参保人数达4976万人。

养老保险体系的改革目标蕴含着对养老管理服务体系的新要求，建立中央国家机关事业单位工作人员养老保险管理服务机构。针对制度要求，各级经办机构要建立独立于企事业单位之外的管理服务体系。[①] 国家层面统一信息管理系统、统一业务流程等，是管理服务体系建设的重要支撑和重要任务。

（二）统一城乡居民养老保险制度

关于统一的城乡居民养老保险制度建设，一直以来我国展开积极探索。2009年9月，《国务院关于开展新型农村社会养老保险试点的指导意见》（国发〔2009〕32号）的印发，标志着又一项重大惠农政策的产生，在全国范围内正式启动"新农保"的试点工作。2011年，《国务院关于开展城镇居民社会养老保险试点的指导意见》（国发〔2011〕18号）的印发对开展"城居保"试点工作做出指导部署，2012年基本实现城镇居民养老保险制度全覆盖。至2013年年底，已有北京、重庆、浙江、甘肃、宁夏等15个省份建立了统一的城乡居民基本养老保险制度。"新农保"与"城居保"的分立运行，不利于缩小城乡和社会保障制度的公平持续发展。2014年2月，《国务院关于建立统一的城乡居民基本养老保险制度的意见》（国发〔2014〕8号）决定建立全国统一的城乡居民社会养老保

---

① 孟昭喜：《社会保险管理服务进入转型发展新阶段》，《山东工商学院学报》2017年第2期。

险制度，合并城市和农村养老保险两项制度；随后，专门文件的出台对制度衔接做出明确规定，对其贯彻落实做出具体要求。

统一城乡居民的基本养老保险制度，并且贯彻实施城乡养老保险制度衔接，打破了公共服务城乡二元制，节约了制度运行成本①，推进"人的城镇化"，要求统一管理服务、统一信息系统，进一步规范经办管理服务流程、减少管理成本、提高服务质量与水平、实现资源共享。

（三）统一城乡居民基本医疗保险制度的探索

2009年4月，"新医改方案"正式发布，方案提出推进城乡居民医保统筹。此前，统一城乡居民基本医疗保险制度在各地已经进行了一段时间的实践探索。2004年，东莞市实现了城乡居民医保制度整合，2012年年底，汕尾市进行城镇居民医疗保险和新农合整合，实现城乡居民医疗保险一体化。2007年重庆市开展试点，建立了城乡一体化的居民医疗保险制度。2010年，宁夏建立了制度框架、管理体制、政策标准、支付结算、信息系统、经办服务"六统一"的全区城乡居民基本医疗保险制度。2014—2015年，上海市出台城乡居民统一的基本医疗保险制度相关政策，山东、浙江、青海完成了城乡居民基本医疗保险制度的整合，实现了统一经办。截至2015年年底，共有9个省份在全省范围内推进合并城乡居民医疗保险制度，其余省份在39个地级市、42个市辖87个县（市）推进。2016年，《关于整合城乡居民基本医疗保险制度的意见》（国发〔2016〕3号），在总结探索经验基础上，明确提出建立统一的城乡居民基本医疗保险制度，并就覆盖范围、筹资政策、保障待遇、医保目录、定点管理、基金管理六个方面提出统一要求。

统一城乡居民基本医疗保险制度的探索对一体化经办服务提出新要求，比如整合经办机构、经办人员、信息系统，规范并优化经办流程、创新经办服务模式等，激发经办活力，提高管理效率和服务水平。

（四）城乡居民大病保险制度的建立与工伤保险制度的完善

2012年8月，为进一步完善城乡居民医疗保障制度，国家发展和改革委员会、卫生部、财政部、人力资源和社会保障部、民政部、保险监督管理委员会《关于开展城乡居民大病保险工作的指导意见》（发改社会

---

① 王美桃：《我国城乡居民基本养老保险制度一体化问题探讨》，《中国财政》2014年第21期。

〔2012〕2605号）要求充分认识开展城乡居民大病保险工作的必要性，强调坚持以人为本，统筹安排；政府主导，专业运作；责任共担，持续发展；因地制宜，机制创新的原则，"充分发挥基本医疗保险、大病保险与重特大疾病医疗救助等的协同互补作用，加强制度之间的衔接"，发挥市场机制作用，提高大病保险的运行效率、服务水平和质量。随后各省相继出台开展城乡居民大病保险的实施意见。2014年，要求加快推进城乡居民大病保险，全面推开试点工作，及时研究解决试点中存在的问题，至2014年年底，80%以上的地（市、州）已启动实施。2015年7月，进一步推进制度建设，《国务院办公厅关于全面实施城乡居民大病保险的意见》（国办发〔2015〕57号）文进一步强调坚持政府主导、专业运作的原则，支持商业保险机构承办，规范大病保险承办服务，包括合同管理、资金管理，加强专业能力建设，优化服务流程，提高管理服务效率，2016—2017年，进一步完善大病保险制度，要求针对贫困人口等精准施策，对起付线、报销比例等方面给予重点倾斜。2017年，《关于进一步加强医疗救助与城乡居民大病保险有效衔接的通知》（民发〔2017〕12号）文要求加强两项制度的政策衔接，同时对经办协作提出更高要求。商业保险机构利用专业优势承办大病保险，突破了现行社会保险经办管理体制和服务模式。

2015年7月，《人力资源和社会保障部 财政部关于调整工伤保险费率政策的通知》（人社部发〔2015〕71号）文和《人力资源和社会保障部 财政部关于做好工伤保险费率调整工作、进一步加强基金管理的指导意见》（人社部发〔2015〕72号）文，要求按照"总体降低，细化分类，健全机制"的原则，调整完善工伤保险费率政策，进一步加强工伤保险基金管理，提高基金使用效率。按照行业风险将行业细分，科学确定基准费率标准，截至2015年9月底，26个省份部署落实降低工伤保险费率。此外，针对工伤高风险的建筑业，《人力资源和社会保障部 住房城乡建设部 安全监管总局 全国总工会关于进一步做好建筑业工伤保险工作的意见》（人社部发〔2014〕103号）文，提出完善符合建筑业特点的工伤保险参保政策，大力推进建筑业职工特别是农民工参加工伤保险，对规范和简化工伤认定和劳动能力鉴定程序，落实先行支付政策、建立健全工伤赔偿连带责任追究机制等做出明确规定。2016—2017年，继续实施建筑业工伤保险专项扩面行动计划——"同舟计划"。截至2016年年底，新开工项目参保率已达 96%，建筑业参保人数 1896 万人，比上年增加 612 万人。①

工伤保险制度的完善有效保障了广大职工尤其是农民工的工伤保障权益，提高了工伤保险负担的合理性与公平性，也对工伤保险经办服务工作提出了更高的要求，按时足额支付待遇、依法追偿先行支付基金等。

（五）提高统筹层次取得的新进展

社会保险统筹层次与社会保险经办服务效率等密切相关，统筹层次低，地区经济发展、社会保险负担以及管理体制等的差异，导致社会保险制度、服务规范、业务流程等不统一、碎片化，阻碍了社会保险经办体系运行效率的提高。社会保险管理服务体系与社会保险统筹层次相协调，提高统筹层次既是解决社会保险覆盖、基金、转移接续等突出问题的途径，具有必要性与紧迫性，也是社会经济发展、劳动力流动等大背景下保障权益共享的必然趋势，符合发展规律。

党的十八大报告提出，要统筹推进城乡社会保障体系建设，全面建成覆盖城乡居民的社会保障体系。2012 年 6 月，社会保障"十二五"规划提出，未来五年社会保障事业更加注重保障公平、更加注重统筹城乡发展、更加注重优质高效服务和更加注重可持续发展。2012 年，《中华人民共和国军人保险法》正式实施标志着建立覆盖城乡居民的社会保险体系的任务基本完成。2013 年，党的十八届三中全会提出理顺管理体制和健全经办服务体系。2014—2015 年，除个别地区之外，绝大多数都建立了统一的城乡居民基本医疗保险经办服务体系，将新型农村合作医疗经办服务机构和人员整合到人力资源和社会保障部门、统一机构设置，统一开发支持一体化经办管理服务的城乡居民医保信息管理系统，统一经办服务流程和基金管理。2017 年 6 月，《关于工伤保险基金省级统筹的指导意见》（人社部发〔2017〕60 号）发布，要求逐步建立规范、高效的工伤保险基金省级统筹管理体系，确保在 2020 年年底全面实现省级统筹。2017 年中央经济工作会议指出，改革完善基本养老保险制度，加快实现养老保险全国统筹。2018 年 5 月，国务院印发《关于建立企业职工基本养老保险基金中央调剂制度的通知》（国发〔2018〕18 号），标志着我国

---

① 孟昭喜、傅志明：《中国社会保障管理服务发展报告（2016—2017）》，中国劳动社会保障出版社 2018 年版，第 9 页。

迈出了养老保险全国统筹的第一步。党的十九届三中全会审议通过的《深化党和国家机构改革方案》明确将各项社会保险费交由税务部门统一征收，2019年1月1日实施，统一征收主体、提高征收效率。

一系列社会保险制度的改革表明，我国社会保险事业的发展已经达到了一个新的阶段，由制度构建与覆盖范围拓展的外延式发展向提高制度统筹与管理绩效的内涵式发展转变。每一项社会保险制度改革都进一步明确了指导思想与目标方向，对社会保险管理服务提出了新要求，更重要的是在改革管理体制和管理模式，整合经办资源，规范业务流程，提升信息化与标准化水平，提高服务水平与经办效率，增强公平性、适应流动性、保证可持续性，不断完善社会保险管理服务体系建设，为基本公共服务提供奠定基础。同时，随着人口老龄化进程加快、全民参保计划的实施和社会化管理的推进、科技进步催生的新业态发展，基金支出刚性化、服务对象社会化、人员流动常态化、利益诉求多元化，经办管理服务的社会化服务与管理职能等面临严峻挑战。

二 征收体制改革带来新要求和挑战

2015年，《深化国税、地税征管体制改革方案》（中办发〔2015〕56号）发布，指出"政府性基金等非税收入项目"由地税部门统一征收。征收主体统一化改革有序推进，各地进行实践探索，形成了社保部门与税务部门二元主体的征收模式，截至2018年1月，全国37个征收地区中，由税务部门全责征收的仅有5个，代征的有17个，其余依然由社保部门全责征收。2018年3月，中共中央印发《深化党和国家机构改革方案》（简称"改革方案"），提出各项社会保险费交由税务部门统一征收，确立了税务部门作为唯一征收主体的地位。

税务部门统一征收模式利于提高征缴效率、治理逃缴现象、扩大社会保险覆盖面、增加社保基金收入、保障资金安全等。征收体制的改革使得社保部门和税务部门的工作职能更加优化，社会保险费征收工作更加规范、社保基金筹集更加稳定，更加符合国际社会保险费征收趋势，并且为社会保险"费改税"的适时推进创造条件。[①] 虽然征收体制的改革具有重要时代意义，却也带来一系列新挑战和新要求。一方面，主体变

---

① 杨翠迎、程煜：《理性看待社保征缴体制改革的政策效果》，《社会保障研究》2019年第1期。

更并不意味着制度政策的完全变更,进一步要求税务部门与社会保险经办机构协调配合与信息共享,实现职责的平稳转换,做好业务的交接与衔接;另一方面,小微企业的负担问题、历史债务问题、避费行为等对社会保险制度与税务部门与社会保险经办机构的体制机制等带来新的挑战。因此,进一步要求社会管理服务体系完善相关配套制度与措施、优化业务流程、探索两部门关联业务的"一站式"办理,切实提升社会保险管理服务便利性、规范性,增进获得感和满意度。

三 管理体制改革带来新要求和挑战

2018年2月,《中共中央关于深化党和国家机构改革的决定》的发布,为深化党和国家机构改革指明了方向,2018年3月《国务院机构改革方案》整合分散于各部门的医疗保险相关职责,新组建国家医疗保障局,将其作为国务院直属机构。此外《关于国务院机构改革方案的说明》明确国家医疗保障局的职责所在。2018年5月31日,国家医疗保障局正式挂牌成立,标志着我国社会保险管理体制的改革进入了新阶段。

管理体制的改革"坚持一类事项原则上由一个部门统筹、一件事情原则上由一个部门负责,避免政出多门、责任不明、推诿扯皮",进一步要求推进政事分开和管办分离。社会保险相关政府职能部门重视创造公平机会和公正环境,促进全社会受益机会和权利均等,对完善社会保险公共服务管理提出新要求。社会保险经办机构的行政管理部门将由人社部和医疗保障局两者共同构成,社会保险经办机构统一面临新挑战,网络化、信息化、智能化、多功能等快捷便利的社会保险经办管理服务平台以及多渠道的社会保险经办管理方式成为高效实现统一管理服务的有效途径,管理服务的制度、标准、体制、机制等亟待完善。

四 全民参保登记计划实施及对服务质量提高的要求

2014年,《人力资源和社会保障部关于实施"全民参保登记计划"的通知》(人社部发〔2014〕40号)文提出全民参保登记计划构想,要求强力推进参保扩面、优化经办管理服务;2015年,"实施全民参保计划"正式写进党的十八届五中全会建议并全面部署实施。随后试点实施,2016年,确定天津市等27个省(自治区、直辖市)及新疆生产建设兵团为试点地区,2017年3月,《人力资源和社会保障部办公厅关于全面实施全民参保登记工作的通知》(人社厅发〔2017〕28号)印发,要求强化组织保障,强化信息系统建设,加强基层人社公共服务平台和队伍建设等，保证经办人员正确把握参保登记的政策要点和经办流程，确保工作取得实效。党的十九大提出"全面实施全民参保计划"，对全民参保计划提出新要求、部署新任务。各地以全民参保登记工作为核心，多措并举、多管齐下，展开实践。至 2017 年 10 月底，全国参保人数达 9.08 亿人，比 2012 年同期增加近 1.5 亿人，其中 2.6 亿人领取基本养老金，与 2012 年相比增加 6300 万人，2017 年年底，所有省份均与公安部门完成了信息比对，户籍人口入户调查和信息归集全部完成，省级全民参保登记信息系统、数据库全部建立，且均实现了全民参保信息数据的省级集中[1]，国家库已有近 12 亿人的基础信息，占人口库比例超过 90%[2]。截至 2018 年 1 月 20 日，全民参保计划基本完成登记任务，全国全民参保登记信息库已基本建设成型。

全民参保登记计划的实施，有力地促进了城乡五险合一经办管理模式的推进，推进规范化管理，实施全国统一的社会保险经办规程；大力推行网上经办、自助服务、手机查询和提示等新型服务平台建设等[3]，社会保险经办管理服务继续完善管理体制、理顺业务流程、制定相关规范与标准、建设统一信息与数据平台，实现统一经办。

五 互联网+社保服务新阶段的要求

近年来，随着科学技术的不断进步与突破，互联网等技术在各行业开始广泛应用，并随之产生了众多全新的制度模式。2015 年 3 月，"互联网+"行动计划首次提出，力图通过推动云计算、大数据、物联网、移动互联网等与现代制造业结合，创造新的经济增长点。《国务院关于积极推进"互联网+"行动的指导意见》（国发〔2015〕40 号）文强调坚持变革转型，创新网络化公共服务模式，大幅提升公共服务能力。将"互联网+"益民服务列为一项重点行动，提出"大力发展以互联网为载体、线上线下互动的新兴消费，加快发展基于互联网的医疗、健康、养老、教育、旅游、社会保障等新兴服务"。2016 年 11 月，结合国务院推进"互联网+政务服务"有关要求，人社部印发《"互联网+人社"2020 行动计

---

[1] 费平：《全力推进实施全民参保计划》，《中国劳动保障报》，2018 年 8 月 11 日。
[2] 孟昭喜、傅志明：《中国社会保障管理服务发展报告（2016—2017）》，中国劳动社会保障出版社 2018 年版，第 9 页。
[3] 孟昭喜、傅志明：《中国社会保障管理服务发展报告（2014—2015）》，中国劳动社会保障出版社 2016 年版。

划》(人社部发〔2016〕105 号)为增强创新能力、改进公共服务供给模式指明方向,提出基础能力提升、管理服务创新和社会协作发展三项行动计划,具体要求 48 个行动主题,标志着"互联网+"社会保险管理服务新阶段的到来。

一方面,为社会保险制度管理与服务的质量和效率的提升带来新机遇。伴随大数据、互联网、物联网等技术在社会保险管理与服务领域的深度应用,多样化、多元化、多业态的社会保险管理发展新格局会迅速形成,社会保险服务供给结构得到改善,服务供给质量不断提升,解决远程服务、多元化服务等难题,增强可及性与有效性。同时,社会保险管理与服务的新技术、新业态、新模式会形成新动能,吸引相关产业融合并产生协同效应,从而实现社会保险管理与服务"升级换代"式的质量和效率提升。另一方面,为社会保险管理服务带来新挑战。社会保险经办服务更加强调"以人为本",要适应和满足不同人群多样化的制度需求,这就要求必须积极探索社会保险制度实现的新模式。在服务供给方面,通过经办服务措施的改进,不断优化服务流程,提升制度实施效率。

三十多年来,我国社会保险管理服务体系不断改革与创新,明显的任务推动和问题导向的外在驱动力,以及自身组织发展与人员素质的内在要求,加之社会发展改革与信息技术发展的共同作用,给社会保险管理服务体系带来新的机遇与挑战,也提出了更高要求。[①] 社会保险管理服务体系必须实现由外延式发展向内涵式发展的转变,发展的新阶段不仅要求提高管理服务的统筹层次与绩效,更要求增强管理服务能力,以满足人民多元化需求为核心,提高管理服务效率与水平。

第二节 各地"五险合一"统管的实践经验

追溯我国"五险"形成的历史,可以发现,在不同时代,我国"五险"按照人群身份等相继分别建立,社会保险经办管理体制逐渐形成了多种险种、多级统筹、多方经办的格局。因此,全国各级社保经办机构,

---

① 刘玉璞:《改革创新:我国社会保险管理服务发展的主线》,《山东工商学院学报》2017 年第 2 期。

都不同程度地存在着体制分治、城乡分割、征缴分离、资源分散等问题，信息共享、部门协调、平台统筹等难题出现。基于此各地区开始进行"五险合一"统管实践。

一 典型地区"五险合一"统管实践

1997年，《天津经济技术开发区社会保险规定》的正式实施，标志着开发区社会保险体系的建立，也开创了天津市社会保险业务"五险合一"经办模式的先河，实行五险统一征收，但分险种支付。目前，天津市社会保险经办实行"五险合一"，成立社会保险基金管理中心，专门从事各项社会保险基金筹集、支付和管理工作，该机构隶属于天津市人力资源和社会保障局，下设21个分中心、1个医疗保险结算中心和1个档案馆。天津市社会保险实行统一制度、统一征缴、统一管理、统一发放，社会保险费实行统一基数、统一申报、统一缴纳，具有管理服务社会化、经办事务高效化，经办投入低成本的特征。①

2003年，湖北省恩施州印发《关于组建恩施土家族苗族自治州社会保险管理局的批复》（恩施州机编发〔2003〕108号），进行机构合并，于2004年1月正式成立州社会保险管理局，由州人社局管理，实现"五险合一"。具体是合并州社会劳动保险管理局、城镇职工基本医疗保险管理局与机关事业单位社会保险管理局，并将州劳动就业管理局的失业保险职能划入其中。与此同时，恩施州下辖的9个统筹区也分别实施机构合并，同时组建"五险合一"社会保险管理局。

2006年，河南省洛阳市整合经办机构，成立了洛阳市社会保险事业管理局和各县（市、区）社会保险中心，实行垂直管理，经费保障均来源于市财政全额拨付，各县（区）社保中心的内设机构、业务经办流程和制度管理实行全市统一。② "五险合一"的一站式服务减少行政成本，方便企业，但却增加了经办机构的工作负荷，2011年起，洛阳市创新社保服务方式，在以"五险合一"下增加"委托经办"和"购买服务"，缓解了经办力量不足，满足了民众需求。③ 2013年，河南省郑州市开展整

---

① 李春光：《中国劳动保障事业与构建和谐社会》，北京燕山出版社2006年版。
② 杨江蓉、张玲：《洛阳市"五险合一"模式中社保服务体系的创新》，《粮食流通技术》，2014年第3期。
③ 杨江蓉、张玲：《洛阳市"五险合一"模式中社保服务体系的创新》，《粮食流通技术》，2014年第3期。

合工作,成立郑州市社会保险局,实现"五险合一"。社会保险局负责组织社会保险基金的等集、支付等业务,并组织实施社会保险相关事务。此外,郑州在其下辖的中原、管城、二七、金水、惠济、郑东新区、高新术产业开发区、经济技术开发区、综合保税区(郑州航空港区)成立社会保险分局,分别负责各辖区内的社会保险业务经办业务。① 2015 年 9 月,河南省机构编制委员会印发了河南省社会保障局机构编制方案,将原有的社会医疗保险中心、失业保险中心、离休干部医疗保险办公室、工伤保险中心等与养老保险事业管理局合并,2016 年 10 月 24 日,河南省社会保障局成立,负责指导全省养老、医疗、失业、工伤、医疗等社会保险经办和离休干部医疗保障管理服务,同时完成省社保局对 10 个省直管县(市)企业养老保险经办机构实行垂直管理。

2013 年,新疆启动整合工作,形成了全自治区范围内的社会保险业务统一经办机制和"五险合一"经办模式。自社会保险开设以来,一直坚持"五险合一"经办,昌吉州社保局成为全国第一批社会管理与公共服务综合标准化试点单位,乌鲁木齐市社保局是国家社会保险标准化建设试点和社会保险档案管理标准化建设试点单位。②

2014—2015 年,广西壮族自治区社会保险事业局深化经办管理体制改革,《加快推进我区社会保险经办管理体制改革指导意见》(桂人社发〔2015〕77 号)的印发,标志着"五险合一"工作的展开,该《意见》从统一机构设置、明确职能职责、完善人员和经费保障、推进服务标准化等方面进行规定。至 2015 年年底,已完成了全部 14 市、94 个县"五险合一"社保局的组建工作,实现了机构、业务、流程、思想四个统一,破解了全区社会保障卡异地就医直接结算"一卡通"和全区取养老保险待遇资格认证全覆盖两大难题。③

2015 年,宁夏回族自治区人民政府印发了《宁夏回族自治区社会保险"五险合一"经办体制改革方的通知》(宁政发〔2015〕56 号),对全

---

① 孟昭喜、傅志明:《中国社会保障管理服务发展报告(2014—2015)》,中国劳动社会保障出版社 2016 年版,第 185 页。

② 杨志银:《国家医保局组建后社会保险"五险合一"经办改革研究》《保险理论与实践》,2018 年第 9 期。

③ 孟昭喜、傅志明:《中国社会保障管理服务发展报告(2014—2015)》,中国劳动社会保障出版社 2016 年版,第 185 页。

区市、县社会保险事业管理局、医疗保险事务管理中心进行整合,成立新的市、县社会保险事业管理局,2016年年底,完成"五险合一"经办体制改革工作。2017年,银川市对社保局、医保中心和就业局进行了机构整合、数据信息合并、经办平台优化整合、经办人员和窗口大范围调整,初步实现"五险合一",并于10月9日正式启动试运行。截至2017年10月17日,"五险合一"后的社保经办大厅累计办件量达13221件。宁夏将逐步实现"五险合一"统一登记、统一征缴结算、待遇统一支付、基金统一稽核。

重庆市"五险合一"经办管理体制改革具有典型性,共经历了三个阶段。重庆市以信息化建设为载体,逐步将工伤、生育等险种加入金保工程信息平台;2011年,重庆市及所辖县区从分设的机构抽调人员,通过成立公共业务办公室,进而实现"五险统征";2016年,重庆市全面整合经办机构,组建新的社会保险局,统一了机构名称、机构职能及业务经办相关规定,从而实现"五险合一"征缴管理及其流程。[1]

2017年,《海南省人力资源和社会保障事业发展"十三五"规划纲要》指出,整合机构,建设城乡一体化社会保险经办机构,逐步实现业务经办"五险合一"。《海南省第七次党代会工作报告》中也指出:要发挥省直管市县体制优势,全面实施"一号申请、一窗受理、一网审批"等制度,提高政府服务便利化水平。自2018年1月1日起,海南省将部分参保人员的社会保险关系归属到就业所在地,以实现五项社会保险业务属地化统一经办。实施社保业务属地化,是参保单位和社保经办机构之间的调整,对个人没有任何影响,个人不用办理任何手续。特别是灵活就业人员,若无须变更养老保险缴费基数则不必去社保大厅办理任何手续,只需继续按照原来的缴费方式和地点缴纳社保费。

此外,近年来,许多地区虽然未实现真正的"五险合一",但不断进行"五险整合"实践,或者从社会保险经办流程方面探索与优化,为社会保险"五险合一"统管奠定基础。比如,广饶模式采取的"一票征缴"机制,即五项险种以一张票据实现统一基数、统一申报、统一征缴。[2]

---

[1] 杨志银:《国家医保局组建后社会保险"五险合一"经办改革研究》,《保险理论与实践》2018年第9期。
[2] 杨燕绥:《社会保险经办机构能力建设研究》,中国劳动社会保障出版社2010年版,第86页。

2009年5月1日，北京市"五险合一"新报表启用，前端服务不再分险种设置窗口，提高了社会保险经办的服务质量和工作效率。2018年9月，黑龙江省佳木斯市社保局在全省率先推出综合柜员制，打破科室壁垒，重点解决窗口经办中的条块分割现象，将原来按业务分设的窗口，优化整合为综合柜员窗口，实现了"一窗通办""群众只跑一次路""一次办、马上办、网上办"目标。通过构建长效机制、提升业务能力、优化经办流程、创新服务举措、提升服务层次，极大地方便了群众，提高了办事效率。

二 各地"五险合一"统管实践经验总结

总体来看，各地开展对"五险合一"统管的有效实践探索，可以归结为以下四种路径：第一种，社会保险设立之初，便遵循了社会保险业务统一经办机制和"五险合一"的经办模式，随后展开经办管理服务标准化建设；第二种，先通过机构整合、职能归并等设立统管机构，实现经办体制改革，随后探索数据信息合并、经办平台优化、经办人员和窗口调整、创新经办模式等改进，向提高经办质量和保障水平的方向发展；第三种，先进行部分业务或环节的统一，比如基金统一征收、"一票征缴"等，之后再进行机构整合，实现"五险合一"；第四种，进行参保单位和社保经办机构之间的调整，通过改变社会保险关系归属，实现五项社会保险业务属地化统一经办。

当然，在这些实践过程中，不同地区采取不同的做法，多数省份先以个别市作为试点，实现市级"五险合一"，待基础形成后，进行省级改革，实现"五险合一"。部分省份，先完成整体的经办体制改革，实现"五险合一"统管，以此作为方向指引，由不同的市进行机构整合、数据信息合并、经办平台优化等。

目前，虽然各地"五险合一"统管的实践路径不同、做法不一，但思路基本一致。首先，实现部分业务环节实行统一经办，如五险统一征收等；其次，实现经办机构合一、业务经办合一等，即统一经办，但还没有完成业务经办管理服务标准化的建设；最后，实现真正的"五险合一"发展模式，即经办机构合一、业务经办合一、信息系统合一、管理服务标准化等，向提高经办质量和保障水平的方向发展。即使没有实现"五险合一"的地区也在不断探索提高经办服务的便捷性，比如"综合柜员制"等方式，实现"多险合一"管理。

第三节 建立统一社会保险经办服务体系的迫切性与可行性

一 建立统一社会保险经办服务体系的迫切性

(一) 我国经济社会发展面临新形势，社会保险经办服务需求增加

近年来，我国经济增长发生根本性转变，告别了过去30年的高速增长态势，进入经济发展新常态，正迈向质量效益型集约增长、调整存量与做优增量并存的新阶段。经济新常态不仅影响政府公共财政收入，也减弱了政府对社会保险的投入与支持能力，同时，经济减速使得企业经营面临困境，对社会保险缴费产生影响，"脱保""断保"现象发生比例增加。加之，基金投资运营体制不够健全，在经济增速放缓背景下，社会保险基金持续性无法满足，社会保险经办服务面临新形势。

经济社会的发展严重制约并深刻影响着社会保险管理服务的任务。当前，我国面临着经济发展新常态、人口红利消退、人口老龄化加快、城镇化进程提速、科学技术不断进步与突破等新形势，经济社会发展的宏观环境加重了社会保险基金支付压力，同时，服务对象本身发生变化，人口流动性、社会化、老龄化趋势增加，对社会保险经办服务的诉求增加且需求呈现多元化。

具体而言，一方面，人口老龄化带来服务需求压力。根据第五次人口普查的结果，2000年我国60周岁及以上人口占总人口的10.2%，65岁以上老年人口占总人口的6.96%，已进入老龄化社会。2018年，我国60周岁及以上人口占总人口的17.9%，65周岁及以上人口占总人口的11.9%。加之人均预期寿命的增加，全面二孩政策的作用非常有限，我国人口老龄化进程将进一步加快。养老保险与医疗保险支持大幅增加，相应的基金收入增长受到抑制。此外，我国老龄化存在地区性差异，加之经济发展水平的地区差异，社会保险负担加重，不平衡现象更加明显。老龄化导致参保职工年龄结构的老化，将势必加重养老金待遇给付与退休人口的社会化管理任务，同时，庞大的老年人口群体，将大规模增加医疗保险基金支付和经办业务工作量以及健康照顾和护理业务需求。另一方面，城镇化进程增加社保服务需求。2018年年末，我国城镇常住人

口 83137 万人，常住人口城镇化率为 59.58%，户籍人口城镇化率为 43.37%，未来 10—20 年我国城镇化率仍将保持较快的增长速度。城镇化加速发展将导致社会保险关系在不同制度之间和跨统筹地区间的转移接续业务增加，异地就医结算等服务需求也大幅增加，对社会保险经办服务能力提出更高要求。此外，科学技术不断进步与突破，新业态出现导致弹性用工和灵活就业群体大规模增加，社会保险服务需求具有多样化、个性化的特征，要求社会保险服务方式做出改变。

现阶段，我国社会保障发展的主要任务是：制度建设要"全"，覆盖范围要"广"，保障水平要"稳"，基金保障要"久"，经办服务要"优"，党的十八大提出"增强公平性、适应流动性、保证可持续性"的工作重点，提高民生保障水平。建立统一社会保险经办服务体系，符合社会保险制度发展需要，通过统一管理、统一业务流程、统一信息系统等，能够增强社会保险经办服务的公平性、适应流动性能力，保证服务的可持续性，提升社会保险管理服务水平、满足人民多样化需求。

（二）社会保险经办服务体系散乱，参保对象社会保险权益实现存在制约

由于历史的原因我国社会保障管理体制较为混乱，造成诸多弊端，如政策的不统一，缺乏互济性，争夺管理权等。近年来，一系列社会保险制度改革取得进展，从分散发展转向统筹发展，致力于增强社会保险制度公平性。但是，制度分割与碎片化现象并未彻底消除，不同地区、不同人群社会保险待遇差距依然较大，制度衔接顺畅度有待提高。与之相应，我国社会保险管理服务体系建立，但改革滞后，经办服务体系散乱，阻碍了服务对象权益的有效实现。

第一，我国社会保险经办服务机构分设、多头管理、分散经办现象依然普遍存在，管理体制不顺畅，导致机构定位不清晰、职能交叉、经办资源分散且受地方财力掣肘、业务流程多样、经办标准不一致、服务监管不统一等，严重制约经办管理服务均等化；第二，部分地区信息化建设滞后，未形成统一的社会保险信息系统，存在重复建设和资源浪费等现象，导致异地参保缴费、异地就医结算等存在困难，制约着管理服务的适应流动性能力；第三，各地公共服务平台建设参差不齐，基层设施配备不完善、人力资源配置不合理、经办人员综合素质与专业能力有待提升、人事制度改革滞后、服务网络不够完善，使得社会保险经办体

系供给能力不足，影响经办服务的可及性；关于管理服务方式，创新依然不足，"综合柜员制"改革还未完全到位，网上大厅建设进展缓慢，功能不齐全，未有效利用外部资源提供社会化服务、利用网络技术最新发展成果提供自助化服务较少，服务负担较重、效率低下、便捷性不足，无法满足参保对象多样化的服务需求，更不能适应流动性的需要；第四，经办服务能力不足，一方面，许多地区经费保障不足，基础设施不完备，功能不齐全，另一方面，经办队伍数量不足、专业化水平与承担的职责任务尚有差距、专业结构失衡的状况存在，加之组织管理实践不足，缺乏激励机制等，影响服务效率与质量；第五，标准化建设工作起步较晚，并未全面开展，部分地区对标准化建设的认识仍然落后，标准贯彻实施力度不足，管理服务标准化程度需进一步提高。此外，法制化建设滞后也影响服务提供的质量与效果。

基于此，建立统一社会保险经办服务体系，能有效理顺管理体制、有效整合资源、加强信息化与标准化建设、创新管理服务方式方法、增强组织建设等，进而提升服务的质量、可及性、有效性、便捷程度、均等化与标准化水平等，保障参保对象社会保险利益的有效实现。

（三）全面建成小康社会进入决胜阶段，经办管理体系改革亟待深化

按照 2020 年全面建成小康社会的要求，《国民经济和社会发展第十三个五年规划纲要》对完善社会保险体系做出任务部署，《人力资源和社会保障事业发展"十三五"规划纲要》将建立更公平更可持续的社会保障制度、提高基本公共服务能力和水平作为主要目标，要求推进基本公共服务均等化、标准化和信息化，加强基本公共服务能力建设，加大脱贫攻坚工作力度等。

至 2020 年，全国将实现城乡社保制度全体覆盖的目标，覆盖人群快速增加，社会保险基金收支和结余规模将呈现出更加快速的增长趋势，社会保险制度逐步进入成熟期，全民社保时代的到来必然要求建成城乡统一的社会保险管理服务体系。[1]

当前，我国进入全面建成小康社会决胜阶段，要求继续深化经办管理体制改革，进一步整合经办资源；加强社会保险基金管理运营，增强

---

[1] 房连泉：《社会保险经办服务体系改革：机构定位与政策建议》，《北京工业大学学报》（社会科学版）2016 年第 6 期。

基金的可持续性；统一完善社会保险管理服务信息系统，为基本公共服务均等化提供支撑；加强基层社会保险管理服务平台建设，继续完善服务网络；创新社会保险经办管理服务模式，提供更加多元便捷的服务；完善社会保险管理服务标准化建设，提升服务公平性；加强社会保险管理服务法制化建设，建立有效运行监督体系。此外，"坚持扶贫开发与社会保障有效衔接"，社保扶贫凸显成效。

统一的社会保险管理服务体系符合一系列的深化改革创新要求，具有更顺畅的管理体制、统一的信息系统、统一的经办流程规范与标准、健全的服务网络、有效的运行机制等，能有效整合资源、减少运行成本，提供广泛、公平、便捷、多样化的社会保险经办服务，助力发挥社会保险兜底功能，攻坚克难，全面建成小康社会。

二 建立统一社会保险经办服务体系的可行性

（一）符合我国社会保障发展理念

社会保障是民生之基，其根本任务在于促进社会的和谐和稳定。社会保险，直接关乎人民生活水平的提高、生活方式的转变，通过化解风险，增进民众获得感。[①] 究其本质，社会保险是市场经济国家工业化发展的产物，同时也是各国政府积极应对新形势、化解新矛盾采取的社会政策。党的十八大以来，习近平总书记提出"以人民为中心的发展思想"，党的十九大报告更是将"坚持以人民为中心"列为新时代中国特色社会主义基本方略。作为国家治理工具，我国社会保障的改革与发展始终坚持"以人民为中心"，社会保险管理服务体系也必须践行"以人民为中心"的发展思想，增进社会公平正义。

经过四十多年的改革开放，我国社会发展进入新时代，人民对美好生活的向往表现出更加强烈的愿望，人民群众的需求也呈现出多样化、多层次、多方面的特点，对社会保险的需要不仅仅停留在参保层面，而是真正需要更好地享受社会保险待遇，期待更公平、快捷和可及的经办服务。此外，新经济的不断涌现，人口的流动性大大增加，对社会保险服务相应的需求也在发生变化，建立统一社会保险经办服务体系正是从人民群众的这种需要出发，抓住了"人民最关心最直接最现实的利益问

---

① 席恒：《新时代、新社保与新政策——党的十九大之后中国社会保障事业的发展趋势》，《内蒙古社会科学》（汉文版）2019年第1期。

题",致力于打破服务提供的地点、时间、人群的制约,增强服务质量与效率,提升社会保险公共服务方便、快捷程度和均等化水平,以便更好地满足人民对美好生活的向往。

(二)政策条件已经具备

党的十八大以来,我国重视"公共服务",大力推进基本公共服务体系建设。2012 年,《国家基本公共服务体系"十二五"规划》(国发〔2012〕29 号)的制定,表明公共服务体系建设上升为国家战略高度,明确指出"享有基本公共服务属于公民的权利,提供基本公共服务是政府的职责"。同时,以公共服务均等化作为发展目标,即"全体公民都能公平可及地获得大致均等的基本公共服务",其核心是促进机会均等,并且强调"实施社会保险服务保障工程,改善服务设施条件,为城乡居民提供方便、快捷、高效的经办服务"。社会保障基本公共服务体系建设成为国家基本公共服务的重要组成部分。此后,一系列文件的陆续出台,对公共服务理念、服务目标、服务要求乃至具体措施做出明确规定,比如,2015 年的《国务院办公厅关于简化优化公共服务流程方便基层群众办事创业的通知》(国办发〔2015〕86 号)、2016 年的《国务院办公厅关于转发国家发展改革委等部门推进"互联网+政务服务"开展信息惠民试点实施方案的通知》(国办发〔2016〕23 号)和《国务院关于印发 2016 年推进简政放权放管结合优化服务改革工作要点的通知》(国发〔2016〕30 号)、2017 年的《国务院关于印发"十三五"推进基本公共服务均等化规划的通知》(国发〔2017〕9 号)、2018 年的《国务院办公厅关于印发基本公共服务领域中央与地方共同财政事权和支出责任划分改革方案的通知》(国办发〔2018〕6 号)以及《社会管理和公共服务标准化发展规划(2017—2020 年)》等。

2016 年,人力资源和社会保障部出台《人力资源和社会保障部关于加强和改进人力资源社会保障领域公共服务的意见》(人社部发〔2016〕44 号),要求"坚决砍掉各类无谓的证明和烦琐的手续,简化优化公共服务流程,创新改进公共服务方式,加快推进公共服务信息化建设和服务平台建设,不断提升公共服务水平和群众满意度"。2018 年,人力资源和社会保障部研究起草《社会保险经办管理服务条例(征求意见稿)》,并向社会公开征求意见,对经办原则、经办管理服务制度和体系、经办管理服务监督、信息共享等做出规定,指出"国家建立健全社会保险经办管理制度，完善全国统一的社会保险经办服务体系"。

我国公共服务体系建设在理念和实践上已经取得的进展与成效，便捷、高效、均等化等理念已成为社会共识，简化流程、创新方式、信息共享、业务协同、网上办理等已成为各级政府共同的推进措施。社会进步必然要求国家公共服务体系走向统一，作为公共服务的重要组成部分，建立统一的社会保险管理服务体系是大势所趋，也是理论与实践的一致要求。

（三）信息技术提供有力支撑与新的可能

近年来，以互联网技术发展和应用为核心的信息技术飞速发展，进入了"互联网+"的时代，社会保险管理服务具有重要的支撑作用，为提升社会保险管理服务提供了新的可能。第一，信息技术利于整合优化管理服务系统，促进业务一体化和智能化，能够简化和优化业务流程，并且将各项业务的政策依据、条件限制、办理流程等进行统一标准和规范，同时，实现业务的数据化，可以打通部门、地域间的信息壁垒；第二，通过互联网平台，包括网上服务大厅建设，手机 App、微信等在线服务系统，能够整合完善服务渠道，满足不同人群的服务需求，便于及时查询业务进度，增加业务办理透明度，持续提升服务满意度；第三，深入推进社保大数据技术应用，对用户数据与业务数据深度挖掘，准确掌握用户访问行为的特征和规律，深入了解用户的服务需求，进而丰富服务内容，优化配置服务资源，有效提升社会保险管理服务的精准化与智能化水平；第四，将人工智能科技用于社保经办服务，在许多社会保险管理服务环节审核程序将实现全程自动化，减少繁杂办理环节，享受到便捷高效的社会保险服务，届时，经办机构工作人员工作重心将逐步转向全面稽核监管，确保基金安全，充分体现社会保险的公平性和效率。

伴随大数据、互联网、物联网等技术在社会保险管理与服务领域的深度应用，多样化、多元化、多业态的社会保险管理发展新格局会迅速形成，社会保险服务供给结构得到改善，服务供给质量不断提升。

第四节　社会保险统一经办模式运行机制

党的十九届四中全会《决定》进一步明确了推进国家治理体系和治理能力现代化的方向和要求，"适当加强中央在养老保险方面事权""减少并规范中央和地方共同事权""创新行政管理和服务方式""健全权威高效的制度执行机制""推进全国一体化公共服务平台建设"等,第一次将社会保险制度纳入国家治理体系的总体框架,从体制调整、组织建设服务方式诸方面为改革创新社会保险经办管理体制指明了方向。

一 法律性质与定位

《中华人民共和国劳动法》与《中华人民共和国社会保险法》确立了社会保险经办机构作为提供社会保险服务的法定机构的法律地位。《社会保险服务总则》(GB/T27768—2011)进一步从职责做出定位。党的十八大、十八届三中全会报告对社会保障管理体制和经办服务体系提出了新要求。党的十九大报告进一步提出"加强社会保障体系建设",结合发展背景与要求,一系列思想表明加强社会保险管理服务的重要性,既是社会保障体系建设的重要组成部分,又是政府公共服务体系建设的基石。

关于社会保险经办机构的性质和地位,中发〔2011〕5号文明确了事业单位改革方向。在此文件指引下,各地积极开展实践,改革事业单位,针对社会保险经办机构,各地改革做法不一,部分地区将其改为公益一类事业单位,部分地区并未做出改变,目前关于社会保险经办机构的定位处于混乱状态。究其原因,社会保险经办机构的法律地位具有公法和私法的混合型特征,具有特殊性,一方面具有社会公益性服务目标,另一方面,其部分服务资源可由市场配置。因此,与公益一类或公益二类事业单位有所区别,社会保险经办机构实际上属于一种特殊公益类事业单位,介于公务员和公益一类事业单位之间,理论界也有学者提出设立特殊类公益事业单位的观点。[①] 同时,我国社会保险经办服务资源以政府提供为主,市场配置作为一种支撑手段,从目前立法现状及各地改革实施来看,也可将社会保险经办机构界定为公益一类事业单位。

《人力资源和社会保障部关于加强和改进人力资源社会保障领域公共服务的意见》要求按照"便民利民、依法依规、公开透明、开放共享"的基本原则,"不断提升公共服务水平和群众满意度"。2018年,人力资源和社会保障部研究起草《社会保险经办管理服务条例(征求意见稿)》,将"为了优化社会保险服务,规范社会保险经办,保障社会保险

---

① 郑秉文:《中国社会保险经办服务体系的现状、问题及改革思路》,《中国人口科学》2013年第6期。

基金安全,维护参保单位和个人的合法权益"作为立法宗旨,意在从法律层面进一步规范社会保险经办管理服务。

进一步,明确社会保险统一经办模式的性质地位。首先,社会保险统一经办模式是政府为贯彻落实社会保险制度所建立和采用的一种提供社会保险管理服务的模式,社会保险经办机构是执行主体,包括对管理体制、组织结构、业务模式、业务流程、工作方式和运行机制等进行重新定位与设计,其中,经办范围是"社会保险",其内涵以《社会保险法》规定的内容为准,包括基本养老保险、基本医疗保险、失业保险、工伤保险和生育保险等。其次,社会保险统一经办模式应坚持法治原则,符合法律框架,符合法治精神,符合中央确定的改革趋向,以党的十九大报告精神为指引,坚持以人民为中心的发展思想,立足于党的十八大以来国家基本公共服务体系建设政策。最后,社会保险统一经办模式目的就是为人民群众提供方便、快捷、均等的社会保险经办服务,保障民众社会保险合法权益,努力为人民创造更加美好的生活。

二 "五险合一"垂直管理的运行模式

"五险合一"垂直管理的统一经办运行模式是基于"城乡居民公共服务均等化需求"的制度目标和建设"效能型经办机构"的组织原则,统筹兼顾历史、现实和经办业务未来的发展趋势,按照业务流程和管理体制重新设计,逐步建成增强公平性、适应城乡人员流动性的各个险种"统一征缴、统一标准、统一业务流程、统一基金管理、统一结算、统一支付支付、统一信息平台、垂直管理",充分整合利用社会和市场资源的社会保险经办模式。

（一）管理体制

管理体制是社会保障制度健康运行的基础,是管理服务的主体架构,社会保险经办管理体制是指社会保险经办系统的结构和组成方式,即采用怎样的行政隶属关系将经办机构结合成为一个合理的有机系统,并以怎样的手段、方法来提供经办服务的任务和目的。具体地说:管理体制是规定各级管理部门与执行机构在各自方面的管理范围、权限职责、利益及其相互关系的准则。

在我国,城乡之间、地区之间的经济社会发展不平衡,人口结构、产业结构以及养老与医疗负担水平差异化明显,社会保险制度改革发展的基础条件也不同,因此,坚持"统放结合"的管理体制,由中央制定大政方针政策和指导意见，地方结合本地实际制定实施方案和办法并组织实施，同时允许各地先行先试，鼓励各地区结合本地实际进行探索创新，实现自下而上与自上而下改革的有机结合，符合基本国情，既维护了中央权威和对地方的调控与平衡能力，保持了政策的统一性和步骤的一致性，又激发了地方自主改革发展的积极性和创造性，对全国社会保险统一经办模式的实现形成推动力与拉动力的共同作用。在责任机制方面，实行上下贯通的有效政府责任机制，各级政府负责且以属地管理为主、政事分而不离、目标任务明确、行政推动有力。

社会保险经办管理体制，首先，应扭转多头分散管理的局面，由政府施行统一的社会保险管理机构。建立统一的社会保障政策、法令、规划等，使社会保障的运行协调统一。其次，坚持"政事分开、管办分离"在统一协调管理基础上，根据科学的分工，建立社会保险经办的行政性管理、服务管理、监督管理三个层次的管理体制。行政性管理主要是负责政策、制度、标准及改革方案的制定和改革；经办单位主要负责各项政策、制度的贯彻落实以及具体的经办事务；监督机构主要负责对社会保险经办过程的运行情况进行监督，具体表现为对行政管理机构及经办机构的工作进行监督，发现不足之处，提出整改意见。具体而言，在人力资源和社会保障部设立社会保险服务总局，省市县各级设立相应的社会保险服务局和深入社区的社会保险服务中心（包括就业服务），使之成为依法独立完成职责、编制和预算的三定方案，直接承担社会保险经办服务职责，接受客户满意度评估的政府机构。

此外，理顺四级管理机构关系，明确责权范围。社会保险服务总局总览全局，主要承担行业监管职能，并且集中管理基金、数据、信息等；省级社会保险服务局负责组织规划、信息集中、基金结算，承担对下级机构的业务指导等；市级社会保险服务局负责重要业务的审批、复核、结算、稽核、统计，以及对下级机构的监督与管理；县（区）级社会保险服务局及以下社会保险服务中心则承担具体经办服务业务，下级经办机构对上级经办机构负责。

（二）组织架构

在人力资源和社会保障部设立社会保险服务总局，相应地，省以下设立各级社会保险局。在目前事业单位改革办法中，单独设立特殊公益类事业单位，将社会保险局归为其中，或者实行一类事业单位改革，实现"管办分离"。各级人力资源和社会保障局主要是负责基本养老保险、工伤保险、失业保险的管理,包括各险种政策、制度、标准及改革方案的制定和改革,各级医疗保障局负责基本医疗保险和生育保险的管理,包括各险种政策、制度、标准及改革方案的制定和改革;各级社会保险服务局作为统一经办单位,主要负责提供社会保险经办服务,包括具体的经办事务和相关政策的实施。《国税地税征管体制改革方案》明确规定,自 2019 年 1 月 1 日起社会保险费由税务部门统一征收,由各级税务局负责社会保险基金征缴。

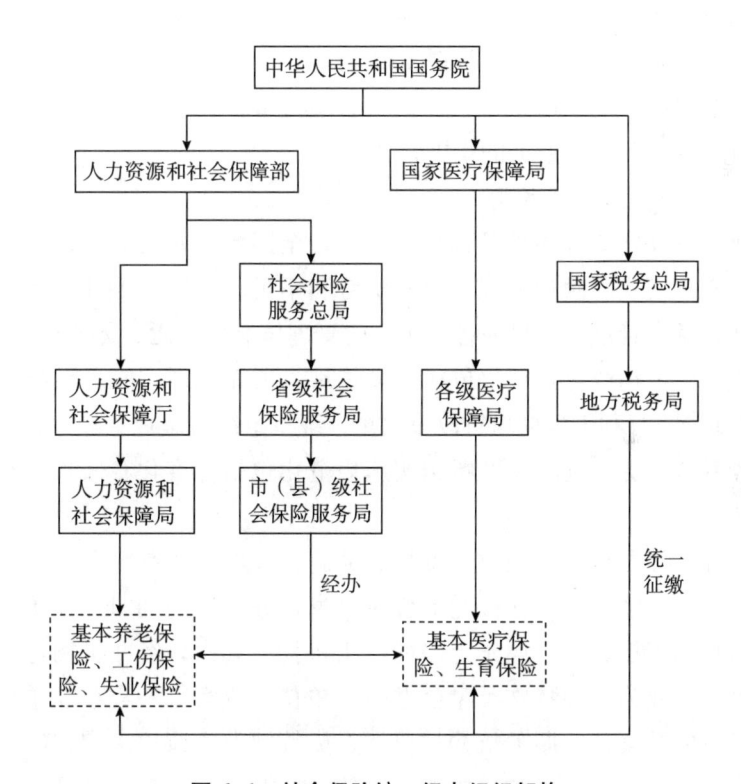

图 6-1 社会保险统一经办组织架构

(三)经办内容

第一,社会保险业务的经办与服务,包括各项保险的申报、登记、核定、征缴、稽核等。

第二,社会保险业务的标准制定,包括各项保险的业务流程、操作规范等。

第三，社会保险业务的统一信息平台建设，包括基本养老保险、基本医疗保险、失业保险、工伤保险和生育保险的统一信息数据库、统一信息平台等。

第四，社会保险经办组织建设，包括制度建设、模式创新、人员编制等。

在统一管理的基础上，把按险种分设的经办模式转变为按业务流程设置的统一经办模式。依据《社会保险经办业务流程总则》（GB/T32621—2016）规定，要求统一登记、统一申报、统一核定、统一基金征缴、统一基金管理、统一待遇支付、统一稽核等，进而实现统一标准、统一业务流程、统一信息平台、统一管理监督，实现经办资源整合，对各项社会保险政策和数据的集中管理。

（四）垂直管理模式

垂直管理模式有两种具体模式，一是全国统一垂直管理，二是省以下垂直管理模式。两种方式各自有优势和不足，省级以下社会保险经办系统实行垂直管理，与目前各地实行的管理体制更接近，体制变动较小。实施人、财、物统筹管理，包括人事管理、预算管理、信息系统和操作流程管理[①]，有利于贯彻执行政策法规，统一组织实施业务经办，统一管理各项基金，更有利于经办机构实施规范化包括标准化、信息化和专业化建设。

首先，经办机构的设立、变更、编制、人员与经费等不再由同级政府负责，下级经办机构在接受上级对自身业务指导的同时，也接受上级对本机构的直接领导，属于上级的派出机构；其次，经办机构建立法人治理结构，成为一种特殊类型公益事业单位，或实行一类事业单位，向独立运营的社会公共服务机构过渡，人员编制由负荷比决定，经费保障由社会保险基金列支，与同级财政脱钩，把握核心业务，充分利用社会资源与市场优势，可采用"社会购买""委托代理"等方式完善经办服务体系；最后，实行全系统的垂直管理，建立专业化社会保险职业队伍，实行业绩考核与薪酬挂钩，建立激励机制。

---

① 杨燕绥：《社会保险经办机构能力建设研究》，中国劳动社会保障出版社2010年版，第72页。

三 人员与经费

（一）人员

经办机构服务人员编制的核定，在一定程度上决定着经办服务的质量，社会保险统一经办模式下，"五险合一"，其人员编制应采取动态管理，与参保人次挂钩。

编制总额首先要考虑参保人数，其次，按不同险种各自的工作特性综合核定，最后由地方根据其经济社会发展水平、城乡居民人数、辖区面积、信息化水平、用人单位数量、就业人口等，结合具体工作任务量、工作人员素质等其他因素进行调节。

由广东省计算公式调整后，适用全国的公式如下：

$$I = [A/3000 + B/5000 + (C+D+E)/15000] \times K^{①}$$

其中，I：编制总额，A：养老保险参保人数，B：医疗保险参保人数，C、D、E 分别失业保险、工伤保险和生育保险参保人数，K（0.9-1.1）为地方调节系数。

此外，以三元用人策略克服编制瓶颈，缓解用人灵活与组织刚性之间的矛盾。其一，公务员实行在编聘任制和综合类公务员薪酬制，对政策执行承担政治责任，主要配置在管理和监督岗位上，以上级派任为主，地方聘任为辅；其二，技术高管实行在编参公管理制和政府技术高管薪酬制，配置在精算、财务、基金、法律、信息系统和服务外包监督的技术高管岗位，对社会保险管理服务的质量承担责任，包括服务外包的成本控制和技术监督；可由上级派任，也可由地方聘任；其三，一般经办服务人员，包括业务类专员（有资质要求和培训需求）和非业务类服务员，实行非在编劳动合同制与绩效工资制，配置在社保局一般业务岗位、社保中心窗口和派出社保专员的岗位上，对社会保险经办服务承担岗位责任。[②]

（二）经费

社会保险服务经费部分纳入财政预算，另外部分可视为制度运行的行政成本，从社会保险基金中列支，但是也要纳入财政预算。由基金列支部分，各级经办机构根据人员服务量和岗位定额标准，向上级机构申

---

① 郑秉文：《中国养老金发展报告 2013——社保经办服务体系改革》，经济管理出版社 2013 年版，第 11 页。

② 杨燕绥：《社会保险经办机构能力建设研究》，中国劳动社会保障出版社 2010 年版，第 12—13 页。

请经费预算，上级机构审核，报社会保险经办管理机构审核并报财政部门审核后，从社会保险基金账户逐级向下划拨。

社会保险经办服务的经费通常包括人工费用、服务费用、公共设施建设费用和信息系统建设费用。第一，人工费用，在编人员的人工费用参考公务员政策执行，合同制人员的费用参考企业政执行；第二，服务费用，包括服务外包购买费用，借鉴税务和工商等机构编制预算的经验，在测算需求和统计实际情况的基础上，考虑参保人头人次、管理基金数量、基本服务、地区面积人口比等因素，建立权值测算公式，计算全国总服务费预算和各地区的预算，应当包括购买服务的费用；第三，公共设施建设费用和信息系统建设费用执行项目预算。

第五节 统一模式下参保各方的合作收益

合作收益不仅包括合作主体的个体收益，而且包括合作者的共同收益和公共收益，合作参与者在获取其正当收益的前提下，并不损害任何第三方的收益，以保障整体社会的帕累托效率。

一 统一模式下的合作主体

社会保险管理服务属一种公共事务，蕴含了"公共性"，它以公共权力机关为管理主体，以社会保险服务为管理客体，以全体社会成员为服务对象，以公共利益，即满足社会全体或大多数成员需要为根本的出发点和归宿点。社会保险统一经办模式，实际上属于一种"共创共享"型合作模式，合作目的在于共同提供福利水平、提高分配正义，重点在于如何实现共创性收益在成员之间的合理分配与共享，制度安排要保障收益公平的分享。[①]

统一社会保险经办模式下，合作主体由地方政府、主管部门、经办机构、城乡居民与参保单位组成。主要合作方式是通过管理体制、经办模式、服务方式、监督管理、运行机制等的重新设计，实现五险合一垂直管理的统一经办模式，便于社会保险覆盖全体民众，更好地满足参保

---

① 席恒、雷晓康：《合作收益与公共管理：一个分析框架及其应用》，《中国行政管理》2009年第1期。

对象的需求。

二 统一模式下参保各方的合作收益

采取社会保险统一经办模式，就是适应人类合作需求和降低合作成本而选择建立的统一社会保险管理服务体系，以期通过合作成本的识别和控制，寻求社会保险服务过程中以最小的成本获得最大的收益。

我国社会保险管理体制属于"政府集中管理型"，对应于省、市、县行政区划设立经办机构，行政上实行属地管理，业务上保持分级负责。加之各险种制度分人群等分别建立，社会保险经办服务体系相互独立，各地区经办管理和机构差异较大，各险种分散经办。此外，各级政府之间责任划分不清晰，导致业务经办规范不一、基金管理不统一、政策难以贯彻执行等。五险合一垂直管理的统一经办模式，将各险种业务整合，并将业务管理与行政管理相统一，能克服资源浪费、提高服务质量与效率、保障服务公平性、可及性、便捷性，维护社会保险基金安全。在五险合一垂直管理的统一经办模式下，在合作意愿与合作资本不变的条件下，该项合作的制度安排决定了合作生产力，带来了资源整合收益、服务性收益等，合作促进了公共服务的生产效能，增进了社会福利，与不合作相比，获得更多收益。各合作主体中，地方政府对社会保险的管理责权更加清晰，省级部门收回下级部门对社会保险管理服务的"人、物、财"的控制权，遏制了政令不通或地方权力滥用等现象，相应政策与制度得以贯彻落实；主管部门拥有自主权，摆脱地方政府对经办管理服务工作的过多干预，消除多头领导现象，建立了更加标准化的经办规程与详细规则，提升经办质量与效率；参保单位和参保个人获得了更加方便、快捷、优质的服务，能够接受"一站式"服务，满足自身多样化需要。

当然，合作收益的实现、合作收益的大小均与合作过程中的交易成本密切相关，主要包括：合作之前的排他成本或防范成本、合作之初的信息成本、合作过程中的监督成本、合作之后的收益分配过程中的谈判成本，其关键就在于合作中交易成本的控制。五险合一垂直管理的统一经办模式，为公共物品，不具有排他性，增进社会信任，降低防范成本，统一信息系统与信息标准后，打破"信息孤岛"，实现信息共享，有效减少为寻求合作而需要付出的信息努力；同时，建立了有效的监督约束机制，保证了合作主体践行合作诺言所要付出的努力。此外，通过提供公平性、可及性、便捷性的经办服务，保证了共同利益的合理分配。

第七章　实现路径与所需创设的制度与管理条件

第一节　实现路径

前述研究表明，适合我国实际的城乡社会保险统一经办模式，总体而言，是"五险合一"经办，实行省级垂直管理体制。基于我国社会保险经办服务体系发展历程、现状与存在问题的梳理，可以看出，我国各地社会保险经办模式不同，发展不一。因此，我国城乡社会保险统一经办模式的实现需因地制宜，逐步实现。

（1）对于五险分立的地区，首要的任务在于进行物理集中整合，将办公场所进行集中，同时，实行"综合柜员制"，按照前台、后台综合窗口来优化业务流程；（2）对于五险合一属地管理的地区，关键在于改革管理体制，推进实行省以下垂直管理，相应地，省级政府的大力支持成为核心因素，加快相关政策出台，由省编办和人社厅具体负责实施办法；（3）对于混合模式的地区，一方面，要提高其他险种的统筹层次，有条件的实行省级统筹，条件不完备的尽快实行市级统筹；另一方面，各险种集中办理业务，随后，业务逐渐合并，并不断优化流程，待实行一段时间后，完成机构整合。当然，这一系列改革也需要省政府出台相应政策，由省编办和人社厅具体实施。

最终，由人力资源和社会保障部出台相关政策，从部到省市县实现"五险合一"省以下垂直管理的体制。在人社部设立社会保险服务总局，省以下相应地设立社会保险局。

一　办公场所集中

办公场所集中主要是通过将不同业务经办机构的办公地点集合到统一地点，进行集中办公与服务，实现业务经办的"物理合一"。

长期以来，我国省、市、县三级经办机构关于社会保险经办机构的设置不统一，机构名称各异，不同机构办公地点不一致，办理的业务内容也有差别，并且实行的是专管服务，经办机构各部门、各岗位业务封闭运行，越是基层经办机构问题越突出，五险业务需要在不同的地点完成不同险种的办理，极大地增加了群众办理的不便利性。将同一区域不同业务机构的办公场所进行集中，形成统一的社会保险服务场所，减少群众"跑腿"次数与重复等待。

在办公场所集中的基础上，更重要的是各险种集中办理，实现业务的物理整合。实行"综合柜员制"，通过授权，集中专管员制的多岗位、多险种的权限，建设"综合服务窗口"，打破科室界限、岗位分工，增加各项业务经办关联度，形成业务前后台一体化，实现"一门引导、一窗受理、一站服务、一键办理、一次办结"，为办事群众提供更加方便快捷的服务。

二　业务整合

"五险"的业务整合，并非简单的混合，需考虑五项险种自身的性质以及经办过程中涉及的业务类型。一方面，"五险"具有共性特征，主要体现在缴费基数、申报形式、办理时限、信息变更等直接与参保对象发生业务的环节；另一方面，由于风险类别、对象、待遇差异等方面的影响，"五险"存在其个性特征，主要集中在制度安排、账户管理、待遇发放审核等管理环节。

在"五险"经办服务过程中，按照业务链条可分为三部分。第一，前端服务，包括申报与登记、建立账户、审核缴费基数、基金征缴、资格审核、待遇支付、社会保险关系的建立、转移、接续、中断、终止等；"五险"信息的采集、整理、上报；业务咨询服务；宣传培训服务等。第二，中端管理，包括信息管理、基金管理等。第三，后端支持，包括技术支持、信息系统、政策优化、社会服务等。业务整合，即将城乡养老、医疗、失业、工伤、生育五项险种整合，实现前端服务窗口的统一操作与共享信息，中端管理业务的管理一体化与分类统计、建档，后端支持业务的共同服务和一致对外。同时，形成由服务窗口、基金统筹到信息管理的纵向业务一体化。进而，由物理上的统一窗口办理实现真正的"一个窗口"对外的社会保险公共服务能力。

此外，通过信息平台支撑，线上也可实现所有业务的网上办理，打造网厅一体化，减轻服务办理现场工作负担。

三 流程优化

流程是办事的规则，规定怎么办、谁来办，以确保公平、安全和效率。首先，在业务整合与机构统一的基础上，按照社保法和其他法规要求，对现有经办流程进行全面梳理，坚持以"人民为中心"，依据客户思维与逻辑，进行业务流程重组与再造，如按参保登记、申报、缴费、权益记录、待遇申请受理、核实、发放待遇、稽核等业务经办环节以及内控需要，全面优化经办业务流程，将各项业务名称、办理条件、政策依据、办理流程、办理时限等各个环节进行统一和规范，并形成服务事项清单与配套的服务指南，同时，规范投诉举报方式，明确受理渠道。

其次，根据业务运行逻辑，基于社会保险业务平台开发一体化系统，完成一切业务的数据化，包括实时在线记录的各类结果性数据以及各类过程性数据，实现业务一体化运营与智能化，根据数据收集结果，精准分析，明确需求。

最后，构建柜台服务、基层平台服务、网上、自助终端服务（比如手机 App 的应用）等在内的一体化公共服务体系和立体式社保服务体系，不断优化业务流程，形成标准化服务，打破经办服务的时空限制，提高业务经办效率和服务质量。

四 机构整合

不同的机构或部门管理不同险种的业务，制度、机制衔接度不够，协调度不足，容易造成机构或部门的重复建设、政府的重复补贴，以及各种经办资源的浪费。因此，将社会保险服务业务纳入统一体系，应以业务为指引，重新定位各级经办机构职能，在信息系统整合与功能整合的基础上，统一机构名称与组织形象，剔除冗余、合并重复，跟进机构整合。机构整合是高层次的整合，其涉及管理体制和组织架构层面的改革，是深层次的整合，机构整合必然伴随着业务整合、流程优化等方面，通常以社会保险基金"收、审、支"为主线，形成决策、执行与监督的组织体制，对决策机构、执行机构、监督机构分别进行整合，实现一体化管理体制，在权责清晰的基础上，形成统一协同的机构系统，朝着统一为"社会保险服务局"的方向努力。

五 顶层制度设计：业务机构整合

我国城乡社会保险统一经办模式的实现需要各级政府的大力支持，

从顶层制度设计总览全局，进行总体规划设计，形成制度保障。

五险合一属地管理的地区，应尽快推进实行省以下垂直管理，省级政府加快出台《全省社会保险垂直管理体制改革实施方案的通知》等相关政策，由省机构编制委员会办公室、人力资源和社会保障厅具体负责实施办法的编制与下发，如《全省社会保险垂直管理体制改革实施办法》等；五险分设的地区，省级政府应尽快推出《全省社会保险"五险合一"经办体制改革实施方案的通知》，由省机构编制委员会办公室、人力资源和社会保障厅具体负责实施办法的编制与下发，如《全省社会保险"五险合一"经办体制改革实施办法》，各级政府会同相关部门出台《各市社会保险"五险合一"经办体制改革方案实施办法》）。

采用混合模式的地区，针对统筹层次较低的险种，具备条件的地区，省级政府出台相应的《完善社会保险保险省级统筹实施方案的通知》，由省机构编制委员会办公室、人力资源和社会保障厅具体负责实施办法的编制与下发《完善社会保险保险省级统筹实施办法》，尽快实现各险种省级统筹；条件欠缺的地区，省级政府出台《加快推进各市完善社会保险市级统筹实施方案的通知》，由省机构编制委员会办公室、人力资源和社会保障厅具体负责实施办法的编制与下发《关于加快推进各市完善社会保险保险市级统筹实施方案的指导意见》，各市级政府会同相关部门出台相应《完善社会保险保险市级统筹实施办法》，各部门编制具体实施细则等，尽快实行市级统筹；

此外，出台一系列配套政策，包括《整合社会保险经办机构的指导意见》《优化社会保险业务流程的指导意见》等。

最终，由国务院出台相关政策，人力资源和社会保障部负责具体方案，从部到省市县实现"五险合一"省以下垂直管理的体制，并且在人社部设立社会保险服务总局，各省、市（县）省设立社会保险服务局，各社区或乡（镇）设立社会保险服务中心。

目前，我国实行城乡社会保险统一经办模式的时机已成熟，条件已具备，基于各地试点经验教训以及新的管理体制的要求，尤其是事业单位分类改革对于参公单位改革较为缓慢，因此，应该以社会保险经办改革为突破口，由国务院确定顶层方案，各地倒排时间表，实施相应改革，具体可根据各省的实际情况，在进度上有所区别。

第二节 所需创设的制度与管理条件

一 加快实现基本养老保险基金全国统筹

基本养老保险基金全国统筹将致力于实现制度框架、覆盖范围、缴费基数计算口径、缴费率、待遇计发办法、经办、管理、监督等的统一，增强制度公平性、均衡各地基金负担、促进经济社会发展，将社会保险管理服务模式改革的现实需要与实际条件下的客观可能有机结合，化解实施过程中的障碍。

为实现制度公平、增强基金调剂能力，加快实现基本养老保险基金全国统筹势在必行，保障自由流动的劳动者可以在全国范围内享受同样公平的权益。当前，基本养老金的实现条件日趋成熟，中央调剂加大力度、企业养老保险费率降低、省级统筹加快等为全国统筹创造条件。全国统筹的实现既要满足制度、管理标准的统一，也要实现缴费比例与计发办法的统一。然而，我国各地经济发展不均衡，不同程度地存在着历史隐形债务问题，管理制度属地化，地区间利益协调困难，地方政府与中央政府相互博弈等，实践中的全国统筹依然存在问题，地区间的基金结余平衡困难、制度共济性效果有限。

基于此，基本养老保险基金全国统筹的实现应进一步完善责任分担与利益分配机制、监督约束机制等。地方政府既对中央政府负责又具有维护地方自身利益的双重责任，制度的建立必须有效考虑中央政府的综合协调管理效果与对地方利益的维护，并有效激发地方政府对基本养老保险责任的承担。第一，缴费比例的科学确定。缴费比例不一造成制度关系转移接续繁杂、制度规模扩大困难，然而，缴费比例的确定与缴费能力密切相关，不同地区经济发展状况不一，主体缴费能力差异较大，建立缴费能力评估机制，综合考虑生活水平、消费水平、就业情况等进行评价，确定缴费比例，完善预算编制，改革计发办法，明确下发标准，确保区域间差距的减小。第二，明确历史债务负担问题，完善个人账户。建立债务评估机制，对历史隐形债务进行摸底与梳理，明确中央与地方的担负机制，共同改善。同时，尽快完善个人账户制度，统一划拨与管理方式，通过税收等方式给予企业与个人投资鼓励，有效盘活养老金个人账户资金。第三，完善养老金运作机制，提高养老金持续能力。养老金的管理投资能力不仅与投资方式有关，与管理体制的激励机制密切相关，通过调整养老金管理机构体制机制，健全养老基金投资政策，增加激励方式，协调各利益相关者话语权与决策权，设置专业岗位，培养专业人才，进行专门管理，实现基金持续能力。第四，进行管理制度与技术的统一，进一步细化制度安排与实践方式，规范政策，鼓励各地区紧密交流，学习先进经验，有效促进全国统筹。此外，建立健全养老金调整、户籍改革、延迟退休等配套政策，推动基础养老金全国统筹实现进程。

二 尽快实现医保等基金省级统筹

医疗保险等社会保险基金省级统筹，利于改变社会保险资源分布不均，利于整合资源，减少地区发展不平衡障碍，为社会保险管理服务改革提供支撑。

统筹层次过低，是我国社会保险的一个制度痼疾，是社会保险制度的可及性、公平性的严重阻碍，不利于社会保险基金的可持续运行，并且不利于抗风险能力以及社会的稳定发展。提高医疗保险统筹层次是完善全民医保的关键步骤，为扩大基金共济性提供可能。基于制度历史原因以及经济发展水平差异，医疗保险异地结算面临困难，制度"碎片化"，加之信息技术的快速发展催生新业态，对异地结算提出更高要求，管理与监督机制的不完善加剧异地就医结算的法律问题。除医疗保险外，其他社会保险依然具有一系列相似问题。工伤保险相关标准不一，劳动纠纷凸显，地方权责划分不清晰，导致民众需求难以满足等。

尽快实现医疗保险等社会保险基金的省级统筹，能够有效保障民众权益，降低风险，更好地实现社会保险统一经办。首先，进一步规范医疗保险等社会保险基金统筹的相关规范，制定和完善相关社会保险法律政策规范和细则，建立健全相关社会保险监督机构及职能，建立专业、高素质人才队伍，确定合理的缴费基数及比例，完善相关社会保险业务流程、操作规范及方法，实现省级区域内相关社会保险实施细则的统一。其次，完善权责划分机制，健全管理监督体系，明确省级和地方各级部门的管理定位，将决策权上移，赋予地方机构更灵活的事务处置权限，并赋予相应的责任担当，形成监督体系，并建立激励机制，利于统一管理。最后，建设完善统一信息平台，增强信息共享，减少各部门沟通成本。

当然，实现医疗保险等基金省级统筹的重要条件之一是合理确定征缴待遇标准，并且以政府财政转移支付等手段，承担相应的共济责任，统一报销比例、范围等，实现权益获得公平性。

三 加快统一公共服务平台的建设，推出顶层设计制度

首先，以党的十九大报告精神为指引，坚持以人民为中心的发展思想，立足于党的十八大以来国家基本公共服务体系建设政策，结合社会保险经办服务体系建设客观实际和国内外建立统一公共服务平台的先进经验，以为人民群众提供方便、快捷、均等的经办服务，使人民获得感、幸福感、安全感更加充实、更有保障、更可持续为目标，加快统一公共服务平台的建设。推出顶层设计，建立全国统一的社会保险公共服务平台的架构，"十四五"期间，补充金保工程二期建设项目，全面清理参保人员社保基础数据信息，在纠错补漏基础上实行中央级集中，形成全员覆盖，实时更新可纵横交换的中央数据库，健全全国统一的运行规则。这就要求改变以往自下而上建立信息系统，再逐级整合的建设路径，实行自上而下统一建设的方式，并且从组织、资金投入、政策上采取相应措施，为加快统一公共服务平台的建设提供保障。

其次，创建实现跨区域、跨层级信互通共享和业务协同办理所需具备的技术条件，如信惠系统、参保登记系统、关系转移接续系统、异地就医直接结算系统，等等。并且，完善基础服务平台，健全公共服务网络，纵向联通，构建省、市、县、乡、村五级公共服务体系，推动公共服务向基层延伸，加强横向联通，实现部门内部、部门之间以及前台后台服务的有效连接。

再次，加强建设社会保险信息化服务网络。国家出台制定相关信息化建设标准，在此基础上，各级相关部门建立自上而下的数据库以及结算平台，打破地区分割和重复建设，最终形成中央统一的信息化平台，承担数据交换、资源共享、信息公开等公共服务的功能，为统一的公共服务平台提供数据支撑，为公共服务的公平、精准、多样化提供奠定基础。

最后，实现"金保工程""金税工程""金盾工程""国家医保信息工程""征信系统"等之间的统一、联网。吸收国内国际先进经验，运用高科技手段，形成中央、省、市、县四级，涵盖乡（镇）等基层机构的

覆盖全国的电子政务系统以及网络监督系统，以全国统一的医疗保障信息平台为依托，建立"统筹建设、统一标准、协同共享、安全可靠"的统一公共服务，实现基础设施集约化、决策依据数据化、业务经办一体化、公共服务人性化、监督管理智能化、社会协作多元化、安全保障全息化。

四　加快落实税务部门对社会保险费的统一征缴

随着机构改革与社会保险管理体制的改革，社会保险经办机构与其他机构，尤其是税务部门之间的关系需要理顺，相互之间协调配合，从管理体制机制促进实现统一社会保险经办模式。我国社会保险费划转税务部门的工作已经启动，但目前全国大部分地区还没有完全移交税务，部分省份基本养老保险实现了税务征缴的，但其他险种并未移交。同时，考虑到企业负担问题，部分省份明确表示税务部门的统一征收暂时不涉及企业职工社会保险费。

税务部门的全责征收，对缴费基数核定等职责重新划分，对征缴环节重新调整与优化，要求社会保险经办机构与其有效对接，作为经办机构的另一管理职能部门，对其关系的协调提出更高要求。因此首先，需要从制度上细化明确税务部门和社会保险经办机构之间的责权，尤其是可通过信息平台系统完善与优化，明确二者的责权划分，其次，明确征收环节、规范业务流程，在此基础上尽快完成社会保险费向税务部门的移交工作。最后，税务部门在征收环节某些方面依然非常薄弱，尤其表现在一些转移接续、变更等特殊情况，无法顺利征收，通过建立起两个部门之间的合作机制和合作细则，有效推进统一征收。

五　尽快明确实现统一经办模式后的财政支持与分担模式

长期以来，我国社会保障制度由各级政府负责且以属地管理为主，各地政策、经济发展、社会保险负担的不一，财政能力差异大等，使得不同地区经办机构拥有的经费保障水平差距较大，并且经费水平与服务能力之间也存在极大的不平衡，仅以医疗保险经办服务为例，高水平的省份获得的经费保障甚至可以达到低水平省份的3—4倍。[1] 统一经办模式能有效改善差异，促进公共服务均等化，然而，实现统一经办模式后，尤其是在经济相对落后的地区以及统一前实行属地管理和分立运行模式

---

[1] 陈仰东：《医保经办机构体制改革的思考》，《中国医疗保险》2019年第2期。

的地区，各区域经费支出绩效表现出严重不平衡，经费投入受限将严重影响和制约改革与发展，财政支持和分担的作用则显得尤为重要。

因此，必须尽快在制度上明确财政支持与分担，为统一经办模式的顺利实现提供支撑。现有研究中，有学者已经提出经办管理费用从社保基金中列支。[①] 但是，事实上社会保险服务经费并不能全部由基金列支，一部分应该纳入财政预算，由各级政府分担，另外部分可视为制度运行中经办机构的行政成本，如人员经费等，应采取从社会保险基金中列支的方式。

我国社会保障立法滞后于制度的建设与运行，《社会保险法》自通过以来尚未进行过修订，落后于改革实践步伐，《社会保险法》第七十二条规定"社会保险经办机构的人员经费和经办社会保险发生的基本运行费用、管理费用，由同级财政按照国家规定予以保障"，显然已不能满足当前社会保险管理服务发展需要，更不能成为统一经办模式后的经费保障方式。因此，及时修订社会保险立法，在法律中明确各级政府在社会保险管理服务财政支持中的责任与义务，规范社会保险经办机构经费保障模式，确立纳入财政预算部分与由基金列支部分的范围与标准，保障制度有效运行。

同时，进一步健全社会保险经办机构经费预算制度，明确并细化各部分经费核定标准，纳入财政预算部分按照国家标准与要求提报预算，经审批后，从各级财政划拨；由基金列支部分按照服务量和岗位定额标准等进行核定，与征缴和管理总额相连，经审批后，从社会保险基金账户逐级向下划拨。

---

① 郑秉文：《中国养老金发展报告2013——社保经办服务体系改革》，经济管理出版社2013年版，第157页。

附录1　社会保险经办机构服务对象满意度调查问卷

> 您好！我们是国家社科基金项目"社会保险统一经办模式及实现路径研究"（13BJL117）课题组，想向您了解一下您所在经办机构提供服务的情况，希望能够得到您的大力支持。本次调查的内容仅用于相关的分析，我们将按照《中华人民共和国统计法》的要求，对您回答的问题加以保密，非常感谢您的合作！

填表说明：

1. 在每一个问题后适合自己情况的答案号码上或方格内打√，或在_____处填写适当内容。
2. 若无特殊说明，每一问题只能选一个答案。

A 受访者基本信息

A1. 请问您的周岁年龄是多少？

（1）30周岁以下　（2）31—45周岁　（3）46—60周岁　（4）60周岁以上

A2. 您的性别：（1）男　（2）女

A3. 请问您的文化程度是：

（1）初中及以下　（2）高中　（3）中专/技校　（4）大学专科　（5）大学本科　（6）研究生及以上

A4. 请问您的职业是：

（1）公务员　（2）事业单位人员　（3）工人　（4）公司职员　（5）学生　（6）无业居民　（7）退休人员

A5. 请问您的月收入水平是：

（1）1000元以下　（2）1001—2000元　（3）2001—3000元　（4）3001—5000元　（5）5001—8000元　（6）拒答

A6. 请问您参加了以下哪些险种？（多选）

（1）职工养老保险　（2）城乡居民养老保险　（3）职工医疗保险　（4）城乡居民医疗保险　（5）工伤保险　（6）被征地农民养老保险　（7）土地承包经营权流转农民养老保险　（8）失业保险　（9）生育保险　（10）以上都没有

B 单笔业务办理时间

B1. 请问您刚才为办理这项业务等候了多长时间？

（1）5分钟之内　（2）5—10分钟　（3）11—20分钟　（4）21—30分钟　（5）30分钟以上　（6）不清楚/不了解

B2. 请问您对办理这项业务的等候时间满意度如何？

（1）非常满意　（2）比较满意　（3）一般　（4）不太满意　（5）很不满意　（6）说不清/不清楚

C 业务办理便捷满意度

C1. 请问您要去几个地方才能将此项业务办理完？

（1）在一个大厅就能将事情办理完　（2）在2个地方就能办完　（3）在3个及以上的地方就能办理完　（4）不清楚/不了解

C2. 您办理此项业务共走了几个窗口或办公室？

（1）1个　（2）2个　（3）3个　（4）4个　（5）5个　（6）6个　（7）不清楚/不了解　（8）其他（请注明）

C3. 您办理此项业务共需要签字几处？

（1）1处　（2）2处　（3）3处　（4）4处　（5）5处　（6）6处　（7）不清楚/不了解　（8）其他（请注明）

C4. 您办理此项业务共来这里跑了几次？

（1）1次（跳至C6）　（2）2次（跳至C6）　（3）3次及以上（继续往下访问）　（4）说不清/不适用（跳至C6）　（5）其他（请注明）（跳至C6）

C5. 您为办理此业务跑了多次的原因是：_____

C6. 您平时通过什么方式缴纳保费？

（1）银行代扣代缴　（2）现金支付　（3）支票缴纳　（4）不清楚/不适用　（5）其他（请注明）

C7. 您认为平时待遇发放的简便程度如何？

（1）按规程操作，非常简便　（2）待遇发放的渠道不方便　（3）审

核程序复杂，要等候较长时间　（4）不清楚/不适用　（5）其他（请注明）

C8. 请问您是否办理过社会保险转移手续？

（1）是　（2）否（跳至 C10）

C9. 社会保险转移手续办理起来是否方便？

（1）非常方便　（2）比较方便　（3）一般　（4）不太方便　（5）很不方便　（6）说不清/不清楚

C10. 您认为社保经办大厅办事的方便程度如何？

（1）非常方便　（2）比较方便　（3）一般　（4）不太方便　（5）很不方便　（6）说不清/不清楚

追问：您在社保大厅办事时，遇到过哪些不方便处理的事情？_____
_____

C11. 您认为业务办理程序简捷度如何？

（1）非常方便　（2）比较方便　（3）一般　（4）不太方便　（5）很不方便　（6）说不清/不清楚

C12. 总体来说，您对经办机构的业务办理便捷程度的满意度如何？

（1）非常满意　（2）比较满意　（3）一般　（4）比较不满意　（5）非常不满意　（6）说不清/不清楚

D 特殊业务处理满意程度

D1. 您是否曾办理过费用缴纳与待遇支付的争议处理？

（1）是　（2）否（跳至 E1）

D2. 您认为争议解决的渠道是否通畅？

（1）是　（2）否

D3. 您认为争议解决的周期是否合理？

（1）较为迅速　（2）非常缓慢　（3）可以接受　（4）较慢　（5）说不清/不适用　（6）其他（请注明）

D4. 您对机构解决争议的满意度如何？

（1）非常满意　（2）比较满意　（3）一般　（4）比较不满意　（5）非常不满意　（6）说不清/不清楚

E 信息公开满意度

E1. 您通过什么方式查询社会保险相关信息？（多选）

（1）柜台问询　（2）电话查询　（3）网站查询　（4）到社保中心领

取资料　（5）说不清/不适用

E2. 您是否使用过社保相关信息查询的网站？

（1）使用过　（2）没使用过（跳至E4）

E3. 您使用网站查询的信息准确吗？

（1）非常准确　（2）会有一些错误或过时的信息　（3）基本查不到想要的信息　（4）说不清/不使用　（5）其他（请注明）

E4. 请问您是否拨打过社保相关信息咨询的电话？

（1）拨打过　（2）没拨打过（跳至E6）

E5. 您查询到的信息是否准确？

（1）非常准确　（2）会有一些错误的或过时的信息　（3）基本查不到想要的信息　（4）说不清　（5）其他（请注明）

E6. 您觉得社保大厅提供的资料是否准确？

（1）非常准确　（2）会有一些错误的或过时的流程　（3）资料陈旧（4）说不清　（5）其他（请注明）

E7. 您每次查询到的信息时是否准确？

（1）准确无误　（2）出现过错误

E8. 经办机构如何提高信息信息透明度？请提出您的建议：

_____

E9. 总的来说，您对该机构办理社会保险机构的信息公开满意度如何？

（1）非常满意　（2）比较满意　（3）一般　（4）不太满意　（5）很不满意　（6）说不清

F 服务及设施满意度

工作人员的服务

F1. 在平时的咨询过程中，您认为工作人员的准确性如何？

（1）准确，而且一次性告知全部信息（跳至F3）

（2）准确，却不是一次性告知（跳至F3）

（3）不太准确，会有一些错误或过时的信息

（4）非常不准确

（5）从来没有做过咨询（跳至F3）

（6）不清楚/不了解（跳至F3）

F2. 就您个人感受而言，您认为工作人员咨询不准确的原因主要是？

（多选）

（1）业务能力不熟练　（2）服务意识差　（3）不能做到耐心仔细　（4）不清楚/不了解/不适用　（4）其他（请注明）

F3. 在您平时办理社保业务期间，参保人待遇发放额是否准确？（备注：访问员不读出选项内容，等待被访者自己说出，然后记录。）

（1）从未出现过错误　（2）经常出现错误　（3）出现过错误，经协调较快给予修正　（4）出现过错误，修正的程序非常繁杂　（5）不清楚/不了解/不适用

F4. 总的来说，您对办理社会保险的工作人员业务能力满意度如何？

（1）非常满意　（2）比较满意　（3）一般　（4）不太满意　（5）很不满意　（6）说不清/不清楚

F5. 工作人员的服务态度如何？

（1）非常好　（2）比较好　（3）一般　（4）不太好　（5）很不好　（6）说不清/不清楚

F6. 在您平时办理业务的过程中，有没有经历工作人员行贿受贿的事情？

（1）有　（2）没有（跳至F8）

F7. 请把您经历的细节叙述一下：_____

大厅的服务设施

F8. 服务大厅设施有哪些需要改进的地方？

（1）较为拥挤嘈杂　（2）不提供饮用水　（3）没有政策宣传资料　（4）等待的座位较少　（5）远离市中心，交通不便　（6）存在安全隐患　（7）窗口划分不合理（请详细说明）　（8）其他（请注明）

F9. 您对该机构的大厅服务设施满意度如何？

（1）非常满意　（2）比较满意　（3）一般　（4）不太满意　（5）很不满意　（6）说不清/不清楚

G 单笔业务参保者等待时间

G1. 通常参保人待遇给付是否及时？

（1）及时给付，从不延期　（2）延期在10天之内　（3）延期在1个月之内　（4）延期超过1个月　（5）说不清

G2. 业务办理等待时间：

（1）20分钟以内　（2）20—40分钟　（3）41—60分钟　（4）1个

小时以上，2个小时以内 （5）2个小时以上

G3. 您对业务办理等待时间的满意度：

（1）非常满意 （2）比较满意 （3）一般 （4）比较不满意 （5）非常不满意 （6）说不清/不清楚

H 参保者满意率

H1. 总的来说，您对社保办理的流程设置满意程度如何？

（1）非常满意 （2）比较满意 （3）一般 （4）不太满意 （5）很不满意 （6）说不清/不清楚

H2. 您认为以下哪些因素最能影响您的满意度？（多选，限选3项）

（1）个人信息录入发生错误 （2）经费计算发生错误 （3）需要跑多次才能办理一项业务 （4）等候时间长 （5）无人接待 （6）系统故障 （7）窗口划分不合理 （8）其他（请注明）

H3. 总体来说，您对该经办机构的满意程度如何？

（1）非常满意 （2）比较满意 （3）一般 （4）不太满意 （5）很不满意 （6）说不清/不清楚

附录2 社会保险经办机构工作人员调查问卷

> 您好！我们是国家社科基金项目"社会保险统一经办模式及实现路径研究"（13BJL117）课题组，想向您了解一下您所在经办机构运行情况，希望能够得到您的大力支持。本次调查的内容仅用于相关的分析，我们将按照《中华人民共和国统计法》的要求，对您回答的问题加以保密，非常感谢您的合作！

填表说明：

1. 在每一个问题后适合自己情况的答案号码上或方格内打"√"，或在＿＿＿＿处填写适当内容。
2. 若无特殊说明，每一问题只能选一个答案。
3. 没有涉及自己工作岗位的问题，请空白不填

填表过程中如有问题，请与＿＿＿＿＿＿＿联系。

联系电话：＿＿＿＿＿＿，E-mail：＿＿＿＿＿＿

一 个人基本情况

A1 年龄：＿＿＿＿＿＿周岁

A2 性别：

（1）男 （2）女

A3 受教育程度：

（1）高中 （2）中专 （3）大学专科 （4）大学本科 （5）硕士及以上

A4 您每月的收入：

（1）2000—3000元 （2）3001—5000元 （3）5001—8000元

（4）8000元以上

A4 您的岗位＿＿＿＿＿＿＿＿

A5 您的身份＿＿＿＿＿＿＿＿

(1) 行政编制 （2) 参公管理事业编制 （3) 事业编制 （4) 社保协理员 （5) 借调 （6) 不清楚

二 单位基本情况

B1 您单位的名称_____

B2 您单位的性质：

(1) 行政编制单位 （2) 参公管理事业单位 （3) 全额拨款事业单位 （4) 差额拨款事业单位 （5) 自收自支事业单位 （6) 企业编制单位

B3 您单位目前的办公用地归属：

(1) 自有 （2) 租赁 （3) 与其他单位合用

三 服务设施与办公环境

C1 您单位服务大厅面积_____米，自助查询机设置_____台。

C2 经办服务大厅设有

(1) 受理服务区 （2) 等候休息区 （3) 接待洽谈区 （4) 自助服务区 （5) 咨询区（台）

C3 服务大厅是否设有排队叫号系统。

(1) 有 （2) 无

C4 您认为您现在的单位办公面积是否能够满足办公的需要？

(1) 能够 （2) 不能

C5 您认为应对业务服务大厅总体办公环境在哪些方面进行改进？（限选 3 项）

(1) 接待区硬件设施配置 （2) 窗口设置的合理性 （3) 标识清晰 （4) 业务宣传资料更齐全 （5) 卫生整洁 （6) 自助设备数量 （7) 您认为的其他方面_____

C6 档案室的面积_____平方米。

C7 在档案管理过程中面临的主要问题？

(1) 保管资料多，档案室不够用 （2) 档案管理系统落后 （3) 防火、防水等安全措施不力 （4) 领导重视不够 （5) 资料变更，档案更新速度慢 （6) 其他（请注明）_____

C8 您认为哪些办公设施存在问题？

(1) 办公面积过小 （2) 电脑及相关网络等速度慢 （3) 日常办公设施陈旧 （4) 办公室布局不合理 （5) 配备并更新叫号系统 （6) 其

他（请注明）_____

四 业务工作量及表现情况

D1 您的岗位是_____。每天平均接待_____人次。

D2 您的单位是否规定有一次性告知等服务制度？

（1）有 （2）无

D3 您每天平均处理的业务变更量有_____笔。

（1）1—3 笔 （2）4—5 笔 （3）6—10 笔 （4）10 笔以上

D4 您办理单笔业务的办理时间：

（1）5 分钟以下 （2）5—10 分钟 （3）11—15 分钟 （4）15 分钟以上

D5 您每周平均加班的时间是：

（1）0 小时 （2）1—3 小时 （3）4—5 小时 （4）6—8 小时 （5）9—12 小时 （6）13—15 小时 （7）15 小时以上

D6 遇到群众咨询，您对相关政策解答的程度？

（1）能立即解答清晰明了 （2）查阅数据基本解释清楚 （3）基本解答清楚 （4）其他（请注明）_____。

D7 您在办理业务时会经常遇到纠纷吗？

（1）每天都遇到 （2）有时遇到 （3）偶尔遇到 （4）几乎没遇到

D8 如果遇到了纠纷，会怎样处理？

（1）态度温和，耐心解释 （2）不予理睬 （3）坚持自己是对的 （4）找领导解决 （5）其他（请注明）_____

D9 您的机构每日收到投诉的数量：

（1）3 件以下 （2）3—5 件 （3）6—8 件 （4）9—12 件 （5）12 件以上

D10 您的单位组织培训频率大概是？

（1）每天培训 （2）每周培训 （3）每月培训 （4）几乎没培训

D11 您认为哪类培训是当前迫切需要的？（限选 2 项）

（1）业务政策 （2）个人技能（计算机应用等） （3）礼仪知识 （4）沟通技巧 （5）业务办理流程 （6）其他（请注明）_____

D12 您认为影响您服务态度的因素有哪些？（限选 2 项）

（1）工资水平 （2）奖金福利 （3）工作量 （4）职位晋升 （5）工作时间是否稳定 （6）服务对象的态度 （7）其他（请注明）_____

D13 下列哪些因素会导致工作量的增加？（限选3项）

（1）人员太少 （2）业务的人增长过快 （3）前来办理业务的人办理业务时间较集中 （4）业务不熟练 （5）业务岗位设置不合理 （6）设备故障，只能延后办理 （7）其他（请注明）_____

您对单位提高运行效率还有什么意见？请写下来：_____

附录3 经办机构访谈提纲

访谈对象：职别_____单位_____

一 管理体制

1. 是否分险种征缴或已实现五险合一征缴？分险种征缴的优缺点有哪些？您对五险合一征缴有何看法？
2. 是否存在双重征缴？地税代征如何处理好征缴效率和管理成本的问题？
3. 您对省级统筹有何看法？
4. 您对经办机构垂直管理有何看法？
5. 养老保险单独省级统筹和垂直管理其他几个险种仍然保留属地管理、是否可行有何更好的建议？
6. 企业职工、机关事业单位以及城乡居民养老、医疗等社会保险资金分割管理，对此您的看法和建议有哪些？
7. 能否整合不同社保职能部门，以使社会保险经办服务更加有效率。

二 经办机构运行条件

1. 办公场地是自有的还是租赁的？能否满足办公需要？能否满足业务增长的需要？
2. 与同级经办机构相比办公设施差距是否明显？
3. 经费来源于省和地方各占的比例是多少？是否建立起经费的动态增长机制？
4. 地方提供经费是否附加条件？是否影响垂直管理的效果？
5. 总体上经费是否紧张？若紧张主要在哪些方面需要增加投入？
6. 是否建立了专门的档案室？业务档案管理是否全部都实行了电子化管理？
7. 档案室设施是否完备？存在什么问题？
8. 办公设施是否都实现了标准化？

三 人员情况

1. 请简单评价您的单位工作人员的数量、年龄结构和学历结构情况。
2. 人员的平均工作量（人均负荷比）是多少？
3. 人员的平均工作量（人均负荷比）与同级经办机构相比较差异是否明显？与其他地区相比差距是否明显？层级之间是否明显？
4. 您的单位干部提拔升迁的主要渠道是什么？比较垂直管理前后有何变化？
5. 工作人员流动性大吗？请介绍具体情况。
6. 请具体介绍经办人员的培训制度。
7. 经办人员的培训渠道主要有哪些？培训周期有多长？主要培训内容是什么？
8. 您的单位经办人员的工资福利待遇水平（主要是福利补助和待遇）与同城其他单位相比是高还是低？
9. 请介绍您的单位工作人员的奖励办法。

四 业务管理

1. 您的单位办事大厅业务流程设计的标准是什么？存在什么问题？
2. 跨省区养老保险关系转移接续有哪些问题和困难？
3. 跨省（市）区医疗保险异地结算有哪些问题和困难？
4. 跨省（市）区其他险种对接人员流动有何问题和困难？
5. 各项基金收支能否严格按照相关规定执行？有何具体的问题？
6. 请具体介绍您的单位的基金调剂使用状况。
7. 请介绍您的单位的业务标准化实施情况。
8. 您的单位对业务人员考核的标准和制度是什么？有何成功经验和问题？
9. 业务中有哪些已经采取服务外包的方式？效果如何？如何考核评价和监督服务商的工作？
10. 信息平台建设有哪些经验和问题？再利用互联网和移动互联网方面有何成功的经验做法？
11. 请介绍"金保工程"建设推进情况。在推进中存在哪些主要问题？
12. 街道、社区、乡镇是否与主干网联网？在信息化建设中还存在哪些问题？

五　协调沟通

1. 在基金征缴上，与地税部门间的合作是否存在问题？表现在哪些方面？

2. 与劳动执法部门的合作是否存在问题？表现在哪些方面？

3. 在利用社区街道银行等基层平台方面是否存在问题？表现在哪些方面？

4. 在与其他部门的合作中还遇到什么问题？

六　未来展望

1. 未来随着城镇化参保人数的增加，参保人员结构的复杂、流动性增强，在设施人员配备、经费保障等方面是否有相应的保障？

2. 对于社会保险经办管理体制，未来的发展方向您有何意见？

附录4 社会保险经办机构服务质量公众访谈提纲

> 您好！我们是国家社科基金项目"社会保险统一经办模式及实现路径研究"（13BJL117）课题组，为了设计的调查问卷设计更加合理，满足公众的需求，现请您和我一起对该社会保险经办机构服务质量评价，完成一项调查，时间在15分钟左右。我们将按照《中华人民共和国统计法》的要求，对您回答的问题加以保密，非常感谢您的合作！

1. 请问您是否在附近居住或者公司单位在附近？您的工作地点或者家庭附近有经办机构办理业务吗？

2. 您对该经办机构业务办理内容了解多少？一般通过什么途径了解业务办理的范围以及政策的更新变化？

3. 您对该经办机构窗口设置分类以及提交材料办理业务的程序了解多少？

4. 您在该机构办理业务时需要在不同的窗口等待吗？可以实现一个窗口就办理所有的业务（参保、待遇审核、支付、缴费等）吗？或者一个窗口可以办理不同险种业务类型相似的业务吗？

5. 请您描述以下该经办机构办公环境如何？是否有以下的情况？

该机构有没有出现过秩序混乱现象	拥挤或者嘈杂
该机构对服务项目的标识是否清晰	是否可以帮助您容易找到办理的窗口或者知道要准备的材料
该机构大厅办公设备如扫描仪、复印打印以及网络设备是否齐全	咨询公众对这些设备的使用情况
该机构大厅内空气是否清新、等待区座位舒服	办公环境卫生及舒适度
您觉得在环境及设备管理方面还有哪些情况	补充说明

6. 业务办理类型及办理时间长短？主要是为了解经办机构服务效率情况？

您来该机构办理的业务一般是单一险种的业务还是多项险种相关的业务	请写明
业务办理时间一般需要多久	长短（一般多少分钟）
业务办理等待时间需要多久	长短

7. 该经办机构业务办理业务的流程，主要为了解经办机构流程是否简便？

经办人员审核材料会不会告知您的业务办理中存在的问题	包括材料是否齐全或者接下来需要走的流程，若告知的话，是否一次性全部告知完整
业务办理是否需要多次排队	若需要，问清楚原因
业务办理流程简便	经办人员是否会快速办理业务
业务办理流程有什么不足之处	补充说明

8. 经办人员服务过程的表现如何？包括服务态度是否耐心有礼貌、专业知识回答是否清晰、业务办理操作熟练程度以及对特殊需求的关心。

经办人员精神面貌如何	着装是否统一、整洁
经办人员服务态度	是否耐心解释问题，待人礼貌
经办人员业务专业能力	操作熟练、政策解读透彻
经办人员是否会主动咨询您有什么特殊需求	若是，请标明什么特殊需求或者询问特殊需求满足程度如何
经办人员的业务记录或者办理过程您觉得是否公开、公正、值得信赖	若不是，问清楚原因

9. 经办机构的自助服务您的使用如何？包括终端机、网站业务、社保APP等。

您是否使用过自助设备单独办理过业务？	是（继续），否（跳过）
您使用的是什么类型的自助服务	大厅内的自助终端机、经办机构官网、经办机构APP、
您选的自助服务一般办理什么业务，会不会解决您的问题？	若不能解决，存在的问题
您觉得自助服务还有哪些需要改进之处	

10. 如果该经办机构对员工进行培训，您觉得经办人员需要补充哪些方面的知识或者提升什么方面的能力？

11. 当您对窗口经办人员的服务或者该经办机构的管理及建设不满意的时候，您会向该机构进行反馈吗？若是反馈的话，反馈的效果如何？

12. 您觉得该机构对残疾人、老年人等特殊群体的服务做得怎么样？绿色通道是否一直供老年人和残疾人使用？除了残疾人群体、老年人群体外，该经办机构还会针对其他群体比如说上班族，提供差异化服务吗？

13. 您觉得该经办机构还有哪些方面需要改进？

附录5　社保经办机构服务质量公众调查问卷

> 您好！我们是国家社科基金项目"社会保险统一经办模式及实现路径研究"（13BJL117）课题组，由于研究目的的需要，现在对经办机构服务质量做一项调查。希望您能抽出几分钟时间，协助我完成这份问卷。若有不清楚之处，请询问调研人员。本问卷采取不记名方式填写，对您的个人信息完全保密，所有资料仅供学术研究之用，敬请放心填写，由衷地感谢您的协助与支持！

填表说明

1. 请在每一个问题的相关选项中，在符合自己情况的答案号码前方格内打"√"。如果没有特殊说明，每个问题只选一个答案。

2. 请根据自己的实际情况在问题后面的横线上填上相关的内容。

一　个人基本情况

A1 您的性别：

01）男　02）女

A2 您的年龄：

01）20岁以下　02）20—40岁　03）41—60岁　04）60岁以上

A3 您的教育程度：

01）高中以下　02）高中或中专　03）中专或本科　04）研究生及以上

二　服务质量评价

调查分为两个部分：一是您期望（心里希望）的服务情况；二是您感知（实际感受到）的服务情况，共23道题目。指标得分情况越高表示该项指标所代表的经办服务质量越使公众满意，1为不满意，表示该项服务很差；5为十分满意表示该项服务很好，2，3，4分别代表不太满意、一般、比较满意。请您根据实际情况，在相应的栏目打"√"。

您感知的服务					服务项目问题	您期望的服务				
1	2	3	4	5		1	2	3	4	5
					Q1. 您觉得该机构大厅内环境干净、空气清新吗？					
					Q2. 您觉得该经办机构叫号等待区座席舒服、充足吗？					
					Q3. 您觉得该机构工作人员服装统一、整洁吗？					
					Q4. 您觉得该机构打印机、扫描仪、饮水机、自助终端服务等设备方便使用吗？					
					Q5 您觉得该机构大厅内业务办理提示标志以及业务办理流程简单易懂吗？					
					Q6. 您觉得该机构经办人员服务时间有没有超过承诺的服务时间？					
					Q7. 您觉得该机构经办人员对业务的记录使您感到放心吗？有没有出现错误记录？					
					Q8. 您觉得该机构经办人员会不会随时让您查阅已经办理的业务？					
					Q9. 您觉得该机构经办人员对于您提交的资料及证明会一次性告诉您存在的问题或需要补充的材料吗？					
					Q10. 您觉得该机构对社会保险政策宣传方式多吗？					
					Q11. 您觉得您通过该机构的服务了解到最新的社保政策？					
					Q12. 您觉得该机构经办人员对您办理的业务很热心吗？					
					Q13. 该机构经办人员在服务的过程中，会主动告诉您业务办理的进度吗？					
					Q14. 该机构经办人员在办理业务时，及时为您解答业务办理存在疑问吗？					
					Q15. 该机构有专门的窗口或者人员负责接受公众对经办人员服务的投诉或服务反馈吗？					
					Q16. 您觉得该机构经办人员业务办理用的时间较短吗？					
					Q17. 您觉得该机构经办人员业务办理过程中对业务的熟练度如何？					
					Q18. 您觉得该机构经办人员在办理业务时涉及的专业知识都给您讲清楚吗？					
					Q19. 您觉得在办理业务过程中经办人员服务亲切、礼貌吗？					

续表

您感知的服务						服务项目问题	您期望的服务				
1	2	3	4	5			1	2	3	4	5
						Q20. 您觉得该机构经办人员办理业务时有没有不耐心表现？					
						Q21. 您觉得该机构经办人员整体服务如何，是否值得您信任？					
						Q22. 您觉得设置的老年人及残疾人专用通道，是否能真正帮助到他们？					
						Q23. 您的业务可以调整办理的时间吗？					
						Q24. 您觉得该机构经办人员有没有根据您的实际需求为您提供服务？					
						Q25. 您在该机构办理业务时有没有在不同的窗口办理业务？					
						Q26. 您觉得该机构附近的交通工具是否丰富？有没有地铁、公交等？					
						Q27. 您觉得来该经办机构可否一次性办理完所有的业务？					
						Q28. 您觉得该机构的自助终端机、网站、APP等自助服务系统使用简单方便吗？					

问卷到此结束，烦请您检查一下是否有遗漏的题口。再次感谢！

附录6 各国社会保险经办体系

一 爱尔兰

(一) 概述

爱尔兰是欧盟社会保障高福利的国家之一,其在社会福利方面的开支甚至能够达到政府全部开支的四分之一。[①] 爱尔兰的社会保险制度依据2005年通过的《社会福利法》,已经形成了比较完备的社会保险体系。从总体上看,爱尔兰社会保险主要建立在两个原则上:一是共同缴费原则,即在特定的情况下,养老金及补助金幅度同缴费幅度直接挂钩;二是共利原则,即补助金幅度不与缴费幅度直接挂钩,而是在相对弱势的参保人员间进行重新的二次分配。在爱尔兰社会保险基金管理中,其国民养老储备基金与我国社保基金几乎同时设立,进行市场化运营后,爱尔兰国民养老储备基金成效十分显著,筹资稳定、投资有效、基金积累稳步上升。[②] 在爱尔兰的社会保险经办机构的运行过程中,主要依据《社会保险服务指南》一书,这本书主要包括社会保险的职能、财务收支、缴费标准、计发待遇、责任等。[③] 截至2010年,爱尔兰社会保障服务整个系统有员工将近5000名,除部长、秘书长外,下设政策处、引证处、信息处等,其社会福利服务处是其重要的职能部门之一,每周处理社会保险认定及支付等业务近一千万件,2010年全年,爱尔兰社会保险总花费的资金达210亿欧元。[④]

(二) 险种构成

爱尔兰的社会保险包括养老、疾病与生育、工伤、失业和家庭津贴

[①] 王雪:《爱尔兰的社会保险制度》,《劳动保障世界》2010年第12期。
[②] 人力资源和社会保障部社会保障战略研究课题组 (2011):《125国(地区)社会保障资金流程图》第一版,中国劳动社会保障出版社2011年版,第115—116页。
[③] 王明海:《爱尔兰的社会保险制度》,《劳动保障世界》2009年第1期。
[④] 王雪:《爱尔兰的社会保险制度》,《劳动保障世界》2010年第12期。

五个部分，主要有社会救助、社会保险和普及制三种项目，形成了较为完善的社会保险体系。爱尔兰的养老保险制度可分为"养老年金"等社会保险项目和"非缴费养老年金"等社会救助项目。疾病与生育保险制度的资金流程与养老制度大体相同，但政府负担低收入者的医疗福利全部费用，并负担其他群体部分费用。工伤保险制度具体包括"伤残待遇"等社会保险项目和"工人医疗待遇"等普享制项目。失业保障可分为"失业待遇"等社会保险项目和"失业救助"等社会救助项目。家庭津贴制度可分为"抚养待遇"等社会保险项目和"单亲家庭支付金"等社会救助项目、"儿童待遇"等普及制项目。

（三）管理体制与经办体系

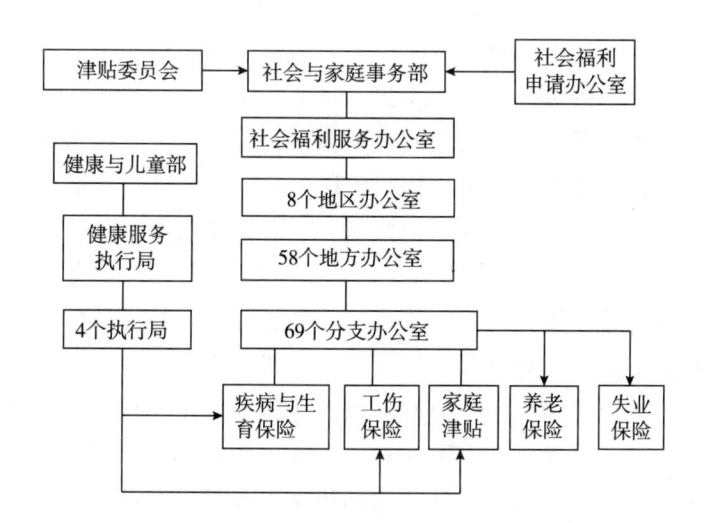

图1 爱尔兰社会保险管理体制和经办体系

资料来源：人力资源和社会保障部社会保障战略研究课题组：《50国（地区）社会保障机构图解》，中国劳动社会保障出版社2011年版，第86—87页。

1. 管理体制

（1）养老保险

爱尔兰现行的养老保险是依据《社会福利法》（2005）经过议会及总统通过、批准、生效后，由内阁依法制定的养老保障相关政策。津贴委员会由来自政府、商会、雇主群体的广泛代表组成，负责监督管理包括个人退休储蓄账户在内的各类养老保障津贴的运转。社会福利申请办公室作为部外独立机构，负责裁决申请人是否具备享受养老社会福利的法定资格。社会与家庭事务部负责各类社会保险项目，其下设机构 AIREACHT 以秘书长为首对养老保险进行总体管理，在咨询社会与家庭事务部长的基础上制定相应政策。社会福利服务办公室为养老保障的日常执行机构，负责管理各类服务项目，并接受申请和咨询。社会福利服务办公室为养老保障的日常执行机构，负责管理各类服务项目，并接受申请和咨询。下属 8 个地区办公室，58 个地方办公室，69 个分支办公室，具体负责从政府税收中向通过收入验证的老年人发放救助金，并向符合条件的老年人或子女提供由其自身缴费而获得的保险金。

（2）疾病与生育保险

爱尔兰现行的疾病与生育保险是依据《社会福利法》（2005）经过议会及总统通过、批准、生效后，内阁依法制定的疾病与生育保险相关政策。津贴委员会由来自政府、商会、雇主群体的广泛代表组成，负责监督管理各类医疗保障津贴的发放。社会福利请求办公室作为部外独立机构，裁决申请人是否具备医疗福利的法定资格。社会与家庭事务部下设机构 AIREACHT 以秘书长为首对疾病与生育保险进行总体管理，在咨询社会与家庭事务部部长的基础上制定相应政策。其下属的社会福利办公室为医疗保障日常执行机构，负责管理各类服务项目，并接受申请和咨询。健康儿童部负责健康服务执行局，下属有 4 个执行区，负责普及制医疗待遇。社会福利服务办公室为医疗保障的日常执行机构，负责管理各类服务项目，并接受申请和咨询。下属 8 个地区办公室，58 个地方办公室，69 个分支办公室，具体负责向投保人提供由其自身缴费而获得的保险金，并从政府税收中向支付普及制医疗待遇之外的雇员及继承人等医疗待遇。健康执行局下属 4 个执行区，负责从政府税收中向所有在爱尔兰的居住者支付普及制医疗待遇。

（3）工伤保险

爱尔兰现行的工伤保险是依据《社会福利法》（2005）经过议会及总统通过、批准、生效后，内阁依法制定的工伤保险相关政策。津贴委员会由来自政府、商会、雇主群体的广泛代表组成，负责监督管理各类工伤保障津贴的发放。社会福利请求办公室作为部外独立机构，裁决申请人是否具备工伤福利的法定资格。社会与家庭事务部下设机构 AIREACHT 以秘书长为首，对工伤保险进行总体管理，在咨询社会与家庭事务部部长的基础上制定相应政策。其下属的社会福利办公室为工伤保障日常执行机构，负责管理各类服务项目，并接受申请和咨询。健康儿童部负责健康服务执行局，下属有4个执行区，负责支付一般雇员医疗待遇。社会福利服务办公室为工伤保障的日常执行机构，负责管理各类服务项目，并接受申请和咨询。下属8个地区办公室，58个地方办公室，69个分支办公室，具体负责向投保人或家属提供由其自身缴费而获得的保险金，并从政府税收中向符合条件的居民支付特殊雇员医疗福利。健康执行局下属4个执行区，负责从政府税收中向所有在爱尔兰的居民支付一般雇员医疗待遇。

(4) 失业保险

爱尔兰现行的失业保险是依据《社会福利法》(2005) 经过议会及总统通过、批准、生效后，内阁依法制定的失业保险相关政策。津贴委员会由来自政府、商会、雇主群体的广泛代表组成，负责监督管理各类失业保障津贴的发放。社会福利请求办公室作为部外独立机构，裁决申请人是否具备领取失业福利的法定资格。社会与家庭事务部下设的AIREACHT以秘书长为首对失业保障进行总体管理，在咨询社会与家庭事务部部长的基础上制定相关政策。其下属的社会福利办公室为失业保障日常执行机构，负责管理各类服务项目，并接受申请和咨询。社会福利服务办公室为失业保障的日常执行机构，负责管理各类服务项目，并接受申请和咨询。下属8个地区办公室，58个地方办公室，69个分支办公室，具体负责向失业者提供由其自身缴费而获得的养老金，并从政府税收中向通过收入或家计调查的失业者等发放救济金。

(5) 家庭津贴

爱尔兰现行的家庭津贴依据《社会福利法》(2005) 经过议会及总统通过、批准、生效后，内阁依法制定的保险相关政策。津贴委员会由来自政府、商会、雇主群体的广泛代表组成，负责监督管理各类津贴的发放。社会福利请求办公室作为部外独立机构，裁决申请人是否具备家庭福利的法定资格。社会与家庭事务部下设的AIREACHT以秘书长为首对家庭津贴进行总体管理，在咨询社会与家庭事务部部长的基础上制定相关政策。其下属的社会福利办公室为家庭保障日常执行机构，负责管理各类服务项目，并接受申请和咨询。健康儿童部负责健康服务执行局，下属有4个执行区，负责具体相关业务。社会福利服务办公室为家庭保障的日常执行机构,负责管理各类服务项目,并接受申请和咨询。下属8个地区办公室,58个地方办公室,69个分支办公室及健康执行局下属4个执行区,共同负责。主要负责从政府税收中向通过收入或家计调查的家庭发放救助金,其中"家庭护理津贴"由健康与儿童部系统发放;负责从政府税收中向符合条件的儿童支付普及性项目资金,如"多生补助";并负责向投保人提供由其自身缴费而获得的"抚养待遇"。

2. 经办体系

爱尔兰社会保险采用统一经办体制,具体而言:(1)养老保险的经办主体为社会与家庭事务部,社会救助项目政府支付所有开支,社会保险项目由财政专员汇集大部分保额,政府弥补不足,社会与家庭事务部负责发放津贴。(2)疾病与生育保险中的社会保险项目经办主体为社会与家庭事务部,普及制项目的经办主体为健康服务执行局,并负责基金的征缴和发放,私营医疗机构提供相应的医疗待遇。(3)工伤保险中的社会保险项目经办主体为社会与家庭事务部,普享制项目的经办主体为健康与儿童部,并负责基金的征缴和发放。(4)失业保险的经办主体为社会与家庭事务部,并负责基金的征缴和发放。(5)家庭津贴的经办主体为社会家庭事务部和健康与儿童部,并负责征收保费,通过邮政局、资金电子转移系统发放津贴。从总体上看,社会和家庭事务部以及健康和儿童部负责政策落实,社会和家庭事务部及其下属机构独立负责各类社会保险项目。国家各类司法机构首先担负着监管各类社会保险项目的重要职责,同时,其他各类社会保险专项监管机构发挥着不可或缺的监督矫正作用,这些专项机构的组成具有一定的社会性。[①]

(四) 特点

在爱尔兰社会保险基金管理中,其国民养老储备基金的来源共有三个方面:一是一次性地从爱尔兰电信私有化收益中转移的财政划拨款项;二是2055年之前每年财政转移支付相当于当年GNP的1%的预筹基金;三是基金自身的投资与运营收益,[②] 这种模式对我国养老储备基金的发展具有良好的对比借鉴意义。

[①] 人力资源和社会保障部社会保障战略研究课题组:《50国(地区)社会保障机构图解》,中国劳动社会保障出版社2011年版,第86—87页。

[②] 林义、张维龙:《全国社保基金投融资策略研究——爱尔兰模式的解读与借鉴》,《投资研究》2008年第3期。

二 澳大利亚

(一) 概述

澳大利亚在 19 世纪已经开始为公职人员和一些私营领域的工作人员建立养老金制度;在 1908 年颁布了第一个社会保障制度——残障和养老金计划;从 1915 年开始制定个人税收优惠政策,通过相关政策鼓励公民自愿参加养老金;1986 年制定出企业税收优惠政策,奖励企业为职工建立养老金制度,但不强制所有职工参加;1992 年制定出强制企业参保和鼓励职工自愿参保的政策,形成了三支柱的养老金制度体系。① 澳大利亚的社会保障制度经过多年的发展,至今已经形成了比较健全和完善的社会保障和福利体系。② 其社会保障制度以社会救助为核心,以强制性职业年金和自愿养老金储蓄计划为主的部分社会保险计划和全民医疗保健计划为辅。在澳大利亚,除儿童补助之外的所有社会保障津贴都是根据收入调查,实行单一比例,并由总国库直接支付。③ 澳大利亚采取以收入和财产审查为基础的退休收入救济制度,而不是以就业为基础的社会保险制度,使得其最低养老金支出占 GDP 比重较低,2000 年,澳大利亚最低养老金支出约为 170 亿澳元,约占 GDP 的 3%,同年,德国与法国的比重分别为 11.5% 和 12.6%。④

(二) 险种构成

澳大利亚的社会保险制度主要分为养老、医疗、工伤、失业和家庭津贴五个部分。养老保险制度由社会援助项目和强制职业养老金系统两部分组成,社会援助项目由政府的一半税收支付全部开支,覆盖了全部居住年限和年龄要求的所有居民,强制职业养老金系统的资金主要来源于自雇者和雇主,政府提供一定的补贴。医疗保险制度由疾病待遇、医疗待遇和药物待遇三个部分组成。工伤保险要求雇主、少量自雇者和为公共部门雇员投保的政府按照工作危险程度不同缴纳保险费用,覆盖全部在澳工作人员,并且不受居住年限限制的居民。⑤

---

① 卢海元:《澳大利亚社会养老保障制度考察报告》,《湖湘论坛》2009 年第 22 期。
② 朱云飞:《社会保障制度中政府权力、公民权利与责任的互动——澳大利亚社会保障体系的启示与借鉴》,《财政科学》2017 年第 3 期。
③ 段美枝:《澳大利亚社会保障模式特点及对我国的启示》,《经济论坛》2010 年第 11 期。
④ 蔡社文:《澳大利亚社会保障制度简介》,《中国财政》2001 年第 7 期。
⑤ 人力资源和社会保障部社会保障战略研究课题组:《125 国(地区)社会保障资金流程图》,中国劳动社会保障出版社 2011 年版,第 387—388 页。

(三) 管理体制与经办体系

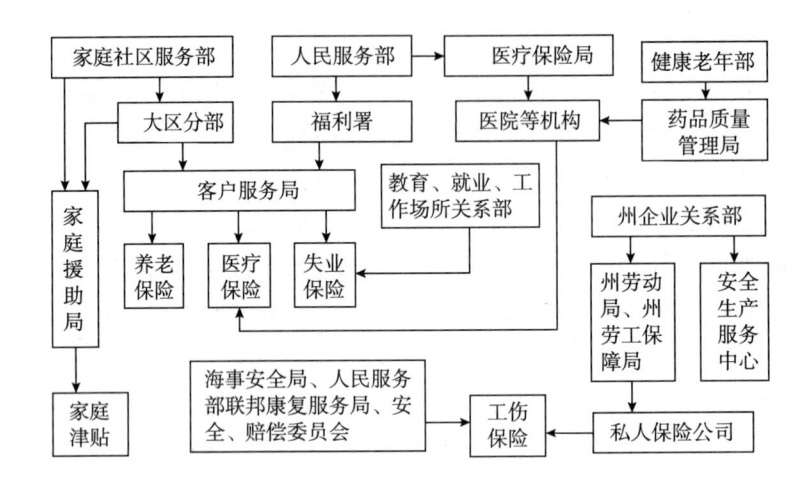

图 2　澳大利亚社会保险管理体制和经办体系

资料来源：人力资源和社会保障部社会保障战略研究课题组：《125 国（地区）社会保障资金流程图》，中国劳动社会保障出版社 2011 年版，第 271—281 页。

1. 管理体制

（1）养老保险

澳大利亚现行的养老保险依据1991年生效的《社会保障法》的规定建立的社会援助项目，依据1992年生效的《超级年金法》的规定建立了强制职业养老金系统，形成超级年金计划。家庭社区服务部负责制定养老保险社会援助项目的相关法规，并依据相关资料提出下一年度的养老保险社会援助项目的费用预算，协调相关的工作，保障政策的实施和政策实施的连续性。家庭社区服务部下设大区分部，负责对养老保险社会援助项目进行调查、评估和监督，发现存在的问题，进行相应的制度管理、培训和宣传，对工作环境进行改善，并负责监督保险机构的工作情况。人民服务部负责支持建立个人、家庭和社区的福利政策来提高居民的生活水平，下设福利署负责向社保受益群体提供一站式服务，并负责开发、协调和发放社会援助项目和超级年金服务。在超级年金计划中，财政部负责对退休收入政策提供建议，并设计超级年金计划的目标、框架和规则等政策规则，下设税务局负责收缴超级年金费用和管理基金成员年金账户，公积金管理局负责监管市场基金投资机构，证券与投资委员会负责对基金投资的相关信息进行监管,保障基金成员能够充分了解相关信息。

(2) 医疗保险

澳大利亚现行的医疗保险依据《社会保障法》《国民健康法》《卫生管理法》和《药品受益法》。由家庭社区服务部负责制定医疗保险相关法规,并依据相关资料提出下一年度的医疗保险的费用预算,协调相关的工作,保障政策的实施和政策实施的连续性。家庭社区服务部下设大区分部,负责对医疗保险项目进行调查、评估和监督,发现存在的问题,进行相应的制度管理、培训和宣传,对工作环境进行改善,并负责监督保险机构的工作情况。人民服务部负责相关疾病现金待遇和医疗药物待遇的实施,帮助建立个人、家庭和社区的福利政策来提高居民的生活水平,下设两个机构,福利署向社会保险受益群体提供一站式服务,进行疾病现金待遇的开发、协调和发放,医疗保险局负责监督管理医疗待遇和药物待遇制度的执行情况。健康老年部对医疗待遇、药品的筹集和调配直接负责,并负责发布卫生信息,制定卫生政策。健康老年部下设药品质量管理局负责医疗器械和药品评估;州卫生部负责制定全州的医疗待遇、药物待遇、发展计划和资源配置;药品受益顾问委员会和药品受益价格局负责针对药物受益方面的监管。区域卫生局、区域医院管理委员会和区域卫生管理董事会负责监管和协调区域内各个医疗机构的医疗服务和卫生资源配置情况,并制定区域卫生服务计划。卫生保健服务标准理事会独立地开展医疗机构的评审。医疗质量安全委员会负责监控和评估医疗机构的服务质量。

(3) 工伤保险

澳大利亚现行的工伤保险依据1992年生效的《劳动安全法》和《海员康复及赔偿法》,以及《劳工康复及赔偿法令》《职业健康安全及福利法令》和《南澳劳工保障局法令》。州企业关系部负责整个州的工伤保险制度,并将全部管理工作授权劳工保障局实施。州企业关系部下设的州劳工保障局负责工伤保险工作的管理,制定私人保险公司征收保费,支付赔偿;州劳动局与劳工保障局写作拟定策略,制定相关政策和规章,改进服务水平,并帮助保险基金的征收管理投资;安全生产服务中心与劳工保障局协作负责企业工作场所的安全生产和设施的监督检查。安全、赔偿委员会下设健康安全处和赔偿处,负责监督各州的工伤保险工作的执行情况,并处理相应的投诉。人民服务部联邦康复服务局负责协助伤残军人找回工作进而返回劳动力市场。海事安全局负责海员的全身健康检查。

(4) 失业保险

澳大利亚现行的失业保险依据1991年生效的《社会保障、工作搜寻、再就业法》和1998年生效的《青年津贴修订案》。由家庭社区服务部负责制定全国失业保险相关法规,并依据相关资料提出下一年度的失业保险的费用预算,协调相关的工作,保障政策的实施和政策实施的连续性。家庭社区服务部下设大区分部,负责对失业保险项目进行调查、评估和监督,发现存在的问题,进行相应的制度管理、培训和宣传,对工作环境进行改善,并负责监督保险机构的工作情况。人民服务部负责帮助建立个人、家庭、社区的福利政策来提高居民生活水平,下设的福利署通过七个机构向社会保险受益群体提供一站式服务,开发、协调和发放相关失业津贴服务。教育、就业、工作场所关系部下设四个机构为失业公民提供不同方面的服务,促进就业的增长,其中工作搜寻局负责为失业者提供工作搜寻方面的跟踪服务;国家培训信息服务局负责为失业者提供职业培训服务;工作信息数据库管理局负责提供工作信息数据库,为失业者提供就业岗位的相关信息;职业生涯开发研究所负责为失业者提供职业生涯指导。

(5) 家庭津贴

澳大利亚现行的家庭津贴依据《家庭援助法》《孤儿年金法》《儿童支持法》和《国民健康法》等。由家庭社区服务部负责制定全国家庭津贴相关法规,并依据相关资料提出下一年度的家庭津贴的费用预算,协调相关的工作,保障政策的实施和政策实施的连续性。家庭社区服务部下设大区分部,负责对家庭津贴项目进行调查、评估和监督,发现存在的问题,进行相应的制度管理、培训和宣传,对工作环境进行改善,并负责监督保险机构的工作情况。健康老年部负责为儿童免疫激励计划和健康保险卡的服务项目提供相关的政策建议和专业信息。财政部下属的税务局负责为家庭免税津贴的服务项目提供相关政策建议和税务信息。

2. 经办体系

澳大利亚社会保险采用统一式的管理模式,经办机构采取垂直管理体制,具体而言:(1) 养老保险中的强制职业养老金系统由政府指定的基金投资机构建立个人账户进行资本市场的运作,联邦税务办公室为收费机构，地方设有地方社会保障经办机构。社会援助项目由客户服务局负责相应计划的制订，通过全国16个地区的支持办公室和401个客户服务中心执行具体的社会援助养老金和超级年金待遇的申请、审核、批准和发放。(2) 医疗保险中客户服务局负责医疗保险疾病现金待遇服务计划的制订，通过全国16个地区的支持办公室和401个客户服务中心执行具体的疾病现金待遇的申请、审核、批准和发放。(3) 工伤保险中州劳动局和州劳工保障局下设的私人保险公司负责代理相关经办业务，征收保费，并支付赔偿，共有四家私人保险公司供雇主进行选择。州劳工保障局下设的市场代理机构提供伤残程度鉴定、工作能力恢复程度鉴定、心理健康测试和伤残康复与再就业培训等服务项目。(4) 失业保险中福利署下设的客户服务局负责失业津贴待遇服务计划的制订，通过全国16个地区支持办公室和401个客户服务中心执行具体的失业津贴待遇的申请、审核、批准和发放。(5) 家庭津贴不需要居民去不同的机构领取，在家庭援助局可以领取所有的家庭津贴服务。家庭援助局在全国的医疗保险局、福利署的客户服务中心和税务局都有自己的办公地点，处理居民的家庭津贴服务的申请、发放和投诉。从总体上看，家庭社区服务部在澳大利亚社会保险管理体系中居于中心地位，主要负责养老保险、医疗保险、失业保险和家庭津贴的政策制定和监督。下设有大区分部与澳大利亚各州负责监管和执行的部门。人民服务部下设的福利署是具有澳大利亚特色的社会保险机构，分部遍布所有城市，受到家庭社区服务部的监督。①

（四）特点

在澳大利亚的社会保险制度中，最为突出的特点是各险种围绕各个保险项目的受益人群的需求，积极地提供服务，联邦政府相关部门负责制定决策，专门的机构负责经办具体业务，政府和非政府机构进行监督。② 其社会保险体系形成了"政府基本保障，社会多方救助，个人自我保障"的运行机制。同时，澳大利亚的社会保险管理实现了信息化和网络化，其全国自动化管理信息系统建成于1989年，为全国社会保险办公室提供统一的、完整的、准确的客户资料和付款信息。便捷的管理信息

---

① 人力资源和社会保障部社会保障战略研究课题组：《125国（地区）社会保障资金流程图》，中国劳动社会保障出版社2011年版，第387—388页。

② 人力资源和社会保障部社会保障战略研究课题组：《125国（地区）社会保障资金流程图》，中国劳动社会保障出版社2011年版，第271—272页。

系统极大地提高了社会保险机构的运行效率，节约了相关行政经费。①

三 奥地利

（一）概述

奥地利是世界上较早实施社会保险的国家，1887年颁布工伤保险制度，1888年颁布医疗保险制度，1906年颁布养老保险制度，1948年颁布家庭补贴制度。② 在发展过程中，值得一提的是20世纪80年代以来，为了解决奥地利养老保险的可持续问题，对养老保险体制进行了比较彻底的改革。改革措施主要体现在继续提高养老保险覆盖面、加强个人对老年保障的责任、降低养老金支出水平、促进老年人就业等方面，使奥地利原本由社会养老保险体制提供慷慨的保障开始逐渐被以实现老年保障体制可持续性的三支柱保障体制取代。这种改变体现在降低第一支柱的保障水平，同时加强原本发展落后的第三支柱保障体制，即企业年金和个人储蓄性养老保险，提高了基金制养老保障的比重。现在，奥地利的社会保险制度已经达到较为成熟的阶段。截至2012年年底，奥地利普通养老保险机构的大口径人均负荷比约为808∶1，小口径人均负荷比约为501∶1。③ 作为欧洲"福利国家"典型代表，奥地利由于国情的特殊性和政府在经济发展中价值选择的特殊性，其社会保险制度具有明显特征，雄厚的经济基础使得社会保险的运行主要依靠政府行为，社会保险的各项目标也主要依靠政府的投入来实现。④

（二）险种构成

现阶段，奥地利的社会保险主要可分为养老、医疗、工伤、失业和家庭补贴五大部分，并且有完善的社会救济制度，由各个州政府负责，各个州有不同的社会救济立法和具体制度，收入不足以维持正常的生活或没有社会保险收益资格的人，可以通过社会救济维持基本生活。⑤

---

① 张深溪：《社会保障是经济社会发展的"稳定器"和"调节器"——对澳大利亚社会保障制度的考察与思考》，《学习论坛》2007年第6期。
② 人力资源和社会保障部社会保障战略研究课题组：《125国（地区）社会保障资金流程图》，中国劳动社会保障出版社2011年版，第9—10页。
③ 郑秉文：《中国养老金发展报告2013——社保经办服务体系改革》，经济管理出版社2013年版，第174—175页。
④ 曾柏苓：《奥地利社会保障制度的特点与启示》，《云南行政学院学报》2001年第1期。
⑤ 人力资源和社会保障部社会保障战略研究课题组：《50国（地区）社会保障机构图解》，中国劳动社会保障出版社2011年版，第3—4页。

（三）管理体制与经办体系

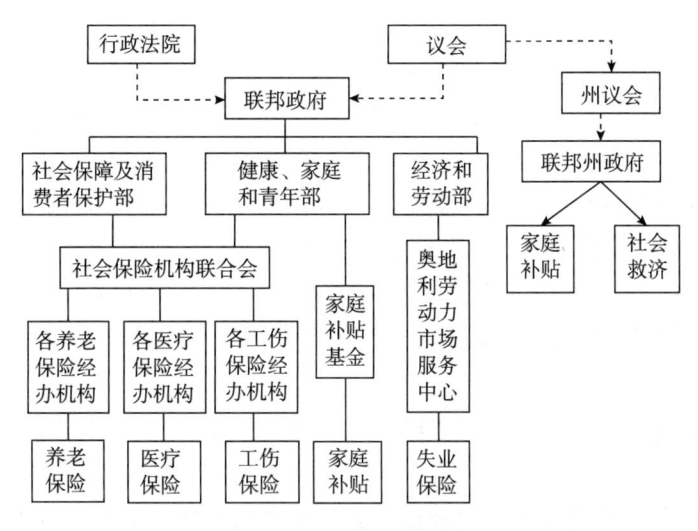

图3 奥地利社会保险管理体制和经办体系

资料来源：人力资源和社会保障部社会保障战略研究课题组：《50国（地区）社会保障机构图解》，中国劳动社会保障出版社2011年版，第3—4页。

1. 管理体制

（1）养老保险

奥地利现行养老保险的依据是1956年生效的《普通社会保险法》，由各个养老保险经办机构进行管理，受到联邦社会保障及消费者保护部的监管。各个养老保险经办机构中，最高决策机构为管理委员会，由雇主、投保人及政府的代表组成。普通养老保险经办机构经营除特定职业外的人员的养老保险，负责审核养老金领取者资格，以及发放养老金。特定职业养老保险经办机构经营铁路、矿业领域的雇员以及自雇者的养老保险，负责审核养老金领取者资格以及发放养老金。

（2）医疗保险

奥地利现行医疗保险的依据是1956年生效的《普通社会保险法》，由各个医疗保险经办机构进行管理，受到联邦健康、家庭和青年部的监管。各个医疗保险经办机构中，最高决策机构为管理委员会，由雇主、投保人及政府的代表组成。地区医疗保险经办机构经营除特定职业外的人员的医疗保险，负责收取保费，提供相应的免费医疗服务及现金津贴。特定职业医疗保险经办机构经营铁路和矿业领域的雇员、公共机构雇员以及自雇者的医疗保险，负责收取保费，提供相应免费医疗服务以及现金津贴。

(3) 工伤保险

奥地利现行工伤保险的依据是1956年生效的《普通社会保险法》，由各个工伤保险经办机构进行管理，受到联邦健康、家庭和青年部的监管。各个工伤保险经办机构中，最高决策机构为管理委员会，由雇主、投保人及政府的代表组成。普通工伤保险经办机构经营除特定职业外的工伤保险，负责收取保费，提供相应的免费医疗服务以及现金津贴。特定职业工伤保险经办机构经营铁路和矿业领域的雇员、公共机构的雇员以及农民的工伤保险，负责收取保费及提供相应免费医疗服务以及现金津贴。

(4) 失业保险

奥地利现行失业保险的依据是1977年生效的《失业保险法》，由奥地利劳动力市场服务中心进行管理，受到联邦劳动和经济部的监管。奥地利劳动力市场服务中心的管委会成员由来自雇主、雇员、政府以及企业职工委员会的代表组成。奥地利劳动力市场服务中心的各个地方分支机构对失业保险进行管理。负责审核和批准失业金申请者的领取资格，为具有领取资格的人员发放失业金。为失业者介绍工作、提供临时工作岗位，办理失业者的医疗保险，为失业人员参加培训提供补贴。对于雇主提供学徒岗位和雇佣失业者进行补贴，并配合其他激励措施。

(5) 家庭补贴

奥地利现行家庭补贴制度的依据是1967年生效的《奥地利家庭负担平衡法》，由1995年成立的家庭补贴基金经办管理，由联邦健康、家庭和青年部负责。家庭补贴基金收取家庭补贴费，管理政府对家庭补贴的拨款。由地方财税局受理领取家庭补贴的申报，并发放补贴。

2. 经办体系

奥地利的社会保险采用自治经办体制，通过签订契约的方式，政府与自治机构实现合作，由政府、雇主和雇员三方代表组成理事会，政府相关部门负责总体监督，经办机构有很高的自治权，具体而言：(1) 养老保险的经办主体为各个养老保险经办机构，医疗保险经办机构征收保费，转账给各养老保险经办机构，再由其负责发放。(2) 医疗保险的经办主体为奥地利的各个医疗保险经办机构，负责征收保费和发放现金津贴，医疗机构提供医疗服务。(3) 工伤保险的经办主体为各个工伤保险经办机构，医疗保险机构征收保费，转账给各工伤保险经办机构，各工伤保险机构负责发放现金津贴，医疗机构提供医疗服务。（4）失业保险的经办主体为奥地利劳动力市场服务中心，医疗保险机构负责征收保费，地方劳动力市场服务办公室负责发放失业金及审核等事务。（5）家庭津贴的经办主体为家庭补贴基金，负责征收保费，地方财税局负责发放补贴。从总体上看，其社会保险经办体系由 22 家社会保险经办机构和奥地利社会保险机构联合会构成，联合会负责对 22 家经办机构进行行政管理。资金主要来源于法定强制缴纳的各种保费，并由国家财政来弥补其支出的不足部分。[1] 社保基金实行收支两条线，基本由医疗保险机构对各个社会保险费用的保费进行统一征收，再转账给各个经办机构，各个社会保险经办机构的管理成本从基金收入中提取。[2]

（四）特点

奥地利的社会保险体系中，养老保险、医疗保险和工伤保险三大险的经办机构部分按职业划分，例如自雇者、铁路雇员、农民等的保险有单独保险机构负责办理[3]，体现了社会保险体制的灵活性。并且，在长期发展过程中，奥地利形成了法制化、制度化、规范化的社会保险体系和公平性、社会性、福利性的社会保险制度。

四 丹麦

（一）概述

丹麦的社会保障体系以普遍覆盖为主要特点，在 19 世纪末已经形成社会保障制度立法[4]，丹麦属于典型的斯堪的纳维亚社会保障模式，即全体公民均有享受社会保障的权利。丹麦的养老保险体系从 1964 年把公共养老金分为基本养老金和基本补充养老金以来，没有发生很大的变革，但是私人养老金覆盖率不断提高。20 世纪 70 年代，在经济大萧条的影响下，丹麦政府一方面加大对低收入者的最低生活保障，减少公共养老金的受益人群，降低政府支出来减少财政赤字；另一方面，通过多种政策

---

[1] 人力资源和社会保障部社会保障战略研究课题组：《125 国（地区）社会保障资金流程图》，中国劳动社会保障出版社 2011 年版，第 9—10 页。

[2] 郑秉文：《中国养老金发展报告 2013——社保经办服务体系改革》，经济管理出版社 2013 年版，第 174—175 页。

[3] 人力资源和社会保障部社会保障战略研究课题组：《125 国（地区）社会保障资金流程图》，中国劳动社会保障出版社 2011 年版，第 9—10 页。

[4] 人力资源和社会保障部社会保障战略研究课题组：《125 国（地区）社会保障资金流程图》，中国劳动社会保障出版社 2011 年版，第 54—55 页。

不断鼓励公民参与私人养老金计划。通过这种途径,大大减轻了养老保险的负担,使得居民养老保险水平不减反增。2001年到2010年,丹麦的个人养老金和职业养老金缴费占比从83.3%上升至93.7%。2013年丹麦的养老金平均收益在二十六个经合组织国家中居第三,仅次于英国和荷兰养老金的平均收益率。[1]

(二)险种构成

丹麦的社会保险与大多数国家一样,主要由五大险种构成,养老、医疗和工伤保险,以及失业保险和家庭津贴。在丹麦的社会福利中,很多服务是免费提供给公民的,例如健康和教育。丹麦的社会保障主要由政府出资,资金主要来源于税收,因而丹麦是世界上税收比例最高的国家之一。[2]

(三)管理体制与经办体系

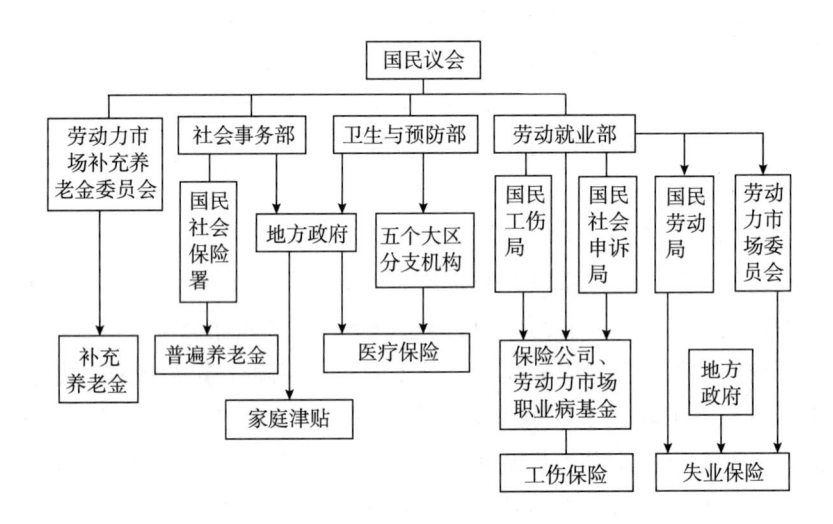

图4 丹麦社会保险管理体制和经办体系

资料来源:人力资源和社会保障部社会保障战略研究课题组:《50国(地区)社会保障机构图解》,中国劳动社会保障出版社2011年版,第29—30页。

---

[1] 杨泽云:《丹麦养老金发展及启示》,《中国保险》2016年第2期。
[2] 人力资源和社会保障部社会保障战略研究课题组:《50国(地区)社会保障机构图解》,中国劳动社会保障出版社2011年版,第29—30页。

1. 管理体制

（1）养老保险

丹麦现行的养老保险分为两大部分。第一部分是普遍养老金，依据 2007 年生效的《社会年金合并法案》，由社会事务部制定相关规章制度并监管，具体由地方政府和国民社会保险署分别负责全体居民和海外收益人的普遍养老金的执行。第二部分是劳动力市场补充养老金，依据 2006 年生效的《劳动力市场补充养老金年金法案》和 1998 年生效的《个人养老金账户年金法案》，由劳动力市场补充养老金委员会进行基金的管理运作。

（2）医疗保险

现行医疗保险制度是依据《健康法案》（2005 年）和《生育法案》（2006 年）而制定的。卫生与预防部负责制定相关规定，监督医疗保险的执行质量、效率以及相关新技术的应用。卫生与预防部监管下的五个大区分支机构负责医院、精神治疗和医疗保险，地方政府负责家庭看护、对酗酒和药物依赖的治疗和不需要住院或是特殊牙医护理的疾病预防、看护和复原。地方政府负责现金待遇的确定和发放，社会事务部进行监管。

（3）工伤保险

丹麦现行工伤保险依据是 2000 年生效的《工伤保护法案》和 2006 年生效的《工人赔偿合并法案》，由劳动就业部负责监督管理。由工伤类保险公司和职业病类劳动力市场职业病基金进行资金运作和提供工伤保险。劳动就业部监管下的工伤类保险公司和职业病类劳动力市场职业病基金进行资金运作和提供工伤保险。国民工伤局负责相关工伤保险制度的具体实施办法、规定等的制定，伤情和病情的鉴定。国民社会申诉局负责受理相关投诉，纠纷仲裁，与国民工伤局一起收集有关工伤保险的信息。

（4）失业保险

丹麦现行失业保险依据是 2005 年生效的《失业保险法案》。地方政府提供救济。劳动就业部负责监督国民劳动局和劳动力市场委员会的具体执行。地方政府负责为未投保的失业者提供救济。国民劳动局管理经许可的失业保险基金，到 2006 年至少有 10000 名会员，给投保的失业者提供服务。劳动力市场委员会提供积极的劳动力市场政策，用以促进就业。

(5) 家庭津贴

丹麦现行家庭津贴依据是 2004 年生效的《儿童津贴及儿童抚养合并法案》。由社会事务部制定相关规定影响地方决策来监管整个体系，地方政府具体执行，并负责具体的执行，保证相关体系的畅通，同时提供家庭津贴。

2. 经办体系

丹麦社会保险采用统一经办体制，政府，特别是地方政府在整个社会保障制度中承担着重要责任，是主要的负责机构，具体而言：(1) 养老保险中普遍养老金的经办主体为地方政府，劳动力市场补充养老金和个人账户养老金的经办主体为劳动力市场补充年金委员会；地方政府提供普遍养老金资金，并负责发放津贴，国民社会保险署发放海外收益人的普遍养老金；劳动力市场补充年金委员会负责相关津贴的收缴和发放。(2) 医疗保险的经办主体为地方政府，并负责保费的收缴和发放。(3) 工伤保险的经办主体为工伤类保险公司和劳动力市场职业病基金，并负责保费的收缴和发放。(4) 失业保险的经办主体为地方政府、国民劳动局和劳动力市场委员会，分别负责未投保失业者的救济、投保失业者失业保险基金的收缴、发放以及促进就业等政策的落实。(5) 家庭津贴的经办主体为地方政府，并负责保费的收缴和发放。从总体上看，丹麦一直保持地方自治，地方政府有自己的议会、法院等，中央各部委只对其有监督指导的作用。同时，丹麦劳动力市场中劳动互惠协议发挥着重要作用，社会伙伴在各项社会、经济政策的形成过程中也扮演着重要角色。在各种社会关系协调中，丹麦高度重视法律作用，政府、非政府组织以及公民彼此之间的相互关系通过法律得以规范。[①]

(四) 特点

丹麦健全完善的社会保险体系不仅为丹麦民众提供了充足的保险基金，也在丹麦经济发展中发挥了重要作用。[②] 值得一提的是，丹麦的社会保障制度实行弹性退休政策，以"原宅养老"为核心，1979 年设立了"老年人政策委员会"，并提出建设老年人居住场所应具备的相应设施，

---

① 邱创教：《丹麦王国和英联邦社会保障制度考察》，《云南社会科学》2002 年第 3 期。
② 杨泽云：《丹麦养老金发展及启示》，《中国保险》2016 年第 2 期。

由政府提供扶植与保障。在住房政策上，由政府修建、管理老年人住宅，并提供 24 小时医疗服务和家庭服务。①

五　德国

（一）概述

德国是世界上第一个以社会保险立法实行现代社会保障制度的国家。自 1883 年起，相继颁布了《医疗保险法》《工伤事故保险法》，随后，《养老保险和伤残保险法》颁布，1927 年颁布《失业保险法》、1994 年护理保险从医疗保险中分离出来成为德国第五大社会保险。德国社会保险建立在社会保障功能的指导思想下，将支持弱者、化解生活风险、追求机会公平视为国家有序发展的基石，进而，积极贯彻三项基本原则，首先，缴纳了社会保险费的成员将能够从保费和国家津贴中获得相应待遇，即保险原则；其次，如果人们为国家做出特殊贡献和牺牲，可以获得官方供养，即供养原则；最后，如果不能从社会保险或者官方供养中获得待遇，那么将通过社会救济获得，即救济原则。② 德国社会保险制度，体现了责任与权威的统一，国家有责任帮助公民化解风险，同时要求其民众对国家忠诚。

（二）险种构成

德国的社会保险包含五大险种，养老、医疗和护理、工伤、失业保险，此外还有家庭津贴。德国的法定养老保险是强制性保险，覆盖大约 90% 的从业人员，其余的，由企业补充养老保险、自愿保险等作为补充。法定的医疗保险也是强制性保险，覆盖全德国人口的 88%，其余 10% 参加了私人医疗保险，另外的 2% 为享受国家免费医疗的人群，如国防、警察等。德国的家庭津贴是完全由政府出资的福利项目，不属于社会保障中的全民制度。③

---

① 万江、余涵、吴茵：《国外养老模式比较研究——以美国、丹麦、日本为例》，《南方建筑》2013 年第 2 期。
② 刘翠霄：《德国社会保障制度》，《环球法律评论》2001 年第 4 期。
③ 人力资源和社会保障部社会保障战略研究课题组：《50 国（地区）社会保障机构图解》，中国劳动社会保障出版社 2011 年版，第 60—62 页。

（三）管理体制与经办体系

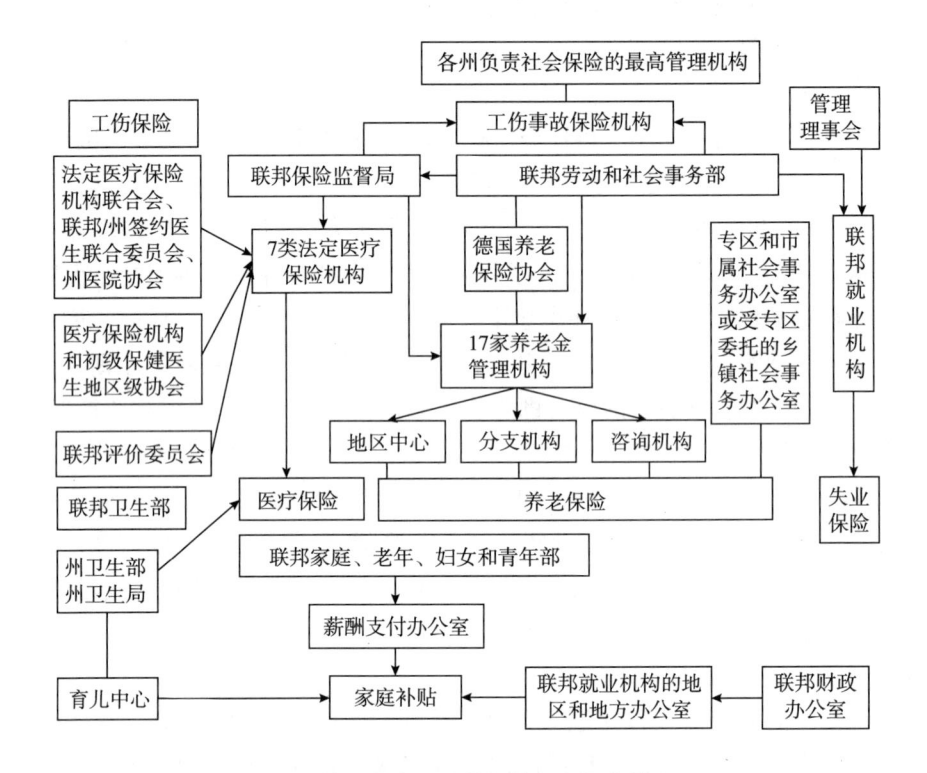

图5　德国社会保险管理体制和经办体系

资料来源：人力资源和社会保障部社会保障战略研究课题组：《50国（地区）社会保障机构图解》，中国劳动社会保障出版社2011年版，第60—61页。

1. 管理体制

（1）养老保险

德国现行养老保险的依据是《养老保险法》（2002年、2007年），由联邦劳动和社会事务部负责总体监督，下设联邦保险监管局、养老保险协会及17家养老金管理机构，分别管理相关事务。其中，联邦保险监管局主要负责承保人的法律监督工作，同时具有对联邦补贴的管理以及对各州养老金进行分配等职能。养老保险协会则负责发布信息，培训养老金管理机构的工作人员。17家养老金管理机构实行社会伙伴直接参与的自我管理模式，分设地区中心、分支机构和咨询机构具体管理养老保险事务。地区中心负责绝大部分与保险、养老金、康复有关事务的现场办理，并解答所有与养老保险相关的问题。分支机构则负责管理账户、接受合同、提供全套文件、解答与保险、养老金、康复有关的问题。咨询机构免费提供解答问题、计算养老金等服务。专区和市属社会事务办公室或受专区委托的乡镇社会事务办公室主要负责未交费群体、缴费不足群体和低收入群体的家计调查和救济发放。

（2）医疗和护理保险

德国现行的医疗保险依据《孕产保险法》《医疗保险法》《护理保险法》运行和实施。联邦卫生部总体监管医疗保险、护理保险和医疗服务，并负责制定法规和相关标准、为公共卫生事业调拨款等。各联邦州设有专门机构负责贯彻落实相关法律及对医疗保险机构的监督工作，并且负责为医院提供基建和设备以及组织医务人员教育和培训等。法定医疗保险承保人的监督工作由联邦保险监管局负责。7类法定医疗保险机构负责医疗保障相关事务的具体执行，其下属的药房和药剂师负责提供药品服务，公立医院、私立营利医院和私立非营利医院负责提供住院医疗服务，医生协会的私人开业医生提供门诊医疗服务。

（3）工伤保险

德国现行工伤保险的依据是《工伤事故保险法》和《职业病保险法》。联邦劳动和社会事务部对预防工伤事故进行监管，下设联邦保险监管局负责对联邦范围内工伤事故保险机构进行监督。各州负责社会保险的最高管理机构或者是由州委派的管理机构对各州的工伤事故保险机构进行监督。工伤事故保险机构负责工伤保险的日常管理，包括向被保险人提供各种类型的伤残金、医疗待遇、康复培训和家庭照顾等，以及向符合条件的被保险人遗属提供丧葬费等遗属抚恤金。

（4）失业保险

德国现行失业保险的依据是《就业促进法》，归属《联邦社会法典》。联邦劳动和社会事务部对相关法规和政策的落实情况进行监督。管理理事会由雇主、雇员及联邦、州和乡镇共15名代表组成，负责监督联邦就业机构的工作。联邦就业机构负责促进与安置就业和失业保险的管理。联邦就业机构下设10家地区就业机构、178家地方就业机构和1660家办事处，负责实施失业保险的具体工作。

（5）家庭补贴

德国现行家庭津贴的依据是《子女津贴法》《育儿法》和《父母津

贴法》。由联邦家庭、老年、妇女和青年部负责总体监督。联邦财政办公室负责家庭津贴,由联邦就业机构的地区和地方办公室向符合条件的家庭发放子女津贴和子女补贴。薪酬支付办公室负责向公务员家庭发放子女津贴。联邦州负责贯彻实施《育儿法》和《父母津贴法》,下设育儿中心负责向符合条件的家庭发放育儿补贴和父母津贴。

2. 经办体系

德国的社会保险采用自治经办体制,具体而言:(1)养老保险的经办主体为 17 家养老管理机构,并负责基金的征缴和发放。针对未缴费人群和低收入人群等,经办主体为专区和市属社会事务办公室或受专区委托的乡镇社会事务办公室,并负责发放救济。(2)医疗保险的经办主体为七类法定医疗保险机构,并负责收缴保费,将保费支付给医疗协会或医院,与医院和私人开业的医生共同负责提供医疗保费发放。(3)工伤保险的经办主体为工伤事故保险机构,并负责基金的征缴和发放。(4)失业保险的经办主体为联邦就业机构,各类医疗保险机构负责收缴保费,地方就业机构负责发放与缴费有关的失业金一,地方就业机构和市镇社会事务办公室组成的"工作中心"通过联邦和地方政府发放失业金。(5)家庭津贴的经办主体为联邦劳动局地方劳动办、薪酬支付办公室和育儿中心,并负责保费的征缴和发放。从总体上看,德国社会保险经办机构董事会每年制定一份年度的预算计划,经过代表大会的批准即可生效,社会保险经办机构的支出包括社会保险的待遇给付和管理成本支出,德国联邦劳动和社会事务部对年金的经办机构实行全面监督。[①]

(四)特点

德国采用"自治式"的社会保险经办模式,现阶段拥有 17 家养老保险经办机构,这些法定养老保险经办机构拥有自治职能的法人,实行财务自治,独立于国家预算。相关政府部门进行监督。德国医疗保险经办机构经历多次兼并重组,从 20 世纪 70 年代以来从将近 2000 家减至 134 家。德国社会保险经办机构根据自身工作量和服务内容对人员进行编制,从人均负荷比即经办机构雇员人数和服务保障对象人数之间的比例来看,莱茵州养老保险经办机构缴费人数人均负荷比高达 2410∶1,联邦养老保险经办机构负荷比为 2187∶1,矿工、铁路工人、海员养老保险经办机构

---

① 刘翠霄:《德国社会保障制度》,《环球法律评论》2001 年第 4 期。

负荷比仅为119∶1。①

六 法国

(一) 概述

法国现代社会保障制度建立于1945年,是一种汲取了英德模式特点的"混合体",社会保险制度较为完善并且覆盖面广,整个社会保险制度是责任分担、利益共享、多层次、多形式的复杂体系。② 在2005年,法国社会保障账户数据显示,养老保险金占全部社会保障资金的44.1%,医疗保险资金占35.3%,家庭津贴占9.0%,失业保险占7.4%,住房保障所占比例较小,仅为2.7%。可以说,养老保险、医疗保障和家庭津贴是法国社会保障的三大支柱,失业保险也变得越来越重要。③ 值得一提的是,法国的医疗保险水平很高,拥有较高的医疗保险给付水平上,患者的医疗费用几乎可以全额保险;并且覆盖面广泛,2000年1月实行的"普遍医疗补助制度"包括了无固定就业者和移民等社会群体;同时,医疗保险服务相对均等,只要是合法居民,无论职业、性别、经济状况如何,都能够获得相应的医疗保险,也因此,法国的医疗保险面临着巨大赤字。④ 并且,"碎片化"是法国社会保险制度的显著特征,其社会保险制度是由总数多达422种不同的制度构成,制度构建之零碎,为世界罕见。⑤

(二) 险种构成

法国的社会保险主要有五大险种,分别为养老、医疗、工伤与职业病保险,以及失业保险和家庭津贴。同时,又分为四大类,分别为总制度、农业社会互助制度(农业制度)、非领薪者非农业人员制度("双非"制度)和专门制度。四大类制度具体内涵为:①总制度:覆盖私有部门工商业领薪者,即不在其他制度内的所有人员。小部分公有部门也被划分在该制度内,但属于其中的特殊制度。覆盖社保总人口的88.4%,覆盖全国工薪者养老保险基金会,全国工薪者疾病保险基金会和全国家

---

① 郑秉文:《中国养老金发展报告2013——社保经办服务体系改革》,经济管理出版社2013年版,第167—169页。
② 梅哲:《法国社会保险制度改革对中国的启示》,《统计与决策》2005年第8期。
③ 李姿姿:《法国社会保障制度改革及其启示》,《经济社会体制比较》2010年第2期。
④ 王蓉:《法国社会保障制度改革》,《中国人大》2010年第20期。
⑤ 崔晗:《法国社会保障制度"碎片化"特征探究》,《劳动保障世界》2018年第30期。

庭津贴基金会。其中，特殊制度包括学生制度、电气燃气公司制度和公务员制度等。②农业社会互助制度（农业制度）：覆盖农业有关人口，覆盖社保总人口的 4.7%。主要机构为农业社会互助制度中央和地方基金会。③非领薪者非农业人员制度：主要覆盖自主工商业者、自由职业者等人群，占社保总人口的 5.7%。主要机构为独立职业者制度地方与中央基金会以及全国自由职业者养老保险基金会。④专门制度：若干特殊行业制度的总称，覆盖社保总人口的 1.6%，主要覆盖养老和疾病风险。①

（三）管理体制与经办体系

1. 管理体制

法国现行四类社会保障制度（总制度、农业互助制度、非领薪者非农业人员制度和专门制度）的依据是议会两院通过的相关社会保障法案，各类型的制度具有不同的行政管理机构。

（1）养老保险

法国现行的养老保险总制度由三个部门（劳动、社会关系、家庭与团结部、健康、青年与体育部和预算、公共会计与公共服务部）共同负责，下辖的社会保障司制定与贯彻社保政策，监管社保机构，监督并确保社保收支平衡。养老保险的具体事务由全国工薪者养老保险基金会、全国地方公务员养老基金会和国家年金部负责。全国工薪者养老保险基金会管理共同制度的养老保险基本制度，并制定相应原则与目标，负责其落实情况；全国地方公务员养老基金会管理包括公立医院医务人员在内的地方公务员的养老基金；国家年金部负责民事、军事和法官序列国家公务员的年金制度的管理与落实。

法国现行的养老保险农业互助制度由农业和渔业部主管的农业社会互助制度中央基金会管理，在地方设有 85 所基金会具体经办。

法国现行的养老保险非领薪者非农业人员制度由独立职业者制度全国基金会（CNRSI）、全国自由职业者养老保险基金会（CNAVPL）和全国律师基金会（CNBF）总体负责，社会保障司负责总体监管。独立职业者制度全国基金会负责 30 所独立职业者制度地方基金会，针对投保的手工业和自主工商业者，对受保人进行登记注册和发放养老金。全国律师基

---

① 人力资源和社会保障部社会保障战略研究课题组：《125 国（地区）社会保障资金流程图》，中国劳动社会保障出版社 2011 年版。

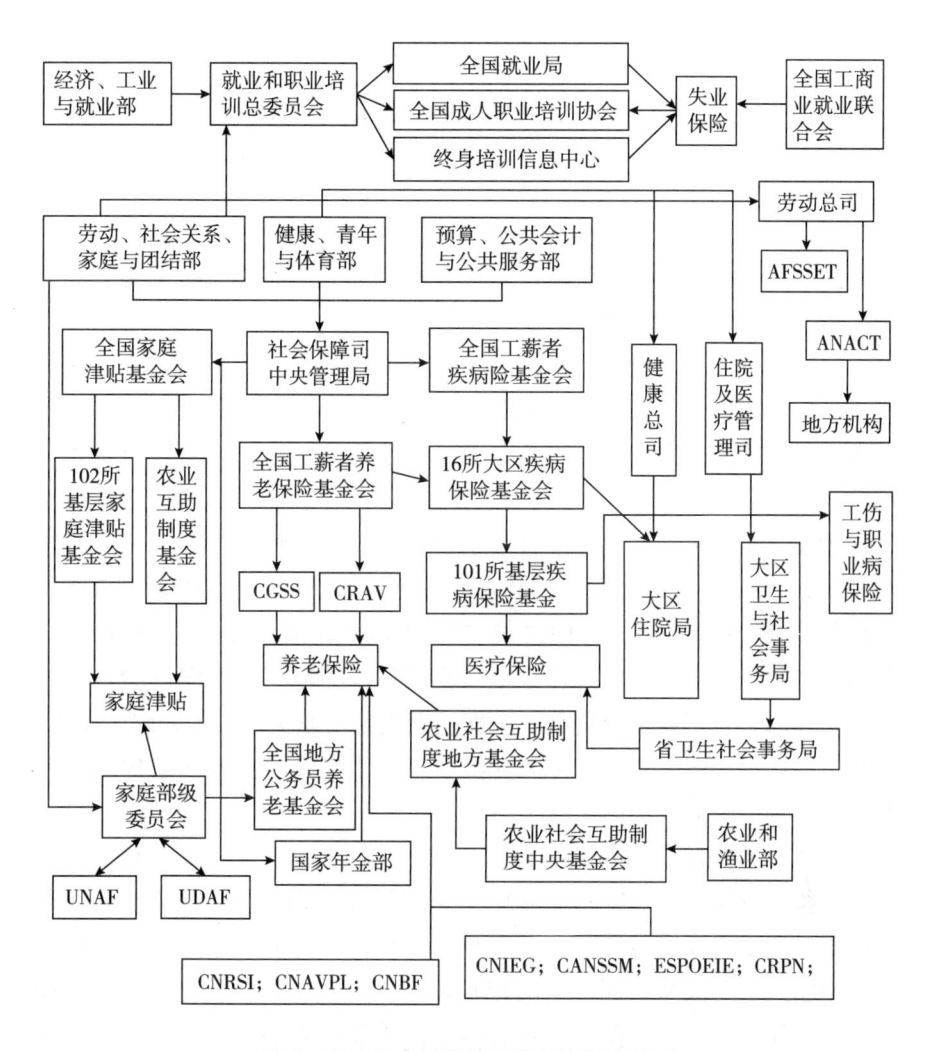

图 6　法国社会保险管理体制和经办体系

资料来源：人力资源和社会保障部社会保障战略研究课题组：《50 国（地区）社会保障机构图解》，中国劳动社会保障出版社 2011 年版。

金会负责对律师行业进行相关管理。全国自由职业者养老保险基金会统管各自由职业者制度，下辖 11 家行业基金会，分别负责各行业的养老保险事务。具体行业基金会及其职责如下：内阁、司法官员养老基金会负责诉讼代理、书记员等的养老保险事务；医生独立退休基金会负责独立开业的医生的养老保险事务；牙医独立退休基金会负责独立开业牙医的养老保险事务；药剂师养老保险基金会负责药剂师的养老保险事务；助产士独立退休基金会负责助产士的养老保险事务；公证人退休基金会负责公证人的养老保险事务；兽医独立退休基金会负责兽医的养老保险事务；经纪人、代理人养老补贴基金会负责保险业务员等的养老保险事务；会计师、稽查员退休基金会负责会计和稽查人员的养老保险事务；跨行业互助养老保险基金会负责建筑师和工程师等的养老保险事务；护士、按摩师、运动治疗师、足疗师独立退休基金会负责护士、按摩师、运动治疗师、足疗师的养老保险事务。

法国现行的养老保险专门制度由三个部门（劳动、社会关系、家庭与团结部、健康、青年与体育部和预算、公共会计与公共服务部）共同负责，下辖的社会保障司负责监督各基金会等机构。不同机构负责各专门制度的养老保险具体事务，具体包括全国电气、燃气工业基金会（CNIEG）、全国矿工社会保险自治基金会（CANSSM）、国企工人年金专门基金会（ESPOEIE）、航空人员退休基金会（CRPN）、法兰西剧院人员退休基金会（CRPCF）、神职人员与教会职员退休基金会（CRPCEN）、宗教人员养老、伤残和疾病保险基金会（CAVIMAC）、ENIM（全国海员残疾管理局）等机构，分别负责电气、燃气公司职员、矿工、国企工人、飞行员、法兰西剧院职员、神职人员、宗教人员、海员等养老保险专门制度的事务。

（2）医疗保险

法国现行的医疗保险总制度由三个部门（劳动、社会关系、家庭与团结部、健康、青年与体育部和预算、公共会计与公共服务部）共同负责，下辖的社会保障司制定与贯彻社保政策，监管社保机构，监督并确保社保收支平衡。社会保障司主管的全国工薪者疾病保险基金会就医保立法提出建议，确立医保的原则和目的并确保贯彻和落实，管理医疗保险基金，协调下级基金会的活动，并由雇主和雇员代表组成理事会进行管理。健康、青年与体育部下设健康总司和住院及医疗管理司，前者负责制定公共健康政策和管理医疗系统，后者作为健康部和医疗机构之间的纽带，负责管理医疗机构。医疗保险总制度的具体事务由隶属于健康总司的大区卫生与社会事务局、住院及医疗管理司和全国工薪者疾病保险基金会共同管理的大区住院局执行。大区卫生与社会事务局管理医疗机构、监督立法执行、协调公立、私立医院的医疗活动，下设省卫生和社会事务局对公共卫生事务进行监察和干预。大区住院局确定公立、私立医院的医疗费分配、制订地方医疗计划、对病床和医疗器械进行认证。隶属于全国工薪者疾病保险基金会的 16 所大区疾病保险基金会参与大区住院局的工作，在大区住院局内为住院和门诊提供医疗手段，开展卫生防疫，在卫生领域内提供建议，并开展培训，下设的 100 多所基层疾病保险基金会为参保人员进行医保登记和注册，并给参保人支付医疗保险金。

（3）工伤与职业病保险

法国现行的工伤与职业病保险总制度由三个部门（劳动、社会关系、家庭与团结部、健康、青年与体育部和预算、公共会计与公共服务部）共同负责，下辖的社会保障司制定与贯彻社保政策，监管社保机构，监督并确保社保收支平衡。社会保障司主管的全国工薪者疾病保险基金会进行工伤和职业病风险管理，贯彻预防工伤和职业病政策，在国家级层面开展工伤和职业病预防的调查、研究和统计工作。劳动、社会关系、家庭与团结部主管的劳动总司负责制定和协调与预防工伤和职业病有关的政策，制定有关确保劳动条件、劳动场所健康与安全的法律法规并推动落实相关行动。劳动总司下设国家劳动条件改善局（ANACT）为企业提供信息和技术，帮其改善和提高劳动条件，其下属有地方机构和其他劳动、就业和职业培训机构。由健康、青年与体育部和劳动总司共同管理的法国环境与劳动卫生安全局（AFSSET）开展研究、进行风险评估，以确保劳动健康，为相关立法提供政策建议。隶属于全国工薪者疾病保险基金会的 16 所大区疾病保险基金会帮助企业评估工伤和职业病风险以采取预防措施，参与工伤和职业病保费的制定，下设的 100 多所基层疾病保险基金会为投保人进行登记、注册，给参保人支付工伤与职业病保险金。

（4）失业保险

法国现行的失业保险的管理由经济、工业与就业部、劳动、社会关系、家庭与团结部和全国工商业就业联合会（NEDIC）共同负责。就业和职业培训总委员会为就业和职业培训提供政策咨询和建议，并监督协调就业和职业培训政策的落实并评估政策的效果。全国工商业就业联合会负责失业保险的财政管理，与就业和职业培训总委员会为合作关系。就业和职业培训总委员会下设的全国就业局、全国成人职业培训协会、终身培训信息中心和全国工商业就业联合会下设的工商业就业协会负责失业保险具体事务的执行。全国就业局贯彻政府的就业政策和战略，提供政策咨询，其理事会 1/3 为雇主代表，1/3 为雇员代表，1/3 为政府代表，下属有多所地方就业局。全国成人职业培训协会帮助发展职业技能，促进职业融入，规划就业与职业培训政策，下属有多所地方成人职业培训协会。终身培训信息中心发布就业和职业培训信息，帮助失业者就业。工商业就业协会负责失业注册登记，并发放失业保险金和失业救济金。

（5）家庭津贴

法国现行的家庭津贴由三个部门（劳动、社会关系、家庭与团结部、健康、青年与体育部和预算、公共会计与公共服务部）共同负责，下辖的社会保障司制定与贯彻社保政策，监管社保机构，监督并确保社保收支平衡。隶属于劳动、社会关系、家庭与团结部的家庭部级委员会与隶属于社会保障司的全国家庭津贴基金会等负责家庭津贴事务的具体执行。家庭部级委员会与家庭协会全国联合会（UNAF）、家庭协会地区联合会（UDAF）等制度伙伴以及其他相关机构共同参与设计、制定家庭津贴政策，并监督贯彻落实。家庭协会地区联合会是家庭协会全国联合会的地方机构，在地方层面开展工作，提出恰当的家庭政策。全国家庭津贴基金会参与制定家庭政策，管理家庭津贴，协调下级基金会的活动，由雇主、雇员代表组成理事会进行管理。全国家庭津贴基金会下设的 123 所基层家庭津贴基金会负责发放总制度下的家庭津贴，即私有部门工商业领薪者家庭和所有其他非农业非自由职业者家庭。全国家庭津贴基金会下设的农业社会互助制度的基金会负责发放制度下的家庭津贴给农业领薪者和非领薪者家庭。

2. 经办体系

法国社会保险采用自治经办体制，在组织管理上实行社会化经营和分散管理，国家不参与直接管理，而是委托给经办机构。经办机构具有法人性质，法国政府建立独立监督委员会对经办机构的目标执行情况进行监督检查[①]。法国现行四类社会保障制度（总制度、农业互助制度、非领薪者非农业人员制度和专门制度）对应着不同的行政管理机构，也拥有着不同的经办体系，具体而言：（1）总制度中的失业保险主管部门是

---

① 郑秉文：《中国养老金发展报告 2013——社保经办服务体系改革》，经济管理出版社 2013 年版，第 172 页。

经济、工业与就业部，经办主体为全国工商业就业联合会；总制度中的其余四项保险（养老、医疗、工伤与职业病和家庭津贴）由跨部门的社会保障司主管，经办主体为全国工薪收入者养老保险基金会、全国工薪收入者医疗保险基金会和全国家庭津贴基金会，并在大区一级下设 16 所疾病保险基金会、CGSS（海外省社会保险基金总会）和 CRAV（养老保险地区基金会）具体经办社会保险业务，在地方一级还设立 100 多所基层疾病保险基金会和家庭津贴管理基金会，主要负责为受保人办理注册手续、确保各种补助金的发放等；总制度中关于公务员养老保险的特殊制度由国家年金部和全国地方公务员养老基金会负责经办。(2) 农业非领薪者制度的主管部门是农业和渔业部，经办机构为农业社会互助制度中央基金会与农业社会互助制度地方基金会。(3) 非领薪者非农业人员制度（以下简称"双非"制度）的经办主体包括独立职业者制度全国基金会（CNRSI）及其下设的 30 所独立职业者制度地方基金会、全国自由职业者养老保险基金会（CNAVPL）及其下辖 11 的家行业基金会和全国律师基金会（CNBF），由社会保障司负责总体监管。(4) 专门制度由社会保障司监管，其经办主体包括全国电气、燃气工业基金会（CNIEG）、全国矿工社会保险自治基金会（CANSSM）、国企工人年金专门基金会（ESPOEIE）、航空人员退休基金会（CRPN）、法兰西剧院人员退休基金会（CRPCF）、神职人员与教会职员退休基金会（CRPCEN）、宗教人员养老、伤残和疾病保险基金会（CAVIMAC）、ENIM（全国海员残疾管理局）等机构，分别负责电气、燃气公司职员、矿工、国企工人、飞行员、法兰西剧院职员、神职人员、宗教人员、海员等养老保险专门制度的事务。

（四）特点

法国的社保基金征缴和发放属于不同的机构，基金征收大多由社会保障和家庭津贴保费征收联盟负责，征缴的基金统一归到社会保险机构中央管理局，然后拨付到各个经办机构。社保经办机构的管理成本来自基金会，不同的保险项目提取的管理成本不同。法国悠久的行会自治传统和独有的街头政治文化造成了社会保险"碎片化"，最终这些游离在"总制度"之外的制度碎片被命名为"特殊制度"。①

---

① 彭姝祎：《法国社会保障制度碎片化的成因》，《国外理论动态》2014 年第 9 期。

七 芬兰

(一) 概述

1895 年芬兰首次就社会保障政策立法，涉及工伤保险。自此之后，芬兰的社会保障制度及立法不断完善，20 世纪 50 年代之前，基本完成了对养老、失业、家庭补助的立法，50 年代后，社会保障制度进入成熟阶段。[①] 到 1990 年，芬兰因经济过热导致泡沫经济，国内生产总值急剧下降的同时失业人口剧增，并且步入老年型国家；同时，覆盖所有公民的社保也形成了相应的 "福利病"，面对这样的困境，芬兰实行了卓有成效的社会保险改革，其经验对于我国的社会保险发展具有很强的借鉴意义。[②] 芬兰以 "普惠主义" 为基本思想和原则构建的社会保险体系极具特色，第二次世界大战后，随着国民经济的复苏，普惠式的社会保障在芬兰得到最全面和深入的贯彻；进入 21 世纪后，由于社会保障需求的升级，社会保障进入新的普惠主义时期，非正式服务逐渐兴起。但是，"普惠" 的普遍性原则并未因私营企业的参与而被削弱，一方面，芬兰私有化的商业社会保障服务只占有很少份额，另一方面，规模较大的私营企业在具体实施社会保障各项服务时是由政府通过转包方式进行的。[③]

(二) 险种构成

芬兰的社会保障以社会保险为主，但社会统筹占主要地位，可以分为养老保险、医疗保险、工伤保险、失业保险和家庭津贴五个部分。芬兰的社会保障核心管理机构是社会事务和健康部，负责社会保障的立法、发展规划和监管。具体的执行机构最主要的是社会保险署，负责经办国民养老金、医疗保险、失业补助和家庭津贴等。

(三) 管理体制与经办体系

1. 管理体制

(1) 养老保险

芬兰现行的养老保险分为两大部分。第一部分依据 1956 年生效的《国

[①] 人力资源和社会保障部社会保障战略研究课题组：《125 国（地区）社会保障资金流程图》，中国劳动社会保障出版社 2011 年第 1 版。

[②] 邵芬、霍延：《芬兰社会保障法律制度及其启示》，《云南大学学报》（法学版）2004 年第 1 期。

[③] 曹亚娟、张少哲、周长城：《芬兰普惠式社会保障体系及其历史经验》，《社会保障研究》2018 年第 2 期。

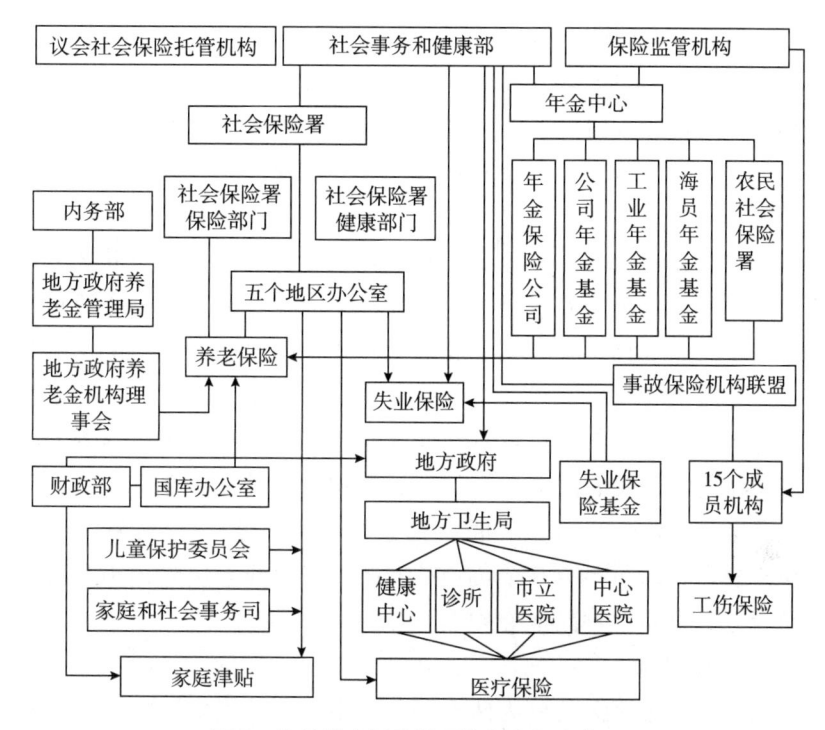

图 7　芬兰社会保险管理体制和经办体系

资料来源：人力资源和社会保障部社会保障战略研究课题组：《50国（地区）社会保障机构图解》，中国劳动社会保障出版社2011年第1版。

民年金法》制定。社会保险署保险部门负责管理芬兰国民养老金，高级管理团队由芬兰议会社会保险托管机构任命。社会事务和健康部以及其他地区机构的保险部门负责对社会保险署进行一般性监督。议会社会保险托管机构负责监督社会保险署。第二部分依据1961年生效的《与收入关联年金法》制定。分为地方政府雇员养老金、中央政府雇员养老金和私人部门雇员养老金三种。内务部对地方政府雇员养老金机构进行监管和任命其理事会人员，地方政府养老金管理局负责地方政府雇员的养老金管理。财政部负责监管中央政府雇员养老金机构，国库办公室负责具体业务。私人部门雇员养老金由社会事务和健康部及其地区机构的保险部门负责对养老金承运机构进行一般性监管，保险监管机构进行共同监管，年金中心为协调与收入关联养老金的承运机构。社会保险署保险部门负责管理芬兰国民养老金，其高级团队由芬兰议会社会保险托管机构任命。社会保险署保险部门下属五个地区办公室，负责管理市级办公室，不开展个人业务。5个地区办公室下属数百个市级办公室，负责处理养老金缴费和发放，将养老金发放给在芬兰居住的公民。地方政府雇员养老金由内务部对地方政府养老金管理局进行监管和任命理事会成员，地方政府养老金管理局负责地方政府雇员的养老金管理。地方政府养老金管理局下属的地方政府养老金机构理事会负责决定养老金的规则、指导方针、操作方式和增值等重大事项，共有30名成员。地方政府养老金机构理事会下属的地方政府养老金机构管理层负责该养老金的资金筹集、投资和发放等具体事宜，共有9名成员，下设有投融资和养老金发放等多个部门。中央政府雇员养老金由财政部监管，国库办公室负责国家部门雇员养老金的资金筹集、投资和发放等业务。私人部门雇员养老金由年金中心协调与收入关联的养老金的承运机构。下设有年金保险公司、公司年金基金、工业年金基金、海员年金基金和农民社会保险署。其中，年金保险公司和公司年金基金负责私人部门雇员养老保险，年金保险公司也负责艺术家和自雇者养老保险。

（2）医疗保险

芬兰现行的医疗保险分为两大部分。第一部分提供医疗服务，依据1971年生效的《基本健康照顾法案》制定。财政部负责给予地方政府转移支付，支持地方公共卫生发展。社会事务和健康部负责制定全国卫生发展规划，指导和监督地区公共卫生发展，并接受投诉。地方政府作为公共卫生发展的主体，为公共卫生发展筹集资金、制定卫生政策，提高地区卫生水平。地方政府下属的地方卫生局是地方卫生政策的执行机构，管理卫生机构，并且接受投诉。第二部分针对医保收益人，依据2004年生效的《医疗保险法》制定。社会事务和健康部及其地区机构的保险部门负责对社会保险署进行一般性监督，议会社会保险托管机构负责监督社会保险署。社会保险署健康部门负责管理芬兰医疗保险，高级管理团队由芬兰议会社会保险托管机构任命。医疗保险由地方卫生局负责地方卫生政策的执行，同时管理卫生机构和接受投诉。地方卫生局下设健康中心、针对小病的诊所、针对较为严重的病的市立医院和针对严重大病的中心医院，共同提供医疗服务。社会保险署健康部门负责管理芬兰医疗保险。下设五个地区办公室，负责管理市级办公室，不对个人服务。五个地区办公室下设有数百个市级办公室，负责处理医疗保险业务和医疗费用报销、接受投诉等具体的事宜，为医保收益人服务。保险法院负责审理社会保障上诉部门未能处理的纠纷。

(3) 工伤保险

芬兰现行的工伤保险依据 1948 年生效的《工伤事故法》和 1988 年生效的《职业病法》制定。由 15 个成员机构负责工伤保险的具体管理。监管机构由四部分组成。社会事务和健康部职业安全和健康处负责就职业安全和健康开展国际合作和研究，指导地方政府相关机构，监督管理职业安全和健康并为职业安全和健康立法提出建议。事故保险机构联盟负责协调芬兰工伤保险机构运行的主体，监督和管理下属的成员机构。保险监督机构负责对承担工伤保险的公司进行专业监管。议会派出反舞弊官员对承担工伤保障具体运行的机构进行视察和监督。15 个成员机构负责工伤保险的具体管理，如筹集资金管理和运作和社保赔付等。15 个成员机构下设有 13 家保险公司，负责私人部门雇员的业务；农民社会保险署负责农民的业务；国库办公室负责政府雇员的业务。

(4) 失业保险

芬兰现行的失业保险分为两大部分。第一部分依据 1960 年生效的《基本失业补助和失业救助法》制定。社会保险署负责管理地区分支机构和进行业务指导。下设两个机构进行监管，社会事务和健康部保险司负责基本失业补助和失业救助的立法准备和监督管理；议会社会保险托管机构负责监督社会保险署。财政部提供资金支持。第二部分依据 1917 年生效的《失业保险》制定。失业保险基金负责与收入关联的失业保险的具体业务运作。社会事务和健康部保险司负责失业保险的立法准备和监管。社会保险署负责管理地区分支机构和业务指导。社会保险署下设五个地区办公室，对市级办公室进行管理，不对个人服务。五个地区办公室下设数百个市级办公室，负责基本失业补助和事业救助的具体事宜，也进行收入调查。保险法院处理相关问题的上诉。失业保险基金负责与收入关联的失业保险的具体业务运作，其下设有三个部门，分别为失业保险基金监管委员会（由国会每 3 年任命一次，负责批准基金的预算，失业保险的缴费比例和任命执行委员会等）；失业保险基金执行委员会（由监管委员会任命，负责预算的编制和基金投资）；总办公室（负责业务的日常执行）。劳动力市场的各方，如企业业主和工会等，对失业保险基金监督委员会和执行委员会人选提出建议。失业保险基金执行委员会下设有各种类型的失业保险基金，提供给参保受益人。

(5) 家庭津贴

芬兰现行的家庭津贴政策依据 1992 年生效的《儿童补助法》和 1996 年生效的《儿童家庭照顾法》制定。社会保险署负责家庭津贴的资金管理和发放等业务，并指导下属机构。财政部提供转移支付资金，支持家庭津贴制度，其两个监管部门，分别为儿童保护委员会联合社会事务和健康部（保护儿童权益，进行监管）；社会事务和健康部家庭和社会事务司（负责家庭津贴保障制度的规划和监管）。社会保险署负责下设有五个地区办公室，管理市级办公室，不对个人服务。五个地区办公室下设数百个市级办公室，负责家庭津贴的具体事宜。地方政府提供儿童家庭照料所需要的资金。

2. 经办体系

芬兰社会保险采用自治经办体制，核心管理机构是社会事务和健康部，负责社会保障的立法、发展规划和监管，具体而言：（1）养老保险中的全民养老金计划经办主体为社会保险机构及其地区办公室，与收入挂钩的养老金计划的经办主体为各类私人保险公司和基金，并负责基金的征缴和发放。（2）医疗保险中低收入者疾病现金津贴、医疗保险及补助的经办主体为社会保险机构，公共卫生的经办主体为地方卫生局，并负责基金的征缴和发放，社会保险机构针对居民发放津贴，地方卫生局针对医疗机构发放津贴。（3）工伤保险的经办主体为 15 个成员机构、合格的私人保险公司，并负责保费的征缴和发放。（4）失业保险的经办主体为社会保险机构和经过批准的失业保险基金，并负责保费的征缴和发放。（5）家庭津贴的经办主体为社会保险机构，并负责基金的征缴和发放。从总体上看，芬兰的社会保障制度采取了公共现收现付计划与个人账户计划相结合的混合体制，人民依靠居民身份和就业获取社会福利。[①] 对于现收现付制的缺陷，芬兰政府采取了一系列改革措施，其中最主要的措施是提高退休年龄。

（四）特点

芬兰进入"老年型"国家后，面对困境进行了全方位的改革：首先是提高退休年龄；其次是缩短享有失业津贴的有效期，并降低失业津贴

---

① 人力资源和社会保障部社会保障战略研究课题组：《50 国（地区）社会保障机构图解》，中国劳动社会保障出版社 2011 年版。

的支付水平；最后是在医疗保险制度和工伤保险制度等方面做了一些卓有成效的改革。值得一提的是，芬兰的医疗保险既不是"大包大揽"的公费医疗，也不是与美国类似的私人医疗保险为主，慈善为辅，而是混合型医疗保险机制，使得人人参与，平等享受保障。①

八 韩国

（一）概述

韩国现行社会保障制度主要包括养老保险、医疗保险、工伤保险和失业保险四个部分，社会福利制度尚未全面实施，在资金运营方面属于比较典型的社会保险税体制。② 从经办管理模式上来看，韩国属于政府直接主导的"分立式"经办模式，由政府的健康、福利与家庭事务部负责养老与医疗保险事务，由劳工部负责工伤与失业保险事务，具体的经办则由不同的独立的公共机构负责，养老保险的经办由国民年金公司进行，医疗保险的经办由国民健康保险公团和健康保险评价社进行，工伤和失业保险的经办由韩国工人补偿与福利公团进行，且这三个独立的公共机构都是受政府监督及委托。从资金来源看，主要来源于雇员、雇主、自雇主的参保费，政府给予养老、医疗保险一部分补助。

（二）险种构成

韩国现行社会保障制度主要包括养老保险、医疗保险、工伤保险和失业保险四个部分，韩国的养老保障制度分为国民年金制度和特种年金制度；韩国医疗保障制度分为医疗援助制度和医疗保险制度。

（三）管理体制与经办体系

1. 管理体制

（1）养老保险

韩国的养老保障制度分为国民年金制度和特种年金制度。韩国的国民年金制度于1973年首次出台，2008年6月最新修订为《国民年金法》。特种年金制度的依据是1962年颁布的《公务员年金法》、1963年颁布的《军人年金法》和1974年颁布的《私立学校教职员年金法》。健康、福利与家庭事务部主管养老保险的决策与监督工作，养老保险的具体经办由

---

① 邵芬、霍延：《芬兰社会保障法律制度及其启示》，《云南大学学报》（法学版）2004年第1期。

② 人力资源和社会保障部社会保障战略研究课题组：《125国（地区）社会保障资金流程图》，中国劳动社会保障出版社2011年版。

独立的"国民年金公司"负责，该机构接受健康、福利与家庭事务部的行政监督和部分财政资助。国民年金公司的工作人员为政府雇员，董事长由韩国总统任命，其他部门理事由健康、福利与家庭事务部任命。特种年金由公务员委员会、国防部与教育部进行计划、管理，具体经办则由公务员委员会下的公务员年金管理公团、国防部财政局、教育部私立教职员年金管理公团在各地和各单位设立的代办机构来完成。

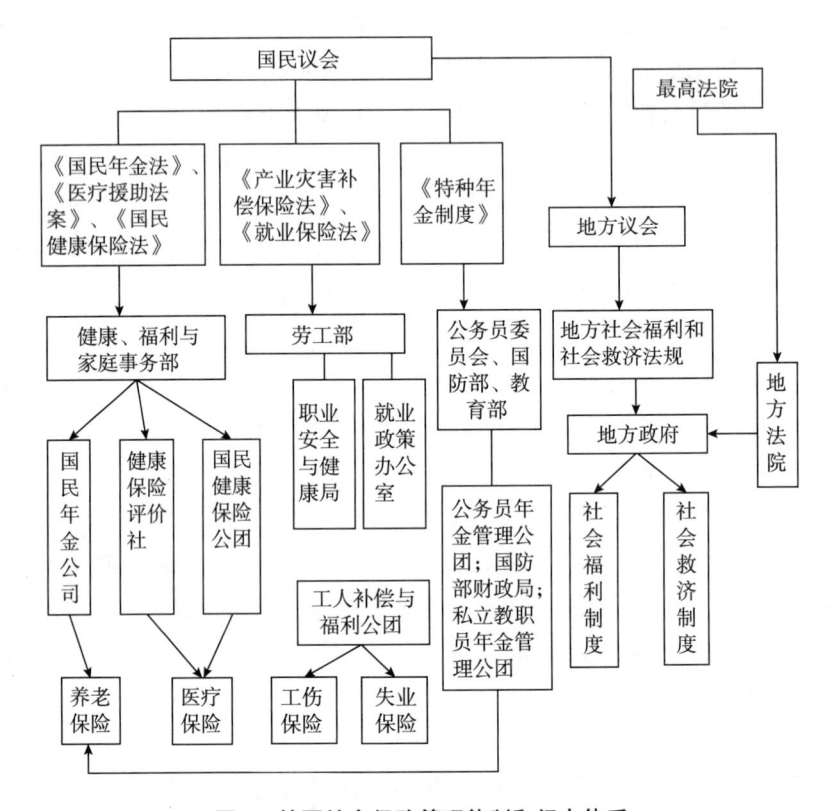

图 8　韩国社会保险管理体制和经办体系

资料来源：人力资源和社会保障部社会保障战略研究课题组：《50 国（地区）社会保障机构图解》，中国劳动社会保障出版社 2011 年版。

（2）医疗保险

韩国医疗保障制度分为医疗援助制度和医疗保险制度。韩国没有与疾病、孕产有关的现金补贴制度，医疗保险主要体现为对投保人医疗费用的资助方面。健康、福利与家庭事务部主管医疗保险的决策与监督工作，具体经办由独立的"国民健康保险公团"和"健康保险评价社"共同负责实施，前者的核心业务为征收保险费、管理医保基金、支付保险开支，后者负责审核医疗机构的报销申请。

（3）工伤保险

1953年首次发布《劳动基本法》的部分内容，1963年颁布并于2007年最新修订的《产业灾害补偿保险法》共同构成韩国现行工伤保险的制度基础。韩国工伤保险由劳工部主管，具体事务的经办由独立的"韩国工人补偿与福利公团"负责。职业安全与健康局负责制定职业健康与安全方面的政策。

（4）失业保险

韩国现行失业保险的依据是《就业保险法》。韩国失业保险由劳工部主管，其就业政策办公室下设就业政策、技能发展、平等就业、就业服务四局，分别负责就业政策、技能培训、平等就业、就业服务方面的政策，执行政府促进就业的项目。失业保险具体事务的经办也是由独立的"韩国工人补偿与福利公团"负责。就业政策办公室负责就业服务等政策，执行政府促进就业的项目。

2. 经办体系

韩国各个险种采取分立经办体制。由政府部门主管并监督，由不同的经办机构负责不同的险种，具体而言：（1）养老保险的经办主体为国民年金公司，国民年金公司总部下辖6个地区总部，负责国民年金的咨询、征收和发放事宜。健康、福利与家庭事务部要负担部分国民年金公司的管理费用，同时对其进行监督管理。资源来源于雇员、雇主和自雇者，政府通过一般性税收对低收入的渔民、农民进行补贴。特种年金的具体经办由公务员委员会下的公务员年金管理公团、国防部财政局、教育部私立教职员年金管理公团在各地和各单位设立的代办机构来完成。（2）韩国医疗保险的具体经办由独立的国民健康保险公团和健康保险评价社共同负责实施。国民健康保险公团为政府监督下的独立机构，负责韩国医保体系的日常运营，核心业务为征收保险费、管理医保基金、支付保险开支；健康保险评价社为政府监督下的独立机构，负责审核医疗机构的报销申请，符合规定者由它来提交健康保险公团分支机构报销。病人一般应在小区内就医，先去医疗站或诊所，然后根据病情需要再去普通医院、专科医院或综合医院。健康保险评价社设有代理机构，医疗机构需就投保人产生的医疗费用向健康保险评价社代理机构分区提出保险申请，分区要受理医疗机构的报销申请。韩国医疗保险资金来源于雇员、雇主和自雇者，无力参保的穷人保险费由政府支付，中央政府负担80%，地方政府负担20%。（3）工伤保险和失业保险的具体事务均由独立的"韩国公认补偿与福利公团"负责管理，该机构是政府监管下的独立机构，负责向雇主征收员工的工伤保险费、向雇主和雇员征收失业保险费，向符合条件的投保人支付相关保险收益。韩国工伤保险资金的来源是雇主和自雇者。公务员（含公立学校教师）、军人和私立学校教师另有保险制度安排，分别由公务员委员会、国防部和教育部组织实施。韩国的失业保险由雇主和雇员共同出资，依行业风险不同采取不同标准，所有65岁以下的企业雇员均需参加。韩国工人补偿与福利公团负责收取失业保险金，但资格审查和费用支出则由劳动部下属的就业保障局实施。

（四）特点

在社会保障制度的管理体制方面，韩国突出的特点是"行政主导+独立机构经办"，中央政府的相关部委负责决策与监督，具体业务则由独立的经办机构负责，这些独立机构属于公共机构，其人事是由政府部门任命。

九　加拿大

（一）概述

加拿大的社会保障体系十分完善，是实行高福利政策的国家之一，其社会保险经历了不断地改革和发展。[①] 第二次世界大战后，加拿大经济和社会呈现出稳定快速发展状态，联邦政府的首要任务是解决战后大规模失业问题，由此可以看出，加拿大"福利国家"主要是战后时代的产物。20世纪50年代，加拿大为建立现代社会保障制度先后出台了几项重要的社会保障立法，涉及人民社会生活的多个领域，包括《老年保障法》《老年补助法》等，1957年通过了《医疗保险和诊断服务法》，一系列法案为加拿大完善的社会保子安体系的建立提供了实施框架。加拿大在20世纪80年代遭遇了严重的经济萧条，税收大大减少，政府赤字增加，也因此加拿大对社会保险制度的建立进行了相应的评估和反思，真正的转变开始于20世纪80年代后期马尔罗尼的执政时代。在这一过程中，联邦政府通过改变财政拨款制度，与美国缔结《自由贸易协定》，为社会福利

---

① 仇雨临：《加拿大社会保障制度对中国的启示》，《中国人民大学学报》2004年第1期。

计划带来"市场精神",为医疗保险的私人化铺平道路。在这之后,加拿大各届政府不仅关注社会福利制度的建立模式,同时关注制度的经济基础。①

(二)险种构成

加拿大社会保险包括养老保险、医疗保险、失业保险、工伤保险、社会救助等五项内容。加拿大的养老保险为老年人收入保障制度,具有多层次和复杂性,老年保障金为加拿大老年保障体系的第一支柱,加拿大养老金计划为其第二支柱,私人养老金计划为第三支柱。加拿大医疗保险制度为全民医疗保险制度,由国家立法,进行省级管理。加拿大的工伤保险则由地方立法,具有高度地区自主权,各省(地区)不仅有权自行制定法规,还形成了自己的保险计划,建立了专门的赔偿机构。

(三)管理体制与经办体系

1. 管理体制

(1)养老保险

加拿大现行养老保险的依据是1952年的《老年保障法》,由人力资源和技能发展部下属的社会发展部总体负责,主要负责老年收入保障计划和养老金计划。注册养老金计划、注册退休储蓄计划等受联邦政府或省级养老金立法管制,由加拿大国税局及其下属的注册计划董事会负责。老年收入保障计划由各省、地区地方政府负责管理,覆盖符合条件的所有加拿大居民。养老金计划由加拿大国税局提供收入记录,跟踪个人缴费情况,覆盖雇员和自雇者。

(2)医疗保险

加拿大医疗保险依据1985年的《加拿大卫生法》,由加拿大卫生部负责疾病的预防控制和传染病的紧急应变。下属的省、特区和地方政府负责提供公共卫生服务和其他补充服务,其他补充服务主要包括老人、儿童、社会救济对象等群体公费医疗保健制度通常无法概括的医疗服务,包括处方药剂、牙齿护理、医疗设备和器材等,各地的各种服务的范围不同。住院保健和医疗保健的初级医疗保健服务覆盖普通疾病者和基本急救者,初级保健服务为基本服务,由专业医护人员组成的团队提供,

---

① 马啸:《二战后加拿大现代社会保障制度的主要特点及启示》,《经济师》2014年第11期。

二级服务针对被转诊到医院、长期护理机构或社区接受专门护理者,大多数医院由社区理事会、志愿者组织或市政府运作。

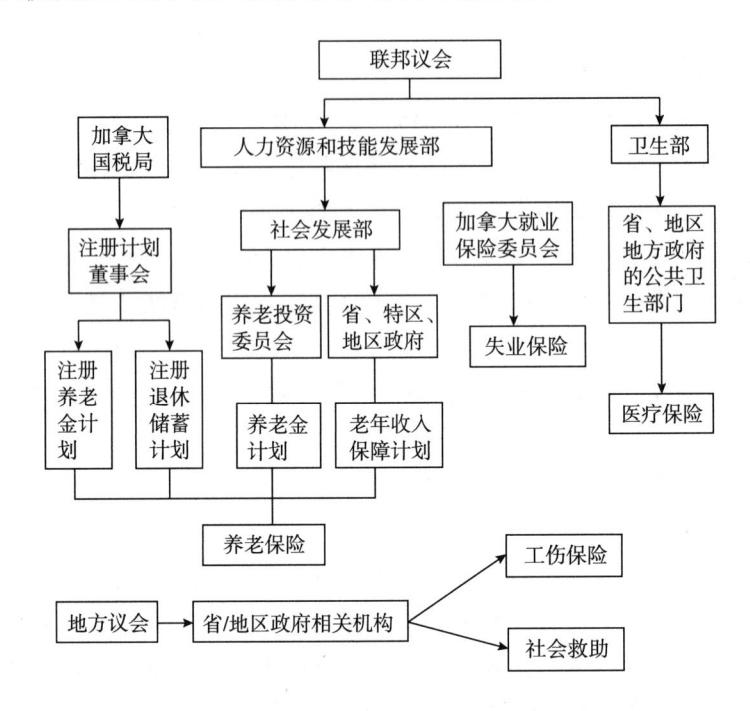

图9 加拿大社会保险管理体制和经办体系

资料来源:人力资源和社会保障部社会保障战略研究课题组:《50国(地区)社会保障机构图解》,中国劳动社会保障出版社2011年版。

(3) 失业保险

加拿大失业保险依据1996年的《就业保险法》,由人力资源和技能发展部下属的加拿大就业保险委员会负责,委员会拥有的四名成员分别代表政府、雇员和雇主的利益,负责失业保险、就业补助和支持措施。失业保险由国税局负责收缴失业保险保费在内的所有事宜。就业补助和支持措施由加拿大政府与其十个省三个地区的当地政府达成劳动力市场发展协议,共同承担设计、管理以及评估的各个项目责任。纽芬兰-拉布拉多省、爱德华王子岛省、不列颠哥伦比亚省、育空地区、努纳武特地区与人力资源和技能发展部达成一致,共同承担设计、管理和评估就业补助和支持措施的责任。根据劳动力市场发展协议,其他七个省以及一个地区执行与就业补助和支持措施类似的计划。

(4) 工伤保险和社会救助

加拿大工伤保险制度为地方保险项目，由各省（地区）自行制定法规进行管理，并设有专门工伤赔偿机构负责经办。加拿大社会救助主要为公共救助计划，由各省和地区的相关部门具体经办。

2. 经办体系

加拿大的社会保险采用统一经办体制，具体而言：（1）养老保险中的老年人收入保障计划的经办主体为人力资源与社会发展部社会发展处，养老金计划的经办主体为加拿大养老金投资委员会，注册养老保险计划和注册退休储蓄计划的经办机构为银行、保险公司等账户管理机构，并负责资金的收缴和发放。（2）医疗保险的经办主体为加拿大卫生部和省、特区政府，并负责资金的收缴和发放。（3）工伤保险的经办主体为各省工伤赔偿局或委员会，并负责资金的收缴和发放。（4）失业保险的经办主体为加拿大国税局，并负责资金的收缴和发放。（5）家庭津贴的经办主体为加拿大国税局，资金来源于税收，加拿大国税局负责基金的筹集与发放。从总体上看，加拿大实行联邦政府、省（地区）政府以及地方政府三级管理，加上私人主办的社会保障项目，为不同群体提供社会保障相关服务，基本覆盖了全体国民，特别是弱势群体，健全的社会保障立法是加拿大社会保障制度正常运行的有力保证，且信息化水平较高，经办机构之间全部联网。

（四）特点

加拿大社会保障制度注重与经济的协调发展，追求科学、严谨的管理，并且为社会弱势群体提供各种各样的社会服务。例如为残疾人服务的看护和照顾机构，为老人服务的老年人社区服务中心，为受丈夫虐待的妇女提供服务的庇护所等。其中一些服务机构是政府组织和管理的，还有一些是宗教团体和其他非政府组织建立的。并且，加拿大实行全民医疗保险制度，即以公费医疗为主，由政府出资，并由政府进行管理，私人医院或医生提供医疗服务。[①]

十　捷克

（一）概述

捷克作为欧盟的成员国，社会保障制度按照欧盟标准进行逐步调整。

---

① 仇雨临：《加拿大社会保障制度对中国的启示》，《中国人民大学学报》2004年第1期。

1989年以前，实行国家保障型的社会保障制度。1990年以后，随着经济转型，在改革社会保障立法和社会保障计划的同时，也改革了社会保障行政部门和执行部门，将之前由国家统保，改为国家、个人和集体共同承担。①

（二）险种构成

捷克所建立的社会保障体系以社会保险为基础，包括养老保险、医疗保险、工伤保险、失业保险和家庭津贴五项内容。捷克的养老保险和医疗保险以社会保险基金的形式运作，基金来源于企业和职工缴纳的保险费。失业保险费用参照保险方式，由捷克社会保障署代为征收。生育保险、家庭津贴由国家福利基金负担。

（三）管理体制与经办体系

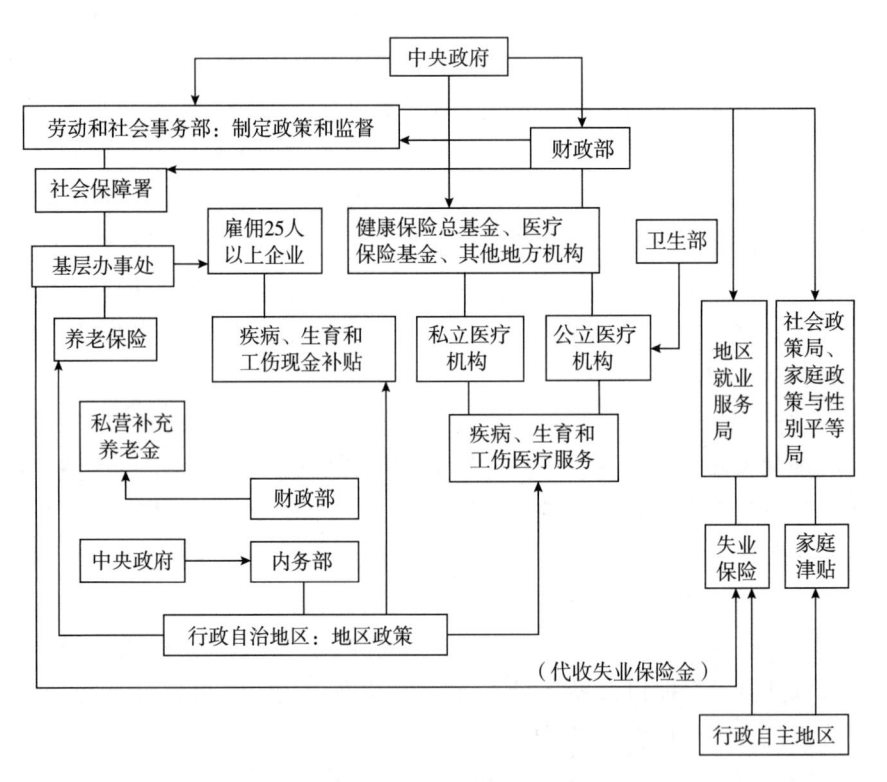

图10 捷克社会保险管理体制和经办体系

资料来源：人力资源和社会保障部社会保障战略研究课题组：《50国（地区）社会保障机构图解》，中国劳动社会保障出版社2011年版。

---

① 若非：《社会保险面面观——捷克养老保障制度》，《当代世界》1995年第2期。

1. 管理体制

（1）养老保险

捷克现行的养老保险政策依据 1991 年生效的《社会保障组织法》、1992 年生效的《社会保险费率法》、1995 年生效的《养老保险法》、1994 年生效的《补充养老保险法》和 1999 年生效的《保险法》及其修正案制定。捷克中央政府进行总体管理。捷克社会保障署负责执行，劳动和社会事务部负责制定政策和监督，社会保障署隶属于劳动和社会事务部。内务部负责监督行政自治区的地区政策，财政部负责私营补充养老金基金，社会政策局和家庭政策与性别平等局管理社会救助资金和家计调查。捷克社会保障署下设 15 个地区（市）社会保障署，下设的 77 个基层办公室负责养老保险的收费并给符合条件的参保人及家属发放资金。财政部负责将私营补充养老金基金发放给参保人。社会政策局和家庭政策与性别平等局下设的地方机构负责发放社会救济给符合条件的居民。

（2）医疗和工伤保险

捷克的医疗保险和工伤保险的管理体制相同，依据是 1991 年生效的《社会保障组织法》、1997 年生效的《健康保险法》、1992 年生效的《健康保险费率法》、1991 年生效的《普通健康保险机构发》、1992 年生效的《部门健康保险基金法》、1956 年生效的《疾病保险法》、1966 年生效的《人民健康法》、1968 年生效的《产假和生育津贴法》和 2000 年生效的《公众健康保护法》。捷克社会保障署负责执行，其隶属于劳动和社会事务部。财政部负责预算资金和弥补赤字，管理健康保险总基金和 8 个医疗保险基金及其他地方机构。内务部负责各行政自治区的地区政策。卫生部和健康保险总基金和 8 个医疗保险基金及其他地方机构负责管理直属公立医疗机构。捷克社会保障署下设 15 个地区（市）社会保障署，下设 77 个基层办公室负责收费和给付现金津贴，与雇佣 25 人以上企业共同负责具体的疾病、生育和工伤现金津贴。内务部负责行政自治地区的地区政策，与健康保险总基金和 8 个医疗保险基金及其他地方机构共同负责地区公立医疗机构，健康保险总基金和 8 个医疗保险基金及其他地方机构还负责私立医疗机构，卫生部与健康保险总基金和 8 个医疗保险基金及其他地方机构还负责直属公立医疗机构。地区公立医疗机构、私立医疗机构和直属公立医疗机构共同负责全民疾病、生育和工伤医疗服务。

(3) 失业保险

捷克现行的失业保险依据是 1991 年生效的《就业法》、1991 年生效的《就业服务组织法》、1995 年生效的《国家社会支持法》、1988 年生效的《社会保障法》、1991 年生效的《社会救济法》、1991 年生效的《最低生活标准法》和 1965 年生效的《劳动法》。由隶属于劳动和社会事务部的捷克社会保障署和地区就业服务局负责执行。社会保障署基层办事处负责代收失业保险金。内务部负责行政自主地区失业保险。捷克社会保障署下设 15 个地区（市）社会保障署，下设 77 个基层办事处负责代收失业保险金，交由财政部。地区就业服务局下设基层就业办事处负责发放失业补贴和救济给符合条件的捷克和欧盟公民及其家属，以及永久居住在捷克的非欧盟公民。内政部负责行政自主地区，其地方财政负责社会救助和社会援助。

(4) 家庭津贴

捷克现行的家庭津贴依据是 1995 年生效的《国家社会支持法》、1988 年生效的《社会保障法》、《1991》年生效的《社会救济法》、1991 年生效的《最低生活标准法》和 1999 年生效的《儿童社会和法律保护法》。由隶属于劳动和社会事务部的是社会政策局、家庭政策与性别平等局负责执行。内务部负责行政自主地区的地区政策，与社会政策局、家庭政策与性别平等局下属的地方机构负责发放家庭津贴给养育孩子的家庭。财政部负责财务。

2. 经办体系

捷克社会保险采用统一经办体制，具体而言：（1）养老保险的经办主体为捷克社会保障署，并负责收集和管理社会保险基金，捷克社会保障署中央和分支机构负责社会保险基金给付；社会政策局、家庭政策和性别平等局负责社会救助基金、家计调查等。（2）医疗保险和工伤保险的经办主体为捷克社会保障署，并负责征收部分现金津贴，社会保险署中央和地方分支机构负责给付部分津贴；健康保险总津贴和八个医疗保险基金及其地方办事处负责征收和支付医疗待遇基金。（3）失业保险的经办主体为捷克社会保障署和地区就业服务局，捷克社会保障署负责代收基金，地方劳动局负责给付津贴。（4）家庭津贴的经办主体为社会政策局、家庭政策与性别平等局，并负责征收和管理基金，地方劳动局负责基金给付。从总体上看，其社会保障行政管理的组织结构原则采用条块并用的方式,中央部门对下属地方分支机构进行纵向管理和监督,享有行政自治权的地区可以依据相关法令制定本地区的具体社会保障政策,由地方分支机构执行。

(四)特点

为了解决每个公民的养老问题,捷克的养老金由固定部分和浮动部分组成,固定部分取决于国家具体经济情况和生活费用的标准,所有退休者都相等,金额相同;浮动部分取决于退休者的工龄和工资情况。这种制度可以根据经济的发展情况进行变动,并有助于缩小养老金之间的差距,在一定程度上满足退休者的基本生活需要,避免陷入贫困。[①]

十一 克罗地亚

(一)概述

克罗地亚共和国全部社会保险体系都由政府部门按照国家标准加以制度化组织实施。为了各项法律间的一致性,工人代表和雇主代表积极地参与到管理部门的专业团队、基金会和其他协会的工作。[②] 2013年,克罗地亚养老金发放总金额为336亿库纳,领取养老金总人数为121.84万人,克罗地亚人均月养老金为2300库纳,克罗地亚养老金收入最大群体是2000—2500库纳,其养老金收入的基尼系数为0.3。政府部门按照国家法律制定的社会保险制度由各地具体组织实施,为了确保制度顺利实施,工人代表和雇主代表也积极参与到相关的管理中去。[③]

(二)险种构成

克罗地亚的社会保险主要包括四项内容,分别是养老保险、医疗保险、失业保险和家庭补贴制度。工伤保险没有作为单独的保险项目列出来,而是分别包括在养老和医疗保险中。

---

① 若非:《社会保险面面观——捷克养老保障制度》,《当代世界》1995年第2期。
② 人力资源和社会保障部社会保障战略研究课题组:《125国(地区)社会保障资金流程图》,中国劳动社会保障出版社2011年版。
③ 中国社会科学院考察组:《克罗地亚社会保障制度考察报告》,《学术动态(北京)》2006年第18期。

（三）管理体制与经办体系

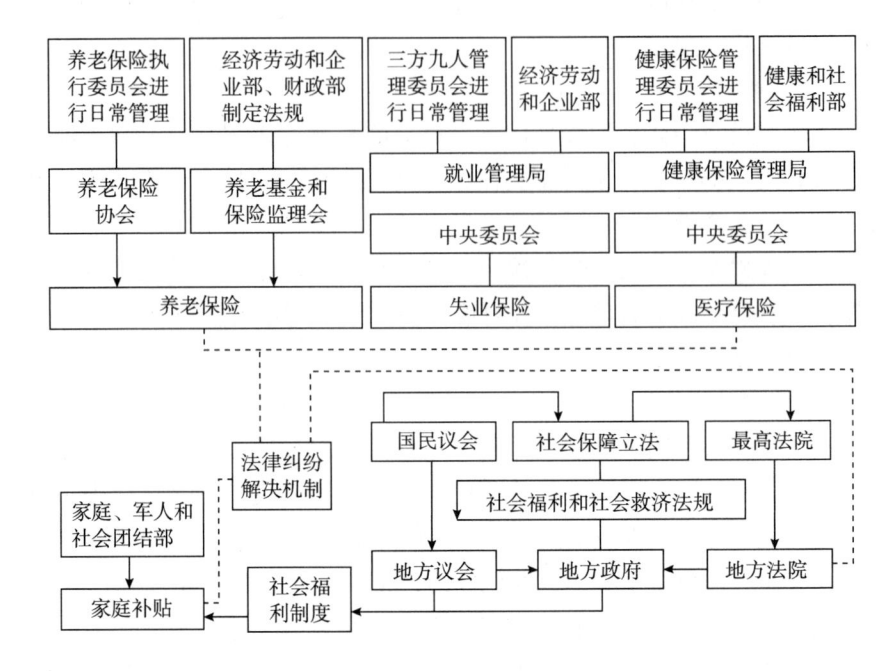

图 11　克罗地亚社会保险管理体制和经办体系

资料来源：人力资源和社会保障部社会保障战略研究课题组：《50 国（地区）社会保障机构图解》，中国劳动社会保障出版社 2011 年版。

1. 管理体制

（1）养老保险

克罗地亚共和国现行的养老保险依据是 1998 年制定、1999 年修改的《养老保险法》，1998 年的《最高养老金法》，1999 年的《抚恤基金法》，1999 年的《养老金保险公司和储蓄法》，1998 年的《残疾法》，1998 年的《职业病法》，1998 年的《医学报告法》，1999 年的《保险法》，1999 年的《医学鉴定法》，2002 年的《捐献法》，2004 年的《接受捐献法》，2006 年的《强制保险法》。由养老保险协会和养老基金和保险监理会进行管理。经济劳动和企业部、财政部负责制定法规，税务局负责收缴社会保障缴费，养老保险执行委员会进行日常管理。最高法院、州法院、市法院按照《养老保险法》对法律纠纷进行裁定。养老保险协会有一个中央机构和若干个地方分机构，监督养老保险基金的征收和养老金的发放。

养老基金和保险监理会的现有的五家养老基金管理公司负责支付；投保人登记中心和现有的四家自愿性养老保险基金运作投保人的个人账户，负责征收缴费，记录投保人个人账户。

（2）医疗保险

克罗地亚共和国现行的医疗保险依据是 1996 年制定，2006 年修改的《分娩法》；1997 年的《健康护理法》；2001 年制定，2002 年修改并实施的《健康保险法》；2002 年制定，2002 年和 2004 年修改的《捐献法》；2003 年的《健康护理法》；2004 年的《病人权利法》；2005 年的《强制保险捐献法》。由健康保险管理局进行管理。健康保险管理委员会进行日常管理，健康和社会福利部负责管理健康保险事宜。最高法院、州法院、市法院对法律纠纷进行裁定。健康保险管理局的中央委员会下设 20 个大区分支机构，可分为 87 个地区分支机构。其中，工伤和职业疾病专项基金负责保障工伤和职业疾病引发的后遗症问题；管理医疗保障基金负责签订医疗服务合同，给付病假津贴、产假津贴和其他津贴；公共或私营的医疗机构负责初级的专业咨询服务和住院治疗；此外，还负责基础健康保险实务和附加保险。

（3）失业保险

克罗地亚共和国现行的失业保险依据是 2002 年制定、分别于 2002 年和 2003 年修改的《失业法》，2002 年制定、2003 年和 2004 年修改的《捐献法》，2002 年制定、2005 年修改的《职业恢复法》，2005 年的《强制保险法》。由就业管理局进行管理。由管理委员会进行日常管理，管理委员会由三部分人员构成并由政府任命：经济劳动和企业部部长委派 3 人，雇主代表 3 人，工会代表 3 人。就业管理局局长由经济劳动和企业部部长委派并由政府任命。最高法院、州法院、市法院对法律纠纷进行裁定。就业管理局的中央委员会下设 22 个大区分支机构，可分为 92 个地区分支机构。其中，职业技能恢复和残疾人就业基金会负责发展职业技能恢复项目、改善残疾人就业；与培训机构、企业合作促进就业，作为就业媒介，免费发布工位空缺信息；还有其他就业措施，如为公民到国外就业提供帮助，促进更多人就业；并且按照已发布的法律法规安排津贴给付。

（4）家庭补贴

克罗地亚共和国现行的家庭补贴依据是 2001 年制定，2002 年实施的

《儿童补助法》以及 2004 年制定，2005 年实施的《收入税收法》。由养老保险协会进行管理，负责给付。国家从联邦预算中负担所有支出。养老保险协会负责将补贴金给付符合条件的受益人和家庭。由家庭、军人和社会团结部行使与家庭福利相关的专业管理职责，负责执行人口优生政策、儿童补助政策，鼓励设立家庭中心和调节处的设立，并协调它们之间的各项事务。

2. 经办体系

克罗地亚社会保险采用分立经办体制，各个险种由相应的经办主体负责经办，具体而言：(1) 养老保险的经办主体为养老保险协会及养老基金和保险监理会，税务局和投保人登记中心征收保费，养老基金管理公司支付保险金。(2) 医疗保险和工伤保险的经办主体为健康保险管理委员会和其下属分支办公室负责基金征收和发放。(3) 失业保险的经办主体就业管理局和其下属的分支机构负责基金征收和津贴给付，以及就业相关援助。(4) 家庭津贴的经办主体为养老保险协会，征收政府给付的基金，并发放给符合条件的受益人。从总体上看，其养老保险、医疗保险和失业保险的首要原则是普遍、公众、义务，覆盖所有劳动者，其基金来源为贡献缴费和部分联邦筹资。克罗地亚的社会保险体系建立在成员团结的基础上，没有职业性计划，只有养老保险存在部分特殊种类的特殊条款。

(四) 特点

较为特殊的是克罗地亚目前没有专门的工伤和职业疾病保险。这些权利包含在养老金一般项目、残疾保险、普通疾病保险和医疗保健计划之内。工伤津贴的主要特征是核准的待遇更高，比其他津贴的金额更大。残疾人养老金由一般养老金缴费和残疾保险融资。健康保险管理委员会为工伤和职业疾病津贴设立了一个专门的银行账户进行管理。并且，克罗地亚宪法宣告克罗地亚作为一个社会主义国家，其社会保险所保障的人员具有平等的社保权利，不论性别、种族和国籍，同时，国家为全体公民提供健康保健。[①]

---

① 中国社会科学院考察组：《克罗地亚社会保障制度考察报告》，《学术动态（北京）》2006 年第 18 期。

十二 马来西亚

（一）概述

马来西亚社会保障制度包括养老保险、医疗保险和工伤保险三个部分。马来西亚主要的社会保障管理机构是雇员公积金局和社会保障机构。马来西亚社会保险经办模式属于政府主导的分立经办模式。主要的经办机构就是雇员公积金局和社会保障机构。雇员公积金局受财政部管理和指导，社会保障机构受人力资源部的管理和指导。雇员公积金理事会对雇员公积金局进行监督管理，社会保障机构理事会对社会保障机构进行监督和管理。

（二）险种构成

马来西亚社会保障制度包括养老（老年、残疾、遗属）保险、医疗（疾病与生育）保险和工伤保险三个部分。马来西亚没有正式的失业保险或失业援助制度来帮助失业人员，马来西亚政府认为，马来西亚自20世纪80年代末期以来就基本实现全民就业，似乎没有迫切需要建立失业保险制度，同时也没有建立家庭津贴制度。

（三）管理体制与经办体系

1. 管理体制

（1）养老保险

马来西亚养老保险目前适用的法律为1969年的《雇员社会保障法》，1991年的《养老金信托基金法》以及1991年制订、2001年修订的《雇员公积金法》。雇员公积金局于1951年成立，负责管理为雇员提供基本社会保障的"雇员公积金计划"，管理参加公积金项目的个人养老金账户，包括按比例领取、撤回和发放公积金等。雇员公积金局理事会由雇主、雇员和政府三方组成，并接受财政部的监督与管理。社会保障机构管理两个社会保险计划，即"残疾养老金计划"和"工伤计划"，向参加社会保险符合条件者提供服务，社会保险机构理事会由雇主、雇员和政府三方组成，受人力资源部监管。

（2）医疗保险

马来西亚医疗保险适用1991年制定、2001年修订的《雇员公积金法》和1994年颁布的《职业安全和健康法》。马来西亚医疗保险实行公积金制度，由雇员公积金局管理公积金计划，各主要银行及分支机构、13个州以及3个联邦直辖区分支机构负责执行公积金基金计划，将公积

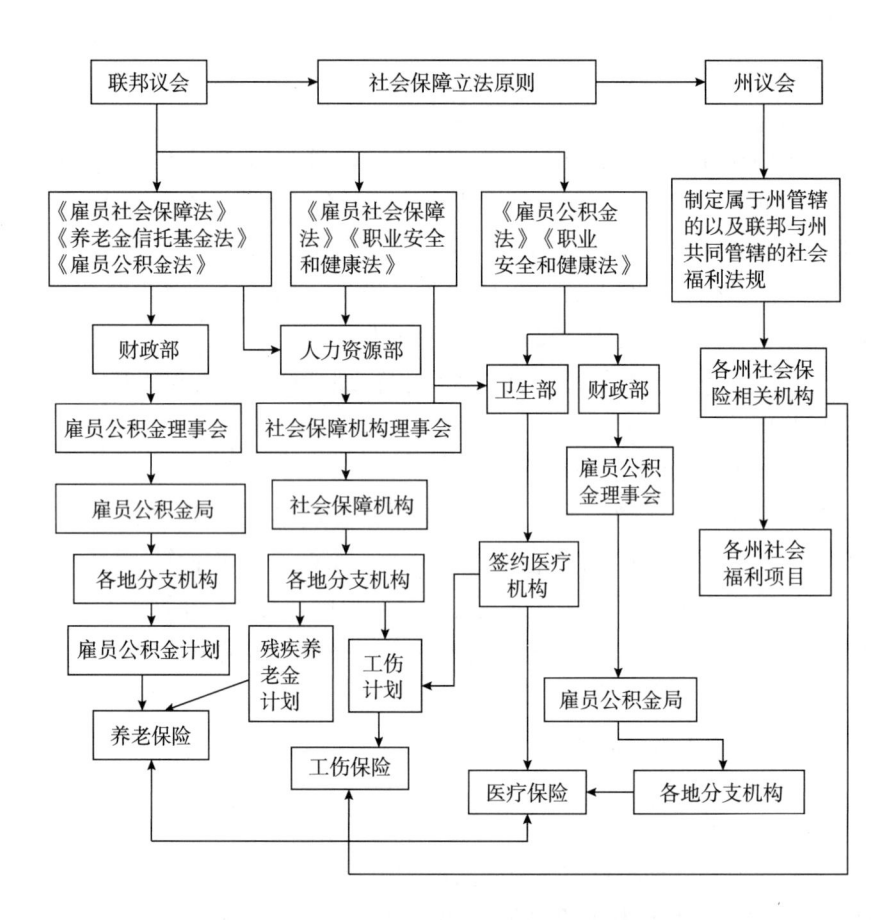

图 12　马来西亚社会保险管理体制和经办体系

资料来源：人力资源和社会保障部社会保障战略研究课题组：《50国（地区）社会保障机构图解》，中国劳动社会保障出版社2011年版。

金划入参加公积金项目的个人特定账户，并提供服务。医疗健康服务主要由卫生部进行管理和监督，负责统一政策和方案的制定，流程的设计以及技术标准的建立，并通过与雇员公积金局签约的公共或私营医疗机构向符合条件的人群提供卫生医疗服务。

（3）工伤保险

马来西亚工伤保险适用1969年的《雇员社会保障法》和1994年颁布的《职业安全和健康法》。马来西亚由社会保险机构负责工伤保险计划，由社会保险机构理事会对社会保险机构进行监督管理，由人力资源部对社会保险机构理事会进行管理，由13个州以及3个联邦直辖区分支机构负责执行工伤保险计划，根据不同情况，提供工伤保险服务。卫生部负责制定统一的卫生政策和方案，以及各种专业程序和技术标准，并通过与社会保障机构签约的公共或私营医疗机构及诊所向参加工伤保险计划的投保人提供卫生医疗服务。

2. 经办体系

马来西亚社会保险经办体系属于分立经办体制，具体而言：(1) 养老保险的经办主要由雇员公积金局和社会保障机构负责，雇员公积金局的分支机构以及各主要银行分支机构按不同比例划入参加公积金项目的个人养老金账户，并提供服务，社会保障机构的分支机构向参加养老社会保险符合条件者发放养老金，并提供服务。公积金来源于雇员、雇主、自雇者以及自愿者。(2) 医疗保险由雇员公积金局负责具体经办，由与雇员公积金局签约的公共或私营医疗机构向符合条件的人群提供卫生医疗服务。医疗保险没有医疗现金待遇，只有以医疗待遇的方式来实现。(3) 工伤保险由社会保障机构负责具体经办，由社会保障机构的分支机构根据不同情况提供工伤保险服务。由与社会保障机构签约的公共或私营医疗机构及诊所向参加工伤保险计划的投保人提供卫生医疗服务。资金来源于雇员、雇主和自愿者。

（四）特点

马来西亚的社会保险经办体系属于分立经办模式，主要有两个经办机构，分别是雇员公积金局和社会保障机构，它们都受政府部门的监督以及各自理事会的管理。养老保险及医疗保险是实行公积金制度。工伤保险是由社会保险机构经办。两个机构的缴费方式和缴费标准不同，但基本都是来自雇员、雇主和自愿者。政府在其中主要起到监督作用，并没有进行补贴。

十三 美国

（一）概述

由于美国是一个联邦制国家，在社会保障制度管理体制方面，联邦和州呈现出不同体系的特征。发展至20世纪70年代初，社会保障制度趋于系统化，发展模式呈现出独有特征。一方面，美国的社会保险涵盖面完善，20世纪80年代，美国的社会保障项目包含了300多项，建立起了全方位体系；另一方面，在第二次世界大战之后，美国人口急剧扩大，社会保险项目增多，导致政府社会保险支出大幅度增加，造成了沉重的财政负担,并且,与最低工资相差无几的社会保险金,在一定程度上造成了工作疲懒。近年来,美国的社会保险经过多年的发展,逐渐形成了层次多、覆盖面广、较为成熟的体系。

(二)险种构成

美国的社会保障制度分为养老、医疗、工伤、失业和家庭津贴五个部分。其中,养老保险由政府主导的强制性养老金计划和社会援助项目组成,医疗保险主要针对65岁以上的老人、残疾人和晚期肾炎患者,以及有特殊需要人群。家庭津贴主要面向低收入人群,在收入调查的前提下为低收入家庭提供短期救助。

(三)管理体制与经办体系

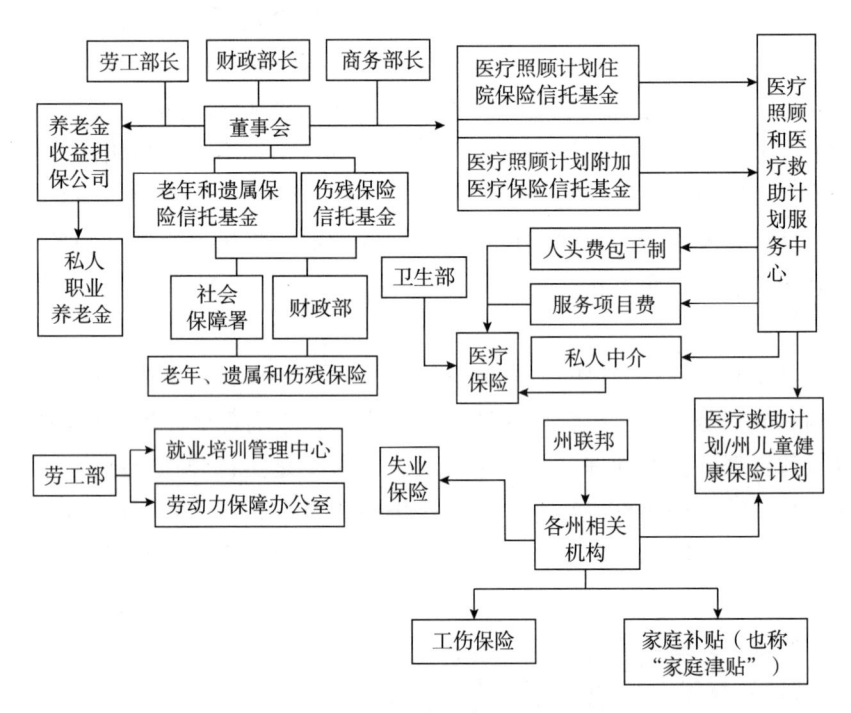

图 13 美国社会保险管理体制和经办体系

资料来源:人力资源和社会保障部社会保障战略研究课题组:《50国(地区)社会保障机构图解》,中国劳动社会保障出版社2011年版。

1. 管理体制

(1)养老保险

美国的养老保险依据1935年的《养老保险法》。养老保险分为美国老年、遗属和伤残保险（OASDI）、私营职业养老金（DB 及 DC）两部分。美国老年、遗属和伤残保险由社会保障署总体负责，由财政部负责老年和遗属保险信托基金和伤残保险信托基金。美国老年、遗属和伤残保险的基金项目包括老年和遗属保险信托基金和伤残保险信托基金，董事会为财政部、劳工部、卫生部三部部长、社保署署长及其他两位成员组成。相关基金用于支付养老金、对政府担保的有价证券进行投资等。私营职业养老金由劳动部进行监督，养老金受益担保公司总体负责，管理30460个私人职业养老金计划，并保障受益人的收益。

（2）医疗保险

美国的医疗保险基金分为医疗照顾计划住院保险基金、医疗照顾计划附加医疗保险信托基金、医疗救助计划和州儿童健康保险计划，由医疗照顾和医疗救助计划服务中心总体负责。医疗照顾计划住院保险信托基金和医疗照顾计划附加医疗保险信托基金，通过人头费包干制和服务项目费支付给医疗照顾计划受益人，通过私人中介制度给购买了药品保险的医疗照顾计划受益人。医疗救助计划和州儿童健康保险计划由各州相关机构负责，通过人头费包干制和服务项目费覆盖相关人群。

（3）工伤保险、失业保险、家庭补贴

工伤保险、失业保险均不存在全国性计划，由于各州相关立法不同，缴费和执行也存在较大差异。家庭津贴主要是面向低收入群体，由联邦和政府财政支出。

2. 经办体系

美国的社会保险采用统一经办体制，具体而言：（1）养老保险的经办主体为社会保障署，由其和财政部负责基金的征缴和发放。（2）医疗保险的经办主体为 MEDICARS 和 MEDICARD 服务中心，由其和财政部负责基金征缴，MEDICARS 和 MEDICARD 服务中心负责津贴发放，并将基金拨付给注册的医疗机构，提供医疗服务或药品等。（3）工伤保险的经办主体为州工伤保险基金、私人保险机构或自我投保，并负责资金的筹集与发放。（4）失业保险的经办主体为州劳动力管理机构，并负责资金的筹集与发放。从总体上看，美国社会保障署在中央一级设立总部，总部下面分设10个区域办事处，基层设立多个办事处和服务中心。美国社会保障署经办过程中的信息化水平很高，高效的信息化水平，有助于提高社会保障署职员的工作效率。美国社会保障署的人均负荷比为 2895∶1。①

（四）特点

美国的社会保障中，企业和个人是主要承担者，政府做适当的补贴或提供免税政策。美国主要采取设施养老模式，根据目标人群的不同健康状况，设施划分为自护型、助护型、特护型等，各种类型的设施又分为公立和私立两种。②

十四 墨西哥

（一）概述

在拉美国家，墨西哥的社会保险制度建立较早，也相对完善。1943年墨西哥颁布了第一部《社会保障法》，在此基础上，国家对该法律进行了多次修改。1995 年制定了新的《社会保障法》，1997 年 7 月 1 日，新的《社会保障法》开始生效，这部法律对原来的社会保障制度，特别是退休和养老金制度进行了重大修改。2003 年制定了《社会医疗救助法》。③ 墨西哥政府高度重视社会保险的立法工作，各个险种都分别出台了相关法律，并将社会保险和社会救助密切结合，重视养老保险基金的投资运营，取得了显著成效。但是，20 世纪 70 年代以来，由于墨西哥实行新自由主义政策，在城市化和工业化进程中，贫困现象逐渐严重，贫富差距逐渐拉大。根据 OCED 调查，墨西哥国家公共开支中的社会保险部分所占比例过小。而且覆盖面主要集中于城市，对于流动人口、低收入者和失业者的覆盖力度还有所不够。④

（二）险种构成

墨西哥的社会保险制度主要由养老、医疗、工伤和家庭津贴四部分组成。从本质意义来看，墨西哥不存在失业保险制度，但自 2002 年起，由劳动保障部门和各州就业服务署共同设立了作为就业服务项目之一的"求职人员经济扶助计划"，为失业人员提供相应的经济帮助。⑤

---

① 郑秉文：《中国养老金发展报告 2013——社保经办服务体系改革》，经济管理出版社 2013 年版。
② 万江、余涵、吴茵：《国外养老模式比较研究——以美国、丹麦、日本为例》，《南方建筑》2013 年第 2 期。
③ 徐世澄：《墨西哥社会保障制度的改革》，《拉丁美洲研究》1997 年第 4 期。
④ 齐传钧：《墨西哥医疗卫生制度的变迁与改革》，《拉丁美洲研究》2010 年第 32 期。
⑤ 朱志鹏：《浅析墨西哥的社会保障制度》，《天津社会保险》2009 年第 3 期。

（三）管理体制与经办体系

1. 管理体制

（1）养老保险

墨西哥现行的养老保险分为社会养老保险计划、公务员养老保险计划和石油行业养老保险计划三个部分。社会养老保险计划依据《社会保障法》，由政府、雇主及工会三方成员组成的代表大会为最高领导机构，三方代表组成的技术委员会为项目管理和执行机构。社会保障局负责管理传统现收现付计划，并负责征集养老金缴费，社会保障局由劳、资、政府三方代表组成的监督委员会监督。公务员养老保险计划和石油行业养老保险计划依据部门和行业立法，由国家公务员社会保障和福利委员会以及石油公司养老保险管理机构分别负责。

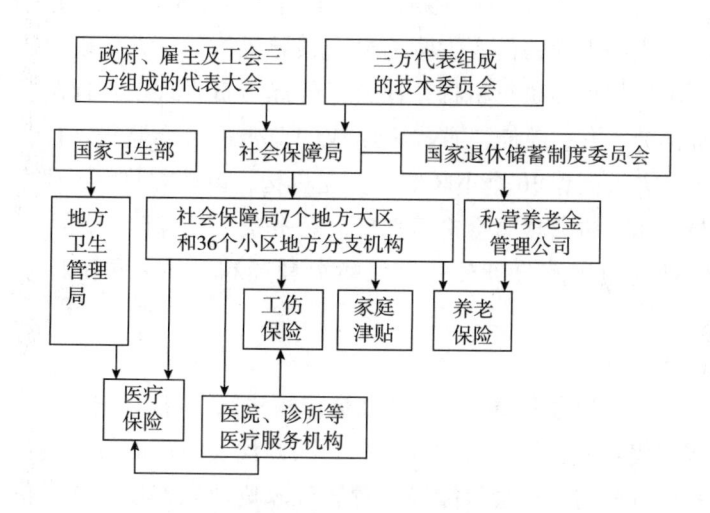

图 14　墨西哥社会保险管理体制和经办体系

资料来源：人力资源和社会保障部社会保障战略研究课题组：《50 国（地区）社会保障机构图解》，中国劳动社会保障出版社 2011 年版。

（2）医疗保险

墨西哥现行的医疗保险分为社会医疗保险计划、公务员医疗保险计划和石油行业医疗保险计划三部分。社会医疗保险计划依据《社会保障法》和《卫生基本法》，政府、雇主及工会三方成员组成的代表大会为最高领导机构，三方代表组成的技术委员会为项目管理和执行机构。社会保障局负责管理疾病与生育保险计划，经营医院、诊所等医疗设施，社会保障局由劳、资、政府三方代表组成的监督委员会监督。社会保障局下设7个地方大区和36个小区地方分支机构，由地方政府、雇主及工会三方成员组成的协商理事会进行监管。国家卫生部负责卫生预防和社会卫生活动事务、对直属的医院实行人事、药品和医疗技术管理，下设地方卫生管理局负责地方卫生行政管理。公务员医疗保险计划和石油行业医疗保险计划由国家公务员社会保障和福利局以及石油公司医疗系统分别负责，国家公务员社会保障和福利局下设1232家医疗服务机构，石油公司医疗系统下设219家医疗服务机构。

（3）工伤保险

墨西哥现行的工伤保险分为社会保险计划、公务员工伤保险计划和石油行业工伤保险计划。社会保险计划依据《社会保障法》，政府、雇主及工会三方成员组成的代表大会为最高领导机构，三方代表组成的技术委员会为项目管理和执行机构。社会保障局负责管理工伤保险计划，社会保障局由劳、资、政府三方代表组成的监督委员会监督。社会保障局下设7个地方大区和36个小区地方分支机构，由地方政府、雇主及工会三方成员组成的协商理事会进行监管。公务员工伤保险计划和石油行业工伤保险计划由国家公务员社会保障福利局和石油公司医疗系统分别负责。

（4）家庭津贴

墨西哥现行的家庭津贴依据《社会保障法》，政府、雇主及工会三方成员组成的代表大会为最高领导机构，三方代表组成的技术委员会为项目管理和执行机构。社会保障局负责管理家庭津贴制度，社会保障局由劳、资、政府三方代表组成的监督委员会监督。社会保障局下设7个地方大区和36个小区地方分支机构，由地方政府、雇主及工会三方成员组成的协商理事会进行监管。

2. 经办体系

墨西哥的社会保险采用公司制经办管理模式，个人账户制度下的缴费全部进入个人资本账户进行完全积累，并由养老基金管理公司管理运营。具体而言：（1）养老保险的社会养老保险计划中社会保障局7个地方大区和36个小区地方分支机构负责向参加传统现收现付计划的老职工支付养老金，国家退休储蓄制度委员会管理的私营养老金管理公司负责管理运营雇员养老金个人账户，向1997年改革后加入个人账户计划的职工支付养老金。国家公务员社会保障和福利委员会负责管理国家公务员、公立学校教师职员及其家属养老金计划，石油公司养老保险管理机构下设全国分公司服务机构负责为石油行业职工提供养老保障待遇。（2）医疗保险的社会保险计划中社会保障局7个地方大区和36个小区地方分支机构负责支付现金补助、医疗补助和生育津贴，下设包括医院和诊所级的全国5393家医疗服务机构，为参加医疗保险计划的雇员提供医疗服务待遇。地方卫生管理局直属的全国10493家公立医疗服务机构负责为没有参加社会保障计划的穷人提供医疗保障服务。（3）工伤保险的社会保险计划中社会保障局7个地方大区和36个小区地方分支机构负责向参保雇员支付伤残保险金，下设的医院诊所等机构负责在职工出现伤残时提供治疗服务。（4）家庭津贴由社会保障局及7个地方大区和36个小区地方分支机构负责项目行政管理，资金征缴及支付，完成贫困家庭现金补助、儿童照料津贴、结婚补助和相关社会津贴。从总体上看，墨西哥的社会保险主要由私人养老基金管理公司经办管理个人账户，由政府相关监管部门批准的公司履行管理养老金制度的行政职能，这种模式在一定程度上提高了社会保险的经办效率。

（四）特点

拉丁美洲中养老基金管理公司数量最多的是墨西哥，其养老保险制度在改革上效仿"智利模式"，引入了私营管理的个人账户计划，但是，与其他拉丁美洲国家不同的是，在参保职工的养老金缴费征收管理上，墨西哥保费由国家社会保障局下属的一个公共管理机构统一征收，而不是由私营基金管理公司来完成。

十五　日本

（一）概述

日本社会保障制度形成于20世纪20年代，覆盖广，种类多元且结构复杂，管理分权而立，各机构各层级权责分明、相互制约。从社会保险经办管理模式上看，日本属于政府直接主导的"分立式"经办管理模式，由厚生劳动省统一负责全国的社会保障事务，养老、医疗保险的经办由各地方社会保险事务所负责，工伤保险的经办由劳动基准监督署负责，各地职业安定事务所和福祉事务所分别负责雇佣保险和家庭津贴的经办。各经办机构内部实行垂直管理，不同层级职责清晰、分工明确，经费则主要来源于雇员、非受雇人员、雇主缴纳的参保费，并且国家财政也会负担一部分。

（二）险种构成

日本社会保障主要包括养老保险、医疗保险、雇佣保险、工伤保险和家庭津贴五个部分。日本公共养老保险是由国民年金和厚生年金组成。雇佣保险由失业补助金和雇佣福利三项事业构成。

（三）管理体制与经办体系

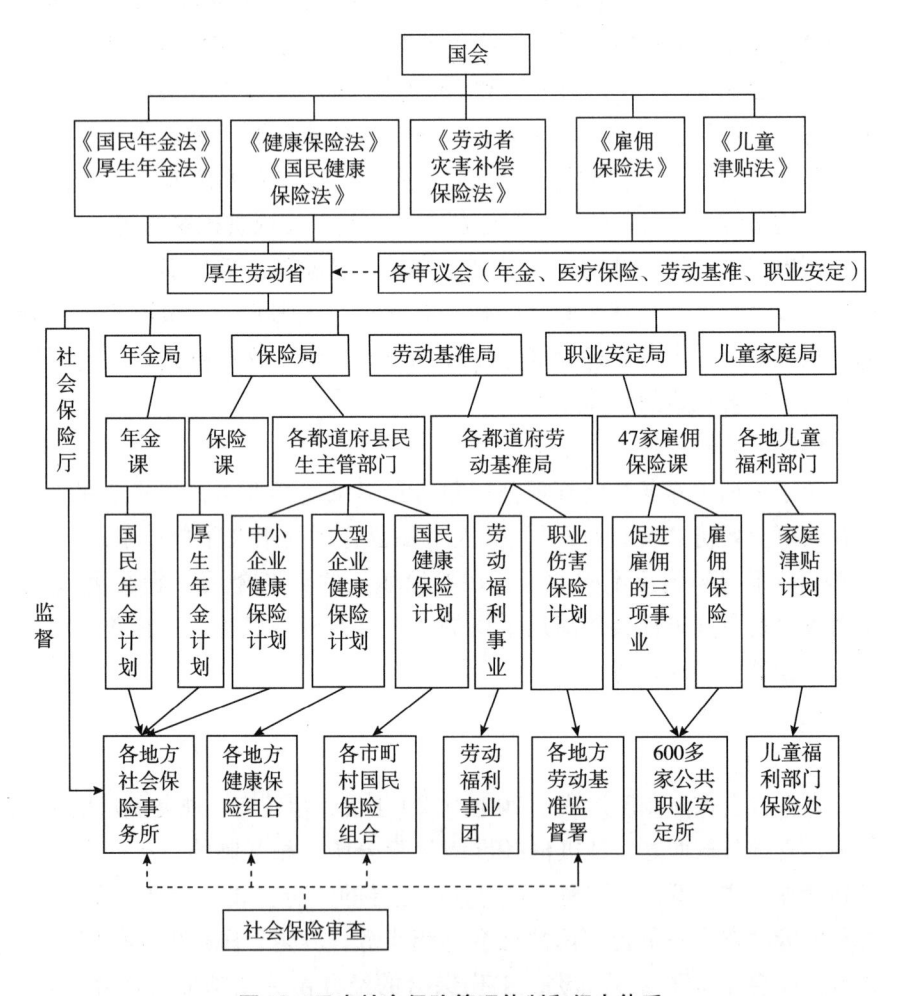

图15 日本社会保险管理体制和经办体系

资料来源：人力资源和社会保障部社会保障战略研究课题组：《50国（地区）社会保障机构图解》，中国劳动社会保障出版社2011年版。

1. 管理体制

（1）养老保险

养老保险主要由面向全体国民的国民年金计划和面向雇员的厚生年金计划共同构成，前者为基础性年金，后者作为附加和补充。由厚生劳动省下设的年金局和保险局负责年金计划（国民年金和厚生年金）的制定以及行政管理等事务，各地方社会保险事务所负责具体经办业务，包括保险费的收取、发放和发放。社会保险厅负责派出并监督管理各地方社会保险事务所的经办业务，社会保险审查会对养老保险的收取及发放进行审查。年金审议会为厚生劳动省提供咨询。

（2）医疗保险

日本国会1922年颁布的《健康保险法》和1938年颁布的《国民健康保险法》构成医疗保险制度的基础。医疗保险主要由国民、大型企业、中小企业健康保险计划组成。由厚生劳动省下设的保险局负责各类医疗保险计划的制定及行政管理等事务，由医疗保险审议会为厚生劳动省提供咨询，社会保险厅负责派出并监督管理各地方社会保险事务所的经办业务。由各都道府县民生主管部门负责对各地的健康保险组合和各市町村国民保险组合进行政策指导。由社会保险审查会对医疗保险的收取及发放进行审查。

（3）雇佣保险

日本国会于1949年初次颁布《失业保险法》，现行法律颁布于1973年，改名为《雇佣保险法》，是雇佣保险制度的依据。厚生劳动省下设的职业安定局负责雇佣保险政策的制定、行政管理等事务。由职业安定审议会为厚生劳动省提供咨询和审议，地方上由各都道府县47家雇佣保险课来具体负责促进雇佣的三项事业以及雇用保险的实施，具体业务的经办则交由600多家公共职业安定所负责。

（4）工伤保险

日本国会于1911年初次颁布《职业伤害保险法》，现行法律颁布于1947年，是工伤保险制度的依据。厚生劳动省下设劳动基准局负责职业伤害保险政策的制定、行政管理等事务。由劳动基准审议会为厚生劳动省提供咨询和审议。各都道府劳动基准局具体负责劳动福利事业和职业伤害保险计划的实施，工伤保险中的职业伤害保险计划由各地劳动基准监督署负责具体业务经办、劳动福利事业的具体经办工作由独立于劳动基准局之外的民间组织,即劳动福利事业团来负责。由社会保险审查会对保险的收取、伤残的评级及待遇发放进行审查。劳动基准局对整个经办运行过程予以监督和宏观管理。

(5) 家庭津贴

日本国会于 1971 年初次颁布《儿童津贴法》,是现行家庭津贴的依据。厚生劳动省下设的儿童家庭局负责家庭津贴计划政策的制定及行政管理等事务。由各地儿童福利部门的保险处负责收取费用、发放津贴。家庭津贴只由雇主缴费和财政予以负担。

2. 经办体系

日本各个险种采取分立经办体制,由政府部门统一负责,由不同的经办机构负责不同的险种,具体而言,(1) 养老保险的经办主体为日本年金机构,地方上由地方社会保险事务所具体经办,国民年金采取定额保费制,厚生年金采取工资比例制,机构委托大藏运营部开设厚生和国民年金特别账户去进行基金的运营,一方面去投资证券、信托,得到的利息再并入基金;另一方面借给福利事业团,利息收入也并入基金。而保险费的出纳则由银行或者邮局来负责,银行或邮局从大藏省开设的厚生和国民年金特别账户中获取资金来进行保险待遇的发放。(2) 医疗保险的经办由各市町村国民保险组合、各地的健康保险组合和各地方社会保险事务所进行,国民健康保险计划由市町村根据法律按纳税方式向参保者征收,保险费征缴、运营、管理由各市町村国民保险组合进行管理;各地的健康保险组合负责经办大企业健康保险、特殊职业健康保险,包括保险费的征缴、管理和运营;各地方社会保险事务所负责经办中小企业健康保险计划。待遇的支付方面,除个人缴纳的费用支付外,国家为国民健康保险计划参保者承担一半医疗费用;健康保险的参保者在接受医疗机构诊疗后,支付申请会直接递交至医疗费用支付基金会,个人缴纳个人负担部分,其余经审核后由保险基金支付。(3) 雇佣保险由各地职业安定事务所负责经办,雇佣保险的对象为雇员及企业,雇工 5 人以上的企业需缴纳雇佣福利三项事业保险费,且仅有企业缴纳,而一般受保者、高龄继续受保者、短期雇佣特例受保者等的失业保险缴费方式是根据行业的失业风险程度实行差别费率,企业和雇员对半分,国家财政按照失业补助实际支出总额的 1/4 或 1/3 予以补贴。(4) 工伤保险的经办由劳动基准局负责,劳动福利事业团负责具体执行。职业伤害保险只需企业缴费，中央财政上需予以适当补贴，具体的基金征缴、伤残鉴定、待遇支付等具体工作由各地方劳动基准监督署负责。(5) 家庭津贴的经办由儿童家庭局负责。缴费对象为雇主，财政给予一定补助。

（四）特点

日本社会保障制度的主要特点是保障的普遍化和制度的多元化。日本社会保险采取分立经办体制，由政府直接主导的"分立式"经办模式，由中央省厅之一的厚生劳动省直接主导社会保险事务，不同险种又由不同的下设机构负责具体的经办事务，由中央银行和大藏省负责基金的管理，具体的运营则由保险公司负责。

十六　泰国

（一）概述

20 世纪 80 年代中期以后，在稳定的国内形势下，泰国社会保障制度逐步得到发展，1990 年泰国通过了现行的《社会保障法》，该法于 1994 年、1999 年两次进行修订。目前，泰国已经建立较为完善的社会保障制度，包括养老保险、医疗保险、工伤保险、失业保险和家庭津贴五个部分。泰国社会保险的经办体系属于统一经办模式，五个险种皆是由社会保障办公室及其分支机构进行经办。社会保障办公室受劳工部管理并监督指导，劳工咨询委员会为劳工部提供咨询。

（二）险种构成

泰国社会保障制度包括养老（老年、残疾、遗属）保险、医疗（疾病与生育）保险、工伤保险、失业保险和家庭津贴五个部分。泰国在 2001 年以前，泰国建立了多种医疗保险制度，但是由于这些保险计划在保险金、公共补贴等方面存在很大差异，造成许多社会问题，因此建立了新型医疗保障制度。

（三）管理体制与经办体系

1. 管理体制

（1）养老保险和家庭津贴

泰国养老保险由 1990 年的《社会保障法》（经过 1994 年、1999 年修订）规定。泰国的社会保障办公室负责管理养老保险和家庭津贴计划，同时负责这两个险种的经办。社会保障办公室是劳工部于 1990 年成立的，是泰国主要的社会保障执行机构。它受劳工部的管理以及监督指导。劳工咨询委员会为劳工部提供咨询。社会保障办公室下设有 10 个中心区域办公室及 75 个省（府）级办公室、各地分支结构。

（2）医疗保险和工伤保险

泰国医疗保险由 1990 年《社会保障法》（经过 1994 年、1999 年修订）和 1990 年《医疗保险法》规定。工伤保险由 1994 年《工伤事故赔偿法》规定。泰国社会保障办公室负责管理医疗保险和工伤保险计划，且负责具体的经办，向符合条件的人支付医疗保险金和工伤保险金，提供相关服务。国民健康保障办公室是确保和支持所有卫生机构对全民医疗计划的管理和运行更有效的机构，由省卫生局与列入社会保障计划的公立和私营医院签约对相关人群提供医疗和康复服务。国民健康保障办公室受公共卫生部管理并提供相关指导。

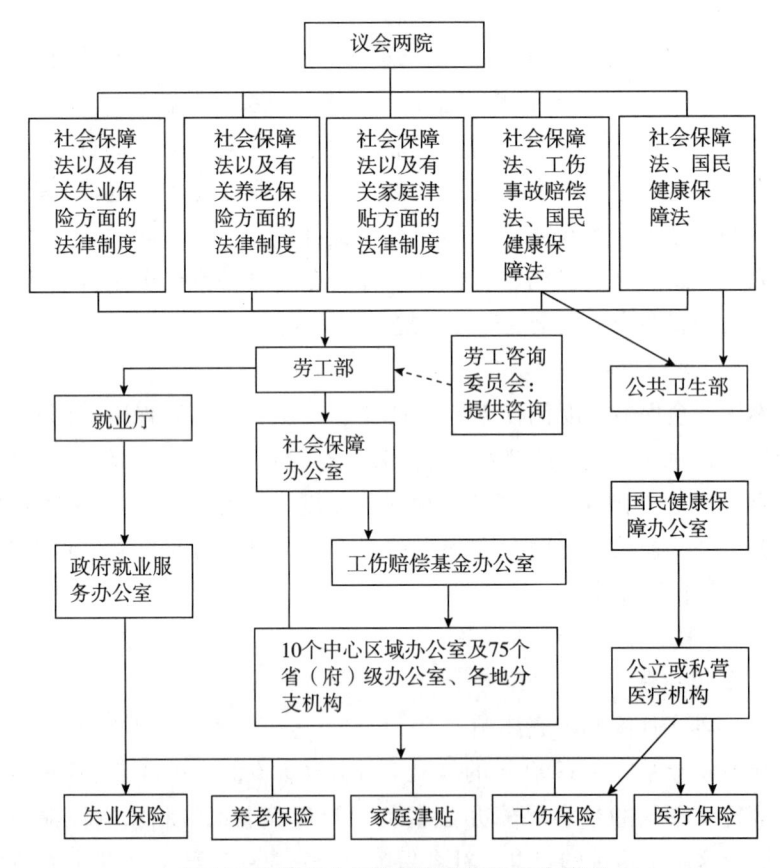

图 16 泰国社会保险管理体制和经办体系

资料来源：人力资源和社会保障部社会保障战略研究课题组：《50 国（地区）社会保障机构图解》，中国劳动社会保障出版社 2011 年版。

（3）失业保险

泰国社会保障办公室负责管理失业保险计划，且负责失业保险具体的经办工作，向符合条件的失业者支付失业保险金。就业厅负责登记失业的被保险人，为促进就业提供平台。就业厅同时也受到劳工部的管理以及监督指导。就业厅通过政府就业服务办公室建立各种类型的培训中心和项目提供就业培训和安置，向失业者提供再就业信息和渠道，促进再就业。

2. 经办体系

泰国社会保险经办体系属于统一经办模式，五险都是由社会保障办公室负责经办，缴费方式为一站式缴费，各险种的缴费标准不同，养老保险和医疗保险资金来源于雇员、自雇者、雇主和政府。工伤保险资金来源于雇主和雇员，失业保险和家庭津贴资金来源于雇员、雇主和政府。泰国医疗保险以现金待遇和医疗待遇的方式来实现，其中现金待遇包括疾病现金待遇和生育现金待遇，其中医疗待遇由与社会保障办公室签约的医院提供。

（四）特点

泰国社会保险经办体系属于统一经办模式，由中央政府下属的社会保障办公室统一负责全国的社会保险经办业务。泰国社会保险经办体系属于最典型的政府主导的统一经办模式，因为泰国有全国统一的社会保险经办机构，且实行垂直管理，且社会保障办公室隶属于劳工部，即属于政府部门。

十七 希腊

（一）概述

希腊的社会保障主要指社会保险，覆盖80%的劳动人口。社会救助不发达，只局限于一部分特殊人群。在欧盟中，希腊是唯一没有最低收入保障计划的国家。[①] 希腊的社会保险制度具有严重的碎片化，1956年，希腊具有独立法人资格的社会保险基金多达153个，1997年达到了史无前例的325个，2000年降到236个，2010年仍有170多个。在待遇支付方面，希腊养老金替代率很高，公务员的替代率为109%，公共事业单位

---

① 人力资源和社会保障部社会保障战略研究课题组：《125国（地区）社会保障资金流程图》，中国劳动社会保障出版社2011年版。

雇员的为98%，独立专业人士的为90%，在很多情况下，人们可以选择提前退休并领到全额养老金。基于此，希腊碎片化的社保制度决定了公务员、公共事业单位雇员和工会领导层享有社保特权，他们是当前社保制度的既得利益者。为了解决这一问题，从2011年1月1日起，公务员和私人部门雇员一样参加IKA计划，并严格区分非缴费型和缴费型养老金计划。

（二）险种构成

希腊的社会保险种类有：居于重要地位的养老保险（老人、残疾人和遗属）、其次是医疗保险（健康医疗、妊娠和分娩）。此外，失业、工伤保险和家庭津贴也归属其中。希腊保险基金的性质不尽相同，有的属于基本保险基金，有的是增补型保险，也有经营打包的保险计划。造成保险机构和保险项目相互重叠。养老保险是社会保障中最为重要的部分，在欧盟中，希腊的养老金支出在社会保障预算中所占比例最高，约为66%。医疗保险仅次于养老保险，占社保预算总额的23%。因此，希腊的福利制度主要服务于老龄人口。

（三）管理体制与经办体系

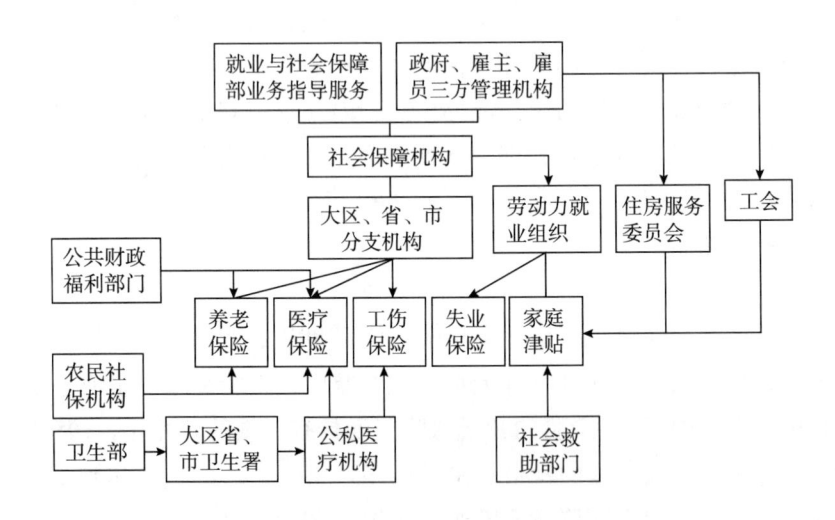

图 17　希腊社会保险管理体制和经办体系

资料来源：人力资源和社会保障部社会保障战略研究课题组：《50国（地区）社会保障机构图解》，中国劳动社会保障出版社2011年版。

1. 管理体制

（1）养老保险

希腊现行的养老保险依据《社会保障法》和1991年生效的《年金法》制定。由就业与社会保障部进行业务指导，协同政府、雇主、雇员三方管理机构对社会保障机构进行监督。社会保障机构负责征收和发放养老金，下属的大区、省、市分支机构同时负责相关的养老金征收与发放。公共财政福利部门负责发放养老救济金。农民社保机构负责发放相关养老金。

（2）医疗保险

希腊现行的医疗保险依据《社会保障法》及其他相关法律制定。就业与社会保障部进行业务指导，协同政府、雇主、雇员三方管理机构对社会保障机构进行监督。社会保障机构负责发放医疗津贴，管理下属公私医疗机构。公私医疗机构同时还受到卫生部进行业务指导和大区、省、市卫生署的监督。农民社保部门负责发放疾病、生育津贴。公共财政福利部门负责社会救助，发放相关疾病、生育津贴。医疗保险由社会保障机构负责发放医疗津贴，并管理下属公私医疗机构。公私医疗机构负责药品、医疗设备和医疗待遇。社会保障机构下属大区、省、市分支机构负责发放相关医疗津贴，并管理其下属的公私医疗机构。将医疗保险发放给疾病、生育津贴的领取人和医疗待遇的享受人。

（3）工伤保险

希腊现行的工伤保险依据《社会保障法》及其他相关法律。就业与社会保障部进行业务指导，协同政府、雇主、雇员三方管理机构对社会保障机构进行监督。社会保障机构负责发放医疗津贴，管理下属公私医疗机构。公私医疗机构还受到卫生部的业务指导。工伤保险由社会保障机构负责发放医疗津贴，并管理下属公私医疗机构。公私医疗机构负责药品、医疗设备和医疗待遇。社会保障机构下属大区、省、市分支机构负责发放相关医疗津贴，并管理其下属的公私医疗机构。将工伤保险发放给工伤保险金的领取人和医疗待遇的享受人。

（4）失业保险

希腊现行的失业保险依据《社会保障法》及其他相关法律。就业与社会保障部进行业务指导，协同政府、雇主、雇员三方管理机构对社会保障机构进行监督。失业保险费由社会保障机构负责征收。劳动力就业组织下属的大区、省、市劳动力就业组织负责失业保险金的发放，提供就业服务等。

（5）家庭津贴

希腊现行的家庭津贴依据是《社会保障法》及其他相关法律。就业与社会保障部进行业务指导，协同政府、雇主、雇员三方管理机构对社会保障机构进行监督，政府、雇主、雇员三方管理机构同时对劳动力就业组织、住房服务委员会和工会进行监督。社会保障机构负责收取保费，将保费转移到劳动力就业组织，由其为符合条件的家庭提供就业服务。住房服务委员会和工会负责发放津贴。

2. 经办体系

希腊的社会保险采用自治经办体制，就业和社会保障部的主要职责是对社会保险机构进行业务指导，具体而言：（1）养老保险的经办主体为社会保险机构及其分支机构，并负责基金的征缴和发放。（2）医疗保险和工伤保险的经办主体为社会保险机构及其分支机构和公私医疗机构，社会保险机构及其分支机构负责基金征缴和发放，公私医疗机构负责药品和医疗设施等。（3）失业保险的经办主体为劳动力就业机构，社会保险机构负责征收保费，地方就业办公室负责发放津贴。（4）家庭津贴的经办主体为劳动力就业组织，社会保险机构负责征收保费，地方就业办公室、住房服务委员会和工会负责发放津贴。从总体上看，希腊的社会保险按照行业建立社会保险基金，经过一个世纪的发展，目前有170多个种类，不同的社会保险基金覆盖了不同类别的人群，呈现出"碎片化"的特点，造成了社会保险种类繁多，交叉管理的现象。

（四）特点

主权债务危机爆发之后，希腊政府采取了一系列的改革措施，关于养老金方面主要包含两方面：一方面是结构性改革措施。首先是少碎片化，改革后，希腊养老金包括两部分，一是普惠型的国家基本养老金制度，二是缴费型养老金。另一方面参数式改革措施。其核心是降低待遇水平、减少基金支出，均取得了良好的成效。[1]

---

[1] 孙守纪：《希腊主权债务危机背景下的社保改革》，《中国地质大学学报》（社会科学版）2012年第12期。

十八 新加坡

（一）概述

新加坡的社会保险制度是中央公积金制度，本质上是一项政府强制性的、完全积累式的长期储蓄计划。自实施以来，新加坡的中央公积金制度不断发展并日趋完善，目前已成为涵盖养老、购买住房、医疗保险、家庭保健、资产增值等功能的综合性社会保险制度。从社会保险经办体系上看，新加坡属于政府主导的统一经办模式。中央公积金局作为政府的法定机构，负责制订和实施各项计划与政策，对公积金的缴纳、提取和使用进行具体管理。

（二）险种构成

新加坡的中央公积金局管理养老保障、医疗保障、住房保障、家庭保障、资产增值5项社会保险计划。在新加坡，没有失业保险制度和家庭津贴制度，但在社会福利制度中有针对失业群体和贫困家庭的福利措施。

（三）管理体制与经办体系

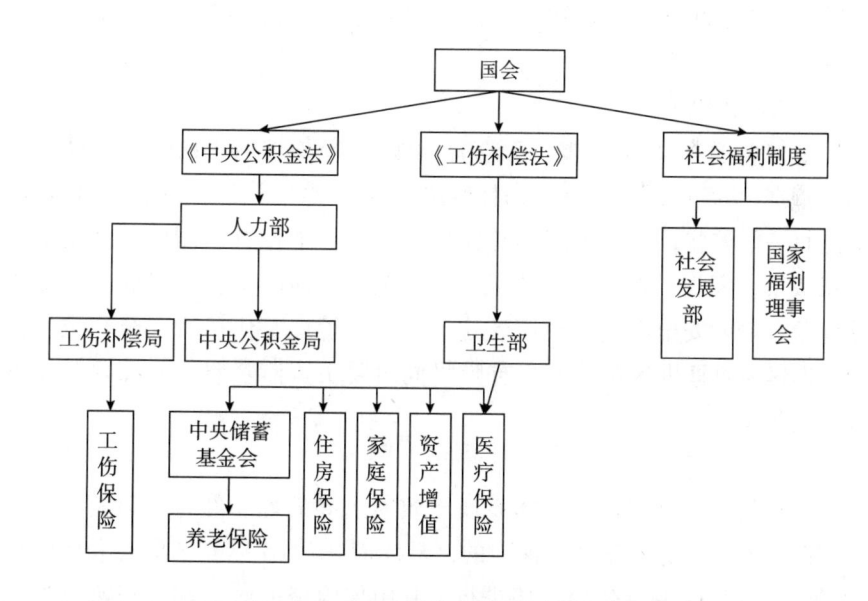

图18 新加坡社会保险管理体制和经办体系

资料来源：人力资源和社会保障部社会保障战略研究课题组：《50国（地区）社会保障机构图解》，中国劳动社会保障出版社2011年版。

1. 管理体制

（1）养老保险

现行的公积金制度依据是 2001 年颁布的《中央公积金法》。新加坡人力部根据《中央公积金法》执行立法、制定养老相关政策，对中央公积金局和中央储蓄基金会进行监督。中央公积金局实行企业管理模式，依法筹措、管理、运营资金，盈利最终也用于社会保障。中央公积金局实行董事会领导下的首席执行官负责制，董事会，由政府、职工代表、雇主、社会保障专家四方组成，负责投资战略设计和对养老基金的投资进行监督。财政部要替养老金偿付做最后担保。

（2）医疗保险

新加坡卫生部依据《中央公积金法》和《疾病与生育保险法》执行立法、管理并监督医疗卫生机构提供医疗卫生服务。有三家保险公司受卫生部指派和监督负责老人保障计划，为需要长期护理的老人提供现金补助。卫生部管理监督下的医疗机构分为公立医疗卫生机构和私立医疗卫生机构，财政部的医疗保障财务署通过财政对医疗卫生机构进行医疗补贴。中央公积金局负责执行医疗保险计划、征收保费、管理基金、发放保险金。

（3）工伤保险

新加坡于 1985 年颁布《工伤补偿法》。新加坡的工伤保险制度由人力部依据 1985 年颁布的《工伤补偿法》执行立法，且对下属的工伤补偿局进行一般监督，下属的工伤补偿局负责运行工伤补偿制度，制定工伤补偿政策，征收、管理和发放工伤补偿金，劳动部负责监督雇主参加工伤保险，职业安全卫生局负责鉴定、评价、管理工作场所安全和卫生情况、防范各项职业风险，工伤补偿局同时要负责监督雇主和保险公司参加工伤保险。

2. 经办体系

新加坡的社会保险经办体系属于政府主导的统一经办，但是其中工伤保险的经办是分立于其他保险的，具体而言：（1）养老保险和医疗保险的经办都是由中央公积金局进行。其中保险费的收取和支付都是通过公积金账户进行。公积金账户采取会员制，采用一站式缴费方式。资金来源于雇员、雇主、自雇主的参保费。新加坡的医疗保障制度主要包括 4 种计划，第一种即为政府全民补贴，资金来源为政府财政补贴；第二种为保健储蓄计划,其缴费群体为雇员、自我雇佣者;第三种为健保双全计划,其缴费群体为任何75岁以下的新加坡公民或永久居民,个人可自愿投保,保费可从医疗储蓄账户中扣除,缴费标准随年龄逐渐递增,从12新元到132新元不等,政府是不缴纳的;第四种为保健基金计划,资金来源为政府财政投资。(2)新加坡工伤保险的经办是由工伤补偿局负责的,新加坡的私人保险公司和雇主是工伤保险的缴费主体,雇主通过直接提供补助或向私营保险投保,和保险公司一起负担全部费用,工伤补偿局负责筹集、审核、支付补偿金。

(四)特点

与其他国家的社会保障制度不同,新加坡的中央公积金制度是通过由职工强制储蓄和政府负责管理来推行各种社会保障的形式。新加坡推行的中央公积金制度则是通过职工长期的强制储蓄,为职工自己提供退休养老费用,因而中央公积金制度实际上是一种自我保障制度。

十九　匈牙利

(一)概述

1929年匈牙利建立起了积累制的国家养老体系,第二次世界大战的爆发使得养老资产遭受了严重损失。战后匈牙利建立起了全国统一的社会养老保险体系,采用现收现付制,养老保险覆盖面广泛,待遇优厚。自1989年政局发生剧变之后,匈牙利开始从计划经济向市场经济转变,社会保障制度也处于改革和调整之中。1998年,匈牙利接受了世界银行的建议,建立了三支柱的养老保险体系。

(二)社会保险险种构成

匈牙利的社会保险主要分为养老、医疗、失业、工伤和家庭津贴五个部分。目前,匈牙利的养老保障由二个支柱组成,第一支柱为公共养老计划,采用现收现付制。第二支柱为私人储蓄养老计划,2003年1月1日开始进入劳动力市场的雇员只能选择该方案;医疗保障制度由医疗保险和商业补充险组成,社会保险由医疗保险构成,商业保险提供补充作用;失业保护分为三个层次,即失业保险、失业救济和社会救济,失业保险是社会保险层面的,其他两者属于救助层面;工伤保险由临时伤残现金补贴和长期伤残现金补贴构成;家庭津贴主要有家庭补贴、育儿补贴和儿童出生补助。

(三) 管理体制与经办体系

1. 管理体制

（1）养老保险

匈牙利现行的养老保险依据1997年《社会保障法》、1997年《私人养老金和私人养老基金法》和2006年第289号政府令而建立的。设立养老保险监察小组，小组由11个人组成，包括全国利益协调委员会中雇主、雇员以及政府三方各派3人，国会老年事务委员会推荐并经国会主席任命2人，共同负责对公共养老保险的监管。第289号政府令规定了全国养老保险管理总局的职能，隶属于社会和劳动事务部的全国养老保险管理总局作为中央预算机构，负责管理和制定公共养老金计划和养老救助计划。依据《私人养老金和私人养老基金法》，75家自愿性私人养老基金和18家强制性私人养老基金，负责管理个人账户并对基金进行投资运营，受到匈牙利金融监管局的监管。隶属于社会和劳动事务部的全国养老保险管理总局下设7个分支机构和33个服务中心，向贫困老人提供养老救济，向公共养老金计划的参保人支付养老金。18家强制性私人养老基金和75家自愿性私人养老基金负责管理个人账户并对基金进行投资运营，采用分期或一次性支付的方式向参保者支付养老金。

（2）医疗保险

匈牙利现行的医疗保险依据1997年的法律《医疗法》和《强制医疗保险法》，由卫生部进行监督。卫生部下属全国医疗保险基金负责公共医疗计划。卫生部下属的全国医疗保险基金负责公共医疗计划。在首都和18个州设有分支机构，员工3000人，铁路职工社会保险局也归其管理。通过遍布全国的合同医疗机构，为医保参保人提供相关服务和生育保险。

（3）失业保险

匈牙利现行失业保险的依据是1991年的《就业促进和失业保障法》，社会和劳动事务部进行监管。全国公共就业服务中心具体负责管理。受到社会劳动事务部监管的全国就业服务中心下设有地方分支机构和培训中心，进行就业和再就业培训，并负责失业保险。

（4）工伤保险

匈牙利现行的工伤保险依据2006年第289号政府令和1997年的法律《强制医疗保险法》。2006年第289号政府令规定全国养老保险管理总局的职能，社会和劳动事务部进行监督，全国养老保险管理总局具体执行。

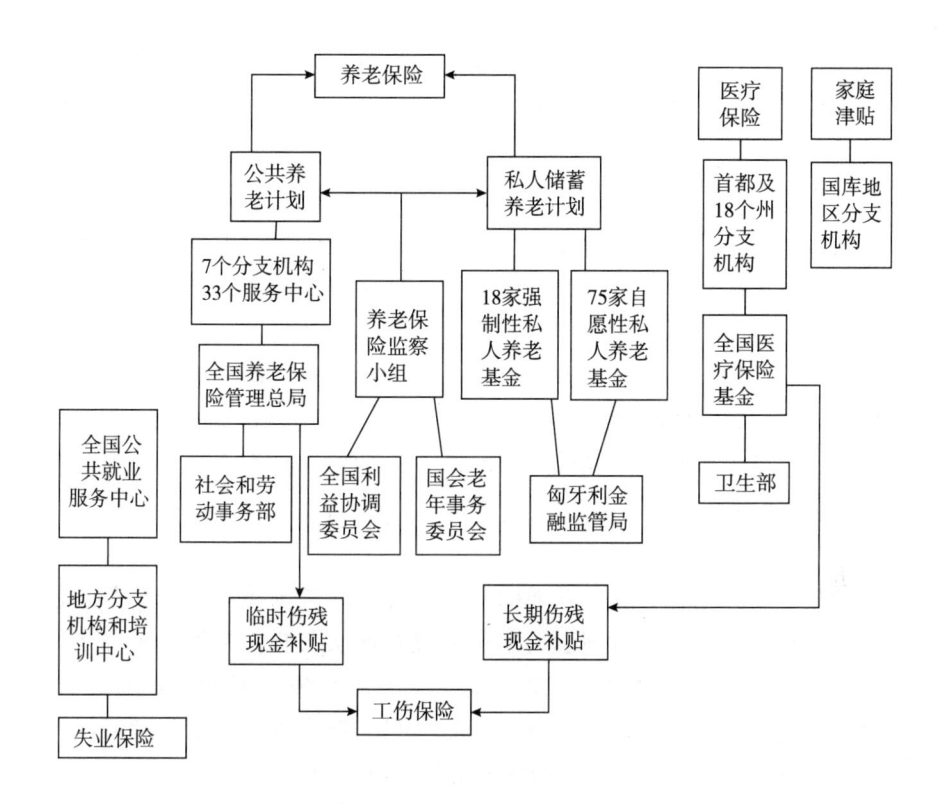

图 19　匈牙利社会保险管理体制和经办体系

资料来源：人力资源和社会保障部社会保障战略研究课题组：《50 国（地区）社会保障机构图解》，中国劳动社会保障出版社 2011 年版。

《强制医疗保险法》规定由卫生部进行监管，全国医疗保险基金会具体执行。社会和劳动事务部监管的全国养老保险管理总局负责临时伤残者现金补贴。卫生部监管的全国医疗保险基金会负责长期伤残者现金补贴和医疗服务。

（5）家庭津贴

匈牙利现行的家庭津贴依据 1993 年的《社会福利管理和社会福利保障法》，由社会和劳动事务部进行监管，国库地区分支机构具体负责。

2. 经办体系

匈牙利社会保险采用统一经办体制，具体而言：（1）养老保险的经办主体为全国养老保险管理局，负责管理和制定公共养老金计划等，税务局负责代收保费，地方分支机构负责发放保费。（2）医疗保险的经办主体为全国医疗保险基金会，税务局负责代收保费，地方分支机构负责发放保费。(3) 工伤保险的经办主体为全国养老保险管理局和全国医疗保险基金会，税务局负责代收保费，全国养老保险管理局和全国医疗保险基金会负责发放津贴，专门的医疗服务机构提供医疗服务。(4) 失业保险的经办主体为公共就业服务中心，税务局负责征收缴费，地方分支机构负责发放津贴和进行再培训。(5) 家庭津贴的经办主体为国库地区分支机构，资金来源于中央和地方政府，国库地区分支机构负责基金的收缴和发放。1997年，匈牙利通过一系列法律，建立起三支柱的养老保险体制以及以公共医疗计划为核心的强制医疗保险体制，在1998年法律生效后，改变了养老保险和医疗保险的自治性质，改为由政府对保险基金进行直接管理。

（四）特点

匈牙利的养老金管理公开通明，能够有效增进国民对养老改革的理解。国家社会养老保险管理总局每年要发布两次公报，系统介绍养老金管理的现状和相关改革措施。为了避免就业形势成为养老保障的障碍，匈牙利变通相关的缴费形式，例如让非全职工作者以实际工作时间缴费和确定待遇，农民通过签订合同确定缴费基数等。①

二十　意大利

（一）概述

意大利的社会保障制度在1860年萌芽，1874年首先建立了地方政府工作人员的退休基金制度，养老金制度最早起源于1898年的"工人伤残年老保险国家基金（CNAS）"，随后陆续建立了老年人、残疾人、遗属等私营企业和公共服务部门的社会保险制度，第二次世界大战之后逐渐发展和完善，几乎普及全民。到2010年，意大利包括医疗卫生在内的全口径的社会保障支出占GDP的比重达到26.7%。②

（二）险种构成

现阶段意大利的社会保障制度分为养老、医疗、工伤、失业和家庭补贴五个部分。意大利养老保障制度包括养老保险和社会救助两个部分；医疗保障制度由疾病待遇、生育待遇、医疗待遇三部分组成；工伤保险

---

① 熊军：《匈牙利养老保障改革》，《国有资产管理》2009年第3期。
② ［土耳其］迪米特里·萨洛豪斯、郑寰、于蓓：《公共政策中的政治话语与路径塑造——比较希腊和意大利的养老金改革》，《国家行政学院学报》2012年第6期。

费用由雇主承担，政府承担管理成本；失业保障主要由雇主承担，政府承担管理成本和对农业工人的补助；家庭津贴福利由政府和雇主承担。

（三）管理体制与经办体系

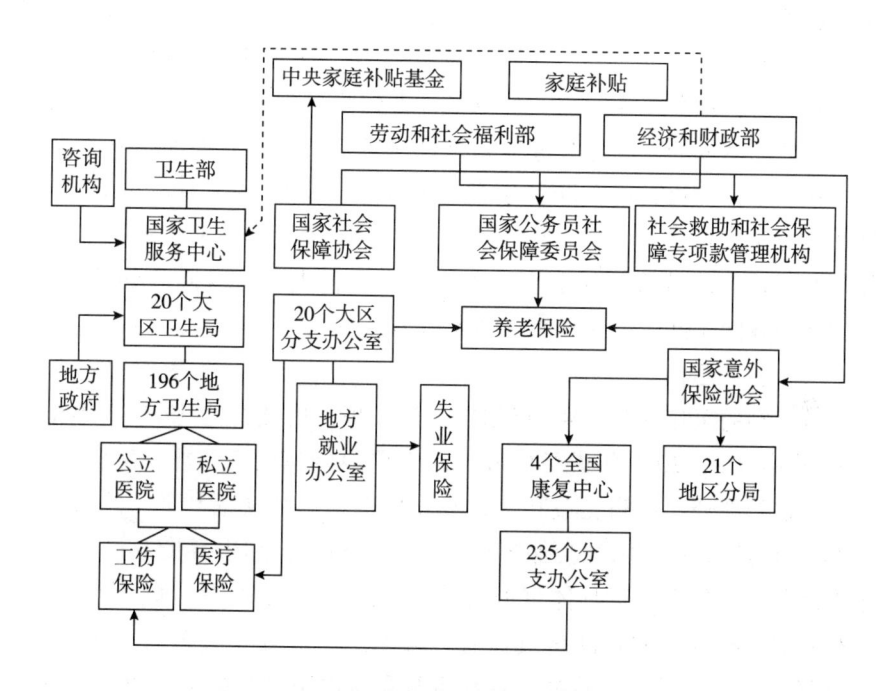

图20 意大利社会保险管理体制和经办体系

资料来源：人力资源和社会保障部社会保障战略研究课题组：《50国（地区）社会保障机构图解》，中国劳动社会保障出版社2011年版。

1. 管理体制

（1）养老保险

意大利1919年初次制定并于2007年修订的《养老保险法》是其现行养老保险制度的依据，劳动和社会福利部、经济和财政部负责养老保险的总体监管。养老保险分为社会养老保险计划、公务员养老保险计划和社会救助三个部分。社会养老保险计划由国家社会保障协会负责，主要负责私营企业和组织的雇员，以及自雇者的养老保障，下设20个大区分支办公室。公务员养老保险计划由国家公务员社会保障委员会总体负责。社会救助由社会救助和社会保障专项款管理机构负责。社会养老保险计划由国家社会保障协会总体负责，下设20个大区办公室，管理四个部分分别为：一般性强制保险计划，向绝大多数私有企业和组织雇员，以及部分半公有组织雇员发放系险种的养老金；雇员养老金基金，向参险的私有企业和组织雇员发放养老金；特别行业保险基金，向参险的特别行业雇员发放养老金，如电话公司、化学工业公司、飞行员等；自雇者一般性强制险计划，分为手工业者、商界、农业和无行业类别四类，向参险的自雇者发放养老金。公务员养老保险计划由国家公务员社会保障委员会总体负责，分为公务员系统特别基金、地方政府雇员养老金基金、独立基金。独立基金涉及小学教师基金、医疗系统雇员独立基金、铁路系统雇员基金和邮政系统雇员基金等。社会救助由社会救助和社会保障专项款管理机构总体负责。主要负责支付无保险合同者的养老金，发放社会救助津贴，管理其他社会支出。

（2）医疗保险

意大利的医疗保险1943年初次立法，现行的法律为1978年颁布的《医疗服务法》，2001年进行修改。医疗保险分为疾病受益和生育受益、医疗受益两部分。疾病受益和生育收益由劳动和社会福利部、经济和财政部进行监管，由国家社会保障协会负责疾病报销和生育受益，下设20个大区分支办公室负责具体事务的执行。医疗受益由卫生部、劳动和社会福利部、经济和财政部负责监管，国家卫生服务中心进行总体负责，下设20个大区卫生局。疾病受益和生育受益由国家社会保障协会负责疾病报销和生育受益，下设20个大区支办公室，为参保人提供生病造成的收入损失。医疗受益由国家卫生服务中心总体负责，下设20个大区卫生局，负责制定本地区医疗服务价格标准并监督提供者之间的竞争。咨询机构为国家医疗委员会，由地方代表、中央政府相关部门以及其他咨询机构的1265名委员组成，高级卫生研究所和国际职工健康安全研究所也为咨询机构。地方政府负责制定地方医疗计划，管理地方卫生局。20个大区卫生局下设196个地方卫生局，1992年后改组为228个地方医疗企业，为参保人提供医疗服务。

（3）工伤保险

意大利的工伤保险1943年初次立法，现行法律为1978年的《医疗服务法》，2001年进行修改。工伤保险分为意外保险和医疗受益两部分。意外保险由劳动和社会福利部、经济和财政部负责监管，由国家意外保险协会总体负责，下设21个地区分局，235个分支办公室，4个全国康复中心。医疗受益由劳动和社会福利部、经济和财政部、卫生部负责监管，由国家卫生服务中心总体负责，下设 20 个地区卫生局。意外保险由国家意外保险协会总体负责，下设 21 个地区分局，235 个分支办公室。提供各种意外保险项目，如按月直接拨付给永久性伤残者年金、按日拨付给暂时性伤残者补贴、拨付心理生理恢复补偿金、为伤残者家庭拨付补偿金。同时设有 4 个全国康复中心，提供疗养服务。医疗受益由国家卫生服务中心总体负责，下设 20 个地区卫生局，负责制定本地区医疗服务价格标准并监督提供者之间的竞争。下设 196 个地方卫生局，1992 年后改组为 228 个地区医疗企业。咨询机构为国家医疗委员会，由地方代表、中央政府相关部门以及其他咨询机构的 1265 名委员组成，高级卫生研究所和国际职工健康安全研究所也为咨询机构。地方政府负责制定地方医疗计划，管理地方卫生局。地方政府负责制定地方医疗计划，管理地方卫生局。20 个大区卫生局下设 196 个地方卫生局，1992 年后改组为 228 个地方医疗企业，为参保人提供医疗服务。

（4）失业保险

意大利的失业保险依据 1919 年初次立法，2005 年修订的《失业保险法》。由劳动和社会保障部负责监管，国家社会保障协会总体负责，下设 20 个大区分支办公室。地区办公室下设地方就业办公室。地方就业办公室负责具体的失业保险项目，例如：完全失业福利金项目、常规薪金补贴和特别薪金补贴项目、农民特别薪金补贴项目、特别失业待遇、重新安置项目和培训合同项目。

（5）家庭补贴

意大利的家庭补贴 1937 年初次立法，现行法律为 1988 年的《家庭津贴法》，1999 年进行修改。由劳动和社会福利部、经济和财政部负责监管。国家社会保障协会进行总体负责，管理中央家庭补贴基金。涉及人员有军人、失业、生育或疾病福利的受益人、合作机构成员、兼职人员和雇员。

2. 经办体系

意大利的社会保险采用自治经办体制，具体而言：（1）养老保险的经办主体为国家社会保险局，并负责保费的征缴，由其地方分支机构经办发放。（2）医疗保险的经办主体为国家社会保险局和国家卫生服务中心，并负责保费的征缴和发放。（3）工伤保险的经办主体为国家社会保险局,并负责基金征缴,省级办事处负责津贴的发放。(4) 失业保险的经办主体为国家社会保险局,并负责保费的征缴,由其地方分支机构经办发放。(5) 家庭津贴的经办主体为国家社会保险局,中央家庭补贴基金负责保费的征缴和发放。从总体上看,意大利中央政府的权限不是很大,地方政府对国家社会保障协会、国家卫生服务中心等机构的运作有很大的影响。劳动和社会福利部以及经济和财政部是最主要的监管部门,卫生部对医疗保险担负监管责任。①

（四）特点

意大利政府通过契约与社会保险经办机构实现合作,实行"自治式"经办模式。不同的是意大利社保管理体系具有一定的"分割性"特征,就是根据社保对象的不同进而进行分类管理,以此设立不同的机构负责各个社保基金的运营,每个系统的筹资政策和管理要求也不尽相同。②

二十一　印度

（一）概述

印度现行社会保障制度主要包括养老、医疗、工伤和失业四个部分。劳动部居于制度管理的核心地位,下属的雇员国家保险公司和雇员公积金组织负责具体经办,政府通过签契约与这两个组织实现合作,实行自治经办模式。

（二）险种构成

印度现行社会保障制度主要包括养老、医疗、工伤和失业保险制度。早期的印度养老保障项目都是一次性支付计划,早期的印度养老保障项目都是一次性支付计划,1952 年建立雇员公积金计划,1976 年建立了缴费确定型的雇员储蓄保险计划,为解决一次性支付计划难以抵御老年风险的问题,1995 年对 1971 年的遗属计划进行了改进,建立了雇员养老金计划。

---

① 人力资源和社会保障部社会保障战略研究课题组:《50 国（地区）社会保障机构图解》,中国劳动社会保障出版社 2011 年版。
② 王朝才、刘军民:《意大利养老金制度改革考察报告》,《地方财政研究》2012 年第 10 期。

（三）管理体制与经办体系

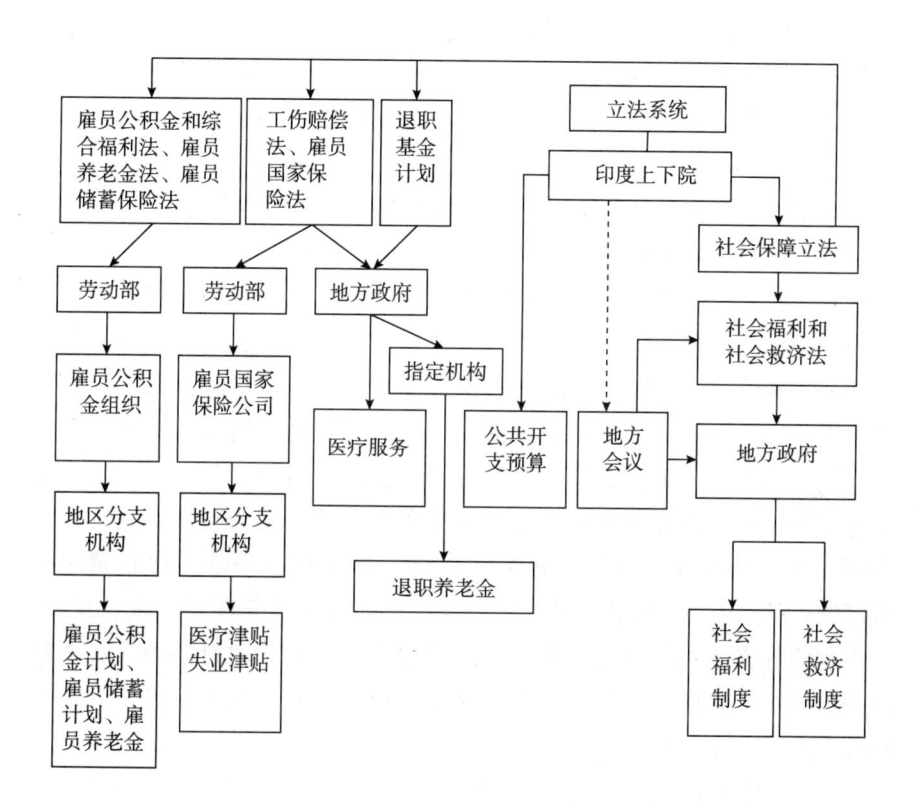

图 21 印度社会保险管理体制和经办体系

资料来源：人力资源和社会保障部社会保障战略研究课题组：《50 国（地区）社会保障机构图解》，中国劳动社会保障出版社 2011 年版。

1. 管理体制

（1）养老保险

自 1952 年，印度养老保险相关立法逐步建立和完善。雇员公积金组织负责执行雇员公积金计划、雇员储蓄保险计划、雇员养老金计划，其有 18 个地区分支机构，地区分支机构下又有若干地方分支机构，其负责具体实施雇员公积金计划、雇员储蓄保险计划、雇员养老金计划。退职养老金计划则由中央政府负责执行，地方上则由地方政府指定机构管理。劳动部负责监督各项养老金计划的实施。雇员公积金组织中央理事会由中央政府代表、邦政府代表、雇主代表、雇员代表组成。

(2) 医疗保险、工伤保险和失业保险

雇员国家保险公司负责管理医疗津贴、工伤、失业保障项目。邦政府与雇员国家保险公司签订合约。劳动部医疗服务则由各邦政府管理，医疗贴津贴委员会实施监督。劳动部负责对雇员国家保险公司进行监督。

2. 经办体系

印度的社会保险经办体系属于自治经办模式，具体而言：（1）养老保险的具体经办是由雇员公积金组织进行的，印度养老保障制度包括四种计划，社会救助计划的资金来源于政府一般税收；雇员公积金计划和雇员储蓄保险计划的资金来源于雇员和雇主；雇员养老金计划的资金来源于雇主和政府；退职基金的资金来源于雇主；（2）印度医疗、失业、工伤保险的具体经办都是由雇员国家保险公司进行，缴费方式为三个保险一站式缴费，以工资总额为缴费标准，雇员缴费为 1.75%，雇主缴费为 4.75%。印度医疗保障制度包括 2 个项目，第一个为疾病、生育保险项目，该项目的资金来源为雇主和雇员，邦政府会补贴医疗总费用的 12.5%；第二个为生育救助项目，该项目的资金来源是政府一般性税收。工伤保险和失业保险的资金都是来源于雇主和雇员，政府会为工伤医疗待遇补贴，且会用一般税收为失业津贴领取者及其被抚养者提供必要的医疗服务。

(四) 特点

印度社会保险经办体系的模式为自治经办模式，由政府与自治组织签订契约，自治组织对各个险种进行具体的经办管理，印度则是有两个自治组织，分别是雇员公积金组织和雇员国家保险公司，前者负责养老保险经办，后者负责医疗、失业、工伤保险的经办。这些自治组织是由雇员、雇主、政府代表等人员组成，受政府部门监督，但是享有自治的权利。

二十二 英国

(一) 概述

英国的现代社保制度最初建立于 19 世纪末的养老金制度改革，在形成过程中受到了社会现实、思想理论和传统习俗等的影响。从历史上看，《济贫法》的形成可追溯至 1349 年的《劳工法案》，建立在限制人口流动，加强流民管理的背景下，意在解决瘟疫传播问题，救济贫民。随后，顺应时事，思想、框架不断完善，济贫法制度最终形成是在 1601 年《伊丽莎白济贫法》的颁布，其在之前零散的济贫法令的基础上整理筛选而成。1834 年颁布了《新济贫法》，建立济贫法委员会，各地建立济贫院。19 世纪末期，老龄化致使养老问题与制度成为争论的焦点，1908 年《养老金法案》的批准标志着英国养老金制度的建立。20 世纪初，《国民保险法》的颁布建立了健康保险和失业保险，标志着英国现代社会保险制度的形成。①

（二）险种构成

英国的社会保险主要分为养老、医疗、失业、工伤和社会福利与社会援助五个部分。其社会保险制度为典型的以社会保险为主，以社会援助制度为补充的"盎格鲁-撒克逊模式"，强调社会保障制度的普遍性和社会收益的最低原则。②

（三）管理体制与经办体系

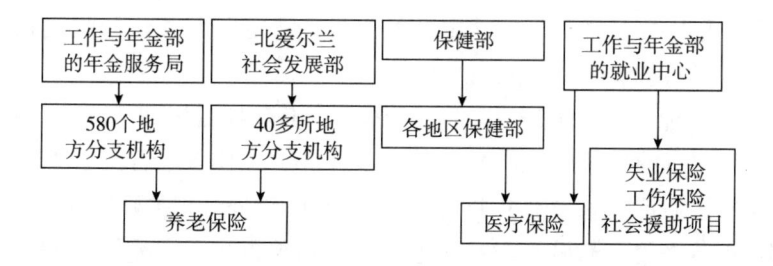

图 22　英国社会保险管理体制和经办体系

资料来源：人力资源和社会保障部社会保障战略研究课题组：《50 国（地区）社会保障机构图解》，中国劳动社会保障出版社 2011 年版。

1. 管理体制

（1）养老保险

国民基本年金和附加年金共同构成英国现行养老保险制度。国民基本年金制度 1908 年首次立法，2008 年进行修订，由工作与年金部的年金服务局负责相关事务，下设 580 个地方分支机构负责英格兰、威尔士和苏格兰的地区事务。附加年金制度分为国民第二年金制度和公共职业年金，

---

① 苏海雨：《英德社会保障立法的模式及其启示》，《黑龙江社会科学》2018 第 3 期。
② 人力资源和社会保障部社会保障战略研究课题组：《50 国（地区）社会保障机构图解》，中国劳动社会保障出版社 2011 年版。

国民第二年金制度1978年首次立法，2008年进行修订，由北爱尔兰社会发展部总体负责，下设40多个地方分支机构。公共职业年金包括了教师年金、文官年金、地方政府雇员年金、消防员年金和医生年金等，英格兰和威尔士地区的公共职业年金由对口部委负责管理，苏格兰政府的公共年金署负责境内公共年金事务。

（2）医疗保险

英国现行的医疗保险分为国民保健服务，即全民免费医疗制度，和病假工资与其他疾病社会福利、援助制度。国民保健服务依据1948年颁布的《国民保健服务法》，2006年进行相关修订。中央政府的保健部负责全面管理，其中苏格兰地区由苏格兰政府的保健部主管，负责政策制定和资金管理；北爱尔兰地区由北爱尔兰政府的保健部主管，负责政策制定和资金管理；威尔士地区由威尔士政府的保健与社会服务部主管，负责政策制定和资金管理。工作与年金部的就业中心负责英格兰、苏格兰和威尔士地区社会福利性的法定孕妇支付，法定父亲支付和法定收养支付的92%的拨款，其余由雇主承担。

（3）失业保险、工伤保险、社会福利与其他项目援助

英国现行的失业保险首次立法于1911年，工伤保险首次立法于1879年，家庭津贴首次立法于1945年，都于2008年进行相关修订。工作与年金部负责英格兰、苏格兰和威尔士地区的相关事务，北爱尔兰的行政管理事务由北爱尔兰政府的社会发展部社保局进行管理。工作与年金部在英格兰、苏格兰和威尔士分有11个大区，下辖上千家代理机构，北爱尔兰社保局在境内设有几十家代理机构，在伦敦设有3个代表处，负责向申请人提供具体服务。其中，工作与年金部的就业中心负责管理工伤保险、失业保险和相关社会援助项目，工作与年金部的儿童支持署、残疾人护理者服务局等部门进行社会福利与其他社会援助项目的对口管理。

2. 经办体系

英国社会保险采用统一式经办管理模式，经办机构采用垂直管理体制，具体而言：（1）养老保险中工作与年金部的年金服务局下设580多个地方分支机构，负责英格兰、威尔士和苏格兰地区事务，北爱尔兰社会发展部下设40多个地方分支机构，进行相关业务经办。（2）医疗保险由工作与年金部的就业中心对疾病现金收益和法定支付部分实施监督管理，对现金收益部分实施发放，保健部管理英格兰、威尔士和北爱尔兰

的资质管理，公立医院提供相应的医疗服务。从总体上看，英国在贝弗里奇报告的整体思想和理论的影响下形成了典型的集中管理模式，在管理方面实行彻底的"行政主导"，提供全民免费医疗的"国民保健制度"，由中央保健部协调管理，其余社会保险工作由工作与年金部主管。[①]

(四) 特点

英国在具体主管部门方面，英格兰、苏格兰、威尔士和北爱尔兰地区的情况各不相同。由于历史较长，规模较大，其社会保险项目错综复杂，代理机构数量众多，又经历了频繁的调整与改革，因此英国政府近年来对建立方便公众的社会保险行政体系给予了高度重视，建立了许多"客户友善型"的社会保险服务网站与全国统一的社会保险服务电话。[②]除此之外，在发展过程中，社会福利保障政策从政府主导转向了强调市场作用，由全民性、全面性的福利转向了有选择性的福利，并由福利国家主义转向福利多元主义。[③]

二十三　智利

(一) 概述

智利是拉丁美洲国家中最早实行社会保险制度的国家，其养老保险制度建立于20世纪中期，其目的在于为不同部门和职业的劳动者提供经济保障，实行以基金制为运行基础的养老保险制度。在20世纪70年代，其养老保险制度面临严重的财务危机，收入难以弥补支出。因此，在1981年，智利进行了社会保险制度的结构性改革，在养老保险领域建立起全新的以个人账户积累为基础，以私营化管理为基本特征的运行机制。[④]其对现收现付制的公共养老金制度进行的私有化改革，以个人为直接责任主体，采用了完全积累的方式，不但减轻了政府责任，也较好地解决了劳动者代际的矛盾。其私营化、资本化的管理给养老基金带来了较高的投资回报率，也为避免传统社会保险型或福利国家型养老保险制

[①] 郝君：《英国社会保障制度及其发展——兼谈我国社会保障制度改革》，《经贸实践》2017年第18期。

[②] 人力资源和社会保障部社会保障战略研究课题组（2011）：《50国（地区）社会保障机构图解》，中国劳动社会保障出版社2011年版，第78—79页。

[③] 蒋道霞：《1945年至2007年英国社会福利保障政策的演进》，《产业与科技论坛》2017年第16卷第20期。

[④] 林义：《智利的养老保险模式及其经验教训》，《上海保险》1994年第1期。

度的财政危机提供了一种新的对策思路。① 20世纪90年代开始,许多拉丁美洲地区纷纷追随智利的改革步伐,引入了个人账户制度。②

(二)险种构成

智利的社会保险具体包含以下险种:养老保险制度由强制性个人账户制度和社会救助项目组成,医疗保险制度由私营制度和公共制度两个完全独立的体系构成,失业保险采取个人账户与互济基金相结合的模式,工伤保险实行社会保险计划,家庭津贴实行就业关联计划。③

(三)管理体制与经办体系

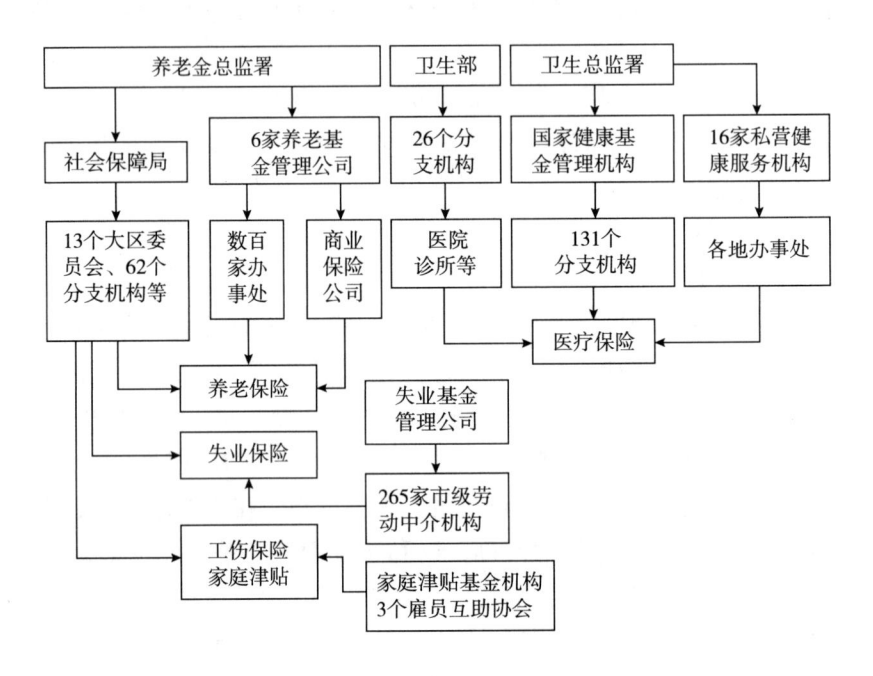

图 23 智利社会保险管理体制和经办体系

资料来源:人力资源和社会保障部社会保障战略研究课题组:《50国(地区)社会保障机构图解》,中国劳动社会保障出版社2011年版。

---

① 郑功成:《智利模式——养老保险私有化改革述评》,《经济学动态》2001第2期。
② 郑秉文:《中国养老金发展报告 2013——社保经办服务体系改革》,经济管理出版社2013年版,第178—179页。
③ 人力资源和社会保障部社会保障战略研究课题组:《50国(地区)社会保障机构图解》,中国劳动社会保障出版社2011年版,第302—303页。

1. 管理体制

（1）养老保险

智利现行的养老保险依据《个人资本化养老金制度法》和《互济养老金制度法》，由社会保障局负责管理和支付公共养老计划和养老救助计划，下设13个大区委员会、62个分支机构和74个服务中心，并设立了56个支付机构和45个银行服务中心。6家养老基金公司负责管理个人账户，并对基金进行投资运营，下设数百家办事处。养老金总监署负责监督社会保障局和养老基金公司。

（2）医疗保险

智利现行的医疗保险依据《公共卫生体系法》制定。卫生部负责依据国家法律指导、监督和管理卫生领域的工作，确保医疗保险制度正常运行，下设26个分支机构。国家健康基金管理机构负责公共卫生计划，下设131个分支机构。16家私营健康服务机构负责私营医疗计划，在全国各地设立办事处。卫生总监署负责监督国家健康基金管理机构和私营健康服务机构。

（3）失业保险

智利现行的失业保险依据《失业保险法》制定。社会保障部下设全国培训和就业服务局、社会保障局，全国培训和就业服务局提供相关培训，社会保障局下设13个大区委员会和设立在各省市的分支机构以及服务中心。失业基金管理公司在13个大区设立会员服务中心，拥有265家市级劳动中介机构。

（4）工伤保险、家庭津贴

智利现行的工伤保险依据《工伤和职业病法》及家庭津贴的相关法律，社会保障局和家庭津贴基金机构、3个雇员互助协会共同进行管理。社会保障局下设13个大区委员会、62个分支机构和47个服务中心，并设立了56个支付机构和45个银行服务中心。

2. 经办体系

智利社会保险采用公司制经办管理模式，制度统一程度较高，除军队和警察等少数职业有专门的社会保险计划外，其他群体由全国性社保制度覆盖。具体而言，（1）养老保险的经办主体为社会保障局下设的分支机构和服务中心、支付机构向贫困老年人支付养老救济金，私营养老基金公司管理个人账户，相关办事处向参加个人账户计划的参保者支付养老金。（2）医疗保险的经办主体为国家健康基金管理机构下设的分支机构，为选择公共医疗计划者提供疾病补助和生育补助等；16家私营健康服务机构下设的办事处负责私营医院和诊所，为选择私营医疗计划者提供医疗服务；卫生部下设的分支机构负责相关私营医院及诊所等的医疗设施，为选择公共医疗计划者提供服务，同时，贫困人口在公立医院能够免费就医。（3）失业保险的经办主体为社会保障局下设的13个大区委员会和分支机构及服务中心，向未参加个人失业账户的失业者提供失业金；全国培训和就业服务局为企业提供员工培训、资金补助，并负责失业互济基金领取者的资格审查；事业基金管理公司下设的会员服务中心负责给付失业金，劳动中介机构负责帮助失业者就业。（4）工伤保险和家庭津贴的经办主体为相关大区委员会、服务中心和支付机构，向受益群体支付家庭津贴，并向参保雇主支付伤残保险金；医院和诊所等医疗服务机构为出现伤残的职工提供医疗服务。从总体上看，智利的私营部门承担着重要的职能，政府通过在相关部门中设立监管机构的方式对私营部门进行监管。

（四）特点

智利完全积累的资金筹集模式，实现了参保者所缴纳的养老保险费与投资所得的收益全部计入个人账户，退休时领取个人账户的资金，其最大的特点是由个人负责，进行市场化的投资运营。同时，智利的社会保险管理体系与监管体系进行私有化运营，基金运作过程高度透明，[1] 为社会保险良好运营提供了基础。

---

[1] 冯锦彩、李卉卉、李琢：《浅析智利养老保险模式对我国的启示》，《现代商业》2015年第14期。

参考文献

一 中文

［英］C.V. 布朗、P.M. 杰克逊：《公共部门经济学——财政学系列》（第四版），张馨主译，中国人民大学出版社 2000 年版。

［美］J.M. 布坎南：《自由、市场与国家——八十年代政治经济学》，平新乔、莫扶民译，上海三联书店 1989 年版。

［美］W. 爱德华兹·戴明：《戴明论质量管理：以全新视野来解决组织及企业的顽症》，钟汉清、戴久永译，海南出版社 2003 年版。

［美］艾尔弗雷德·D. 钱德勒：《战略与结构：美国工商企业发展的若干篇章》，孟昕译，云南人民出版社 2002 年版。

［美］保罗·萨缪尔森、威廉·诺德豪斯：《经济学》（第十七版），萧琛主译，人民邮电出版社 2004 年版。

［美］彼得·德鲁克：《管理的实践》，齐若兰译，机械工业出版社 2009 年版。

［美］彼得·戴蒙德、张占力：《社会保障私有化：智利经验》，《拉丁美洲研究》2010 年第 12 期。

蔡海清：《社会化经办值得探索》，《中国社会保障》2014 年第 6 期。

陈国权、李志伟：《从利益相关者的视角看政府绩效内涵与评估主体选择》，《理论与改革》2005 年第 3 期。

陈娟：《社会保险经办机构人事管理制度研究》，《人口与经济》2009 年第 1 期。

陈丽红：《美国财务报告内部控制的发展及启示》，《财会通讯》2004 年第 23 期。

陈通、王伟：《基于平衡计分卡在政府绩效评估中应用的研究》，《三峡大学学报》（社会科学版）2006 年第 16 期。

陈玮：《英国社保管理机构设置对中国的启示》，《就业与保障》2008

年第 7 期。

陈仰东:《社保机构是政府的核心部门——从美国政府关门说起》,《中国社会保障》2011 年第 9 期。

[美] 戴维·奥斯本、特德·盖布勒:《改革政府：企业家精神如何改革着公共部门》,周敦仁等译,上海译文出版社 2010 年版。

戴长征:《中国国家治理体系与治理能力建设初探》,《中国行政管理》2014 第 1 期。

[美] 道格拉斯·C. 诺思:《交易费用政治学》,刘亚平编译,中国人民大学出版社 2011 年版。

[日] 稻盛和夫:《干法》,曹岫云译,华文出版社 2010 年版。

丁宏:《美国社保管理局绩效评估方法及对我国的启示》,《华北水利水电大学学报》(社会科学版) 2007 年第 23 期。

丁志刚:《全面深化改革与现代国家治理体系》,《江汉论坛》2014 年第 1 期。

[美] 凡勃伦:《有闲阶级论》,何志武、沈晓译,中国水利水电出版社 2013 版。

[美] 范柏乃、段忠贤:《政府绩效评估》,中国人民大学出版社 2012 年版。

[美] 方振邦:《战略性绩效管理》,中国人民大学出版社 2003 年版。

[美] 封铁英、仇敏:《新型农村社会养老保险经办机构服务能力及其影响因素的实证研究》,《西安交通大学学报》(社会科学版) 2013 年。

[美] 弗雷德里克·泰勒:《科学管理原理》,黄榛译,北京理工大学出版社 2012 年版。

[美] 格罗弗·斯塔林:《公共部门管理》(第八版),常健译,中国人民大学出版社 2012 年版。

[英] 格里·斯托克:《作为理论的治理：五个论点》,《国际社会科学杂志》1999 年第 1 期。

郭静:《社保经办机构的发展特点及趋势——社会保障经办机构国际比较之二》,《中国社会保障》2011 年第 2 期。

郭雪剑:《发达国家政府间社会保障管理责权的划分》,《经济社会体制比较》2006 年第 5 期。

何恒:《提高社会保险经办机构管理服务能力研究》,《西部财会》

2012 年第 8 期。

何莉、殷海泓：《社会保险稽核工作存在的问题及对策研究》，《中国商界》2011 年第 11 期。

［法］亨利·法约尔：《工业管理与一般管理》，迟力耕等译，机械工业出版社 2013 年版。

［加］亨利·明茨伯格：《卓有成效的组织》，魏青江译，中国人民大学出版社 2007 年版。

侯惠勤等：《中国基本公共服务力评价（2011—2012）》，社会科学文献出版社 2012 年版。

胡雪莹：《法国养老保险业务经办流程带来的启示》，《劳动保障世界》2012 年第 1 期。

华迎放：《澳大利亚社保经办管理考察报告》，《中国劳动》2011 第 1 期。

黄恒学、张勇：《政府基本公共服务标准化研究》，人民出版社 2011 年版。

黄佩筠、於鼎丞：《中国社会保险基金监管体系研究》，人民出版社 2011 年版。

黄秋梅：《对我国社会保障财务工作改革的思考》，《行政事业资产与财务》2013 年第 2 期。

黄寅桓：《社保经办机构档案管理信息化建设现状、趋势及对策》，《现代商业》2011 年第 36 期。

基本公共服务均等化研究课题组：《让人人平等享受基本公共服务》中国社会科学出版社 2011 年版。

江龙祥：《建立统一规范的社保经办机构》，《中国人力资源社会保障》2011 年第 9 期。

井敏：《构建服务型政府：理论与实践》，北京大学出版社 2006 年版。

［美］康芒斯：《制度经济学》，赵睿译，华夏出版社 2017 年版。

柯卉兵：《分裂与整合——社会保障地区差异与转移支付研究》，中国社会科学出版社 2010 年版。

［美］科林·吉列恩·约翰等编：《全球养老保障——改革与发展》，杨燕绥等译，中国劳动社会保障出版社 2002 年版。

李春根、李建华：《建立适应和谐社会的社会保障支出绩效评估体系》，《当代经济管理》2009年第31期。

李东：《刍议流程银行和部门银行》，《金融发展研究》2007年第5期。

李惠宁：《提高社会保险经办机构管理服务能力问题的探讨》，《科学咨询》2007年第1期。

李军鹏：《公共服务型政府》，北京大学出版社2004年版。

李林、肖牧、王永宁：《将平衡计分卡引入我国公共部门绩效管理的可行性分析》，《中国科技论坛论文》2006年第4期。

李瑛珊：《美德两国社会保障统计指标体系的比较及对我国的启示》，《统计与决策》2008年第24期。

李志明、彭宅文：《社会保险概念再界定》，《学术研究》2012年第7期。

［美］理查德·L.达夫特《组织理论与设计》，王凤彬等译，清华大学出版社2011年版。

梁丽萍：《社会化：社会保障发展的必由之路——兼论山西社会保障的社会化改革》，《经济问题》2006年第1期。

林光祺：《中国农村社会保障变迁：体系结构与制度评估——"三元结构"制度安排下契约变迁的路径分析》，《财贸研究》2006年第2期。

林毓铭：《社会保障可持续发展的政府绩效评估指标体系》，"落实科学发展观推进行政管理体制改革"研讨会暨中国行政管理学会年会论文，广东，2006年8月。

林毓铭：《社会保障与政府职能研究》，人民出版社2008年版。

刘波：《政府介入社会保障职责的多重视角分析》，《太原理工大学学报（社会科学版）》2012年第30期。

刘厚金：《我国政府转型中的公共服务》，中央编译出版社2008年版。

刘伟兵：《从墨尔本美世全球养老金指数看我国养老保险制度》，《社会保障研究》2011年第2期。

刘文俭、王振海：《政府绩效管理与效率政府建设》，《国家行政学院学报》2004年第1期。

刘旭涛：《政府绩效管理：制度、战略与方法》，机械工业出版社

2003年版。

陆敬筠、张琳、朱晓峰：《电子政务公共服务评价研究》，《电子政务》2010年第6期。

［美］罗伯特·卡普兰、大卫·诺顿：《平衡计分卡——化战略为行动》，刘俊勇、孙薇译，广东经济出版社2005年版。

［美］罗伯特·卡普兰、大卫·诺顿：《平衡计分卡——战略地图》，刘俊勇、孙薇译，广东经济出版社2012年版。

［美］罗西瑙：《没有政府的治理》，张胜军、刘小林等译，江西人民出版社2001年版。

罗小旻：《关于提高社保经办机构员工培训的有效性研究》，《中国电子商务》2014年第3期。

马蓓蓓：《机关事业单位养老保险制度改革的问题分析与对策》，《中国电子商务》2014年第3期。

马璐、黎志成：《企业战略性绩效评价系统研究》，博士学位论文，华中科技大学，2004年。

［美］迈克尔·哈默、［美］詹姆斯·钱皮：《企业再造》，王珊珊等译，上海译文出版社2007年版。

孟昭喜、徐延君：《完善社会保险经办管理服务体系研究》，中国劳动社会保障出版社2011年版。

苗红军、穆怀中：《中国城镇职工推迟退休年龄研究》，博士学位论文，辽宁大学，2011年。

［美］尼古拉斯·亨利：《公共行政与公共事务》，中国人民大学出版社2002年版。

牛根颖：《30年来我国劳动就业、收入分配和社会保障体制与格局的重大变化》，《经济研究参考》2008年第9期。

［澳］欧文·E.休斯：《公共管理导论》第三版，张成福等译，中国人民大学出版社2007年版。

彭国甫：《基于绩效评价的地方政府公共事业治理研究纲要》，《湘潭大学学报》（哲学社会科学版）2006年第4期。

彭宅文：《社会保障与社会公平：地方政府治理的视角》，《中国人民大学学报》2009年第2期。

齐二石：《公共绩效管理与方法》，天津大学出版社2007年版。

钱振伟：《覆盖城乡居民社会保障管理体制研究》，博士学位论文，西南财经大学，2010年。

全国政府绩效管理研究会、兰州大学中国地方政府绩效评价中心：《中国政府绩效管理年鉴》，中国社会科学出版社2011年版。

阮凤英：《社会保障通论》，山东大学出版社2004年版。

桑助来：《中国政府绩效评估报告》，中共中央党校出版社2009年版。

申曙光、谢林：《构建和谐社会与发展社会保障事业》，《社会保障研究》2005年第1期。

石春茂、陈少华：《全息绩效测评体系的构建》，博士学位论文，厦门大学，2008。

宋士云、吕磊：《中国社会保障管理体制变迁研究（1949—2010）》，《贵州财经大学学报》2012年第2期。

孙久鹏：《中国社会保障管理体制改革方向研究》，《经济学家》1996年第4期。

孙秀娟：《谈社会保险、企业补充保险和商业保险三者的关系》，《科技创新与应用》2012年第14期。

王德强、王阿洁：《试析社保经办机构内控制度的完善——兼论农民工社保工作对内控制度提出的特殊要求》，《华中农业大学学报》（社会科学版）2013年第1期。

王海燕、王瑞璞：《中美社会保障制度比较研究》，博士学位论文，中共中央党校，2010年。

王明海：《适应新形势需要，不断强化对社会保险关系的认识》，《劳动保障世界》2003年第1期。

王石：《社会保险经办业务规程的概念和绩效评价》，《中国社会保障》2007年第1期。

王伟：《济南市社会保险业务流程再造研究》，硕士学位论文，山东师范大学，2012年。

王增民：《国外社会保障机构的绩效管理》，《人才资源开发》2008年第5期。

［美］威廉姆·H.怀特科、罗纳德·C.费德里科：《当今世界的社会福利》，解俊杰译，法律出版社2003年版。

魏娜：《社区管理原理与案例》，中国人民大学出版社 2013 年版。

［美］文森特·奥斯特罗姆：《美国公共行政的思想危机》，上海三联书店 1999 年版。

［美］西奥多·H. 波伊斯特：《公共与非营利组织绩效考评》，肖鸣政等译，中国人民大学出版社 2005 年版。

夏昌凌、杨辉：《浅论如何加强我国社会保险基金的绩效审计》，《华东经济管理》2003 年第 1 期。

夏书章：《行政管理学》，中山大学出版社 2001 年版。

徐延君：《社会保险法"给力"社保经办》，《中国社会保障》2010 年第 12 期。

徐延君：《完善社会保险经办管理服务体系　更好满足参保群众社会保障需求》，《中国医疗保险》2011 年第 11 期。

许耀桐、刘祺：《中国特色的国家治理之路》，《理论探索》2014 年第 1 期。

［英］亚当·斯密：《国民财富的性质和原因的研究》，郭大力、王亚南译，商务印书馆 1972 年版。

燕继荣：《服务型政府建设：政府再造七项战略》，中国人民大学出版社 2009 年版。

杨方方：《中国社会保障中的政府责任研究述评》，《社会保障制度》2005 年第 1 期。

杨莲秀：《政府部门在社会保障制度中的定位和职责——基于公共产品理论》，《财会研究》2008 年第 20 期。

杨燕绥：《社会保险经办机构能力建设研究》，中国劳动社会保障出版社 2011 年版。

杨燕绥、鹿峰、王梅：《事业单位应引领中国养老金结构调整》，《中国金融》2010 年第 17 期。

杨燕绥、吴渊渊：《社保经办机构：服务型政府的臂膀》，《中国社会保障》2008 年第 3 期。

杨珍妮：《社会保险经办机构风险管理》，《生产力研究》2012 年第 6 期。

叶响裙：《论我国社会保障管理体制的改革与完善》，《中国行政管理》2013 年第 8 期。

弋雪峰：《我国基本养老保险制度研究》，博士学位论文，南开大学，2008年。

俞雅乖：《农村公共服务供给：模式创新与城乡均等化》，中国人民大学出版社2014年版。

郁建兴、徐越倩：《服务型政府》，中国人民大学出版社2012年版。

袁国敏、林治芬：《中国社会保障统计的转型及其对策思考》，《统计与决策》2010年第20期。

［美］约翰·伯纳丁：《人力资源管理：实践的方法》，彭纪生译，南京大学出版社2009年版。

岳宗福：《新中国60年社会保障行政管理体制的变迁》，《安徽史学》2009年第9期。

［美］詹姆斯·E. 安德森：《公共政策制定》（第五版），谢明译，中国人民大学出版社2009年版。

战胜：《浅议社保经办机构内部控制》，《投资与合作：学术版》2011年第10期。

张水辉：《养老社会保险改革立法的国际比较及其对我国的借鉴》，《西南民族大学学报》（人文社科版）2005年第8期。

张一弛：《人力资源管理教程》，北京大学出版社1999年版。

张志超、丁宏：《美国社会保障管理局绩效评估方法与启示》，《财经问题研究》2007年第6期。

赵秀斋：《美国、日本基本养老保险经办服务体系比较与借鉴》，《中国财政》2014年第9期。

［美］珍妮弗·乔治、加雷斯·琼斯：《组织行为学：理解与管理》，清华大学出版社2011年版。

郑秉文：《中国养老金发展报告·2013，社保经办服务体系改革》，经济管理出版社2013年版。

郑功成：《从政府集权管理到多元自治管理——中国社会保险组织管理模式的未来发展》，《中国人民大学学报》2004年第5期。

郑功成：《中国社会保障改革与发展战略》，人民出版社2011年版。

郑功成：《中国社会保障改革与未来发展》，《中国人民大学学报》2010年第9期。

郑学温：《社会保险经办体制亟须进一步完善》，《港澳经济》2013

年第 17 期。

《中华人民共和国社会保险法》，中国法制出版社 2010 年版。

中国地方政府绩效评估体系研究课题组：《中国政府绩效评估报告》，中共中央党校出版社 2009 年版。

周弘：《125 国（地区）社会保障资金流程图》，中国劳动社会保障出版社 2011 年版。

周弘：《50 国（地区）社会保障机构图解》，中国劳动社会保障出版社 2011 年版。

周明、黄蓉、崔燕：《养老保险经办模式的公共服务能力比较研究——以咸阳市为例》，《西安财经学院学报》2018 年第 3 期。

周明、张锐：《社会保险基本公共服务能力影响因素研究——以汉中市（区、县）社会保险业务经办中心为例》，《河北大学学报》2017 年第 2 期。

周明、张鑫武：《我国社会保障水平测度与综合评价》，《上海行政学院学报》2014 年第 4 期。

周志忍：《公共组织绩效评估——英国的实践及其对我们的启示》，《新视野》1995 年第 5 期。

朱春奎：《公共部门绩效评估方法与应用》，中国财政经济出版社 2007 年版。

朱琳：《公共服务质量评价体系的模型选择》，《企业经济》2010 第 7 期。

卓越：《公共部门绩效评估》，中国人民大学出版社 2001 年版。

卓越：《公共部门绩效评估的主体建构》，《中国行政管理》2004 年第 5 期。

二 英文

Adams Guy, B., "Enthralled with Modernity: The Historical Context of Knowledge and Theory Development in Public Administration", *Public Administration*, Vol. 52, No. 4, 1992.

Allen Schick, *The Federal Budget*: *Politics, Policy, and Process*, Washington, DC: Brookings Institution Press, 2008.

Amartya Sen, *Collective Choice and Social Welfare*, New York: Elsevier Science Pub Co, 1979.

Benjamin Schneider and David E. Bowen, "Undetstanding Customer Delight and Outrage", *Sloan Management Review*, Vol. 41, No. 1, 1991.

Birger Wernerfelt, "A Resource-based View of the Firm", *Strategic Management Journal*, Vol. 5, No. 2, 1984.

Bititci, U. S., Suwignjo, P. and Carrie, A. S, "Strategy Management through Quantitative Modelling of Performance Measurement Systems", *International Journal of Production Economics*, Vol. 69, No. 1, 2001.

Bruce Kogut and Udo Zander, "Knowledge of the Firm, Combinative Capabilities and the Replication of Technology", *Organization Science*, Vol. 3, No. 3, 1992.

Catherine L. Wang, Pervaiz K. Ahmed, "Dynamic Capabilities: A Review and Research Agenda", *International Journal of Management*, Vol. 9, No. 1, 2007.

Dave Ulrich and Dale Lake, "Organizational Capability: Creating Competitive Advantage", *Academy of Management Executive*, Vol. 5, No. 1, 1991.

David J. Teece and Gary P. Pisano, "The Dynamic Capabilities of Firms: an Introduction", *Industrial & Corporate Change*, Vol. 3, No. 3, 1994.

Dorothy Leonard-Barton, "Core Capabilities and Core Rigidities: A Paradox in Managing New Product Development", *Strategic Management Journal*, Vol. 13, 1992.

David J. Teece, Gary P. Pisano and Amy Shuen, "Dynamic Capabilities and Strategic Management", *Strategic Management Journal*, Vol. 18, No. 7, 1997.

Epstein, P. D, "Get Ready: The Time for Performance Measurement Is Finally Coming!", *Public Administration Review*, Vol. 52, No. 5, 1992.

Esping-Anderson, G. ed., *The Three Worlds of Welfare Capitalism*, New Jersey: Princeton University Press, 1990.

George Stalk, Philip Evans and Lawrence E. Shulman, "Competing on Capabilities: the New Rules of Corporate Strategy", *Harvard Business Review*, Vol. 70, No. 2, 1992.

Gronroos Christian, "A Service Quality Model and Its Marketing Implications", *European Journal of Marketing*, Vol. 18, No. 4, 1993.

Kaplan Robert, "The Balanced Scorecard-Measures that Drive Performance", *Harvard Business Review*, Vol. 70, No. 1, 1992.

Nicolai J. Foss, "Thorstein B. Veblen: Precursor of the Competence – Based Approach to the Firm", Druid Working Papers, No. 96, 1996.

Parasuraman, A., Valarie A. Zeithaml and Leonard L. Berry, "A Conceptual Model of Service Quality and its Implications for Future Research", *Journal of Marketing*, No. 49, 1985.

Parasuraman, A., Valarie A. Zeithaml and Leonard L. Berry, "SERVQUAL: A Multiple-Item Scale for Measuring Consumer Perceptions of Service Quality", *Journal of Retailing*, Vol. 64, No. 1, 1988.

Pollitt Christopher and Bouckaert Geert, ed., *Public Management Reform: A Comparative Analysis*, Oxford: Oxford University Press, 2000.

Prahalad, C. K. and Hamel, G., "The Core Competence of the Corporation", *Harvard Business Review*, Vol. 63, No. 3, 1990.

Rhys Andrews, Malcolm James Beynon and Aoife M. McDermott, "Organizational Capability in the Public Sector: A Configurational Approach", *Journal of Public Administration Research and Theory*, Vol. 26, No. 2, 2015.

Robert B. Denhardt, "The Big Questions of Public Management", *Public Administration Review*, Vol. 55, No. 4, 1995.

Robert D. Behn, "Why Measure Performance? Different Purposes Require Different Measures", *Public Administration*, Vol. 63, No. 5, 1988.

Robert M. Grant, "Prospering in Dynamically Competitive Environments: Organizational Capability as Knowledge Integration", *Organization Science*, Vol. 7, No. 4, 1996.

Robert M. Grant, "Toward a Knowledge-Based Theory of the Firm", *Strategic Management Journal*, Vol. 17, No. S2, 1996.

Sidney G. Winter, "Understanding Dynamic Capabilities", *Strategic Management Journal*, Vol. 24, No. 10, 2003.

Wholey, J. S and Hatry, H. P., "The Case for Performance Monitoring", *Public Administration Review*, Vol. 52, No. 6, 1992.

Yasemin Y. Kor and Joseph T. Mahoney, "Edith Penrose's (1959) Contributions to the Resource-based View of Strategic Management", *Journal of Management Studies*, Vol. 41, No. 1, 2004.

后　记

本书是在我主持的国家社会科学基金一般项目"社会保险统一经办模式及实现路径研究"（批准号：13BGL117）研究报告的基础上修改而成。从2010年开始，我就在思考如何将行政管理和社会保障两个二级学科结合起来进行研究，促使我申报这个课题源于两点：一是2010年本人参与了陕西省社会保障局经办能力建设方面的课题。二是参考了清华大学杨燕绥教授领衔的人力资源和社会保障部社会保障战略研究课题组主持的"社会保险经办机构能力建设研究"研究报告，深受启发。在此基础上，结合各地社会保险经办模式多样性，以及由此带来问题的复杂性，申报了课题。

作为一个经办机构外部的研究者，获得大量数据是非常困难的，课题的完成前后经历了近6年时间，调查了全国10多个省（市区）的经办机构、主管部门，其间通过参与郑秉文老师主持的中央全面深化改革委员会办公室第251号项目"加快健全社会保障管理体制和经办服务体系"（2014年）、教育部人文社会科学重点研究基地重大项目"社会保障管理体制研究"（2013年）的研究获得了一些数据，并开拓了思路，在此向郑秉文老师及其研究团队表达崇高的敬意和深深的谢意。课题研究期间，跟随席恒教授，多次参加了人力资源和社会保障部的会议，尤其是参加了人力资源和社会保障部社会保险事业管理中心的多次会议，使我对各地社会保险经办改革的现状有了更清楚的认识。此外课题的研究报告还得到了陕西省人力资源和社会保障厅时任翟四虎厅长、陕西省社会保障局郭林龙副局长的大力支持，在此，向他们以及调研地区主管机构和经办机构的工作人员表示衷心的感谢。

课题的研究对于学生的培养起到了巨大的推动作用，从2011年本人指导的硕士研究生基本都围绕管理体制经办体系内容来作为硕士学位论文的选题。从文献的查阅、论文的设计、调研及其数据的整理、总结等各个环节的参与，训练了学生。本书中，博士生张轶妹撰写了第一章第二节，第二章，第五章和第六章第一、二、三节以及附录 6 的内容，博士生张鑫武撰写了第三章内容，博士生庞兆丰参与了校稿和排版等工作。硕士生崔燕、石玉娟、刘苗苗、演思璟、申苗、燕荣参与了文献收集和部分城市的调研工作。本科生江泫静负责收集公共服务统一信息平台相关资料，并参与文献中第六部分的撰写，本硕学生都已毕业，基本都在社保经办机构工作，希望他们未来工作取得更大的成绩。感谢西北大学对于本书出版的帮助。同时，本书得以出版还要感谢中国社会科学出版社李庆红编辑的辛勤工作，她对于书中的部分内容，尤其是第五章的修改提出了许多建设性的意见。

社会保险管理体制和经办体系是随着社会经济发展、随着整个行政管理体制等的变化而变化，未来随着城镇企业职工基本养老保险全国统筹方案的实施，经办体系还将面临新的调整。笔者对此问题的关注会一直持续下去。

周明

2021 年 12 月 1 日